五代十国壁画研究
——以墓室壁画为观察中心

黄剑波 著

上海大学出版社
·上海·

图书在版编目(CIP)数据

五代十国壁画研究:以墓室壁画为观察中心/黄剑波著.—上海:上海大学出版社,2020.11(2021.11重印)
ISBN 978-7-5671-3987-9

Ⅰ.①五… Ⅱ.①黄… Ⅲ.①墓室壁画-研究-中国-五代十国时期 Ⅳ.①K879.414

中国版本图书馆 CIP 数据核字(2020)第 211206 号

责任编辑 刘　强
助理编辑 祝艺菲
封面设计 柯国富
技术编辑 金　鑫　钱宇坤

五代十国壁画研究
——以墓室壁画为观察中心

黄剑波　著

上海大学出版社出版发行
(上海市上大路99号　邮政编码200444)
(http://www.shupress.cn　发行热线 021-66135112)
出版人　戴骏豪

*

南京展望文化发展有限公司排版
江阴市机关印刷服务有限公司印刷　各地新华书店经销
开本 787mm×1000mm　1/16　印张 23.75　字数 389千
2020年11月第1版　2021年11月第2次印刷
ISBN 978-7-5671-3987-9/K·225　定价 68.00元

版权所有　侵权必究
如发现本书有印装质量问题请与印刷厂质量科联系
联系电话: 0510-86688678

目 录

引论 /1

第一章 五代十国壁画资料体系的建构与相关问题的提出

第一节 墓室壁画、寺观壁画与石窟壁画之分域整理 /13
第二节 壁画中的等级因素 /39
第三节 从壁画资料观察壁画形成的原因 /46

第二章 五代十国壁画主题分类及区域特性

第一节 演变中的人物图式 /71
第二节 山水壁画之嬗变 /136
第三节 花鸟画地理中心的迁变 /179

第三章 三种主体样式的提出与讨论

第一节 洛阳样式 /238
第二节 西蜀样式 /255

第三节　南唐样式　　　　　　　　　　　　　　/ 265

第四章　三种主题图像反映的社会生活探讨

第一节　"叉手礼"图像新证　　　　　　　　　　/ 283
第二节　"竹竿子"图像考　　　　　　　　　　　/ 297
第三节　"备茶图"与世俗生活　　　　　　　　　/ 302

第五章　五代十国壁画的交流与影响

第一节　与辽墓壁画之间的交流　　　　　　　　/ 341
第二节　宋代墓室壁画中的五代因素　　　　　　/ 353
第三节　与高句丽墓室壁画的关系　　　　　　　/ 365
第四节　对日本墓室壁画的影响　　　　　　　　/ 371

引　论

一、研究的目的和意义

"扰攘干戈,武力是尚,纪纲隳毁,极于五代。"[1]五代十国是政局大分裂、社会大动荡的特殊历史时期,其根源是唐朝中后期方镇割据势力恶性膨胀,方镇割据进一步发展[2]。由"整"到"破"的转变,使得这个时期的政治、经济、文化、艺术等诸多方面都呈现出一种紊乱、多元、复杂的态势。

五代十国历时较短且脉络复杂,对这一时期的相关研究也相对薄弱、欠缺,特别是在壁画研究领域,几乎呈现出一种"断层"的样态。事实上,五代十国虽战乱频繁,但中原地区却基本平息了方镇割据,实现了局部统一。南方各个割据政权亦相应完成了各自区域性的统一,并且在经济、文化、思想、艺术等方面均取得了一定程度的发展。五代十国在延续晚唐规制的基础上,在绘画、建筑、服饰、宗教、礼仪等诸多层面出现了新的变化,正是这种新规则、新样式的出现,为宋代大一统政权的建立创造了良好的条件,具有重要的历史传承意义。

近年来,随着考古新资料的不断发现,愈来愈多的学者遂开始关注、重视这一历史时期,相关研究也有不同程度的加强。在2014年度国家社科基金重大项目招标选题(第二批)研究方向中,第38条为"五代十国历史文献的整理与研究",说明目前学界开始重新审视、重视五代十国这一段历史,且针对其相关问题的整理与研究已提升至一个前所未有的高度。

---

[1] 顾燮光撰、王其祎校点:《梦碧簃石言》,辽宁教育出版社2001年版,第90页。
[2] 韩国磐:《隋唐五代史纲》,人民出版社1979年版,第412页。

(一)研究目的

与两汉、魏晋南北朝、唐、宋时期壁画的研究不同,目前对五代十国壁画的综合研究较为薄弱。20世纪40年代以来,五代十国壁画墓在田野考古工作中陆续被发现,为本书的研究提供了重要的先决条件。以冯汉骥1942年9月最早主持发掘的成都琴台前蜀王建墓为研究原点,根据目前收集的资料进行数据统计,经文物考古部门发掘并且公开发表的五代十国墓葬,共计90余座,其中具代表性和一定规模的壁画墓20座。这一时期壁画墓内容不仅对研究五代十国时期的社会生活、经济状况、丧葬礼仪、文化思想等方面有着重要的意义,且为复原、研究当时的绘画艺术、戏曲艺术、建筑艺术等提供了直观、真实的图像参照资料。在对该时期墓葬进行系统梳理的前提下,聚焦这一时期的壁画主题,对五代十国壁画开展进一步的综合研究显得十分必要。

鉴于地上系统的寺观壁画因历史原因已大部分毁弃,以及石窟壁画遗存分布较为稀少等客观因素,本书以墓室壁画为观察中心,选取壁画地理研究方法,将五代十国墓室壁画、寺观壁画、石窟壁画纳入唐宋时期时空关系进行研究,寻求其与前后两个时段的内在联系,能够有效弥补唐、宋壁画发展过程中因五代问题未解决而出现的连贯性缺乏等问题。

结合当时社会政治、经济、文化背景对五代十国壁画进行综合研究,有望系统、深入解析五代十国壁画所涉及的相关问题,从而为更具象、更完备地建构、复原当时社会基本原貌创造必要的条件。

(二)研究意义

五代十国作为一个历时较短、政权割据的特殊历史时期,在社会政治、文化、思想、民族、宗教、建筑、服饰、民俗等方面呈现出明显的时代以及区域性特征,正是基于这种"变"的时代特性,当时壁画面貌也表现多样化。同时,五代十国是由统一开放的盛唐转向宋代的一个重要过渡时期,唐、宋诸多美术现象存在明显差异,其转折点就在五代十国时期,这一时期具有承前启后的过渡性,聚焦该时期壁画研究具有一定的意义。

通过对该时期有明确纪年的壁画进行较为系统的研究,重点厘清这一时期壁画地理区间分布、类型、题材、体量、配置等问题,可对五代十国壁画的图式及造型风格进行梳理,从而找出壁画中的标准元素,与绘画史进行参

照与互证,凸显其独立的美术史价值。

壁画作为再现历史的一种重要载体与形式,不仅对研究五代十国时期的社会生活、经济状况、丧葬礼仪、文化思想史等方面有着重要的意义,且能为复原、研究当时的绘画艺术、戏曲艺术、建筑艺术等提供直观、真实的图像资料。

梳理这一时期壁画发展历史、演变轨迹,是进一步系统、完整复原这一时期壁画发展历史乃至中国壁画史的必要前提与准备,研究成果将对完善与研究中国壁画史具有一定的作用。

二、相关概念的界定

(一)"五代十国"历史区间的界定

所谓"五代",是指建立在中原地区的后梁、后唐、后晋、后汉、后周等五个政权,"十国"则是建立在南方的吴、南唐、吴越、楚、闽、南汉、南平、前蜀、后蜀等九个政权以及割据于今山西一带的北汉。未被计算在内的割据单位还有:后梁时的晋、岐、燕,后汉时的清源,后周时的武平。同时,在中国的西北边境,还有契丹(辽)国及西夏的前身——定难等[1]。

目前,学界在判断五代十国起止时间的问题上,一般认为是自唐朝灭亡至宋朝建立,即从907年朱全忠灭唐建立后梁起至960年赵匡胤陈桥兵变建立北宋止,共计53年[2]。

但在以往五代十国的相关研究中,关于历史年限的认定与选择问题,研究者会根据拟定主题以及相关研究途径的需要有所扩展和延伸,通过目前收集的资料观察,主要有以下三种:第一种认为自唐末天祐乙丑至宋兴建隆庚申,即905—960年[3];第二种认为上启唐僖宗光启元年(885),下至北汉灭国之北宋太平兴国四年(979)[4];第三种认为从唐僖宗乾符三年(876)吴国杨行密据有两浙地区至宋太平兴国三年(978)吴越灭亡[5]。

---

[1] 卞孝萱:《五代十国的阶级斗争》,《文史哲》1957年第12期。
[2] 贾更坤主编:《中国通史·五代十国—金时期》,中国戏剧出版社2008年版,第8页。
[3] 郑午昌在《中国画学全史》(东方出版社2008年版,第132页)中谈道:"唐祚既终,历梁唐晋汉周五代,迭相递嬗,兴亡倏忽,其间干戈扰攘,河山分裂,则有十国以互列。盖自唐末天祐乙丑至宋兴建隆庚申,即西历九〇五年—九六〇年,先后凡五十余年。"
[4] 张兴武:《五代十国文学编年》,人民文学出版社2001年版,第1页。
[5] 郑以墨:《五代墓葬美术研究》,中央美术学院2009年博士学位论文,第16页。

笔者认为，960年北宋建立时，南唐、吴越、南汉、南平、后蜀、北汉等割据政权依然存在，直至979年北宋灭亡北汉，中国方才逐步走向统一。因此，为尽可能全面覆盖该时期的考古资料信息，本书研究的历史区间为907年朱全忠灭唐建立后梁开始，至979年北宋灭亡北汉，共计72年。

（二）"壁画"概念的界定

关于壁画的概念，《中国美术辞典》将其定义为："绘画的一种，指绘制在土砖木石等各种质料壁面上的图画。按其所绘场所，可分为殿堂、墓室、寺观、石窟等壁画。"[1]

目前，在美术史的梳理以及考古学研究的过程当中，研究者们往往从自己的研究内容和角度出发，对"壁画"这一概念有着不同层面的理解与阐释。郑岩在《魏晋南北朝壁画墓研究》一书中对"壁画"的概念进行了系统整理，其观点主要涵盖以下三个方面的内容：

第一，在考古学领域，"壁画"的解释通常是指在壁面上笔绘的彩色图像，至于线刻画、画像石、画像砖、拼镶砖画等以其他材料和技术手段制作的壁面装饰，大多另外附加定名，一般不包括在"壁画"的范畴之内。

第二，从图像内容看，壁画的不同材料和技术手段之间没有严格的区分界限，在研究的过程中，不应忽视不同类型壁画装饰之间原有的联系。

第三，在美术史领域，"壁画"不仅仅指笔绘在壁面上的彩色图像，还包括其他因素，如用"绘制、雕塑以及其他造型或工艺手段，在天然或人工壁面上制作的画"[2]。因此，画像石、模印画像砖等壁面装饰形式，也应归属广义的壁画范畴[3]。

郑岩对此也提出了自己对壁画的认识，他认为壁画指"各种形式的壁面装饰，如石线刻、砖雕、模印砖、彩绘画像等"[4]。另外他对"壁"与"画"的概念分别进行了界定，具有一定的合理性。

此外，巫鸿从墓葬的角度，也谈到了壁画与其他元素之间的关系。他认为："历史上实际存在的墓葬绝不仅仅是一个建筑的躯壳，而是建筑、壁画、

---

[1] 沈柔坚主编：《中国美术辞典》，上海辞书出版社1987年版，第2页。
[2] 李化吉：《壁画》，收录于中国大百科全书总编辑委员会《美术》编辑委员会、中国大百科全书出版社编辑部编：《中国大百科全书·美术Ⅰ》，中国大百科全书出版社1991年版，第81、82页。
[3] 郑岩：《魏晋南北朝壁画墓研究》，文物出版社2002年版，第14、15页。
[4] 郑岩：《魏晋南北朝壁画墓研究》，文物出版社2002年版，第16页。

雕塑、器物、装饰甚至铭文等多种艺术和视觉形式的综合体。"[1]

综上所述，笔者认为，"壁画"作为绘画的一种重要表现形式，不能仅仅单指绘于壁面上的彩绘图像，应该包括在土、砖、木、石等各种材质、载体上绘制、雕塑以及用其他工艺手段制作而成的"图像"或"图形"，即附着于不同载体的彩绘图像、线刻画、画像石、画像砖、拼镶砖雕、施以彩绘的俑等，凡与图像内容相关的形式及要素都应该纳入观察范畴，以便整体观察。

三、国内外相关领域研究现状

以往关于五代十国壁画的研究，主要集中在壁画图像内容与题材风格、功能与意义、制作工艺与保护等三个方面：

（一）图像内容与题材风格的研究

1. 墓室壁画图像内容与题材风格

（1）西南、南方地区。

关于西南地区墓室壁画图像题材风格的相关研究，聚焦四川王建墓中发现的二十四伎乐图像，秦方瑜的观点是此为霓裳羽衣舞[2]，岸边成雄认为乐队性质为宫廷宴饮乐[3]，迟乃鹏则认为是佛曲[4]。杨伟立、胡文和结合历史文献资料，以二十四伎乐图像为研究内容，对前后蜀宫廷中的音乐舞进行了论证，认为两蜀基本上继承了唐代的主要舞蹈种类，在唐宋交替之际，起到了承上启下的作用[5]。

史占扬对两蜀墓室壁画题材与表现手法所进行了详细的对比分析，对于构架两蜀区域壁画墓沿革历史有重要参考价值，并对其后相关个案墓葬的区域研究有良好的启迪作用[6]。

纪思从构图、色彩及技法等角度分析了南唐二陵的装饰艺术风格，并提

---

[1] 巫鸿：《"墓葬"：可能的美术史亚学科》，《读书》2007年第1期，第60页。
[2] 秦方瑜：《王建墓石刻伎乐与霓裳羽衣舞》，《四川文物》1986年第2期。
[3] [日]岸边成雄著，樊一译：《王建墓棺床石刻二十四乐妓》，《四川文物》1988年第4期。
[4] 迟乃鹏：《王建墓棺床石刻乐伎弄佛曲说探证》，《四川文物》1997年第3期。
[5] 杨伟立、胡文和：《前后蜀宫廷中的音乐歌舞初探》，《四川师范大学学报（社会科学版）》1986年第4期。
[6] 史占扬：《两蜀墓室壁画初探》，收录于成都王建墓博物馆编《前后蜀的历史与文化——前后蜀历史与文化学术讨论会论文集》，巴蜀书社1994年版，第290—294页。

出彩画及雕刻均体现了南唐国当时建筑艺术风格的观点[1]。孙彦结合文献和出土图像,探讨了南唐徐熙"装堂花"的绘画题材与技法,认为南唐二陵先主李昪陵中的装饰画、棺床石刻绘画是按当时南唐宫廷的装饰方法绘制,可能就是徐熙绘画的摹本或粉本[2]。

此外,李清泉聚焦五代十国时期王建墓墓主像以及其他相关图像,结合历史文献,对唐代已经消亡的墓主题材何以在五代时期再度流行以及三维立体的墓主像进入墓葬后所带来的影响等问题进行了深入探讨[3]。

（2）西北地区。

1996年,王玉芳《彬县五代彩绘浮雕砖研究》一文对冯晖墓砖雕图像样式及相关内容进行了研究[4],罗丰对冯晖墓彩绘乐舞砖雕中的乐器进行了考证[5]。贾嫚以冯晖墓彩绘砖雕花冠舞伎为研究对象,认为冯晖墓花冠舞伎从"柘枝舞"演变为队舞之"花心",不仅是唐代燕乐向宋代队舞发展的重要环节,也是重新认识胡俗乐发展和"柘枝"变迁的一个重要证据[6]。

刘军社对五代李茂贞夫人墓中"散乐"图、妇人启门图、担子图、胡人牵驼图、汉人牵马图等砖雕作品进行了详细论述,问题主要集中在妇人题材考释、乐队组合解读以及胡汉之间的物证等几个方面[7]。此外,贺西林、李清泉的《中国墓室壁画史》对西北地区五代墓室壁画进行了梳理与概述[8]。

（3）北方地区。

北方地区壁画墓相关研究以王处直墓为主要代表。杨泓就王处直墓中的伎乐图进行了深入研究[9]。李星明将具有墓志纪年的唐代和五代墓室壁画中独立性的花鸟画与文献所述花鸟画家的风格进行比较,印证了文献所述中晚唐和五代花鸟画家的艺术风格和成就,并进一步认识了唐、五代花鸟

---

[1] 纪思:《南唐二陵装饰艺术》,《古建通讯》1956年第1期。
[2] 孙彦:《"装堂花"新探——以南唐二陵装饰画为例》,《南京艺术学院学报（美术与设计版）》2010年第1期。
[3] 李清泉:《墓主像与唐宋墓葬风气之变——以五代十国时期的考古发现为中心》,《美术学报》2014年第4期。
[4] 王玉芳:《彬县五代彩绘浮雕砖研究》,《西北美术》1996年第1期。
[5] 罗丰:《五代后周冯晖墓出土彩绘乐舞砖雕考》,《考古与文物》1998年第6期。
[6] 贾嫚:《"柘枝"从唐到宋之迭嬗——冯晖墓彩绘砖雕花冠舞伎考》,《文艺研究》2013年第8期。
[7] 刘军社:《五代李茂贞夫人墓砖雕艺术初探》,收录于罗宏才主编《西部美术考古》,上海大学出版社2008年版,第260—274页。
[8] 贺西林、李清泉:《中国墓室壁画史——永生之维》,高等教育出版社2009年版。
[9] 杨泓:《河北五代王处直墓绘彩浮雕女乐图》,《收藏家》1998年第1期。

画的形式和审美取向[1]。郑以墨以五代王处直墓为例,通过对不同题材如山水画、花鸟画、人物浮雕的形式、风格的分析,发现壁画有着不同的来源,包括卷轴画、屏风画、寺观壁画等[2]。

2. 寺观壁画图像内容与题材风格

五代寺观壁画遗存现有山西平顺大云院一处。2010年,山西长治博物馆郭兰莹就大云院壁画整体布局、形象塑造、线描韵律、色彩运用等方面进行了探讨[3],首次对大云院寺观壁画进行了系统介绍与研究,具有重要学术意义。梁瑞强探讨了大云院五代壁画与五代佛教、五代画风之间的关系,认为壁画内容为唐末五代以来禅、净成为中国佛教主流提供了实物佐证[4]。

关于流散至海外的五代寺观壁画,孙迪《美国纳尔逊—雅坚斯艺术博物馆藏中国佛教名宝撷英》一文,概述了河南温县慈胜寺五代壁画及流散至欧美7家著名的博物馆、美术馆的相关情况[5]。有学者对孙迪文中涉及的3幅五代寺观壁画图像提出质疑,并将壁画的艺术风格与五代大云院壁画进行比较,认为其被断定为五代的壁画[6],年代及风格均存疑点。至于美国纳尔逊博物馆是如何断定壁画出自慈胜寺,且将壁画年代确定为五代,相关研究还尚未开展,具有一定的学术研究空间。

此外,谢祥荣依据历史文献相关记载,对成都大圣慈寺壁画的规模、宗教意韵、艺术风格、五代画师参与制作壁画等进行了较为全面的论述[7]。王卫民所著《大圣慈寺画史丛考》,对大圣慈寺的壁画创作实态,从美术史学、历史文献学的角度作了详细的编述及考证,力图对这期间西蜀佛教美术的兴盛的出现寻流溯源,作为学术研究其成绩相当可观。

---

[1] 李星明:《唐代和五代墓室壁画中的花鸟画》,《南京艺术学院学报(美术与设计版)》2007年第1期。
[2] 郑以墨:《五代王处直墓壁画形式、风格的来源分析》,《南京艺术学院学报(美术与设计版)》2010年第2期。
[3] 郭兰莹:《大云院五代壁画浅探》,《文物世界》2010年第5期。
[4] 梁瑞强:《平顺大云院五代壁画略述》,《山西档案》2012年第2期。
[5] 孙迪:《美国纳尔逊—雅坚斯艺术博物馆藏中国佛教名宝撷英》,《收藏》2005年第11期。
[6] 参见孙迪《美国纳尔逊—雅坚斯艺术博物馆藏中国佛教名宝撷英》资料:纳尔逊博物馆(Nelson-Atkins Museum of Art)现藏有《如意轮观音菩萨图》和《菩萨焚香图》。前者1952年购藏,后者为卢芹斋1950年馈赠。两图的年代被定为五代广顺年间(951—953),出处为河南温县慈胜寺。另外,该博物馆还藏有一幅《观音菩萨图》,系从《菩萨焚香图》底层剥离出来,年代被定为五代天福二年(937)。
[7] 谢祥荣:《唐宋时期成都的大圣慈寺壁画》,《成都大学学报(社会科学版)》2003年第1期。

3. 石窟寺壁画图像内容与题材风格

中国石窟寺壁画的研究，一直受到众多国内外学者的重点关注，不少学者从多种角度与视点对相关内容进行了研究。关于五代十国石窟寺壁画遗存，多见于甘肃敦煌莫高窟与安西榆林石窟，相关研究最早可追溯至斯坦因（Aurel Stein）[1]、伯希和（Paul Pelliot）[2]、大谷探险队[3]等人早期公布的敦煌艺术资料。1920年至1926年出版的六卷本《敦煌石窟图录》，刊载了努埃特拍摄的376幅图片，为最早记录莫高窟的图录。1937年，松本荣一《敦煌画研究》两册，分别为文字与图录，对壁画内容作了考证，介绍了图像的内容及特点[4]。金维诺《敦煌壁画维摩变的发展》对维摩诘经变进行了探讨[5]。2004年，庄壮《榆林窟、东千佛洞壁画上的拉弦乐器》讨论了安西榆林窟、东千佛洞壁画上所绘五件拉弦乐器胡琴图像[6]。张善庆以地神图像为线索，分别从佛教经典、图像以及区域文化三个角度对中晚唐五代时期敦煌降魔变进行考量，并指出了于阗粉本的重要影响[7]。祝重寿《中国壁画史纲》[8]、楚启恩《中国壁画史》[9]、金维诺、丁明夷《中国美术全集：石窟寺壁画》[10]等著述中对五代十国石窟寺壁画均有论述。

（二）图像蕴含的功能与意义的研究

对于墓室壁画、寺观壁画、石窟寺壁画的功能性研究，主要是注重图像与政治背景、宗教信仰、美术现象之间的联系，揭示图像背后的社会文化内

---

[1] 参见［英］Aurel Stein: *Serindia—Detailed Report of Explorations in Central Asian and Westernmost China*, Oxford University Press, London, First Edition in Oxford 1921, Reprint in Delhi 1980；中译本《西域考古图记》（又译作《塞林迪亚—在中亚和中国西陲考察的详细报告》），由中国社会科学院考古研究所组织翻译，广西师范大学出版社1996年出版。
[2] 参见［法］Paul Pelliot: *Les Grottes de Touen—houang*, Librairie Paul Geuthner, Paris, 1921—1924；1989年由史苇湘组织编辑，甘肃文化出版社再版了此书图录。另见伯希和著，耿昇、唐健宾译《伯希和敦煌石窟笔记》，甘肃人民出版社1993年版。
[3] ［日］上原芳太郎：《新西域记》，东京有光社1937年版。
[4] ［日］松本荣一：《敦煌画の研究》，东方文华学院东京研究所1937年版。
[5] 金维诺：《敦煌壁画维摩变的发展》，《文物》1959年第2期；《敦煌晚期的维摩变》，《文物》1959年第4期。
[6] 庄壮：《榆林窟、东千佛洞壁画上的拉弦乐器》，《交响（西安音乐学院学报）》2004年第2期。
[7] 张善庆：《中晚唐五代时期敦煌降魔变地神图像研究》，《西域研究》2010年第1期。
[8] 祝重寿：《中国壁画史纲》，文物出版社1995年版。
[9] 楚启恩：《中国壁画史》，北京工艺美术出版社2000年版。
[10] 金维诺总主编、丁明夷卷主编：《中国美术全集：石窟寺壁画》，黄山书社2010年版。

涵及意义[1]。

金维诺曾对敦煌壁画维摩诘经变进行探讨[2]，主要论述敦煌壁画图说佛经教义的功能，樊锦诗、马世长《敦煌莫高窟290窟的佛传故事画》对本生故事画进行了研究[3]。

罗世平从美术学角度出发，重点研究五代墓中山水壁画蕴含的美术学价值[4]；张跃进对南唐墓室壁画与同时期美术作品之间的关系进行了探讨，并推测徐熙参与或指导了南唐二陵装饰彩画的绘制[5]，为该研究领域新的尝试。高启安则就敦煌壁画中坐具形象资料探讨了唐五代坐具造型及功能的变化[6]。

郑以墨分别公布的硕士学位论文《五代王处直墓壁画研究》、博士学位论文《五代墓葬美术研究》，前者主要讨论了王处直墓所反映的有关美术史的几个相关问题，并以丧葬观念为观察中心，侧重讨论了该墓营建者个人意愿在壁画中的体现以及相关问题[7]；后者在其硕士学位论文基础上进行了深化与扩充，通过类型学分析，勾勒五代墓葬整体的发展面貌，并选取王处直墓、王建墓和仿木建筑三个典型案例进行具体分析，探讨当时墓葬美术与地上绘画、佛教美术、建筑等系统的互动关系，并对五代墓葬进行了类型学研究[8]。以上两文是目前关于五代十国墓葬美术研究方面较为重要的学术成果。

（三）壁画图像制作工艺与保护的研究

涉及该时期壁画图像制作工艺的相关研究，郝建文《浅谈曲阳五代壁画》一文对王处直墓壁画的绘画风格及制作技法进行了分析[9]。沙武田在

---

[1] 郑以墨：《五代墓葬美术研究》，中央美术学院2009年博士学位论文，第3、4页。
[2] 金维诺：《敦煌壁画维摩变的发展》，《文物》1959年第2期；《敦煌晚期的维摩变》，《文物》1959年第4期。
[3] 樊锦诗、马世长：《莫高窟第290窟的佛传故事画》，《敦煌研究》1983年总第3期。
[4] 罗世平：《略论曲阳五代墓山水壁画的美术史价值》，《文物》1996年第9期。
[5] 张跃进：《刍言徐熙与南唐二陵建筑装饰彩画之关系》，《东南文化》1998年第2期。
[6] 高启安：《从莫高窟壁画看唐五代敦煌人的坐具和饮食坐姿（上）》，《敦煌研究》2011年第3期（总第69期）；《从莫高窟壁画看唐五代敦煌人的坐具和饮食坐姿（下）》，《敦煌研究》2011年第4期（总第70期）。
[7] 郑以墨：《五代王处直墓壁画研究》，首都师范大学2006年硕士学位论文。
[8] 郑以墨：《五代墓葬美术研究》，中央美术学院2009年博士学位论文；郑以墨：《五代墓葬美术研究》，花木兰文化出版社2014年版。
[9] 郝建文：《浅谈曲阳五代墓壁画》，《文物》1996年第9期。

《S.P.172与莫高窟五代宋窟顶壁画关系试论》一文中,认为S.P.172白描稿在归义军"曹氏画院"早期被改造用作设计绘制莫高窟第98、108、100等窟窟顶壁画的底稿,影响了莫高窟五代曹氏归义军时期所建其他大窟窟顶壁画设计绘制[1]。

对位这一主题,王卫民从美术史学角度对成都大圣慈寺五代壁画创作实态作了叙述与考证[2]。徐勇通过对敦煌文献进行考察,就晚唐五代敦煌地区所用矿物颜料和植物颜料的产地及来源进行了初步研究[3]。

此外,尚立滨从壁画依托的墙体、壁画绘制的壁面、壁画的设计稿和绘制程序、壁画绘制中的特殊技法、壁画绘制中常用颜料和几种专用工具五个方面着手,对中国传统寺观壁画的绘制工艺进行了阐述[4],其成果对研究五代十国壁画制作工艺具有重要的参考价值。

聚焦壁画保护的相关研究,具代表性的有陈长龄、王仲杰聚焦南唐二陵摹绘彩画工作[5],以考察记录的形式对南唐二陵墓室壁画进行初步复原研究,为早期壁画保护研究重要范例。

张孝绒《五代冯晖墓壁画揭取技术总结》一文以冯晖墓为例,立足自然科学视野,通过分析化学以及壁画修复理念对五代墓室壁画的制作过程与相关问题进行了探讨分析[6]。王晓琪、王昌燧等利用高分辨率电镜(HREM)和拉曼光谱等方法,对五代冯晖墓内壁画不同颜料的结构与成分进行了分析,为此后壁画保护方案的确立提供了科学依据[7]。

上述研究成果可归纳为以下四点:

第一,以往的研究多集中于对现有遗存及考古资料的介绍,或对单体题材、图像内容与样式、墓葬类型的局部研究,对图像内容进行整体观察的研究实例还不多见;第二,将五代十国墓室壁画、寺观壁画、石窟寺壁画图像进行串联并按地域分区,利用壁画地理的研究方法进行综合比较研究的工作还尚未展开;第三,聚焦五代十国壁画的综合研究较为薄弱,

---

[1] 沙武田:《S.P.172与莫高窟五代宋窟顶壁画关系试论》,《敦煌研究》2000年第3期(总第65期)。
[2] 王卫民:《大圣慈寺画史丛考》,文化艺术出版社2005年版。
[3] 徐勇:《晚唐五代敦煌地区所用颜料研究》,《敦煌学辑刊》2006年第4期(总第54期)。
[4] 尚立滨:《中国传统寺观壁画制绘工艺》,《建筑创作》2009年第2期。
[5] 陈长龄、王仲杰:《江苏江宁南唐二陵摹绘彩画工作报告》,《古建通讯》1956年第1期。
[6] 张孝绒:《五代冯晖墓壁画揭取技术总结》,《考古与文物》1994年第6期。
[7] 王晓琪、王昌燧、杨景龙、陈霖、冯健、史弥力:《冯晖墓壁画颜料的高分辨电镜和拉曼光谱分析》,《分析测试学报》2004年第3期。

涉及的研究资料颇为零散,对现有资料的整合、类分、拓展、提炼,具有一定的空间;第四,将五代十国时期卷轴画、建筑艺术以及墓葬美术进行有机联系、关照,打破以往传统研究中的对各门类固定、单一的研究模式,此种研究视角还尚待开掘[1]。

四、研究范围及相关问题的说明

为全面、完整地反映五代十国壁画的整体概况,考虑到相比其他历史时段,目前所发现五代十国壁画整体数量、体量较为稀少的客观现实,以及相关研究途径的需要,本书所讨论的五代十国壁画涵盖该时期(907—979)墓室、石窟、寺观等三种载体的壁画形式,初步尝试将地下墓葬系统图像与地上佛教系统图像[2]置于同一视域下进行观察,寻求它们之间在图式、创作及表现形式上的共性。正如史苇湘所言:"现存长安洛阳的金石雕刻,中华人民共和国成立后出土的唐墓壁画和敦煌唐代前期艺术,这些雕、绘、塑是同一个心脏里循环着的艺术血液。"[3]这谈到的就是艺术创作共性的问题。

本研究虽涵盖墓室、石窟、寺观等三种载体的壁画,但以有纪年的墓室壁画为论述重点,石窟、寺观壁画的相关图像在各章节论述中亦有所涉及与关照,更多的是侧重三者间在艺术形式方面的探讨和分析,而图像的功能与意义之间的关联则谈及较少。另需说明的是,由于本书主要侧重对壁画图像系统进行分析研究,墓葬中的其他与壁画图像无关的随葬品本书虽不作重点阐释,但在某些具体层面上会有所拓展,因此也会涉及相关内容,如出土的陶俑、木俑、石像等。其目的在于将壁画图像置于整个壁画体系中来考察,而不是孤立、片面地进行研究。同时,因受个人学术背景、学科知识及研究能力的限制,关于壁画颜料化学成分分析、壁画制作工艺以及保护等与自然科学相关问题本书暂不作讨论。

在梳理以上相关问题的基础上,本书将结合现有研究成果、历史文献资料与图像资料,将五代十国壁画融入当时社会政治、思想、文化、宗教、建筑、

---

[1] 郑以墨:《五代墓葬美术研究》,中央美术学院2009年博士学位论文,第182页。
[2] 关于地上系统的壁画图像,本书主要以佛教图像系统为主要观察对象,五代十国时期道教壁画遗存暂不列入讨论范畴。
[3] 史苇湘:《敦煌历史与莫高窟艺术研究》,甘肃教育出版社2002年版,第387页。

服饰、美术的背景中进行综合研究,通过壁画地理等研究方法,分别对壁画的资料体系建构及平面分布、壁画等级标准、主题分类、题材内容、图像样式、艺术风貌、交流与影响等研究内容进行探讨,进而梳理这一时期壁画历史发展、演变轨迹,揭示五代十国壁画作为过渡阶段的重要特征,凸显其在隋唐、两宋壁画传承与发展过程中的重要地位与作用。

第一章　五代十国壁画资料体系的建构与相关问题的提出

"由唐到宋,中国的社会结构发生了重大的变化,并逐步迈向由家族向家庭转化的历史进程。"[1]五代十国在这种结构转型的过程中起到了承上启下的重要作用。壁画艺术亦是如此。与两汉、魏晋南北朝、唐、宋时期不同的是,该时期壁画整体数量较少且地域分布颇为零散。要了解五代十国壁画的整体分布情况,必须先对该时期墓室壁画、寺观壁画和石窟壁画资料体系建构的情况进行系统梳理。鉴于地上系统的寺观壁画因历史原因已大多毁弃以及石窟壁画遗存分布较为稀少等客观因素,本章先从考古资料相对丰富的墓室壁画入手,对墓室壁画的考古发现与地理分区进行探讨,寻找分布规律。在此基础上,结合历史文献和壁画遗存的情况,对寺观、石窟壁画的内容进行辑录与统计。同时,通过收集整理五代墓志所记录的墓主人官职信息,对何种身份和等级的墓主人能在墓葬中享受壁画这一问题进行推测与分析,并讨论壁画出现的原因。

第一节　墓室壁画、寺观壁画与石窟壁画之分域整理

一、墓室壁画的考古发现与地理分区

"汉唐、辽金以至元明墓室壁画的不断出土,为了解汉代以来绘画艺术

---

[1] 任爽:《唐代礼制研究》,东北师范大学出版社1991年版,第180—194页。

的发展提供了宝贵实物。使之不仅能联系文献,具体地认识各个时期绘画艺术的成就,而且弥补了早期传世绘画作品的缺失,能清楚地了解到古代绘画发展的一些重要环节,例如各时期题材内容所呈现的社会意识与习俗、绘画技艺以及质材运用等的发展,从而能较明确地认识古代绘画各时期的变革及其传承关系。"[1]壁画墓历经汉、唐发展至五代,已经成为一种比较成熟的丧葬艺术形式,集中展现了不同时代的墓葬艺术特征及丧葬图式体系。

五代十国壁画墓地域空间分布跨度较广,图像内容丰富,蕴含着大量的历史文化信息。为便于将墓室壁画纳入整个墓葬系统中进行观察,对五代十国墓葬分布情况进行系统梳理便显得尤为重要。

五代十国墓葬的考古调查始于20世纪40年代。根据目前收集的资料统计可知,经文物考古部门发掘并且公开发表的五代十国墓葬,共计90余座[2],地理区域分布情况如下(见附表1):

河南16座(洛阳15座:洛阳后梁高继蟾墓[3]、洛阳伊川后晋孙璠墓[4]、伊川县窑底乡李俊墓、洛阳后周墓[5]、洛阳后晋墓[6]、洛阳伊川县窑底乡后晋墓[7]、洛阳孟津新庄五代壁画墓[8]、洛阳龙盛小学五代壁画墓[9]、洛阳邙山镇营庄村北五代壁画墓[10]、洛阳伊川县白沙乡朱家岭村后梁太祖朱温宣陵[11]、洛阳新安县西沃乡下坂峪村败仗沟后唐庄宗李存勖雍陵[11]、洛阳孟津县送庄乡后唐明宗李嗣源徽陵[11]、洛阳宜阳县盐镇乡石陵村后晋高祖石敬瑭显陵[11]、南唐后主李煜墓[11]、后蜀后主孟昶墓[11];新郑1座:河南新郑县郭店乡陵上村周恭帝顺陵[12]);

---

[1] 金维诺:《墓室壁画在美术史上的重要地位》,《美术研究》1997年第2期。
[2] 1964年,湖南省博物馆在长沙市郊清理了五代墓40余座,主要分布在长沙市南郊赤岗冲、左家塘窑厂与长沙市北郊下大垅一带,因均为土坑竖穴墓,墓室结构比较简单,因此该部分墓葬未纳入统计范围。参见湖南省博物馆:《湖南长沙市郊五代墓清理简报》,《考古》1966年第3期。
[3] 洛阳文物工作队:《洛阳后梁高继蟾墓发掘简报》,《文物》1995年第8期。
[4] 四川大学历史文化学院考古系、洛阳市第二文物工作队:《洛阳伊川后晋孙璠墓发掘简报》,《文物》2007年第6期。
[5] 洛阳文物工作队:《洛阳发现一座后周墓》,《文物》1995年第8期。
[6] 高祥发:《洛阳清理后晋墓一座》,《文物参考资料》1957年第11期。
[7] 侯鸿钧:《伊川县窑底乡发现后晋墓一座》,《文物参考资料》1958年第2期。
[8] 洛阳市文物考古研究院:《洛阳孟津新庄五代壁画墓发掘简报》,《洛阳考古》2013第1期。
[9] 洛阳市文物考古研究院:《洛阳龙盛小学五代壁画墓发掘简报》,《洛阳考古》2013年第1期。
[10] 洛阳市文物考古研究院:《洛阳邙山镇营庄村北五代壁画墓》,《洛阳考古》2013年第1期。
[11] 王玲珍、李德方:《洛阳五代帝陵的调查与研究》,《黄河科技大学学报》2011年第5期。
[12] 李书楷:《五代周恭帝顺陵出土壁画》,《中国文物报》1992年4月5日。

山东1座（烟台市芝罘区石椁墓[1]）；

河北3座（曲阳1座：河北曲阳王处直墓[2]；张家口1座：张家口市宣化区五代墓[3]；廊坊1座：廊坊固安县公主府砖厂五代墓[4]）；

山西3座（代县1座：后唐太祖李克用陵墓[5]；太原2座：山西省太原市第一热电厂北汉天会五年（961）壁画墓[6]、山西太原北汉末代皇帝刘继元太惠妃墓[7]）；

陕西3座（宝鸡1座：陕西宝鸡李茂贞夫妇墓[8]；彬县1座：陕西彬县冯晖墓[9]；西安1座：西安东郊黄河机器制造厂五代墓[10]）；

内蒙古6座（清水河5座：内蒙古清水河县山跳峁五代墓M3、M4、M6[11]；内蒙古清水河塔尔梁五代壁画墓M1、M2[12]；乌兰察布市凉城县1座：乌兰察布市凉城县永兴镇五代十国墓葬[13]）；

四川20座（成都18座：前蜀王建墓[14]、前蜀王宗侃夫妇墓[15]、前蜀晋晖墓[16]、后唐高晖墓[17]、后蜀孟知祥墓[18]、后蜀张虔钊墓[19]、后蜀彭州刺史徐

---

[1] 王锡平：《烟台市芝罘区发现一座石椁墓》，《文物》1986年第8期。
[2] 河北省文物研究所、保定市文物管理处编著：《五代王处直墓》，文物出版社1998年版，第1页。
[3] 张家口市宣化区文保所：《张家口市宣化区发现一座五代墓葬》，《文物春秋》1989年第3期。
[4] 廊坊市文物管理处：《廊坊固安县公主砖场五代墓》，收录于河北省文物研究所编《河北省考古文集（三）》，科学出版社2007年版，第139—142页。
[5] 杨继东：《极建陵》，《文物世界》2002年第5期；杨继东：《五代艺术精品—极建陵》，《沧桑》1995年第3期。
[6] 徐光冀主编：《中国出土壁画全集（2·山西）》，科学出版社2011年版，第114页。
[7] 李建平：《太原发现北汉晚期皇室墓葬，有恢弘壁画》，《新华每日电讯》2010年1月1日，第002版。
[8] 宝鸡市考古研究所编著：《五代李茂贞夫妇墓》，科学出版社2008年版，第1—207页。
[9] 杨忠敏、阎可行：《陕西彬县五代冯晖墓彩绘砖雕》，《文物》1994年第11期；咸阳市文物考古研究所编著：《五代冯晖墓》，重庆出版社2001年版，第1—65页。
[10] 李军辉：《西安东郊黄河机器制造厂五代墓发掘简报》，《考古与文物》1991年第6期。
[11] 内蒙古文物考古研究所、乌兰察布博物馆、清水河县文物管理处：《内蒙古清水河县山跳峁墓地》，《文物》1997年第1期。
[12] 内蒙古师范大学科学技术史研究院、内蒙古文物考古研究所：《内蒙古清水河塔尔梁五代壁画墓发掘简报》，《文物》2014年第4期。
[13] 许晓岚：《五代十国墓葬惊现凉城》，《内蒙古日报（汉）》2008年8月28日，第001版。
[14] 冯汉骥撰：《前蜀王建墓发掘报告》，文物出版社2002年版，第1—86页。
[15] 成都文物考古研究所、龙泉驿区文物保护管理所：《成都市龙泉驿五代前蜀王宗侃夫妇墓》，《考古》2011年第6期。
[16] 四川省文物管理委员会：《前蜀晋晖墓清理简报》，《考古》1983年第10期。
[17] 曹静：《四川五代墓葬的考古发现及相关问题研究》，《赤子》2013年第12期。
[18] 成都市文物管理处：《后蜀孟知祥与福庆长公主墓志铭》，《文物》1982年第3期。
[19] 成都市文物管理处：《成都市东郊后蜀张虔钊墓》，《文物》1982年第3期。

铎夫妇墓M1、M2[1]、后蜀宋琳墓[2]、后蜀孙汉韶墓[3]、后蜀李才墓[4]、前蜀周皇后陵[5]、成都市五代墓M2[6]、成都梁家巷五代墓[7]、成都高新区紫荆路唐末五代墓M2[8]、成都青白江区景峰村五代墓[9]、成都近郊五代后蜀墓[10]、华阳五代墓[11]、广汉2座：广汉烟堆子遗址五代墓M2、M3[12]）；

江苏10座（邗江1座：江苏邗江蔡庄五代墓[13]；新海连市1座：五代吴大和五年墓[14]；南京2座：南唐烈主李昪墓[15]、南唐元宗李璟墓[16]；扬州1座：江苏扬州五台山五代墓[17]；镇江1座：镇江市何家门五代墓[18]；连云港1座：江苏连云港市新浦区五代墓[19]；常州2座：江苏常州半月岛五代墓[20]、常州五代墓[21]；盐城1座：江苏盐城五代墓[22]）；

浙江11座（杭州3座：杭州M27钱元瓘墓[23]、杭州M26五代吴汉月墓[24]、

---

[1] 成都市博物馆考古队：《成都无缝钢管厂发现五代后蜀墓》，《四川文物》1991年第3期。
[2] 四川省博物馆文物工作队：《四川彭山后蜀宋琳墓清理简报》，《考古通讯》1958年第5期。
[3] 成都市博物馆考古队：《五代后蜀孙汉韶墓》，《文物》1991年第5期。
[4] 龙腾、李平：《蒲江发现后蜀李才和北宋魏训买地券》，《四川文物》1990年第2期。
[5] 周尔太：《成都市发现前蜀宫廷古墓》，《成都文物》1990年第4期；张亚平：《"前蜀"后妃墓应为前蜀周皇后墓》，《四川文物》2003年第1期。
[6] 成都市文物考古工作队：《成都市五代墓出土尊胜陀罗尼石刻》，《四川文物》1999年第3期。
[7] 成都市文物考古工作队：《成都梁家巷唐宋墓葬发掘简报》，《四川文物》1999年第3期。
[8] 《成都市高新区紫荆路唐宋墓发掘简报》，收录于成都市文物考古研究所编著《成都考古发现（1999）》，科学出版社2011年版，第193—201页。
[9] 成都市文物考古研究所、青白江区文物管理所：《成都市青白江区景峰村五代及宋代墓葬发掘简报》，收录于成都市文物考古研究所编著《成都考古发现（2003）》，科学出版社2005年版，第331—346页。
[10] 洪剑民：《略谈成都近郊五代至南宋的墓葬形制》，《考古》1959年第1期。
[11] 王嘉：《华阳出土五代时期古墓》，《成都日报》2005年9月15日，第B02版。
[12] 四川省文物考古研究院、德阳市文物考古研究所、广汉市文管所：《2004年广汉烟堆子遗址晚唐、五代墓地发掘简报》，《四川文物》2005年第3期。
[13] 扬州博物馆：《江苏邗江蔡庄五代墓清理简报》，《文物》1980年第8期。
[14] 江苏省文物管理委员会（屠思华）：《五代吴大和五年墓清理记》，《文物参考资料》，1957年第3期。
[15] 南京博物院编著：《南唐二陵发掘报告》，文物出版社1957年版，第3页。
[16] 南京博物院编著：《南唐二陵发掘报告》，文物出版社1957年版，第3页。
[17] 江苏省文物管理委员会、南京博物馆：《江苏扬州五台山唐、五代、宋墓发掘简报》，《考古》1964第10期。
[18] 刘和惠、翁福骅：《镇江、句容出土的几件五代、北宋瓷器》，《文物》1977年第10期。
[19] 南京博物院、连云港市博物馆：《江苏连云港市清理四座五代、北宋墓葬》，《考古》1987年第1期。
[20] 常州市博物馆：《江苏常州半月岛五代墓》，《考古》1993年第9期。
[21] 陈晶：《常州等地出土五代漆器刍议》，《文物》1987年第8期。
[22] 俞洪顺、梁建民、井永禧：《江苏盐城市城区唐宋时期的墓葬》，《考古》1999年第4期。
[23] 浙江省文物管理委员会：《杭州、临安五代墓中的天文图和秘色瓷》，《考古》1975年第3期。
[24] 浙江省文物管理委员会、杭州师范学院考古组：《杭州郊区施家山古墓发掘报告》，《杭州师范学院学报（社会科学）》1960年第1期；浙江省文物管理委员会：《杭州、临安五代墓中的天文图和秘色瓷》，《考古》1975年第3期。

杭州三台山M32五代墓[1]；临安6座：浙江临安M23晚唐钱宽墓[2]、浙江临安M24钱镠母亲水邱氏墓[3]、临安M20钱元玩墓[4]、浙江临安M25五代吴越国康陵[5]、浙江临安板桥M21五代墓[6]、临安M22吴越墓[7]；苏州1座：苏州七子山五代墓[8]、乐清1座：浙江乐清县五代墓[9]）；

安徽2座（合肥1座：合肥西郊南唐墓[10]；青阳1座：安徽青阳南唐砖石墓[11]）；

江西2座（九江1座：九江县五代南唐周一娘墓[12]；会昌1座：江西会昌五代墓[13]）；

湖南1座（长沙1座：湖南长沙黄土岭五代墓[14]）；

湖北1座（武汉1座：阅马场五代吴国墓[15]）；

福建6座（泉州2座：泉州五代墓[16]、福建永春五代墓[17]；福州4座：五代闽国刘华墓[18]、唐末五代闽王王审知夫妇墓[19]、福州洪塘金鸡山五代古墓M20、M21[20]）；

广东5座（番禺3座：广州南汉德陵、康陵[21]、广州石马村南汉墓[22]；和

---

［1］浙江省文物考古所：《杭州三台山五代墓》，《考古》1984年第11期。
［2］浙江省博物馆、杭州市文管会：《浙江临安晚唐钱宽墓出土天文图及"官"字款白瓷》，《文物》1979年第12期。
［3］明堂山考古队：《临安县唐水邱氏墓发掘报告》，收录于《浙江省文物考古研究所学刊》，文物出版社1981年版，第94—104页。
［4］浙江省文物管理委员会：《杭州、临安五代墓中的天文图和秘色瓷》，《考古》1975年第3期。
［5］杭州市考古所、临安文管会：《浙江临安五代吴越国康陵发掘简报》，《文物》2002年第2期。
［6］浙江省文物管理委员会：《浙江临安板桥的五代墓葬》，《文物》1975年第8期。
［7］浙江省文物管理委员会：《杭州、临安五代墓中的天文图和秘色瓷》，《考古》1975年第3期。
［8］苏州市文管会、吴县文管会：《苏州七子山五代墓发掘简报》，《文物》1981年第2期。
［9］温州市文物处：《浙江乐清县发现五代土坑墓》，《考古》1992年第8期。
［10］石谷风、马人权：《合肥西郊南唐墓清理简报》，《文物参考资料》1958年第3期。
［11］黄忠学：《安徽青阳县发现一座南唐砖室墓》，《考古》1999年第6期。
［12］刘晓祥：《九江县五代南唐周一娘墓》，《江西文物》1991年第3期。
［13］池小琴：《江西会昌发现晚唐至五代墓葬》，《南方文物》2001年第3期。
［14］周世荣：《湖南长沙黄土岭的五代墓》，《考古通讯》1958年第1期。
［15］武汉博物馆：《阅马场五代吴国墓》，《江汉考古》1998年第3期。
［16］吴文良：《泉州发现的五代砖墓》，《考古通讯》1958年第1期。
［17］晋江地区文管会、永春县文化馆：《福建永春发现五代墓葬》，《文物》1980年第8期。
［18］福建省博物馆：《五代闽国刘华墓发掘报告》，《文物》1975年第1期。
［19］福建省博物馆、福州市文物管理委员会：《唐末五代闽王王审知夫妇墓清理简报》，《文物》1991年第5期。
［20］曾凡：《福州洪塘金鸡山古墓葬》，《考古》1992年第10期。
［21］广州市文物考古研究所：《广州南汉德陵、康陵发掘简报》，《文物》2006年第7期。
［22］商承祚：《广州石马村南汉墓葬清理简报》，《考古》1964年第6期。

平2座；广东和平县五代墓HPDM6、HFZM1[1]）。

通过以上数据可以看出，五代十国墓葬主要分布在四川、河南、浙江等地（表1.1.1），其中四川地区20座、河南地区16座、浙江地区11座、江苏地区10座。从数量看，分布具有明显的规律性，即墓葬的数量和所在地的政治经济状态，或政权存在的时间有密切关联。

四川一直比较稳定，前后蜀更替也无大规模战争，经济发达，吸引了大量中原移民，因此墓葬分布最多；中原是五代中心，虽然战争和政权更迭不断，但综合政治经济实力仍雄踞天下，所以墓葬数量较多；而南唐是南方地盘最广的政权，经济实力也最强，大量北方贵族和士人逃到南方，具备建造墓葬的群体和实力。

表1.1.1　五代十国墓葬地理分布比例统计表

时代	墓葬数量（单位/座）	分布地区、数量（单位/座）	主要分布地区（单位/座）
五代十国	90	河南（16）、山东（1）、河北（3）、山西（3）、陕西（3）、内蒙古（6）、四川（20）、江苏（10）、浙江（11）、安徽（2）、江西（2）、湖南（1）、湖北（1）、福建（6）、广东（5）	四川（20）、河南（16）、浙江（11）、江苏（10）

在以上90座墓葬中，具代表性的壁画墓共计20座，以发掘时间早晚而论，主要可分为三个时间区段，具体分期如下。

（一）20世纪40—80年代

五代十国壁画墓的发现，最早应为冯汉骥1942年9月主持发掘的成都琴台前蜀王建墓。据宋人史籍记载，原王建墓地面佛宫仅壁画就有100堵之多。因年代久远，破坏较为严重。至发掘时，该墓中仍存有多幅石刻画、石雕与彩画，其中前室第一道石券上有彩绘痕迹，图案虽漫漶不清，但仍隐约可辨识其应为壁画人物。第三道券下重券额上绘有彩画，内容为唐代以来建筑绘画中常见的"串枝莲"图案，属晚唐、五代时期普遍流行的一种基本图案形式。此外，中室中部放置红砂石材质须弥座式棺床一座，须弥座

---

[1]　广东省文物考古研究所、和平县博物馆：《广东和平县晋至五代墓葬的清理》，《考古》2000年第6期。

东、南、西三面均刻有龙戏珠图案，其中南面二龙，东、西两面三龙，其间以云气纹装饰，北面刻云气纹。棺床东、西两侧置有12躯半身武士立体石刻胸像，棺床东、西、南三面壸门中，则刻有伎乐图像，共计24幅[1]。

1950年10月，南京博物院考古工作组与南京市文管会等部门联合发掘了南京江宁南唐高祖李昪钦陵与中祖李璟顺陵。其中钦陵中室墓壁绘有鲜艳彩画，在斗拱、立柱等仿木结构上有牡丹、莲花、柿蒂、宝相、海石榴、云气等纹饰，开宋墓建筑彩画装饰之先河[2]。中室和后室之间有一通道，在通道口中室北壁上方，横列大型双龙攫珠石刻浮雕像；下方左右两侧分别有一尊足踩祥云、披甲持剑的石刻武士浮雕。后室顶部绘有彩色天象图。顺陵为彩绘与仿木结构相结合的装饰方式，在仿木结构上绘有牡丹等彩绘花纹图案，后室顶部绘有天象图[3]。

1957年3月，四川省博物馆对四川彭山城北后蜀宋琳墓进行了清理，墓中室棺盖有三组浮雕云纹与雀纹，前端为一朱雀浮雕，后端为一玄武浮雕。棺床四周亦刻浮雕，左墙为青龙，作奔腾状；右边墙为虎，作奔驰状。棺座四周有浮雕花纹，正面为三舞乐伎，座四角均造浮雕力士像。另发现文俑7件、戴披风帽俑2件、武俑2件、穿短褐俑1件、伏地女俑1件、猪头人身俑1件、双头人首蛇身俑1件[4]。

1971年春，四川省博物馆与成都市文物管理委员会清理发掘了成都市北郊磨盘山南麓的后蜀高祖孟知祥和陵。此墓建筑风格独特，墓门为牌楼式建筑，屋脊两端鸱吻，上刻龙凤，龙首吻脊，彩枋四柱，柱上刻有青龙、白虎，左右各有一个身披甲胄、手执剑斧的守门卫士圆雕石像，两壁彩绘男女宫人。中室内横置红砂石所砌须弥座棺床，底座下为仰莲，上为覆莲。底座前、后各雕刻裸身、卷发、圆脸、鼓眼力士5人，力士双手放置膝上，作跪地负棺状，并于头上脚下各刻一圈云气。棺床上层四周刻有双龙戏珠浮雕，中层四方各凿有长方形孔数个，四角各雕刻有身披甲胄，面部表情各异的力士1人，作跪地负棺状，均为深浮雕[5]。

1977年底，成都市文物管理处于四川成都金牛区保和乡发掘了后蜀张

---

[1] 冯汉骥撰：《前蜀王建墓发掘报告》，文物出版社2002年版，第28页。
[2] 罗世平、廖旸：《古代壁画墓》，文物出版社2005年版，第139页。
[3] 南京博物院：《南唐二陵发掘报告》，文物出版社1957年版，第39页。
[4] 四川省博物馆文物工作队：《四川彭山后蜀宋琳墓清理简报》，《考古通讯》1958年第5期。
[5] 成都市文物管理处：《后蜀孟知祥墓与福庆长公主墓志铭》，《文物》1982年第3期。

虔钊墓,墓中所绘壁画已毁。其中室棺床为须弥座式,方涩刻牡丹花,罨涩刻仰莲,床脚上部刻覆莲。床身四周均有石柱,柱上刻力士像,柱子之间镶嵌壸门,南面壸门自西向东刻马、狮、狮、北面自东至西刻獬豸、獬豸、□,东面自南至北刻□、□、羊、马、鹿,西面自北至南刻鹿、麒麟、獏、马、狮[1]。

1984年3月,成都市博物馆考古队在四川成都青龙乡西林村发掘了后蜀孙汉韶墓。中室棺床四周镶嵌石雕,方涩阴刻牡丹花纹,罨涩雕仰覆莲,方涩之间嵌石刻壸门,壸门上雕有鹿、狮、虎、象、羊等动物形象。棺床四周边角有长方形红砂石柱,柱上雕抬棺力士像,围绕棺床四周,形态各异。墓中还有武士俑1件、戴冠俑1件、侍俑4件、匍伏俑1件、文俑1件、仆俑9件[2]。

(二)20世纪90年代

20世纪90年代是五代十国壁画墓发现、发掘的重要时期。1991年,新郑市文物局对位于河南新郑城北郭店镇附近的柴宗训顺陵进行勘测,发现彩绘仿木建筑图和人物图像,甬道东侧绘《文吏迎侍图》,墓室西侧绘《武吏端斧图》,墓室顶部绘星象图[3]。

1992年4月,咸阳市文物考古研究所、彬县文化局联合组成的考古队对位于彬县底店乡二桥村的五代后周朔方军节度使、中书令、卫王冯晖的墓地进行了发掘。甬道、墓室发现了大量壁画与砖雕,壁画面积达200多平方米,彩绘乐舞砖雕风格独特,墓室穹顶绘天象图[4]。

1994年发现的山西省太原市第一热电厂北汉天会五年(961)壁画墓,甬道东、西壁各绘一门吏,墓室东南柱间壁上方有乐舞图一组,五名男性乐人分布敲鼓、吹笙、拍板、奏笛、吹筚篥,前场一胡人跳胡腾舞。东北柱间壁两侧绘站立仆人图。西南柱间壁上方为阑额、垂幔,中间绘有备茶图一幅,表现备茶场景[5]。

1994年5—6月,内蒙古文物考古研究所、乌兰察布博物馆、清水河县文物管理所联合对山跳峁墓地进行了发掘清理,M3北壁有三组砖雕和壁画,

---

[1] 成都市文物管理处:《成都市东郊后蜀张虔钊墓》,《文物》1982年第3期。
[2] 成都市博物馆考古队:《五代后蜀孙汉韶墓》,《文物》1991年第5期。
[3] 李书楷:《五代周恭帝顺陵出土壁画》,《中国文物报》1992年4月5日,第1版。
[4] 咸阳市文物考古研究所:《五代冯晖墓》,重庆出版社2001年版,第54—56页。
[5] 徐光冀:《中国出土壁画全集(2·山西)》,科学出版社2011年版,第110—114页。

东北壁有红、黑、褐三种颜色绘制的壁画，损坏严重，内容不详；M北壁绘有老者、妇人、侍女、飞禽等形象，东壁绘中年男子、妇人、山峰树木及黄色鹿，东南壁栏额上方壁画保存较好，用黑、黄两色线条勾勒山峰外形，并绘梅花鹿两只于山坳之内。南壁绘有一男子和一妇人，西南壁栏额上方有飞鸟图像三幅，西北壁绘劳作人物图像；M6西壁绘队列式人物，栏额上方存黄色斑点虎上半部，为黑黄两色复合绘制；M7西北壁存五人队列式吹奏图一组，人物均手持乐器[1]。

1995年7月，河北省文物研究所会同保定市文物管理处、曲阳县文化局、曲阳县文物管理所组成的考古队发掘了五代王处直墓。此墓不仅绘有色彩艳丽、技法娴熟的壁画，还发现了嵌入左右壁的奉侍、伎乐和前室所嵌十二生肖等彩绘浮雕，壁画内容涉及云鹤、团花、人物、花鸟、山水、天象图等。壁画中人物形象典雅端庄、造型准确。前室北壁的水墨山水，是目前发掘出土年代确切且时代较早的水墨山水画[2]。

1996年12月，杭州市文物考古所联合临安市文物馆对位于临安市玲珑镇祥里村五代吴越国康陵进行了发掘。据考古资料显示，前室左侧及后端转角上方绘有三组斗拱，后侧门券上绘朱红色缠枝牡丹花，两耳室三壁各绘一株牡丹，中室两壁绘彩色图案，后室左右壁及后壁上部雕刻并彩绘牡丹图案，后室左壁绘青龙，右壁绘白虎，在门背面上部凿有浅龛，龛内雕刻朱雀，后室后壁上部亦凿有浅龛，龛内雕刻玄武。后室三壁及门背面下部共有12个壸门形龛，龛内雕刻十二生肖人物像[3]。

（三）21世纪初至今

进入21世纪以来发现的五代十国壁画墓数量逐渐增多。2001年4月，陕西省宝鸡市考古研究所对位于宝鸡市金台区陵原乡陵原村的唐末五代李茂贞夫妇墓进行发掘。从考古发掘情况得知，一号墓主为李茂贞夫人，墓中发现的仿木结构砖石端门是目前我国发现较早的砖砌端门；二号墓主为李茂贞，墓道结构较为独特，墓道两侧绘有18幅乐伎图。此外，瑞鸟衔草、八人抬轿、两人抬轿、汉人牵马、胡人牵驼以及十二生肖等砖雕图像也有发现，

---

[1] 内蒙古文物考古研究所、乌兰察布博物馆、清水河县文物管理处：《内蒙古清水河县山跳峁墓地》，《文物》1997年第1期。
[2] 河北省文物研究所、保定市文物管理处：《五代王处直墓》，文物出版社1998年版，第18页。
[3] 杭州市文物考古研究所等：《浙江临安五代吴越王国康陵发掘简报》，《文物》2000年第2期。

其中两人抬轿图、八人抬轿图砖雕为首次发现[1]。

2005年11月,洛阳市第二文物工作队对位于伊川槐树街的伊川机械厂后晋孙璠墓进行了发掘清理,墓壁为砖砌仿木结合,以墓室中心线为轴线,左右对称分布八根方形抹角倚柱。上承铺作,柱间为阑额,倚柱和阑额涂朱彩,并有砖雕,内容包括灯檠、小桌、注子、盏及托、凳等,墓顶绘星象图[2]。

2009年12月,太原市考古所对位于晋祠镇青阳河村的北汉末代皇帝刘继元太惠妃墓进行清理,墓室内发现了青龙、朱雀、白虎、玄武等神兽壁画图案[3]。

2010年11月,内蒙古文物考古研究所对呼和浩特市清水河县窑沟乡塔尔梁村五代砖石壁画墓进行抢救性发掘,M1南壁发现朱雀、侍宴图及人物图像。西南壁绘道教打坐图一幅,还发现了表现丧葬礼仪、耕作的画面。西北壁绘有抚琴图、宴饮图。北壁上方为孝行图。东北壁壁面顶部拱间上层左侧为伏羲女娲图,下层为休憩图。东南壁主要绘有出行图。M2南壁绘拱手站立、牵马男子图像,西壁同为牵马图。北壁壁面拱间有动物形象,左侧壁面上部为郭巨埋儿图,下部为宴饮图,右侧壁面上方绘力士图。东壁发现伏羲女娲图像[4]。

2011年1—4月,原洛阳市文物工作队在孟津新庄考古工地发掘晚唐五代墓葬一座,甬道东西两壁各三个男性仪仗吏,壁画保存完好,人物用墨线勾勒轮廓,面部清晰,均作叉手状[5]。

2012年2—7月,洛阳市文物考古研究院在洛阳市洛龙新区关林大道与金城寨街西南龙盛小学发掘清理了一座五代壁画墓,墓室壁画分成九组:第一组绘站立状叉手男性人物一名,第二组为两名女性人物,第三组是砖雕的灯檠和桌椅,第四组画面居中为砖雕九棂窗,第五组为砖雕门结构,第六组为九棂窗,第七组为砖雕矮柜和衣架,第八组绘有两名女性人物,第九组绘有站立状叉手男性人物一名[6]。

[1] 宝鸡市考古研究所:《五代李茂贞夫妇墓》,科学出版社2008年版,第46—47页。
[2] 四川大学历史文化学院考古系、洛阳市第二文物工作队:《洛阳伊川后晋孙璠墓发掘简报》,《文物》2007年第6期。
[3] 李建平:《太原发现北汉晚期皇室墓葬,有恢弘壁画》,《新华每日电讯》2010年1月1日,第002版。
[4] 内蒙古师范大学科学技术史研究院、内蒙古文物考古研究所:《内蒙古清水河塔尔梁五代壁画墓发掘简报》,《文物》2014年第4期。
[5] 洛阳市文物考古研究院:《洛阳孟津新庄五代壁画墓发掘简报》,《洛阳考古》2013第1期。
[6] 洛阳市文物考古研究院:《洛阳龙盛小学五代壁画墓发掘简报》,《洛阳考古》2013年第1期。

2012年6—10月，洛阳市文物考古研究院在洛阳市老城区邙山镇营庄村北发现五代壁画墓一座，甬道东、西两侧绘门吏侍卫图，墓室内砖雕壁画分九组，分别为童子迎宾图、侍女劳作图、弹唱宴饮图、砖砌窗户图、砖砌大门图、砖砌窗户图、侍女理柜图、女子惊梦图、更衣图[1]。

在以上20座壁画墓中（见附表2），按地理区域分布情况统计，主要分布在四川、河南等地区，其中四川地区5座、河南地区5座、江苏地区2座、陕西地区2座、山西地区2座、内蒙古地区2座（表1.1.2）。

表1.1.2　五代十国壁画墓地理分布比例统计表

时代	壁画墓数量（单位/座）	分布地区、数量（单位/座）	主要分布地区
五代十国	20	河南（5）、河北（1）、山西（2）、陕西（2）、内蒙古（2）、四川（5）、江苏（2）、浙江（1）	四川（5）、河南（5）

观察上述数据，将五代十国墓葬地理分布区域与五代十国壁画墓的分布区域进行综合比较分析，可初步得出以下九点结论：

（1）五代十国墓葬主要分布在四川、河南、江苏、浙江等地；五代十国壁画墓主要分布在四川、河南、山西、陕西、内蒙古、江苏等地区。四川、河南、江苏等地区成为两者共同分布的主要地理区域。

（2）据分布比例数据显示，五代十国墓葬分布最多的地区为四川20座，河南16座，浙江11座，江苏10座；五代十国壁画墓分布最多的地区为四川5座，河南5座，陕西2座，山西2座，内蒙古2座，江苏2座。比较数据可以得出，四川、河南成为五代十国墓葬以及壁画墓分布数量最多的区域，浙江、江苏位居其次，陕西、山西、内蒙古等地亦均有分布。

（3）五代十国后梁、后晋、后汉、后周政权都城均在东京（今河南开封），后唐政权都城在西京（今河南洛阳）；前蜀、后蜀政权都城在成都（今四川成都）、吴政权都城在江都（今江苏扬州）、南唐政权都城在江宁（今江苏南京）、吴越政权都城在西府（今浙江杭州）。可以看出，当时几个大的政权活动中心主要在四川、河南、江浙地区，五代十国墓葬与壁画墓分布的地理区

---

[1]　洛阳市文物考古研究院：《洛阳邙山镇营庄村北五代壁画墓》，《洛阳考古》2013年第1期。

（4）关中地区墓葬数量骤减，唐代墓葬集中的关中地区，特别是长安一带，壁画墓总数高达百余座，如代表性的永泰公主墓、章怀太子墓、懿德太子墓等。五代十国墓葬陕西地区发现3座，不但与唐代墓葬关中地区集中分布的局面不可比，就连与同时期广东、福建地区相比，也是差之数倍。这种局面主要是因经过黄巢大起义的冲击，关中地区已经十室九空。特别是朱温灭唐，迁都河洛地区，关中地区政治中心的地位不复存在。

（5）四川地区五代墓葬数量最多，目前发现20座。从晚唐开始，四川因为相对政局稳定，前后蜀的建立和更替时间较短，没有经历长时间大规模的战争，总体上社会安定、经济富庶，对饱受战乱之苦的中原人具有吸引力，出现了持续不断的移民潮，这些移居蜀地的主要是当时的贵族和士人，具有很强的经济实力，也在思想及文化艺术方面有营造墓室的需求。江苏地区也发现了10座墓葬，这是因为江苏在五代出现了强大的南唐政权，而且政局持续稳定了40余年时间，经济快速发展，是当时最为富庶的地区之一。吴越国虽然疆域不及南唐，但是经济取得长足的发展，而且政权稳定近80年，和中原地区政治、文化交往十分频繁。

（6）中原地区是墓葬集中地区，其中河南就有16座。虽然五代中原战乱频仍，政权更迭不断，但是中原地区是传统的政治、经济中心，人口密集，五代的政治中心由关中向河洛地区转移，因此河南地区出现五代墓葬集中区是和当时的政治地理割据相一致的。

（7）南北交汇地带的五代墓葬比较少，如安徽、江西、湖南、湖北。安徽发现2座，江西发现2座，湖南发现1座[1]，湖北发现1座。更为反常的是，其数量甚至不如更偏远的广东、福建等地。这种现象也和当时区域性政权割据相关。安徽是当时南方诸政权与中原王朝对峙的前线，战事不断，没有建造高规格墓葬的社会群体稳定居住，也缺乏建造高等级墓葬的时间和空间条件。两湖地区虽然建立地方性政权，如楚、南平等，但是地域狭小，内部争斗不断，是五代十国中整体实力最小的政权，既无经济实力，也没有大量的人力来营造高规格墓室。

（8）偏远的广东、福建地区数量增多。广东发现5座，福建发现6座，广

---

[1] 1964年，湖南省博物馆在长沙市郊清理了五代墓40余座，主要分布在长沙市南郊赤岗冲、左家塘瓷厂与长沙市北郊下大垅一带，因均为土坑竖穴墓，墓室结构比较简单，因此该部分墓葬未纳入统计范围。

东地区刘氏建立了南汉政权,福建地区王氏建立了闽政权,当地的经济水平和文化事业有了一定发展,特别是两地利用区位优势发展的海外贸易"招来海中蛮夷商贾"[1],积累了大量财富,建高规格的墓室有一定的经济条件作为支撑。而南汉政权统治者的穷奢极欲,《新五代史》记载南汉开国皇帝刘䶮"好奢侈,悉聚南海珍宝,以为玉堂珠殿"[2]。继任之君更是远甚于他,所以南汉贵族营造高规格的墓葬是很正常之事。

(9)关于墓葬葬地,唐右补阙姚南仲说:"盖松柏当静,灵祇贵幽,是以古帝王之葬后妃,莫不凭邱原,远郊郭。"[3](明末清初)陈确提出"葬法六要"[4]:时(时不出三月)、近(近不出乡)、合(族葬)、深(深入地至丈以外)、实(棺椁内以灰沙实筑之,不留罅隙)、俭(不事虚文、称财量力)。以上文献说明古人在墓葬地址选择上,一般认为国城附近、松柏翠绿长青的山麓与丘岭为理想之所。除前蜀永陵为平地而建、积土为封以外,大多壁画墓依山为陵,再从五代十国等级较高的壁画墓分布地理区域来看,其一般均位于离都城不远的郊外,使死者就近而葬,则"近而可见,殁而复生"[5]。前蜀王建墓、南唐李昪墓、五代李茂贞夫妇墓、吴越康陵、洛阳孟津新庄五代壁画墓、洛阳龙盛小学五代壁画墓、洛阳邙山镇营庄村北五代壁画墓均是如此。

二、寺观壁画与石窟壁画遗存辑录与统计

(一)山西大云院五代寺观壁画遗存与文献记载寺观壁画地理分布

中原佛教在隋唐达到鼎盛以后,到五代开始衰败,如黄忏华所言:

> 五代五十余年间,王朝交迭,战乱频仍,佛寺荒废,经籍散逸;隋唐三百年间鼎盛之佛教,至此零落殆尽。大小各宗,莫不衰息。独禅宗一宗,以其构居深山大壑,标榜教外别传,稍盛。而于此五代之纷乱中,南方之吴越,以其王钱镠钱俶,累代尊崇佛教,其领域内,佛教甚盛……五代末,后周世宗,天性不好

---
[1](宋)欧阳修撰:《新五代史·卷六十八·闽世家第八·王审知》,中华书局1974年版,第846页。
[2](宋)欧阳修撰:《新五代史·卷六十五·南汉世家第五·刘隐》,中华书局1974年版,第811页。
[3](宋)王溥撰:《唐会要》,中华书局1955年版,第410页。
[4](清)陈确撰:《陈确集·别集·葬书下》,中华书局1979年版,第494—495页。
[5](宋)王溥撰:《唐会要》,中华书局1955年版,第410页。

佛教,即位后,未几,显德二年(955),诏禁私度僧尼,敕废天下无敕额之寺院,寻又诏毁铜像,收钟磬钹铎之类铸钱。世宗之为一宗之厄。时去会昌之法难,凡一百十年。于是六朝隋唐诸宗高德之章疏,大半散佚,佛教扫地以尽。[1]

现今能看到五代寺观壁画遗存的,有山西平顺县大云院一处,弥足珍贵。大云院建于五代后晋天福五年(940),初名"仙岩院"。后周显德元年(954)建寺外七宝塔,北宋建隆元年(960)已有殿堂一百余间,北宋太平兴国八年(983)改名为大云禅院。大云院建立正值后晋石敬瑭时期,高祖石敬瑭一向礼佛,《旧五代史·晋书三·高祖纪》记载:"戊子,以河阳潜龙宅为开晋禅院,邢州潜龙旧宅为广法禅院。"[2]

前院北侧为弥陀殿,殿内保存五代壁画46余平方米(表1.1.3、表1.1.4)。壁画内容分布如下:

其一,扇面墙正面、东西两侧绘有观音与大势至图像,附榜题:观世音一尊,合众供养。菩萨为立式,头戴花冠、宝珠,在耳后打髻,袒露前胸,佩戴璎珞。

其二,东壁绘维摩变,内容为维摩诘居士与文殊菩萨辩论场景。众天王在旁倾听,半身像均匀项光。画面还绘有天女和飞天,天女右手托花盘,左手持鲜花,发髻高束,长衣及地,侍立旁侧。天女形体丰满,面容清秀,神情慈祥。飞天仙女袒露胸臂,裙带飘扬,双手捧钵,面部慈祥,身躯优美,线条挺劲而流动。

其三,东壁画菩萨众像。菩萨均头戴花冠,身着长衣,飘带长拖于身后,双手合掌而拜[3]。

观察大云院壁画图像,题材内容主要涉及维摩诘、观世音菩萨、文殊菩萨、大势至菩萨、舍利佛、香积菩萨、天王、神将、罗汉、侍从、擎花天女、飞天等,人物形象刻画生动,结构严谨,更为值得关注的是,在冠戴、簪花、璎珞、帔巾、飘带以及刀、叉、剑、戟等兵器上,均加施沥粉贴金[4],使画面更显富丽且具视觉冲击力。

----

[1] 黄忏华:《中国佛教史》,商务印刷馆影印本,上海文艺出版社1990年版,第314页。
[2] (宋)薛居正等撰:《旧五代史·卷七十七·晋书三·高祖纪第三》,中华书局1976年版,第1023页。
[3] 楚启恩:《中国壁画史》,北京工艺美术出版社2000年版,第145、146页。
[4] 柴泽俊、贺大龙:《山西佛寺壁画》,文物出版社2006年版,第16页。

表1.1.3　大云院弥陀殿壁画统计表[1]

位　　置	画面高度（单位/米）	画面宽度（单位/米）	壁画面积（单位/平方米）	备　　注
东壁南半部	2.85	5.55	15.82	边沿不规整
东壁北半部	2.86	5.01	14.33	边沿不规整
北壁东隅	2.84	1.68	4.77	西边沿残缺
扇面墙正面东隅	2.18	1.16	2.53	两边沿残缺
扇面墙正面西隅	2.12	1.13	2.40	上边沿残缺
扇面墙背面东隅	2.20	1.28	2.82	下边沿残缺
扇面墙背面西隅	2.15	1.55	3.33	东边沿残缺
合　　计			46	

备注：殿内除了门窗，周围墙壁及扇面墙约计106平方米，现存壁画46平方米，约占殿内墙壁全部面积的43.4%

表1.1.4　大云院壁画内容及配置比较表

寺　名	壁画内容	表现形式	壁　画　布　局
山西大云院	维摩经变	壁画	东壁，维摩诘坐于施有宝帐的榻上，躯体略向前倾，面部已残；文殊菩萨相对而坐，身后有菩萨、罗汉、天王、神将、侍从等，中央是香积菩萨、舍利佛、持花天女，上绘飞天回翔、天女散花场景
	观音、势至菩萨、乐舞伎	壁画	正门扇面墙上彩绘观音、大势至二菩萨，观音法相慈祥，持净瓶杨枝条，大势至袒胸露腹，面相凝重；扇面墙背画有"西方净土变"。上方是侍从众菩萨、仆从，下方画有8位乐舞伎
	动物图像	雕刻	七宝塔塔基为八方形，底座为覆盆式莲花池第一层束腰上雕刻飞马、狮子、麒麟等吉祥动物；第二层束腰雕刻乐舞伎；第三层正面有门，上绘双龙戏珠；门西侧侍立二天王，神情庄肃；第四层帐幕低垂；第五层是云纹饰的大圆盖宝珠嵌顶

---

[1] 此表采自柴泽俊、贺大龙：《山西佛寺壁画》，文物出版社2006年版，第15页"大云院弥陀殿五代壁画统计表"。

除山西大云院外，五代四川成都等地区均有寺院，而且壁画是这些寺院的主要装饰形式和宣教载体。目前这些寺院壁画均已不存，但从《历代名画记》《成都古寺名笔记》《益州名画录》《图画见闻志》《宣和画谱》《五代名画补遗》《蜀梼杌》《画继》《全唐文》等历史文献中还可窥见一斑，可聚焦文献记载中当时参与佛寺壁画绘制画家的相关信息，来反观寺观壁画的具体内容，通过对文献资料的梳理，复原和了解五代十国时期佛寺壁画的分布概况（见附表3）[1]。

通过附表3信息得知，有文献记载且参与过佛寺壁画创作的五代画家共有60位，从地理区域分布看，其中在成都府寺院绘制过壁画的画家达48位、河南府（今洛阳）5位、陕州（今三门峡）2位、汴州（今开封）4位、建业（今南京）1位。由此可见，五代十国寺观壁画主要分布地理区域为四川、河南、江苏等地区。（表1.1.5）

表1.1.5　通过历史文献反映五代十国佛寺壁画地理分布比例统计表

时代	佛寺壁画分布数（单位/处）	分布地区、数量（单位/处）	主要分布地区
五代十国	60	四川（48）、河南（11）、江苏（1）、山西大云院（另计）	四川（48）、河南（11）、江苏（1）

根据以上数据，可以认为，五代十国时期佛寺壁画的重点分布地区为四川成都地区，而大圣慈寺壁画尤为突出，这说明当时大圣慈寺壁画异常繁荣。宋代文同《丹渊集》载："蜀自唐二帝西幸，当时随驾以画待诏者，皆奇工，故成都诸郡寺宇所存诸佛、菩萨、罗汉等像之处，虽天下号为古迹多者，尽无如此地所有矣。"[2]它不仅反映了当时壁画数量之多，"皆奇工"还体现了壁画创作者绘制水准极高。

关于大圣慈寺始建时间，北宋郭印撰写《超悟院记》记载："成都大圣慈寺曰圣慈，唐至德初所建也。合九十六院，地居街会，百工列肆，市声如

---

[1] 西北大学马新广在其博士学位论文《唐五代佛寺壁画的文献考察》(2008年)第18、19、20页中，对五代画家籍贯及其文献所见佛寺壁画之分布进行统计，共涉及56人。本书在对《成都古寺名笔记》《益州名画录》《图画见闻志》《宣和画谱》《五代名画补遗》等文献进行甄别、对勘后，增加至60人，并对壁画分布的内容进行了辑录。

[2] （宋）文同撰：《丹渊集·卷22·彭州张氏画记》，影印文渊阁四库全书本。

雷。"[1]他认为是唐代至德初年,即756年前后始建的。宋代赞宁所编《宋高僧传》卷九十,记载了唐代成都"净众寺"高僧无相禅师传记,所言"释无相,本新罗人也,是彼土王第三子,……以开元十六年(728)泛东溟至于中国,到京。……后入蜀……由是遂劝檀越造净众、大慈、菩提、宁国等寺,外邑兰若钟塔,不可悉数"[2]。无相禅师于"至德元年(756)建午月十九日无疾示灭,春秋七十七"。这个时间和郭印《超悟院记》说的"唐至德初所建也"基本吻合。

可以肯定的是,大圣慈寺在唐代开始扩建,规模宏大壮观。据宋代黄休复《益州名画录》及范成大《成都古寺名笔记》等文献记载(表1.1.6),宋人看到的大圣慈寺就是一座唐代、主要是五代壁画的巨大宝库。对这些壁画分类化、数据化记录的是北宋人李之纯。他在元祐二年至五年(1087—1090)以直学士身份任成都府知府,基于此种机缘,他实地详细参观考察了大圣慈寺的壁画情况。李之纯《大圣慈寺画记》载:

表1.1.6 文献记载大圣慈寺壁画分布统计表

序号	文献名称	记载壁画分布部分禅院	资料来源
1	《历代名画记》	西北禅院	(唐)张彦远撰、承载译注:《历代名画记全译》,贵州人民出版社2008年版
2	《成都古寺名笔记》	鲜于院、百部院、千部院、白马院、承天院、如意轮正觉院(如意轮院)、文殊阁院、西大悲院、大将院、保福院、石像院、慧日院、吉安院、寿宁院、华严院、西林院、揭谛院、宝胜院、弥勒院、锦津院、东律院、楞严院、超悟院	王卫明:《大圣慈寺画史丛考——唐、五代、宋时期西蜀佛教美术发展探源》,文化艺术出版社2005年版

---

[1] 王卫明:《大圣慈寺画史丛考——唐、五代、宋时期西蜀佛教美术发展探源》,文化艺术出版社2005年版,第51页。
[2] (宋)赞宁撰、范祥雍点校:《宋高僧传·卷十九》,上海古籍出版社2017年版,第444、445页。

续表

序号	文献名称	记载壁画分布部分禅院	资 料 来 源
3	《益州名画录》	药师院、石经院、大悲院、三学延祥院（三学院、延祥院）、竹溪院、崇福禅院、崇真禅院、极乐院、兴善院、中和院、灌顶院、炽盛光明院、观音院、六祖院、御容院、方丈院、萧相院、多利心院、经楼院	（宋）黄休复撰、何韫若、林孔翼校注：《益州名画录》，四川人民出版社1982年版
4	《图画见闻志》	胜相院、广福院、龙华东禅院、寿宁院	（宋）郭若虚撰、王其祎校点：《图画见闻志》，辽宁教育出版社2001年版
5	《蜀梼杌》	玉溪院	（宋）张唐英撰：《蜀梼杌》，中华书局1985年版
6	《画继》	大智院、正法院、清凉院、水陆院、柏林院、四天王院、宝相院、青莲院、金地院	（宋）邓椿：《画继》，人民美术出版社1964年版
7	《全唐文》	资福院	（清）董诰等编纂：《全唐文》，中华书局1983年版

举天下之言唐画者，莫如成都之多；就成都较之，莫如大圣慈寺之盛。……总九十六院，按阁、殿、塔、厅、堂、房、廊无虑八千五百二十四间，画诸佛如来一千二百一十五，菩萨一万四百八十八，帝释、梵王六十八，罗汉、祖僧一千七百八十五，天王、明王、大神将二百六十二，佛会、经验、变相一百五十八，诸夹纻雕塑者不与焉。像位繁密，金彩华缛，何庄严显示之如是！昔之画手，或待诏行在，或禄仕两蜀，皆一时绝艺，格入神妙。[1]

李之纯很清晰地列出了当时大圣慈寺内的建筑规模和壁画种类数量，总计有96个院子，楼、阁、殿、塔、厅、堂、房、廊共8 524间，壁上有各种如来佛像1 215幅，天王、明王、大神将像262幅，佛会、经验、变相158幅，是一座

---

[1]（明）杨慎编、刘琳、王晓波点校：《全蜀艺文志·卷四十一》，线装书局2003年版，第1247、1248页。

极其珍贵的艺术宝库。

综合比较五代十国佛寺壁画地理分布情况，可以得出以下四点认识：

第一，通过历史文献记载信息以及壁画遗存情况观察，五代十国佛寺壁画主要分布的区域为四川成都、河南洛阳、开封、三门峡，江苏南京以及山西长治等地区。

第二，依据数据显示，四川分布比例最高，河南其次，再次为江苏，另外，山西大云院五代寺观壁画共计46平方米，为五代寺观壁画现有遗存。

第三，关于四川成都大圣慈寺壁画分布较多的原因，可据文献进行考证。据宋代志磐《佛祖统纪》记载："上皇（唐玄宗）驻跸成都，内侍高力士奏：'城南市有僧英干于广衢施粥，以救贫馁。愿国运再清，克复疆土。欲于府东立寺，为国崇福。'上皇说：'御书大圣慈寺额，赐田一千亩。'"[1]从唐玄宗入蜀，大圣慈寺和皇族就发生联系，匾额都是唐玄宗在逃难四川时所敕赐，使这座地寺院变成了打上皇家烙印的皇家寺院，其等级之高、规模之大就不难想象了。因此，唐代皇家势力的推动为其壁画的繁荣奠定了良好的基础。

第四，《益州名画录》记载："蜀之四主崇奢，宫殿、苑囿、池享，世罕其比。"[2]四主指的是前蜀王建、王衍、后蜀孟知祥、孟昶，他们皆崇尚奢侈、重享乐。张唐英《蜀梼杌·卷下》："御得贤门，大赦，改元明德，六月，往大圣慈寺避暑，观明皇、僖宗御容，宴群臣于华严阁下。"[3]蜀主王衍尚且避暑此寺，其他成都士庶可以推想。大圣慈寺和唐代唐玄宗、唐肃宗、唐僖宗三任帝王以及四任蜀王均有关，进一步说明其当时是作为地道的皇家寺院来实施其布道和宣教功能。

（二）五代十国石窟寺壁画之地理分布

五代十国石窟壁画，主要分布在敦煌莫高窟、安西榆林窟以及西千佛洞。

敦煌莫高窟现存五代石窟包括第4窟、5窟、6窟、22窟、35窟、36窟、40窟、61窟、72窟、86窟、98窟、99窟、100窟、108窟、137窟、140窟、146窟、187窟、189窟、261窟、325窟、346窟、351窟、362窟、385窟、468窟、476窟，共计27个，壁画内容丰富，辑录如表1.1.7所示。

---

[1] 陈红帅：《四川重庆唐代石刻佛像序列考察》，《故宫学刊》2009年总第5辑，第601页。
[2]（宋）黄休复撰、何韫若、林孔翼校注：《益州名画录》，四川人民出版社1982年版，第72页。
[3]（宋）张唐英撰：《蜀梼杌》，中华书局1985年版，第18页。

表 1.1.7　五代十国敦煌莫高窟壁画内容及配置表[1]

洞窟名称	壁　画　内　容
第4窟	楞伽经变、报恩经变、阿弥陀佛经变、法华经变、天请问经变、女供养人、男供养人、侍从、屏风七扇画故事画、火焰宝珠、花卉
第5窟	瑞像图、男供养人曹元忠像、女供养人存凉夫人翟氏像、团花、山花蕉叶帐顶图案、普贤变、天请问经变、药师经变、维摩诘经变（文殊）、维摩诘经变（维摩诘）、弥勒经变、阿弥陀经变、报恩经变、文殊变、比丘、男供养人、女供养人
第6窟	说法图、劳度叉斗圣变（舍利弗）、花卉、水月观音、地藏与十王厅、千佛南无明炎佛、千佛南无善宿佛、团龙鹦鹉井心、回纹、卷草、垂幔、棋格团花图案、跌坐佛、化生、莲花、柳枝净瓶观音、优婆离、迦旃延、阿难、目乾连、舍利弗、须菩提、阿修罗、迦楼罗、揭路荼、月藏、明惠、日光菩萨、宝珠、供养花、紧那罗神将、妙吉祥、宝智菩萨、团花、山花蕉叶、供养香炉、宝瓶、狮子、普贤变、供养菩萨、文殊变、弥陀经变、法华经变、药师经变、华严经、维摩诘经变、文殊、维摩诘
第22窟	棋格千佛、跌坐佛、说法图、八臂观音、药师佛、六臂观音、琉璃光如来、团龙卷瓣莲花井心、团花、回纹、菱纹、卷草、垂幔、十方诸佛、千佛、中央说法图、药师经变、报恩经变、观无量寿经变、维摩诘经变（维摩诘）、维摩诘经变（文殊）
第35窟	十一面八臂观音、赴会菩萨、浮雕团龙井心、卷草、回纹、棋格团花、垂幔、团花、坐佛、背光、项光、花卉、飞天、山花蕉叶、千佛、莲花化佛
第36窟	供养菩萨、说法图、赴会四龙王、供养人、文殊变、普贤变、千佛、男供养人、文殊变、比丘、普贤变
第40窟	团花、垂幔、菩提宝盖、飞天、说法、佛光两侧大目乾连、须菩提等四弟子、功德山王等四菩萨、妙吉祥等四菩萨
第61窟	六联环团花、璎珞垂幔、炽盛光佛、扫洒尼姑供养像、助缘僧及诸星、天宫、乐女、伎乐、菩提宝盖、菩萨、天王、力士、立佛、如意轮观音、不空羂索观音、团龙鹦鹉井心、垂幔、十方诸佛、下千佛、飞天、供养菩萨、南无天鼓音佛、中央南无最胜音佛、中央南无东方不动佛、东方提头赖吒天王、南方毗琉璃天王、西方毗楼博叉天王、北方毗沙门天王、楞伽经变、弥勒经变、阿弥陀经变、法华经变、报恩经变、曹氏家族女供养人、屏风、佛传云童子求师至树下诞生、五台山图、佛传、密严经变、天请问经变、药师经变、华严经变、思益梵天问经变、佛夜半逾城至均分舍利止、维摩诘经变佛国品、维摩诘经变（文殊）、回鹘公主等女供养人、维摩诘经变（维摩诘）、供养比丘尼、于阗公主等女供养人

---

[1] 参见敦煌研究院编：《敦煌石窟内容总录》，文物出版社1996年版。

续表

洞窟名称	壁画内容
第72窟	回纹、卷草、璎珞幔帷、赴会佛、千佛、说法图、棋格团花、瑞像图、供养菩萨、瑞像图、化身、药师佛、垂幔、屏风、萨埵太子本生、尸毗王本生、鹿母夫人故事、卷草、圣者泗州和尚、毗沙门天王请佛会、中普贤变、圣者刘萨诃像、毗沙门天王请赴会、文殊变、刘萨诃因缘变相、劳度叉斗圣变
第86窟	团花、垂幔、佛光与弟子、菩萨
第98窟	佛教史迹画、瑞像图、曹议金父子供养像、张议潮供养像、索勋供养像、菩萨、供宝、伎乐、菩提宝盖、飞天、天王、立佛、归义军节度诸押衙供养像、团龙鹦鹉井心、垂幔、十方诸佛、千佛、中央画说法图、东方提头赖吒天王、南方毗琉璃天王、西方毗楼博叉天王、北方毗沙门天王、报恩经变、法华经变、阿弥陀经变、弥勒经变、曹氏家族女供养人、屏风十三扇画贤愚经变诸品、供养比丘、劳度叉斗圣变、屏风十六扇画贤愚经变诸品、天请问经变、药师经变、华严经变、思益梵天问经变、屏风十三扇画贤愚经变诸品、曹氏家族女供养人、维摩诘经变权方便品、维摩诘经变（文殊）、于阗国王李圣天等男女供养人、维摩诘经变（维摩诘）、回鹘公主等男女供养人
第99窟	画狮子莲花井心、卷草、垂幔、说法图、棋格团花、药师佛立像、供养菩萨、莲花、佛光两侧弟子、天龙八部、四菩萨、二弟子、药叉、山花蕉叶、普贤变、文殊变、千手钵文殊、千手眼观音、救诸苦难、画趺坐佛、不空羂索观音、如意观音
第100窟	天王、瑞像图、曹议金父子供养像、侍从、回鹘公主等女供养人、从女、团花卷瓣莲井心、垂幔、十方诸佛、千佛、说法图、东方提头赖吒天王、南方毗琉璃天王、西方毗楼博叉天王、北方毗沙门天王、佛弟子、菩萨、妙高山王菩萨、梵王及阿修罗、迦楼罗等天龙夜叉、鬼卒、乾闼婆等天龙夜叉、药师佛赴会、普贤变、曹议金统军图、药师佛赴会、文殊变、回鹘公主出行图、报恩经变、阿弥陀经变、弥勒经变、思益梵天问经变、药师经变、天请问经变、维摩诘经变（文殊）、维摩诘经变（维摩诘）
第108窟	佛教史迹画、瑞像图、曹议金供养像、曹元德供养像、男供养人、垂幔、千佛、赴会佛、说法图、天王、北方毗沙门天王、报恩经变、法华经变、阿弥陀经变、弥勒经变、供养人、从女、屏风六扇画贤愚经变诸品、劳度叉斗圣变、药师经变、华严经变、思益梵天问经变、屏风四扇画贤愚经变诸品、维摩诘经变佛国品、维摩诘经变（文殊）、曹氏家族女供养人、维摩诘经变（维摩诘）、供养比丘尼
第137窟	屏风二扇（沙门经行山间、沙门对石灯宴坐）、屏风一扇（沙门、一近事女经行山间）、屏风一扇（芭蕉、瓶、盆）
第140窟	交杵井心、垂幔、团花、菩提宝盖、卷云纹、佛光、花卉、供养器、药师佛、阿弥陀佛经变、毗琉璃天王、沙门天王
第146窟	佛教史迹画、画瑞像、菩萨、供养菩萨、火珠、供养人、伎乐、供宝、菩提宝盖、丹凤朝阳、菩萨、团龙鹦鹉井心、卷草、垂幔、西方无量寿佛、十方佛赴会、千佛、南方宝相佛、十方佛赴会、北方天鼓音佛、十方佛赴会、东方不动佛、东方提头赖吒天王、南方毗琉璃天王

续 表

洞窟名称	壁 画 内 容
第187窟	垂幔、菩提宝盖、菩萨、弟子
第189窟	团花、垂幔、屏风、卷云纹、壸门、五代残画
第261窟	观音变、维摩诘经变（文殊）、维摩诘经变（维摩）、曹氏家族男供养人、弥勒经变、毗琉璃天王、毗楼博叉天王、毗沙门天王、伎乐、菩提宝盖、飞天、四方佛、弟子、法华经变、供养菩萨、天龙八部、画华严经变、卢舍那佛、文殊变、普贤变
第325窟	团花、菱形四瓣花、垂幔、花卉、供宝、菩萨、说法图
第346窟	射手
第351窟	椽条图案、文殊变一铺、普贤变、阿弥陀经变、棋格团花、垂幔、说法图、供养菩萨、供宝、回纹、卷草、飞天、波状卷草纹、千佛、花卉
第362窟	壁画已毁
第385窟	花卉、背光、二弟子、菩萨
第468窟	千佛、金刚力士、男供养人、女供养人、趺坐菩萨、菩萨、三兔莲花井心、璎珞垂幔、法华经变序品、观音普门品、法华经变观音普门品之三十三现身、法华经变见宝塔品、普门品、棋格团花、化生、垂幔、屏风、卷草纹、供宝、男女供养人、五代回鹘文愿文题榜、普贤变、文殊变一铺、观无量寿经变、药师经变、说法图、不空羂索观音、如意轮观音
第476窟	比丘

安西榆林石窟现存制作于五代的石窟包括第12窟、13窟、16窟、18窟、19窟、31窟、32窟、33窟、40窟、41窟，共计10个（表1.1.8）。

表1.1.8 五代十国安西榆林窟壁画内容及配置表[1]

洞窟名称	壁 画 内 容
第12窟	男供养人、女供养人、侍从、棋格图案、七佛、夜叉、天龙八部、神将、菩萨、梵天、帝释赴会、飞天、千佛、说法图、十大弟子、八大菩萨、药师经变、慕容氏出行图、帝释、天王、西方净土变、慕容夫人曹氏出行图、观音坐像、地藏坐像、文殊变、普贤变

---

[1] 参见敦煌研究院编：《敦煌石窟内容总录》，文物出版社1996年版。

续 表

洞窟名称	壁 画 内 容
第13窟	菩萨、药师变、说法图、项光、折枝花、天龙八部、夜叉、南梵天、北梵天、帝释赴会、男供养人、女供养人、团花、赴会菩萨、供宝、西方净土变、供宝、净土变、飞天、文殊变、普贤变
第16窟	千佛图、男供养人、男侍从、女供养人、侍女、棋格团花、七世佛、五夜叉、六夜叉、天龙八部、菩萨、夜叉、梵天、帝释赴会、不空羂索观音、曹议金供养像、曹议金夫人李氏供养像、莲花图案、伎乐飞天、千佛、说法图、劳度叉斗圣变、药师经变、供宝、报恩经变、西方净土变、天请问经变、菩萨、地藏、文殊变、普贤变
第18窟	千佛、趺坐菩萨、半跏菩萨、供宝、折枝花
第19窟	宝盖、飞天、轮回图、供宝、地狱变、四龙王赴会、天王、男侍、东方天王、说法图、侍女、男供养人、天女、曹元忠与子廷禄供养像、凉国夫人及长女廷鼐供养像、莲花井心、伎乐飞天、千佛、说法图、劳度叉斗变、西方净土变、女供养人、天请问经变、药师经变、报恩经变、文殊变、比丘供养像、普贤变
第31窟	于阗国王、王后、童子供养像、伎乐飞天、千佛、说法图、供宝、不空羂索观音、天请问经变、如意轮观音、报恩经变、药师经变、坐佛、南天王、北天王
第32窟	男供养人、女供养人、莲花纹、伎乐飞天、千佛、多宝塔、月光明如来、日光明如来、持杖老人(婆薮仙)、北方天王、梵网经变、劳度叉斗变、画匠供养像、维摩变、供宝、一佛二菩萨、文殊变、比丘、普贤变
第33窟	菩萨、男供养人、天王、曹元忠父子供养像、曹元忠夫人翟氏与长女供养像、侍女、伎乐飞天、千佛、说法图、供宝、药师经变、佛教史迹画、男供养人、优婆夷供养像、女供养人、西方净土变、佛传、地狱变、四龙王赴会、比丘
第40窟	门南、北武士、夜叉、判官、药师经变、男供养人、侍从、供宝、女供养人、如意轮观音、千手眼观音、不空羂索观音、七世佛、北方天王、南方天王、东方天王、千佛、说法图、屏风十二扇画人物、山水、花鸟
第41窟	趺坐佛、菩萨、火焰纹项光、菩提宝盖、观音、一佛二弟子

西千佛洞现存制作于五代的石窟包括第1窟、第9窟,共计2个(表1.1.9)。

表1.1.9 五代西千佛洞壁画内容及配置表

洞窟名称	壁 画 内 容
第1窟	东壁门南残存回鹘画中间一塑像背光、两侧各一塑像项光
第19窟	菩提宝盖、一佛二菩萨赴会、飞天、团花火焰纹、佛背光、菩萨、天龙八部、天王、赴会菩萨、罗汉

整理以上数据,五代十国石窟寺壁画主要分布在甘肃地区,洞窟分布情况分布为敦煌莫高窟27个、安西榆林窟10个、西千佛洞2个(表1.1.10)。

表1.1.10　五代十国石窟寺壁画地理分布比例统计表

时　　代	壁画分布洞窟数(单位/个)	分布地点、数量(单位/个)
五代十国	39	莫高窟(27)、安西榆林窟(10)、西千佛洞(2)

五代石窟寺壁画地理分布主要集中于敦煌莫高窟、安西榆林窟、西千佛洞,其中敦煌因为地理位置和基础,占有绝对多数,出现这种面貌的原因有以下三点:

一是前朝石窟艺术积累和需求延续。五代敦煌、榆林、西千佛洞的石窟壁画艺术在前代,特别是唐代留下的深厚的艺术土壤的基础上,有了长足的发展,并且曹氏政权模仿中原,成立曹氏画院,专门为敦煌造石窟服务,培育了一批对构图、色彩、线条等绘画技术纯熟的画师人才。

二是民族融合的需要和促进。五代敦煌所在地的瓜、沙二州,当地汉人、张议潮、曹议金先后成立地方政权,这一时期,归义军政权虽然遥尊中原政权为主,但是在强大的生存压力下,归义军政权不得不和高昌、回鹘等民族政权联姻。而石窟以及壁画,是增进各政权之间和睦团结,拉近彼此友好感情,培育共同文化和宗教信仰的最有力的载体。如敦煌第98窟的于阗国王李圣天、回鹘公主等男女供养人像;第61窟的回鹘公主、于阗公主等供养人像。

三是统治者的直接推动。晚唐张议潮、曹议金等镇守敦煌,赶走吐蕃的统治,社会总体安定,经济也有了发展。特别是曹氏政权,历代统治者都非常重视石窟的开凿和绘制壁画,曹氏统治者还特别青睐将自己绘制成供养人像,大批曹氏男女供养人像成为五代石窟寺壁画的一个亮点,如敦煌第108窟的曹议金供养像、曹元德供养像;榆林第16窟的曹议金供养像、曹议金夫人李氏供养像;敦煌第98窟的曹议金父子供养像、张议潮供养像、索勋供养像等。

三、五代十国壁画分布的整体格局

自20世纪50年代以来,已经发掘或清理的唐代墓葬3 000余座,其中壁

画墓共计130余座,其中约80%集中在陕西关中地区,以长安为中心,唐代壁画墓具有集中化、贵族化、等级化特点。

五代十国是唐末方镇的继续和发展,中原的"五代"都是短命王朝,更迭太快,"十国"地方太小,不足以成为正统,所以隋唐建立起来的完整的封建国家体系和政治体系分崩离析。如欧阳修所言,"自唐失其政,天下乘时,黥髡盗贩,衮冕峨巍……百年之间,并起争雄,山川亦绝,风气不通"[1]。

与壁画墓相关的,是原来有条件、有资格、有需求建壁画墓的上层贵族体系出现了大混乱。唐代王爵体系是比较完备的,《唐六典》中有明确记载:唐代爵制"凡有九等:一曰王,正一品,食邑一万户;二曰郡王,从一品,食邑五千户"。其后又具体解释说,"皇兄弟、皇子皆封国,谓之亲王"[2]。《通典·职官典》的记载更为详细:"唐贞观年间定制,皇兄弟、皇子为王,皆封国之亲王……太子男封郡王,其庶姓卿士功业特盛者,亦封郡王。"[3]

可以说"贞观王制"基本成为唐朝王爵的根本指导原则,虽然在唐中宗及武周时期曾册封、追赠了一批武氏、韦氏宗亲为王,但这些异姓王时间不长,后都被消灭了,只能算是插曲,不能说是规则。到唐末,中央政权大大削弱,抛弃"贞观王制"规定的只有皇子、皇兄弟才有权获封亲王爵位规定,开始滥封异姓王;五代时期,封王、称王更是司空见惯,以出土壁画的李茂贞墓和王处直墓为例,可以看出唐末、五代封爵体系的混乱。

大顺元年(890),唐昭宗进封李茂贞为陇西郡王,景福二年(893)左右又封他为岐王[4]。唐朝灭亡后,李茂贞保留歧王称号,与后梁对峙。后唐灭梁后,李茂贞获封为秦王,其实李茂贞在自己割据的地盘里,完全就是按照天子礼仪来统治的。

王处直本是割据定州的"义武军节度"军人政权,但是先后几次被封王,级别不断上升。《册府元龟·帝王部》称:"天祐元年(904)封镇州王处直为太原王。"[5]根据《王处直墓志》,此处的"太原王"实为"太原郡王"的省称,且王处直乃"义武节度使"而非"成德节度使",故此处"镇州"当作"定州"。又据《王处直墓志》记载:"天祐元年(904),(王处直)加太保,进

---

[1](宋)欧阳修撰:《新五代史·卷六十一》,中华书局1974年版,第747页。
[2](唐)李林甫等撰:《唐六典·卷二·尚书吏部》,中华书局1992年版,第37页。
[3](唐)杜佑撰:《通典》,中华书局1988年版,第869页。
[4](宋)欧阳修撰:《新五代史·卷四十·杂传二十八·李茂贞》,中华书局1974年版,第431页。
[5](宋)王钦若等编:《册府元龟·帝王部·封建》,中华书局1960年版,第1555页。

封太原郡王……六年,加开府仪同三司,检校太师兼中书令,进封北平王,食邑五千户,食实封三百户。"[1] 907年朱温取代唐朝建立后梁,909年封王处直为北平王,由"郡王"升为国王,建立北平国。

因此,五代十国墓室壁画随着各个割据势力占据的地盘不同,由唐代的绝对集中化和等级化逐渐变得自由分散,并且也不再严格遵循统一的礼制化约束。

总体观察,五代十国壁画分布以四川成都为起点,经甘肃、内蒙古、陕西,至山西、河南,收拢于江浙,形成一个"大扇面"分布格局。其中,墓室壁画主要分布在以下四个地区:

(1) 中原地区。五代中原地区的壁画墓分布较为集中,主要有洛阳伊川后晋孙璠墓(940)、河南新郑县陵上村周恭帝顺陵(973)、洛阳邙山镇营庄村北五代壁画墓(无纪年)、洛阳龙盛小学五代壁画墓(无纪年)、洛阳孟津新庄五代壁画墓(无纪年)。

(2) 关中北方地区。主要有五代王处直墓(924)、五代李茂贞夫妇墓(925)、陕西彬县冯晖墓(958)、山西省太原市第一热电厂北汉天会五年(961)壁画墓、山西太原北汉末代皇帝刘继元太惠妃墓(971)、内蒙古清水河县山跳峁墓地(无纪年)、内蒙古清水河县窑沟乡塔尔梁村五代壁画墓(无纪年)。

(3) 西蜀地区。目前发现的有前蜀王建墓(918)、后蜀孟知祥的和陵(934)、后蜀张虔钊墓(948)、后蜀宋琳墓(955)、后蜀孙汉韶墓(956)。

(4) 江南地区。江南地区的壁画墓,主要有浙江临安五代吴越王国康陵(939)、南唐烈主李昪的钦陵(943)、中主李璟的顺陵(961)。

通过历史文献记载信息以及对壁画遗存情况的观察,可知五代十国寺观壁画主要分布在四川成都、河南洛阳、开封、三门峡,江苏南京以及山西长治等地区。另外,山西大云院五代寺观壁画共计46平方米,为五代寺观壁画现有遗存。五代十国石窟壁画地理分布主要集中于敦煌莫高窟、安西榆林窟、西千佛洞。总体来看,五代十国壁画的分布打破了唐代壁画的分布格局,呈现出由"集中向发散"转变的趋势,同时对宋代壁画的分布产生了重要的影响。

---

[1] 河北省文物研究所、保定市文物管理处编:《五代王处直墓》,文物出版社1998年版,第65页。

第二节 壁画中的等级因素

一、壁画墓规格与墓主阶层

对于壁画墓墓主人阶层的探讨,是我们全面理解五代十国壁画在墓葬中体现的功能与意义之关键。目前对壁画墓墓主人阶层的讨论,多集中在汉代。杨泓认为壁画墓墓主人为两千石以下的官吏[1]。庄蕙芷提出西汉长安地区壁画墓墓主具有列侯以上较高等级身份,洛阳地区则可能具经济实力但身份较低,可能在墓室内以长安地区高等级墓葬的装饰手法来满足自我、凸显与一般民众的不同。北魏中后期以后,虽然文献中无严格规定使用者的身份,但壁画墓的使用阶级逐渐提高、墓葬等级区分也愈来愈明显,到了唐初,几乎就是高等级墓葬的必备装饰。

从相关史籍记载与考古发现来看,五代十国之前各历史时期墓葬都有着严格的等级制度,在初唐、中唐时期表现得尤为明显。现实生活中不同身份、地位的人,在墓葬的整体规模、结构、陪葬品以及墓志等各个方面都有着严格的区别。初唐、中唐墓室壁画也体现了非常明显的等级性。

至晚唐时期,各地方割据势力以显示、抬高自己的权势及地位,开始修建较大规模的墓葬,僭越现象开始出现。北京丰台史思明墓(762)积石为陵,开地方方镇"僭越"之先河[2]。其后如北京海淀八里庄唐墓(846)、正定成德节度使王元逵墓(854)、大名魏博节度使何弘敬墓(865),都有僭越之嫌[3]。据载,会昌元年(814)"御史召奏……丧葬之乱,素有等差,士庶之室,既罕遵守,逾越既甚,糜费滋多"[4],李德裕宰相也说,"人心习于僭越,莫肯循守"[5]。

五代因战乱频繁、朝廷衰落、方镇割据势力强大、各据一方,僭越之风得以蔓延并加剧扩展。五代十国壁画墓则以冯晖墓为代表,冯晖墓为一个主

---
[1] 杨泓:《中国古兵与美术考古论集》,文物出版社2007年版,第233—254页。
[2] 北京市文物研究所:《北京丰台唐史思明墓》,《文物》1991年第9期。
[3] 河北省文物研究所、保定市文物管理处:《五代王处直墓》,文物出版社1998年版,第49页。
[4] (宋)王溥撰:《唐会要》,中华书局1955年版,第698页。
[5] 河北省文物研究所、保定市文物管理处:《五代王处直墓》,文物出版社1998年版,第48页。

墓室三个侧室的多墓室大型墓葬。小龛多达35个，墓室、甬道布满壁画、彩绘浮雕砖；墓门为仿木作砖雕彩绘。其规模之巨，"厚葬之仪罕及"[1]。河北曲阳王处直墓规模宏大，亦有明显的僭越。此外，江苏邗江蔡庄五代墓棺木和葬具的规模，超过了一般人的埋葬制度[2]。此种现象反映了当时的官吏与贵族无视朝廷定制而形成了大胆僭越之风。

通过对五代十国壁画墓墓葬规格进行分析，可以得出五代十国壁画墓墓主人阶层大致可分为以下两种。

（一）帝、后阶层

五代十国帝、后陵主要有前蜀光天元年（918）高祖王建墓（永陵）、后蜀明德元年（934）孟知祥夫妇合葬墓（和陵），南唐保大元年（943）烈主李昪（钦陵）、建隆二年（961）元宗李璟（顺陵）、永隆元年（939）吴越国二世王钱元瓘妃马氏墓、开宝六年（973）后周恭帝柴宗训顺陵等。此类墓葬规格较高（表1.2.1），能够真实地反映当时的墓葬艺术水准。

表1.2.1　五代十国主要帝陵统计表[3]

墓葬名称	所在朝代	墓主人姓名	在位年代	享年	墓 葬 地 址
宣陵	后梁	太祖朱温	907—912	61	河南伊川县白沙乡常岭村
伊陵	后唐	庄宗李存勖	924—926	42	河南新安县东北
徽陵	后唐	明宗李嗣源	927—933	67	河南新安县东北
显陵	后晋	高祖石敬瑭	937—942	51	河南宣阳县西北
睿陵	后汉	高祖刘知远	947—948	54	河南登封县东南
嵩陵	后周	太祖郭威	951—954	51	河南新郑县郭店乡陵上村
庆陵	后周	世宗柴荣	955—959	39	河南新郑县郭店乡陵上村
永陵	前蜀	高祖王建	907—918	72	四川成都市西郊
和陵	后蜀	高祖孟知祥	934	61	四川成都市北郊磨盘山
钦陵	南唐	烈祖李昪	937—942	56	江苏江宁县东善乡祖堂山

[1] 咸阳市文物考古研究所：《五代冯晖墓》，重庆出版社2001年版，第55页，原文为"后葬之仪罕及"。
[2] 扬州博物馆：《江苏邗江蔡庄五代墓清理简报》，《文物》1980年第8期。
[3] 参见王重光、陈爱娣编著：《中国帝陵》，上海古籍出版社1996年版，第211—212页。

续 表

墓葬名称	所在朝代	墓主人姓名	在位年代	享年	墓 葬 地 址
顺陵	南唐	元宗李璟	943—960	46	江苏江宁县东善乡祖堂山
金陵	南唐	后主李煜	961—976	46	河南洛阳市北邙山（无考）
—	吴越国	武肃王钱镠	907—931	81	浙江临安县城太庙山
宣陵	闽国	太祖王审知	909—925	64	福建福州市北郊莲花山
康陵	南汉	高祖刘䶮	917—942	54	广州市北郊北亭
昭陵	南汉	中宗刘晟	943—958	39	广州市东北郊石马村

（二）官吏阶层

五代同光二年（924）王处直墓、同光三年（925）李茂贞夫妇合葬墓，后蜀乾祐元年（948）张虔钊墓、乾祐九年（956）孙汉韶墓，后周显德五年（958）冯晖墓等。此类虽属官吏墓，但某些墓葬的规格与内容却大大超过了自己的等级。"僭越"之风在五代十国壁画墓中体现得尤为明显，成为该时期高等级墓的一个重要特点。

五代十国墓室壁画多出现在以上两种类型的墓葬中，而其他一般平民墓葬中则很少有壁画出现。如1964年，湖南省博物馆在长沙市郊清理了五代墓41座平民墓，墓室结构比较简单，均无壁画出现。

二、墓志与壁画等级标准

隋唐时期，墓葬的等级化制度是很完备的。《隋书·礼仪志三》："开皇初……其丧纪，上自王公，下逮庶人，著令皆为定制，无相差越。……三品已上立碑，螭首龟趺，趺上高不得过九尺。七品已上立碣，高四尺，圭首方趺。"[1] 这是规定立石碑、石碣的标准。唐代的丧葬上至帝陵，下至百官，按照等级规制，有章可循，有条不紊。亦以石碑为例，《唐会要·卷三十八》："碑碣之制，五品以上立碑，螭首龟趺，上高不过九尺。七品以上立碣，圭首方趺，趺上不过四尺。若隐沦道素，孝义者闻，虽不仕亦立碣。"[2] 立石碑、石

[1]（唐）魏征撰:《隋书（第一册）》，中华书局1973年版，第156—157页。
[2]（宋）王溥撰:《唐会要》，中华书局出版社1955年版，第691页。

刻的标准、大小、资格、对应级别均有严格的规制。

五代时期，各政权也有丧葬制度规定，如《旧五代史》载："诏丧葬之家，送终之礼不得过度。"[1]五代的丧葬制度应是，"所有丧葬，均有品级，仪制严防逾僭，不得过制，但可就低，不可就高"[2]。但如前文所论，五代十国始终没有恢复唐代的大一统的政治格局和礼制体系，各短命的政权为生存苦战不止，根本无暇顾及丧葬制度的完备和执行，特别是王朝更迭不断，残存的管理规制随着一个王朝的覆灭而消失，根本没有制度和执行力的保证。

所以五代的墓葬规制，从制度上就根本没有健全，从实践上根本就没有能力营建如唐代的那种规模和档次的帝陵。与唐代相比，五代的帝陵往往都是粗疏节俭，草草为之。欧阳修精辟指出："五代之君，往往不得其死，何暇顾其后哉！"[3]因此既没有财力，也没有时间和人才来完备丧葬礼仪制度。后唐同光三年（925），"诏以昭宗、少帝山陵未备，宜令有司别选园陵改葬"[4]，但结果是"寻以年饥财匮而止"[5]。庄宗想通过修建唐昭宗、唐少帝陵墓，以此证明后唐是继承大唐的合法正朔政权，但是财政困难到无钱无粮，工程根本就没有启动。五代皇帝更替频繁，大多没有绝对的信心建立持久统一的政权，更不要说关注死后的陵寝了。

五代的陵寝规制和管理人才都十分欠缺，后唐同光三年（925），庄宗本意将贞简皇太后附葬于代州太祖园陵，又弄不清礼制规定，中书门下含糊报告说："祔葬代州，理为未允。"[6]道理上似不可行，也找不到制度根据，最后只好另葬坤陵。后唐清泰元年（934）宗正寺奏请修正唐代各先祖陵寝，说："百司各抄六典令式内本司事，举行职典。宗庙陵园，列圣陵寝，多在关西，梁季为贼臣盗发。……虽有修奉之言，而无掩闭之实。乞差官检讨修奉。置陵令一员，应属陵之四封，各乞寺司管系。"[7]由此可见其时不光是葬礼制度无人精通，甚至连基本的管理人员也没有，以至于宗庙陵园为"贼臣盗发"，修缮也是走过场，"而无掩闭之实"。"清泰二年（935）正月，宗正寺奏

[1]（宋）薛居正等撰：《旧五代史·卷三十八·唐书十四·明宗纪第四》，中华书局1976年版，第524页。
[2] 任爽主编：《五代典制考》，中华书局2007年版，第34页。
[3]（宋）欧阳修撰：《新五代史·卷四十·杂传二十八》，中华书局1974年版，第442页。
[4]（宋）薛居正等撰：《旧五代史·卷三十二·唐书八·庄宗纪第六》，中华书局1976年版，第444页。
[5]（宋）薛居正等撰：《旧五代史·卷三十二·唐书八·庄宗纪第六》，中华书局1976年版，第444页。
[6]（宋）王溥：《五代会要·卷四·皇后陵》，中华书局1985年版，第45页。
[7]（清）董诰等辑：《全唐文·卷九七二·请修奉列圣陵寝奏》，中华书局1983年版，影印本。

定各陵朝拜官员品级"[1]，算是勉强弄出点祭拜陵寝的规制。

庄宗也没有真正重视过陵寝制度，相反，甚至直接裁撤陵园人员，"诸陵台令、丞请停"[2]，改由陵园当地县令兼管陵，只在京城附近的诸陵才专门设置管理人员，应顺元年"诏特置陵台令、丞各一员"[3]。后周仍如此，整体的全方位的保护依然没法顾及，只有皇帝特别批示，有选择地设置守陵之令、丞，"特置令、丞各一员"[4]。

因此，五代的陵寝制度从文献史料看，还不够完备。为便于整体观察，笔者将五代墓志进行收集整理，墓志作为传递墓主人信息的一种重要的媒介与载体，"是中国古代社会礼制与葬俗造成的重要随葬品之一，……对于研究当时历史和社会的若干方面——诸如政治、经济、武装和军事、地理学、意识形态、日常生活、葬礼、谱牒学、科举制度、女性生活状况的细节等等——都有着很高的历史价值"[5]。解读墓志可了解墓主人的身份、官职、地位以及日常生活等相关信息，对复原再现墓主人当时的生活空间及礼制风俗有着重要的参考价值。鉴于五代十国墓室壁画相对唐墓壁画发现较少，将五代十国墓志信息进行系统梳理与统计（见附表4），对墓主人的身份及官职品级进行认定，从而为讨论五代十国壁画墓等级标准的规制提供真实、客观的基础资料。

表1.2.2　五代十国壁画墓信息一览表

序号	墓名	彩绘	浮雕	俑/石像	玉册	墓志	身份级别
1	前蜀王建墓	√	√	√	√		帝
2	五代王处直墓	√	√			√	正一品
3	五代李茂贞及夫人墓	√				√	正一品
4	后蜀孟知祥墓与福庆长公主墓志铭	√	√	√	√	√	帝

---

[1]（宋）王溥：《五代会要·卷四·公卿巡陵》，中华书局1985年版，第45页。
[2]（宋）薛居正等撰：《旧五代史·卷三十二·唐书八·庄宗纪第六》，中华书局1976年版，第440页。
[3]（宋）薛居正等撰：《旧五代史·卷四十五·唐书二十一·闵帝纪》，中华书局1976年版，第619页。
[4]（宋）王溥：《五代会要·杂录》，中华书局1985年版，第45页。
[5][德]萧婷（Angela Schottenhammer）：《王处直墓志铭的再考察——关于五代节度使阶级里的一些道德及意识形态趋势》，《中华文史论丛》2006年第4期。

续表

序号	墓　　名	彩绘	浮雕	俑/石像	玉册	墓志	身份级别
5	浙江临安五代吴越国康陵	√	√			√	后
6	洛阳伊川后晋孙璠墓	√				√	正二品
7	南唐烈主李昇墓	√	√	√	√		帝、后
8	后蜀张虔钊墓		√			√	正一品
9	后蜀宋琳墓		√	√		买地券	
10	后蜀孙汉韶墓	√	√	√		√	正一品
11	陕西彬县冯晖墓	√	√	鎏金铜像		√	从一品
12	南唐元宗李璟墓	√	√	√	石		帝、后
13	山西省太原市第一热电厂北汉天会五年壁画墓	√					
14	山西太原北汉末代皇帝刘继元太惠妃墓	√				√	后
15	五代周恭帝顺陵	√				√	帝
16	内蒙古清水河县山跳峁墓地	√	√				
17	内蒙古清水河塔尔梁五代壁画墓	√	√				
18	洛阳孟津新庄五代壁画墓	√	√				
19	洛阳邙山镇营庄村北五代壁画墓	√	√				
20	广州市番禺区新造镇南汉康陵				石碑哀册	√	帝

通过对附表4中遴选的132方墓志信息进行统计以及官职品级的认定，加上对五代十国壁画墓信息的分析（表1.2.2），可以得出五点认识：

第一，墓主人官位正二品以上居多。据附表4统计，正一品51人、从一品4人、正二品37人、从二品10人、正三品7人、从三品7人、正四品下2人、正五品上1人、正五品下1人、从五品上2人、从五品下1人、正六品7人、从六品上1人、从八品下1人。其中正一品、从一品、正二品、从二品以上的墓志所占总数的比例就高达70%以上。

第二,墓主人依品级定丧制。从上述数据可以看出,在132人中,正一品、正二品人数合计88人,而从八品下仅1人,说明墓主人身份官职越高,有墓志的概率就越高,也从侧面反映了五代十国虽为"干戈贼乱之世也,礼乐崩坏,三纲五常之道绝,而先王之制度文章扫地而尽于是矣!"[1],但基本还是依其本人官品高低定其丧制,级别越低,墓志越少。如《五代会要》载,凡棺椁不计有官品,并不得于棺椁之上雕镂画饰施户窗栏槛橁等。《五代会要》又载:"凡明器等,三品已上,不得过九十事;五品已上,不得过六十事;九品已上,不得过四十事。当圹、地轴、鞦辔马及执役人,高不得过一尺,其余音声队马威仪之属,各准平生品秩,所用仍以木瓦为之,不得过七寸,及别加画饰诸蠹。"[2]这些规制实际没有得到很好的执行,僭越现象普遍存在,五代虽有一定丧葬制度,但远没有隋唐大一统王朝的严密和严格。

第三,五代壁画墓帝、后、王一级居多。除洛阳几座五代壁画墓,其余如王建墓、孟知祥墓、吴越国康陵、南唐李昪墓、李璟墓、北汉刘继元太惠妃墓、后周周恭帝顺陵等属于帝、后陵。而王处直、李茂贞、冯晖都曾被封王爵,按照墓志记载,王处直曾被封"太原郡王"和"北平王";李茂贞曾被唐朝封为岐王,被后唐封为秦王;冯晖曾被封为"卫王"。因此,当时割据一方政权的皇帝、皇后、王爵等构成了五代十国在墓葬中能享受壁画装饰的第一类群体。

第四,五代正二品以上方可见壁画墓。王处直、李茂贞、冯晖等人虽然都被封王,但是官职品级来说,王处直官至正一品、李茂贞为正一品,其余可见墓志的,孙璠为正二品、张虔钊为正一品、孙汉韶为正一品、冯晖为从一品,以上6座官吏壁画墓中,墓主人官至正一品者就有4人,官职品级最低者为孙璠,也为正二品。依据目前收集的数据可以进行推测,五代十国正二品以上的官员可以成为在墓葬中能享受壁画装饰的第二类群体。

第五,正二品以下墓室壁画群体待考。五代十国能饰以彩绘、浮雕装饰的壁画墓墓主人爵位和官位级别都比较高。然而,山西省太原市第一热电厂北汉天会五年(961)壁画墓、内蒙古清水河县山跳峁墓地、内蒙古清水河塔尔梁五代壁画墓、洛阳孟津新庄五代壁画墓、洛阳邙山镇营庄村北五代壁画墓、洛阳龙盛小学五代壁画墓等虽无纪年,也没有墓志信息记载,但以上墓葬中均发现了彩绘、浮雕等装饰,其墓主人是否为正二品以下的官员,还

[1](宋)欧阳修:《新五代史·卷十七》,中华书局1974年版,第188页。
[2](宋)王溥:《五代会要》,中华书局1985年版,第100页。

是具有一定财力的平民阶层,来构成墓葬中能享受壁画装饰的第三类群体,有待结合不断发现的考古资料及历史文献进行进一步考证。

(本节原载于《南京艺术学院学报(美术与设计)》2020年第2期,有删减修改)

第三节　从壁画资料观察壁画形成的原因

五代十国壁画的出现,除传统墓葬、宗教艺术对五代十国壁画系统的形成有着重要的影响之外,还具备其重要的时代因素。艺术家与画师通过融合当时各种社会风尚、思想观念及宗教信仰,从而创建了五代十国壁画图像体系。探究其形成的具体原因及影响因素,主要可从以下三个方面来分析。

一、隋唐以来生死观的承继与变异

关于对"生死观"的理解,历来有着不同说法。隋唐时期,人们对"生"与"死"的态度多表现为:把人的"死亡"看成是天道常理,认为人既有生则有死,应尊重规律、顺其自然。隋文帝曾说,人死"乃人生常分"[1]。显庆三年(658),处士贾德茂,自识云亡,乃诫其子曰:"生者气聚,死者气散,聚散之间,天道常理。"[2]总章三年(670)刑部尚书卢承庆说:"死生至理,亦犹朝之有暮。"[3]开元时人司马洋说:"死生夭寿无道常,达人大观庸何伤!"[4]唐穆宗时,襄州节度押衙卜璀说:"崇山有崩,大川有竭,万物草木,既荣必枯,死生之理,昭然可见。"[5]人们对于死的态度皆表现为顺其自然,正是这种生死观使他们能够从容面对死亡,视死如归,同时能够有充裕的时间且有计划地安排后事。卜璀说:"愿及生前得备葬事。"[6]开元时太原人王氏"自营墓

---

[1] (唐)魏征:《隋书(第一册)》,中华书局1973年版,第53页。
[2] 河南省文物研究所、河南省洛阳地区文管处编:《千唐志斋藏志》,文物出版社1984年版,第164页。
[3] (后晋)刘昫等撰:《旧唐书·卷五十一》,中华书局1956年版,第516页。
[4] 周绍良主编:《唐代墓志汇编》,上海古籍出版社1992年版,第1329页。
[5] 周绍良主编:《唐代墓志汇编》,上海古籍出版社1992年版,第2069页。
[6] 周绍良主编:《唐代墓志汇编》,上海古籍出版社1992年版,第2069页。

所"[1]。司农寺主簿李源"穴地为墓,预为终制,时时偃仰于穴中"[2]。茹守福"自为沐浴,衣以新衣,乃请诸名僧,造庐念诵,君端坐寝床,精爽不乱,言语如故,诫嘱无遗"[3]。隋唐时期形成的生死观对紧随其后的五代十国必然会产生一定影响。以此我们可以推断,墓主人生前对自己死后所在的墓葬进行精心设计与修筑的可能性是存在的。巫鸿认为:"墓地中建筑的营造至少是四组人努力的结果,他们是死者、死者的家属、死者生前的朋友、同僚、门生以及建造者。"[4]此观点也证实了这一点。

二、传统厚葬规制下的多元观照

厚葬之风自春秋战国开始出现,是历代帝王与贵族对其所拥有的权力和财富进行炫耀的一种表现,并幻想死后能够继续生前的骄奢享乐。

贞观前期唐太宗指出:"虽送往之典详诸仪制,失礼之禁著在刑书,而勋戚之家多流遁于习俗,间阎之内或侈靡而伤风,以厚葬为奉终,以高坟为行孝,遂使衣衾棺椁极雕刻之华,灵輀冥器穷金玉之饰。富者越法度以相尚,贫者破资产而不逮,徒伤教义,无益泉壤,为害既深,宜为惩革。"[5]厚葬之风至唐贞观后期之后表现尤为兴盛,主要表现在花费及丧葬礼仪程式上。

此外,龙朔二年(662),宰相李义府改葬祖父更能说明这一现象。《旧唐书·李义府传》记载:"高陵、栎阳、富平、云阳、华原、同官、泾阳等七县以孝节之故,惧不得已,悉课丁车赴役。高陵令张敬业恭勤怯懦,不堪其劳,死于作所。王公已下,争致赠遗,其羽仪、导从软辎、器服,并穷极奢侈,又会葬车马、祖奠供帐,自灞桥属于三原,七十里间,相继不绝。武德以来,王公葬送之盛,未始有也。"至唐中宗时,"比群臣务厚葬,以俑人象骖眩耀相矜,下逮众庶,流宕成俗"[6]。开元二年(714)唐玄宗制书曰:"自古帝王皆从厚葬为诫,以其无益亡者,有损生业故也。近代以来,共行奢靡,递相仿效,浸成风俗。既竭家产,多至凋敝……今乃别造田园,名为下帐,又冥器等物,皆竞骄

---

[1] 周绍良主编:《唐代墓志汇编》,上海古籍出版社1992年版,第1388页。
[2] (后晋) 刘昫等撰:《旧唐书·卷一百五十七》,中华书局1956年版,第1278页。
[3] 周绍良主编:《唐代墓志汇编》,上海古籍出版社1992年版,第1275页。
[4] 巫鸿:《中国古代艺术与建筑中的"纪念碑性"》(Monumentality in Early Chinese Art and Architecture),斯坦福大学出版社1995年版,第190页。
[5] (唐) 吴兢编著、王贵标点:《贞观政要》,岳麓书社1991年版,第217页。
[6] (宋) 欧阳修、(宋) 宋祁撰:《新唐书·卷一百一十三·列传第三十八·唐临》,中华书局1975年版,第4185页。

侈。失礼违令,殊非所宜;戮尸暴骸,实由于此。"[1]

除皇帝、贵族流行厚葬之风外,普通百姓也偶有厚葬现象。长庆三年(823)浙西观察使李德裕奏称:"缘百姓厚葬,及于道途盛设祭奠,兼置音乐等。闾里编甿,罕知报义,生无孝养可纪,殁以厚葬相矜,丧葬僭差,祭奠奢靡,仍以音乐荣其送终,或结社相资,或息利自办,生业以之皆空,习以为常,不敢自废,人户贫破,抑此之由。"[2]隋唐以来的厚葬之风在五代十国得到普及与发展,在五代十国壁画墓中可以得到体现。

三、其他思想观念的影响

(一)灵魂观的影响

古人认为"万物有灵",并且认为死亡并不意味着生命的结束,而是一种新的开始,灵魂在死亡后不仅不会因此消亡,还将在另一世界重新得到延续。死亡"是通向存在的另一形式"[3],"殷人尊神,率民以事神,先鬼而后礼","魂气归于天,形魄归于地,故祭求诸阴阳之义也"[4],这些都反映了古人对灵魂不灭观念的信仰。此种信仰在各历史时期均有体现,具体表现为墓主人在生前精心设计建造死后所住的墓室,以渴求生命在另一个世界得到重生。

(二)佛教的影响

五代十国是由唐向宋过渡的重要时期,中国佛教的发展在此阶段也进入一个转折时期。中原佛教在隋唐达到鼎盛以后,到五代开始衰败。唐末五代的社会动乱给佛教造成直接影响,同时为它的发展注入了新的因素。整体来看,佛教由以前相对弱势的地位逐渐成为宗教的主流,这与当时个别统治者信奉和推崇佛教有着直接关联。南唐中主李璟对佛教经义颇有研究,其表现在《宋朝事实类苑·卷六五》中有记载:

徐铉不信佛,而酷好鬼神之说。江南中主常语铉以"佛经有深义,卿颇阅之否?"铉曰:"臣性所不及,不能留意。"中主以《楞严经》一帙授之,令看

---

[1] (后晋)刘昫等撰:《旧唐书·卷八》,中华书局1956年版,第64页。
[2] (宋)王溥撰:《唐会要》,中华书局1955年版,第697页。
[3] 贺西林:《古墓丹青——汉代墓室壁画的发现与研究》,陕西人民美术出版社2001年版,第116页。
[4] 孔颖达:《礼记正义》,北京大学出版社1999年版,第817页。

读,可见其精理。经旬余,铉表纳所借经求见,言曰:"臣读之数过,见其谈空之说,似一器中倾出,复入一器中,此绝难晓,臣都不能省其义。"因再拜,中主哂之。后尝与近臣通佛理者说以为笑。[1]

后主李煜亦信奉佛教,对法眼宗尤为推崇,《五灯会元》载:"江南国主为郑王时,受心法于法眼之室。"[2]此外,还于金陵大规模兴修佛寺,"广施梵刹,营造塔像"[3]。另外还广延僧侣于金陵,弘扬佛法,促使当时金陵佛教空前繁荣。五代十国壁画墓中直接表现佛教题材的壁画虽出现甚少,但在王建墓、张虔钊墓、孙汉韶墓、孟知祥墓等墓室中,棺床皆为须弥座式,并加饰以仰莲、覆莲。《佛学大辞典》中"诸佛以莲华为座床"条云:"诸佛常以莲华为座床者,盖取莲华藏世界之义……"又"莲座"条云:"莲华之台座,谓佛座也。华严经曰:一切诸佛世界悉见如来坐莲华宝狮子之座。"又"莲华台"条云:"莲华之台座也,为佛菩萨之常座。"[4]由此可见莲花与佛教的关系十分密切,诸佛皆用莲花以饰其座,因此,用莲花为饰之台座,谓之佛座也。仅从此点来看王建、孟知祥等五代前后蜀的大墓棺床,即可知其受佛教影响之深厚。佛教的兴盛在思想意识以及社会风俗等层面上也刺激了当时墓葬艺术的发展。

(三)道教的影响

早期道家思想思考的核心问题即生与死的问题。古代人们追求长寿、不死而导致"仙"的观念开始形成。至秦汉,人们的思想和意识均受到此种观念的影响。其中汉壁画墓中所绘制的升仙题材壁画正是人们追求得道升仙的一种体现。至五代,仍以升天成仙作为死者灵魂的最高归宿。五代上自帝王下至百姓,大多信奉道教。唐朝奉老子为始祖,崇奉道教,尊老子为圣祖、玄元皇帝。后唐以继承唐朝自居,亦以老子为圣祖、玄元皇帝,于都城洛阳建有圣祖玄元庙。明宗天成二年(927),以"天下宫观,久失崇修",以及"有玄元皇帝(老子)宫殿处",分别进行修复。后晋高祖也是"素尚玄元",多次召见道士张荐明"礼之为师",赐号通玄先生,天福五年(940)刻

---

[1](宋)江少虞撰:《宋朝事实类苑·谈谐戏谑·诬罔(之二)》,上海古籍出版社1981年版,第868—869页。
[2](宋)普济辑、朱俊红点校:《五灯会元》,海南出版社2011年版,第793页。
[3](宋)马令撰、濮小南点校:《南唐书·卷二十六·小长老》,南京出版社2010年版,第175页。
[4]转引自成都王建墓博物馆编:《前后蜀的历史与文化——前后蜀历史与文化学术讨论会论文集》,巴蜀书社1994年版,第109页。

印《道德经》颁行。后周世宗于显德三年（956）召见华州道士陈抟，六年又于都城开封"新修太清观"。"十国"帝王也大都礼遇或重用道士，南唐烈祖李昪对道教极为敬重，"崇清静之教，则务在于化人，饰元元之祠，则义存于尊祖"[1]，并于金陵修建雄武将军庙和元真观等道教宫观。此外，前蜀王建重用道士杜光庭，北汉刘崇重用道士郭无为，闽帝王鏻重用道士陈守元。道教盛行产生的道家思想对五代十国的丧葬观念有着重要的影响。

（四）阴阳五行、风水学说的影响

在古代丧葬制度中，对阴阳风水学说特别重视。《葬书》中记载："生者气之聚，凝结成骨，死而独留，故葬者歹气纳骨，以阴所生之法也。"而人受体于父母，气脉相承，既然父母之遗骨得生气而返生，则自然"气感而应，鬼福及人"[2]。因此古人认为祖辈墓葬之好坏可以决定子孙祸福，所以为父母择穴造墓是为了"乘生气"而"福禄永贞"。早在秦代就有地脉观和王气观之说。据《太平寰宇记·卷九五》记载，秦代的长水县有一座山，秦始皇听术士说山上有王气，便遣发了一批死囚去挖山。东汉时期民风也很重视丧葬。时人王符在《潜夫论·浮侈篇》指出："今京师贵戚，郡县豪家，生不极养，死乃崇丧，或至刻金缕玉……造起大冢，广种松柏，庐舍祠堂，崇侈上僭。"[3]隋唐五代风水学说进一步发展，后晋大臣王建立尤信风水。其先人坟在榆社，王临终前对儿子说："榆社之地，桑梓存焉，桑以养生，梓以送死。余生为寿宫，刻铭石室，死当速葬，葬必从俭，违吾是言，非孝也。"[4]理学家程颐所著《葬说》也认为"地之美者，则其神灵安，其子孙盛。若培拥其根而枝叶茂，理固然矣。地之恶者则反是"[5]。从五代十国壁画墓的整体分布情况来看，墓葬的地理位置多经慎重调查与考虑，一般选址皆为依山傍水之地。

综上所述，五代十国时期社会经济、文化以及思想观念等方面的因素在很大程度上影响并促进了当时壁画艺术的兴盛与发展，再加上五代十国延续并发展了汉代"事死如事生"的思想观念，并综合时代的各种因素形成了五代十国壁画的特色。

---

[1]（清）董诰等：《全唐文·卷八七七·韩熙载真风观碑并序》，中华书局1983年版，影印本。
[2] 袁立编：《易经》，武汉大学出版社2011年版，第148页。
[3]（汉）王符撰、龚祖培校点：《潜夫论》，辽宁教育出版社2001年版，第23页。
[4]（宋）薛居正等撰：《旧五代史·卷九十一·晋书十七·列传第六》，中华书局1976年版，第1199页。
[5] 程颐：《河南程氏文集·卷十·葬说》，中华书局1981年版，第105页。

本章附表:

附表1 五代十国墓葬地理分布统计表

序号	所在省份	所在地区	墓葬名称(纪年)	数量(单位/座)	共计(单位/座)
1	河南	洛阳	洛阳后梁高继蟾墓(909)	15	16
			洛阳伊川后晋孙璠墓(940)		
			伊川县窑底乡李俊墓(946)		
			洛阳后周墓(约955—960)		
			洛阳后晋墓(纪年不详)		
			洛阳伊川县窑底乡后晋墓(纪年不详)		
			洛阳孟津新庄五代壁画墓(纪年不详)		
			洛阳龙盛小学五代壁画墓(纪年不详)		
			洛阳邙山镇营庄村北五代壁画墓(纪年不详)		
			洛阳伊川县白沙乡朱家岭村后梁太祖朱温宣陵(纪年不详)		
			洛阳新安县西沃乡下坂峪村败伏沟后唐庄宗李存勖雍陵(纪年不详)		
			洛阳孟津县送庄乡后唐明宗李嗣源徽陵(纪年不详)		
			洛阳宜阳县盐镇乡石陵村后晋高祖石敬瑭显陵(纪年不详)		
			南唐后主李煜墓(纪年不详)		
			后蜀后主孟昶墓(纪年不详)		
		郑州市新郑县	河南新郑县郭店乡陵上村周恭帝顺陵(973)	1	
2	山东	烟台	烟台市芝罘区石椁墓(纪年不详)	1	1
3	河北	保定市曲阳县	河北曲阳王处直墓(924)	1	3
		张家口	张家口市宣化区五代墓(纪年不详)	1	
		廊坊	廊坊固安县公主府砖厂五代墓(纪年不详)	1	

续 表

序号	所在省份	所在地区	墓葬名称(纪年)	数量(单位/座)	共计(单位/座)
4	山西	忻州市代县	后唐太祖李克用陵墓(908)	1	3
		太原	山西省太原市第一热电厂北汉天会五年壁画墓(961)	2	
			山西太原北汉末代皇帝刘继元太惠妃墓(971)		
5	陕西	宝鸡	陕西宝鸡李茂贞夫妇墓(924、943)	1	3
		咸阳市彬县	陕西彬县冯晖墓(958)	1	
		西安	西安东郊黄河机器制造厂五代墓(纪年不详)	1	
6	内蒙古	呼和浩特市清水河县	内蒙古清水河县山跳峁五代墓M3、M4、M6(纪年不详)	5	6
			内蒙古清水河塔尔梁五代壁画墓M1、M2(纪年不详)		
		乌兰察布市凉城县	乌兰察布市凉城县永兴镇五代十国墓葬(纪年不详)	1	
7	四川	成都	前蜀王建墓(918)	18	20
			前蜀王宗侃夫妇墓(923)		
			前蜀晋晖墓(924)		
			后唐高晖墓(932)		
			后蜀孟知祥墓(934)		
			后蜀张虔钊墓(948)		
			后蜀彭州刺史徐铎夫妇墓M1、M2(M1：952)		
			后蜀宋琳墓(955)		
			后蜀孙汉韶墓(955)		
			后蜀李才墓(962)		
			前蜀周皇后陵(纪年不详)		
			成都市五代墓M2(纪年不详)		

续 表

序号	所在省份	所在地区	墓葬名称（纪年）	数量（单位/座）	共计（单位/座）
7	四川	成都	成都梁家巷五代墓（纪年不详）	18	20
			成都高新区紫荆路唐末五代墓M2（纪年不详）		
			成都青白江区景峰村五代墓（纪年不详）		
			成都近郊五代后蜀墓（纪年不详）		
			华阳五代墓（纪年不详）		
		广汉	广汉烟堆子遗址五代墓M2、M3（纪年不详）	2	
8	江苏	扬州市邗江区	江苏邗江蔡庄五代墓（929）	1	10
		南京	南唐烈主李昪墓（943）	2	
			南唐元宗李璟墓（962）		
		扬州	江苏扬州五台山五代墓（纪年不详）	1	
		镇江	镇江市何家门五代墓（纪年不详）	1	
		连云港	江苏连云港市新浦区五代墓（纪年不详）	2	
			五代吴大和五年墓（933）		
		常州	江苏常州半月岛五代墓（纪年不详）	2	
			常州五代墓（纪年不详）		
		盐城	江苏盐城五代墓（纪年不详）	1	
9	浙江	杭州	杭州M27钱元瓘墓（941）	3	11
			杭州M26五代吴汉月墓（952）		
			杭州三台山M32五代墓（纪年不详）		
		杭州市临安区	浙江临安M23晚唐钱宽墓（900）	6	
			浙江临安M24钱镠母亲水邱氏墓（901）		
			临安M20钱元玩墓（924）		

续表

序号	所在省份	所在地区	墓葬名称(纪年)	数量(单位/座)	共计(单位/座)
9	浙江	杭州市临安区	浙江临安M25五代吴越国康陵(939)	6	11
			浙江临安板桥M21五代墓(纪年不详)		
			临安M22吴越墓(纪年不详)		
		苏州	苏州七子山五代墓(纪年不详)	1	
		乐清	浙江乐清县五代墓(纪年不详)	1	
10	安徽	合肥	合肥西郊南唐墓(946)	2	2
		池州市青阳县	安徽青阳南唐砖石墓(纪年不详)		
11	江西	赣州市会昌县	九江县五代南唐周一娘墓(954)	2	2
		九江	江西会昌五代墓(纪年不详)		
12	湖南	长沙	湖南长沙黄土岭的五代墓(纪年不详)	1	1
13	湖北	武汉	阅马场五代吴国墓M1、M2(纪年不详)	2	2
14	福建	泉州	泉州五代墓(930)	2	6
			福建永春五代墓(纪年不详)		
		福州	五代闽国刘华墓(930)	4	
			唐末五代闽王王审知夫妇墓(932)		
			福州洪塘金鸡山五代古墓葬M20、M21(纪年不详)		
15	广东	广州市番禺区	广州南汉德陵(约911—917)	3	5
			广州南汉康陵(942)		
			广州石马村南汉墓(958)		
		河源市和平县	广东和平县晚唐五代墓HPDM6、HFZM1(纪年不详)	2	

54

附表2　五代十国壁画墓年代、发掘时间、地点、发掘单位、墓葬类型一览表

序号	墓　名	墓葬年代	发掘时间	发掘地点	发掘单位	墓葬类型
1	前蜀王建墓	918	1942、1943	四川省成都市西郭老西门外	前四川博物馆（第一次发掘）、前中央研究院历史语言研究所、前中央博物院（第二次发掘）	帝陵
2	五代王处直墓	924	1995	河北省曲阳县西燕川村	河北省文物研究所、保定市文物管理处、曲阳县文化局、曲阳县文物管理所	官吏墓
3	五代李茂贞夫妇墓	924、943	2001	陕西省宝鸡市金台区陵原乡陵原村东	陕西省宝鸡市考古工作队	官吏墓
4	后蜀孟知祥墓与福庆长公主墓志铭	934	1971	成都市北郊磨盘山南麓	四川省博物馆、成都市文物管理委员会	帝、后陵
5	浙江临安五代吴越国康陵	939	1996	浙江省杭州市临安区玲珑镇祥里村上家头庵基山下	杭州市文物考古所、临安市文化馆	后陵
6	洛阳伊川后晋孙璠墓	940	2005	洛阳市伊川县槐树街伊川机械厂	四川大学历史文化学院考古系、洛阳市第二文物工作队	官吏墓
7	南唐烈主李昪墓	943	1950	江苏省南京市南郊江宁区东善桥镇祖堂山南麓	南京博物院考古工作组、南京市文管会	帝陵
8	后蜀张虔钊墓	948	1977	四川省成都市金牛区保和乡	成都市博物馆考古队	官吏墓
9	后蜀宋琳墓	955	1957	四川省眉山市彭山区城北	四川省博物馆	官吏墓
10	后蜀孙汉韶墓	956	1983	四川省成都市青龙乡西林村	成都市博物馆考古队	官吏墓

续表

序号	墓 名	墓葬年代	发掘时间	发掘地点	发掘单位	墓葬类型
11	陕西彬县冯晖墓	958	1992	陕西省彬县底店乡前家嘴村	咸阳市文物考古研究所、彬县文化局	官吏墓
12	南唐元宗李璟墓	961	1950	江苏省南京市南郊江宁区东善桥镇祖堂山南麓	南京博物院考古工作组、南京市文管会	帝陵
13	山西省太原市第一热电厂北汉天会五年(961)壁画墓	961	1994	山西省太原市第一热电厂	—	—
14	山西太原北汉末代皇帝刘继元太惠妃墓	971	2009	晋祠镇青阳河村	太原市考古研究所	后陵
15	五代周恭帝顺陵	973	1991（勘察）	河南省新郑市城北郭店镇附近	新郑市文物局	帝陵
16	清水河县山跳峁墓地	无纪年	1994	清水河县窑沟乡山跳峁村	内蒙古文物考古研究所、乌兰察布博物馆、清水河县文物管理所	—
17	内蒙古清水河塔尔梁五代壁画墓	无纪年	2011	呼和浩特市清水河县窑沟乡塔尔梁村	内蒙古文物考古研究所	—
18	洛阳孟津新庄五代壁画墓	无纪年	2011	河南省洛阳市孟津县新庄	原洛阳市文物考古工作队	—
19	洛阳龙盛小学五代壁画墓	无纪年	2012	洛阳市洛龙新区关林大道与金城寨街西南龙盛小学	洛阳市文物考古研究院	—
20	洛阳邙山镇营庄村北五代壁画墓	无纪年	2012	洛阳市老城区邙山镇洛吉快速通道以西、营庄村之北洛阳宏进国际物流中心	洛阳市文物考古研究院	—

附表3 文献记载五代十国画家及其所绘佛寺壁画地理分布统计表

序号	姓名	籍贯	壁画所在地	绘制壁画内容	备注
1	杜齯龟	未详	成都府：大圣慈寺、天王院	大圣慈寺鲜于院小阁上壁《毗卢佛像图》，吉安院《十二面观音图》，揭谛院《释迦佛》《观音》《十六罗汉图》、华严阁东廊下《祐圣国师光业真》	前蜀
2	姜道隐	汉州	成都府：净众寺；汉州：山观寺	净众寺画山水松石数堵，山观寺多有壁画	前蜀
3	房从真	成都	成都府：宝历寺、龙兴寺、天王院	宝历寺五丈天王阁下《天王部属》诸神，画浣花龙兴寺修圣夫人堂，合水津起通波侯庙，画甲马旍旗，从官鬼神	前蜀
4	高道兴	成都	成都府：大圣慈寺、天王院	大圣慈寺两廊高僧像60躯、华严阁东畔丈六《天花瑞像》	前蜀
5	宋艺	蜀郡	成都府：大圣慈寺	大圣慈寺画《唐二十一帝圣容》及供奉道士叶法善、神僧一行、沙门海会、内侍高力士	前蜀
6	滕昌祐	苏州	成都府：大圣慈寺	文殊阁、普贤阁、肖相院、方丈院、多利心院、药师院《天花瑞像》数额	前蜀
7	杨元真	简州	成都府：大圣慈寺、圣兴寺、四天王寺	大圣慈寺《炽盛光佛》、《九曜二十八宿》，华严阁下西畔《立释迦像》；四天王寺壁画，五台山《文殊菩萨变相》一堵	前蜀
8	张玄	简州	成都府：大圣慈寺	大圣慈寺灌顶院《罗汉》十六躯	前蜀
9	刁光胤	雍京	成都府：大圣慈寺	《四时雀竹》	前蜀
10	李升	成都	成都府：大圣慈寺、圣寿寺	大圣慈寺真堂内《汉洲三学山图》《彭州至德山图》，画圣寿寺殿壁《三峡图》《雾中山景图》	前蜀
11	李升	成都	成都府：大圣慈寺、圣寿寺	大圣慈寺真堂内画《汉州三学山图》一堵，《彭山至德山图》一堵；圣寿寺厅壁画《出峡图》一堵，《雾中山图》一堵	前蜀
12	跋异	陇州汧阳	河南府：福先寺	《护法菩萨神像》	后梁
13	朱瑶	长安	河南府：长寿寺、广爱寺	画广爱寺《文殊、普贤二菩萨》，河南全真观内的《经变图》	后梁

续表

序号	姓名	籍贯	壁画所在地	绘制壁画内容	备注
14	李祝	陕	陕州：龙兴寺	龙兴寺四廊二百余堵，神像数十身，《鬼子母》及《罗汉夜叉变相图》	后唐
15	释德符	河南	汴州：相国寺	画相国寺灌顶院厅壁《一松一柏》	后唐
16	杜措	成都	成都府：大圣慈寺	六祖院旁《地藏菩萨、竹石山水》一堵，并院内罗汉阁上小壁《翠微寺禅和尚真》，三学院经堂上小壁《太子舍身喂饿虎》一堵，《善惠仙人布发掩泥》	后蜀
17	杜弘义	蜀郡晋原	成都府：宝历寺	宝历寺东廊下《文殊》一堵、西廊下《普贤》一堵，《行道高僧》十余堵	后蜀
18	杜敬安	未详	成都府：大圣慈寺	普贤阁《北方天王图》、三学院罗汉阁《无量寿尊》	后蜀
19	黄筌	成都	成都府：大圣慈寺、天王院	殿之壁画鹤，新构八卦殿四壁画四时花竹兔雉鸟雀；石牛庙画《龙水》一堵	后蜀
20	孔嵩	蜀	成都府：广福院	《龙水图》《蝉雀图》	后蜀
21	李文才	成都华阳	成都府：大圣慈寺、应天寺	画大圣慈寺三学院经楼下《西天三藏真》《定惠国师真》、华严阁迎廊下《奉圣国师真》；应天寺《无智禅师真》	后蜀
22	蒲师训	蜀	成都府：宝历寺、大圣慈寺、天王院	画青城山丈人观真君殿内《五岳四渎部属诸神》四堵，宝历寺天王阁下《天王部属》，房从真笔，师训再修，兼自画两堵；大圣慈寺南廊下观音院门两《金刚》，邻壁《托塔天王》	后蜀
23	蒲延昌	未详	成都府：圣寿寺	画圣寿寺、青衣神庙《鬼神人物》数堵，又诸葛庙壁画亦多	后蜀
24	丘文播	汉州	成都府：大圣慈寺、乾明禅院；汉州：崇教禅院	画新都乾明禅院《六祖》，汉州崇教禅院《罗汉》，紫极宫《二十四化神仙》	后蜀
25	丘文晓	汉州	成都府：净众寺	画净众寺延寿禅院《天王》《祖师》《诸高僧》《竹石花雀》二十余堵	后蜀

续表

序号	姓名	籍贯	壁画所在地	绘制壁画内容	备注
26	释令宗	汉州	汴州:(某寺);成都府:大圣慈寺、净众寺	画大圣寺三学院下经楼院下两旁《四大天王图》两堵,放生池揭谛堂内《六祖图》,浴室院《达摩西来六祖师人物图》	后蜀
27	张玫	成都	成都府:大圣慈寺	画大圣慈寺三学院置真堂《自汉至唐治蜀君臣像》	后蜀
28	赵才	蜀	成都府:资福寺	画浣花甘亭侯庙《神庙鬼神人物、旗帜甲马》,资福寺门《南北二方天王图》,诸葛庙第三门两畔《鬼神》两堵	后蜀
29	黄居寀	成都	成都府:大圣慈寺	画蜀宫偏殿之《六鹤图》,八卦殿四壁之《四时花竹雉鸟雀图》,石牛庙《龙水图》	后蜀
30	赵忠义	未详	成都府:大圣慈寺、福庆禅院、天王院	画福庆禅寺院东《流传变相》十三堵,《关将军起玉泉寺图》,大圣慈寺正门北墙上《西域记》,石经院后殿《天王变相》,中寺六院《药师经变相》	后蜀
31	赵德玄	雍京	成都府:福庆禅院	福庆禅院《隐形罗汉变相》两堵	后蜀
32	陶守立	池阳	建业:清源寺	画建业清源寺浴室门侧《沐浴图》	南唐
33	释智晖	咸秦	河南府:中滩浴院	西庑造十六罗汉像	后周
34	释智蕴	河南	河南府:福先寺、广爱寺、天宫寺	画洛中天宫寺讲经堂《毗卢像》、广爱寺《定光佛像》、福先寺《三灾变相图》	后周
35	阮知晦	蜀郡	成都府:大圣慈寺	画大圣慈寺三学院经楼下《少主真》,三学院真堂内《先主真》,又内庭《福庆公主真》《玉清公主真》	不详
36	杜怀玉	未详	成都府:大圣慈寺	《释迦佛》	不详
37	韩求	未详	陕州:龙兴寺	龙兴寺四廊二百余堵,神像数十身,《鬼子母》及《罗汉夜叉变相图》	不详
38	王道求	未详	汴州:相国寺	画大相国寺壁画	不详
39	王仁寿	汝南宛人	汴州:相国寺	画相国寺文殊院《净土弥勒下生图》三壁,净土院内《八菩萨像》	不详
40	张景思	蜀	成都府:圣寿寺	画圣寿寺北廊下《降魔变相》一堵	不详

续 表

序号	姓名	籍贯	壁画所在地	绘制壁画内容	备注
41	张 图	洛阳	河南府：广爱寺	画广爱寺东壁《水神像》，西壁绘《报应图》	不详
42	孙 位	会稽	成都府：应天寺、昭觉寺；眉州：福海院	应天寺画《山石》两堵；昭觉寺画《浮沤先生、松石、墨竹》一堵，仿润州高座寺张僧繇《战胜》一堵；福海院画《行道天王》《松石龙水》两堵	不详
43	石 恪	成都	成都府：圣寿寺	圣寿寺经阁院玄女堂《六十甲子神》，龙兴观仙游阁下《龙虎君》	不详
44	杜子瓌	成都	成都府：大圣慈寺、东禅寺	东禅院画《毗卢佛》	不详
45	僧楚安	蜀州什邡	成都府：大圣慈寺	大圣慈寺三学院大厅后《明皇幸华清宫避暑图》一堵，《姑苏台》一堵	不详
46	僧令宗	不详	成都府：大圣慈寺	大圣慈寺三学院下、经楼下两畔《四天王》两堵，放生池揭帝堂内《六祖》	不详
47	董从晦	成都	成都府：福感寺	福感寺绘有壁画	不详
48	景 焕	成都	成都府：应天寺	应天寺画天王及部从	不详
49	赵元晟	未详	成都府：大圣慈寺	记载不详	不详
50	鲁道安	未详	成都府：大圣慈寺	记载不详	不详
51	张希正	未详	成都府：大圣慈寺	记载不详	不详
52	张 蓬	未详	成都府：大圣慈寺	记载不详	不详
53	童 祥	京师	成都府：大圣慈寺	记载不详	不详
54	释宗震	未详	成都府：大圣慈寺	记载不详	不详
55	张希古	未详	成都府：大圣慈寺	记载不详	不详
56	释延广	未详	成都府：大圣慈寺	记载不详	不详
57	李怀让	未详	成都府：大圣慈寺	记载不详	不详
58	孙知微	眉杨	成都府：寿宁院	寿宁院画炽盛光、九曜及诸墙壁	不详
59	童仁益	蜀郡	成都府：大圣慈寺、保福院	大圣慈寺中佛殿画汉明帝、摩腾、竺法三藏；保福院首楞严二十五观	不详
60	蒲永升	成都	成都府：大圣慈寺	记载不详	不详

附表4　五代十国墓志信息统计表[1]

序号	墓主人	卒年或葬年	志　　文	品　级
1	李克用	909	唐故河东节度观察处置等使开府仪同三司守太师兼中书令晋王墓志铭	正一品
2	郑璘	909	故卫尉卿僕射荥阳郑府君墓志	从二品
3	高继蟾	909	有梁故教坊使银青光禄大夫检校工部尚书前守右卫将军兼御史大夫上柱国高府君墓志铭	正二品
4	裴筠	910	梁故朝散大夫权知给事中柱国河东裴公墓志	从二品
5	石彦辞	910	梁故静难功臣金紫光禄大夫检校司空前守右金吾卫大将军充街使兼御史大夫上柱国武威县开国男食邑三百户石府君墓志铭	正一品
6	纪丰及妻牛氏	910	梁故武顺军讨击副使侠马将银青光禄大夫检校太子宾客兼殿中侍御史□阳纪公夫人陇西牛氏合祔墓志铭	从三品
7	卢真启	912	梁故将仕郎检校尚书工部员外郎守河南府巩县令卢府君权莖墓志	正六品上
8	屠瑰智	912	吴越故忠义军匡国功臣越州都指挥使前授常州刺史特赠武康节度使银青光禄大夫检校尚书右僕射开府仪同三司上柱国海监屠将军墓志铭	从一品
9	邢汴及妻周氏	913	唐故成德军卫前兵马使涞州饶阳镇遏使银青光禄大夫检校国子祭酒兼殿中侍御史上柱国河间郡邢公夫人南周氏合祔墓志铭	正二品
10	张荷	914	大梁故尚书司门郎中南阳张府君墓志铭	从五品上
11	孟璠	915	□马军都指挥使、金紫光禄大夫、检校□孟璠志铭	正三品
12	王彦回	915	梁故明州军事押衙充勾押官银青光禄大夫检校太子宾客兼殿中侍御史王府君墓志铭	正三品

---

[1] 此表依据周阿根：《五代墓志汇考》(黄山书社2012年版) 二百四十二方五代墓志信息编辑而成，笔者在辑录相关信息的基础上对墓志信息进行了遴选和增补，并对墓主人官衔品级进行了整理。据笔者统计，242方墓志地理分布情况为：河南100(方)、河北7(方)、山西12(方)、山东5(方)、陕西12(方)、内蒙古1(方)、四川10(方)、江苏16(方)、浙江2方、福建2方、出土地不详75(方)。依据数据得知，五代十国墓志主要分布的地区为河南、江苏、山西、陕西、四川地区，与五代十国墓葬及壁画墓分布的主要地理区域基本一致。

续表

序号	墓主人	卒年或葬年	志　文	品　级
13	贾邠	915	大梁故宋州观察支使将仕郎检校祠部员外郎兼侍御史赐绯鱼袋贾府君墓志	从六品上
14	国礦	915	大梁故佑国军节度押衙银青光禄大夫检校国子祭酒兼御史大夫上柱国徐州下邳郡国礦志铭	正二品
15	张濛	916	梁故金紫光禄大夫检校尚书右仆射前守柳州刺史兼御史大夫上柱国张府君墓志铭	正二品
16	牛存节	916	梁故天平军节度使郓曹齐棣等州观察处置等使检校太尉同中书门下平章事赠太师牛公墓志	正一品
17	孙彦思	916	唐金紫光禄大夫检校司空使持节黄州诸军事黄州刺史上柱国乐安县开国男食邑三百户孙彦思墓志	正一品
18	吴存锷	917	梁故岭南东道清海军随使元从都押衙金紫光禄大夫检校司空前使持节泷州诸军事守泷州刺史御史大夫上柱国吴公志墓铭	正一品
19	宋铎	918	滑州左先锋□军指挥使兼左开化军将指挥使、银青光禄大夫、检校司空兼御史大夫、上柱国	正一品
20	谢彦璋	920	梁故匡国军节度陈许蔡等州管内观察处置等使守许州刺史充北面行营副招讨使金紫光禄大夫检校太保兼御史大夫陈留郡开国侯食邑一千户谢公墓志铭	正一品
21	储德充	920	梁故检校刑部尚书兼御史大夫鲁国储府君墓志铭	正三品
22	秦君	921	故大梁长沙郡忠义军左厢都押衙兼马步使金紫光禄大夫检校尚书左仆射使持节宜州诸军事守宜州刺史兼御史大夫上柱国秦使君志铭	正二品
23	孟弘敏及妻李氏	921	有唐故成德军东门亲事兵马使宅内鞍辔库专知官银青光禄大夫检校太子宾客侍御史上柱国平昌郡孟弘敏夫人陇西李氏合祔墓志	正二品
24	雷景从	921	梁赠太傅冯翊雷公墓志铭	正一品
25	王府君	922	府君□讨击使、充襄□镇□、银青光禄大夫、检校太子宾客兼监察御史、上柱国	正二品

续表

序号	墓主人	卒年或葬年	志　　文	品级
26	王镕	922	□同三司守太师兼中书令镇州都督府长史□□□□■	正一品
27	许君	922	大蜀光禄大夫检校太保使持节臻州诸军事守臻州刺史上柱国高阳县开国子食邑五百户许君墓志铭	正一品
28	晋晖	923	大蜀故忠贞护国佐命功臣前武泰军节度观察处置等使开府仪同三司检校太师兼中书令守黔州刺史上柱国弘农王食邑五千户赠太师弘农王赐谥献武晋公墓志铭	正一品
29	萧符	923	梁故左藏库使右威卫大将军金紫光禄大夫检校尚书右仆射萧府君墓志铭	从二品
30	卢文亮	924	唐故罗林军□银青光禄大夫行尚书兵部侍郎知制诰上柱国范阳县开国男食邑三百户卢公权厝记	正二品
31	王审知	924	大唐故扶天匡国翊佐功臣威武军节度观察处置三司发运等使开府仪同三司守太师兼中书令福州大都督府长史食邑一万五千户食实封一千户闽王墓志	正一品
32	王璠	924	唐故金紫光禄大夫检校司空左骁大将军兼御史大夫柱国太原郡王公墓志铭	正一品
33	左环	924	□故金紫光禄大夫检校尚书右仆射守柳州刺史兼御史大夫上柱国丹阳郡左公墓志铭	正二品
34	王处直	925	大唐故兴国推忠保定功臣义武军节度易定祁等州观察处置北平军等使开府仪同三司检校太师兼中书令北平王食邑五千户食实封三百户太原王公府郡墓	正一品
35	张继业	925	唐故河阳留后检校太保清河张公墓志铭	正一品
36	张君妻苏氏	925	唐银青光禄大夫检校尚书右仆射兼御史大夫上柱国清河张公故夫人武功苏氏墓志	正二品
37	李茂贞	925	大唐秦王谥曰忠敬墓志铭	正一品
38	康赞羙	926	唐故金紫光禄大夫检校司空前左金吾卫将军兼御史大夫太原郡康公墓志铭	正一品
39	孔谦及妻刘氏王氏	927	唐故丰财瞻国功臣光禄大夫检校太傅守卫尉卿充租庸使兼御史大夫上柱国会稽县开国伯食邑七百户孔谦夫人刘氏夫人王氏合祔玄堂铭	正一品

续 表

序号	墓主人	卒年或葬年	志　文	品级
40	孙 拙	927	唐故朝散大夫守尚书工部侍郎柱国赐紫金鱼袋乐安孙公墓铭	从二品
41	任元页	927	后唐故银青光禄大夫检校工部尚书守郑州都粮料使兼御史大夫任府君墓志铭	正三品
42	张 积	927	故朝议郎前峡州司马柱国清河郡公墓志	从二品
43	张居翰	928	唐故内枢密使推诚保运致理功臣骠骑大将军守右骁卫上将军知内侍省事上柱国清河县开国伯食邑七百户张公墓志铭	正二品
44	韩仲举	929	大唐故东头供奉官银青光禄大夫检校左散骑常侍左千牛卫将军兼御史大夫上柱国韩公墓志铭	正二品
45	韩 恭	929	大唐故兴国推忠功臣光禄大夫检校太保守左金吾卫大将军致仕兼御史大夫上柱国昌黎县开国伯食邑七百户韩公墓志铭	正一品
46	西方邺	929	大唐故东南面招讨副使宁江军节度观察处置兼云□榷监制置等使光禄大夫检校太保乐安县开国伯食邑七百户西方公墓志铭	正一品
47	毛 璋	930	唐故特进检校太保前守左金吾卫上将军兼御史大夫上柱国荥阳郡开国侯食邑一千户毛公	正一品
48	张唐及妻李氏	931	大唐故金紫光禄大夫检校尚书右仆射使持节卫州诸军事守卫州刺史兼御史大夫上柱国张府君并陇西李氏夫人合祔墓志铭	正二品
49	高 晖	932	唐故北京留守押衙前左崇武军使兼宣威军使西川节度押衙银青光禄大夫检校工部尚书兼御史大夫上柱国渤海高公墓志铭	正二品
50	李德休	932	唐故礼部尚书致仕赠太子少保赵郡李公墓志铭	从二品
51	王 禹	933	唐故朝议郎尚书屯田员外郎前河南府长水县令赐绯鱼袋琅琊王君墓志	正六品上
52	张文宝	933	唐故中大夫守尚书吏部侍郎充弘文馆学士判官事柱国赐紫金鱼袋张公权厝记	从二品
53	顾德升	934	大唐故光禄大夫检校司徒前守右骁卫上将军兼御史大夫顾德升墓志	正一品

续表

序号	墓主人	卒年或葬年	志文	品级
54	李重吉	934	大唐故金紫光禄大夫检校司徒行亳州团练使充太清宫副使上柱国兼御史大夫赠太尉李公墓志铭	正一品
55	商在吉	935	大唐故光禄大夫检校司徒前使持节冀州诸军事冀州刺史兼御史大夫上柱国清河郡商府君墓志铭	正二品
56	王仁遇	935	大吴金紫光禄大卿检校司徒行光禄卿使持节颍州诸军事颍州刺史兼御史大夫上柱国太原王公墓铭	正一品
57	戴思远	936	唐故特进太子少保致仕赠少傅戴公墓志铭	正二品
58	张季澄	936	唐故金紫光禄大夫检校户部尚书前守右威卫大将军兼御史大夫上柱国清河县开国男食邑三百户张公墓志铭	正二品
59	阴善雄	937	唐故河西归义军节度内亲从都头守常乐县令银青光禄大夫检校国子祭酒兼御史大夫上柱国阴府君墓志铭	正二品
60	罗周敬	937	晋故竭诚匡定保节功臣特进检校太保右金吾卫上将军兼御史大夫上柱国长沙郡开国公食邑二千八百户食实封二百户赠太傅罗公墓志铭	正一品
61	宋廷浩	937	大唐故光禄大夫检校司徒前房州刺史兼御史大夫上柱国广平郡宋公墓志	正二品
62	安万金	937	晋故均州刺史光禄大夫检校司徒兼御史大夫上柱国开国男食邑三百户安府君墓志	正一品
63	包咏	939	前知虔州雩都县令包府君墓志	正六品上
64	王化文	939	原武县令京兆王公墓志铭	正六品上
65	张继升	939	晋故光禄大夫检校司空兼御史大夫张公墓志铭	正一品
66	郭彦琼	940	晋故银青光禄大夫检校右散骑常侍右内率府率同正兼御史大夫上柱国郭府君墓志铭	正二品
67	梁瑰及妻王氏	940	晋故商州长史安定梁府君墓志铭	从五品上

续 表

序号	墓主人	卒年或葬年	志　文	品　级
68	王建立	940	大晋故推诚奉义匡运致理功臣昭义军节度使泽潞辽沁等州观察处置等使开府仪同三司持节潞州诸军事行潞州刺史检校太师兼中书令食邑一千户赠尚书令琅琊王墓铭	正一品
69	孙　璠	940	检校尚书左仆射兼御史大夫	正二品
70	姚嗣骈	942	大唐故右军散押衙左天威第七军指挥使银青光禄大夫检校司徒右领军卫将军兼东都左巡使姚府君墓铭	正一品
71	周令武	942	晋故竭忠建策兴复功臣光禄大夫检校太傅使持节行蔡州诸军事蔡州刺史兼御史大夫上柱国汝南郡开国伯食邑七百户周公墓志铭	正一品
72	毛　汶	942	大晋故定难军摄节度判官兼掌书记朝议郎检校尚书水部员外郎兼侍御史柱国赐绯鱼袋荥阳毛公墓志铭	从二品
73	任景述	942	有晋故兵部尚书西河任公墓志铭	正三品
74	史匡翰	942	义成军节度使赠太保史匡翰墓志铭	正一品
75	蔡　君	943	晋故银青光禄大夫太子左庶子致仕上柱国济阳蔡府君墓志	正二品
76	何德璘	943	大晋故夏银绥宥等州观察支使将仕郎试大理评事赐绯鱼袋南阳郡何公墓志铭	从八品下
77	刘敬璠	943	大晋故定难军节度副使光禄大夫检校太保兼御史大夫上柱国开国男食邑三百户彭城刘公墓志铭	正一品
78	罗盈达	943	晋故河西应管内外诸司马步军都指挥使银青光禄大夫检校工部尚书兼御史大夫上柱国豫章郡罗府君墓志铭	正二品
79	张　明	943	晋故庆州刺史光禄大夫检校太傅兼御史大夫上柱国清河县开国男食邑三百户张公墓志铭	正一品
80	梁汉颙	943	晋故左威卫上将军赠太子太师安定郡梁公墓铭	从一品
81	朱行先	943	佐正匡国功臣故节度左押衙亲卫第三都指挥使静海镇遏使银青光禄大夫检校尚书右仆射御史上柱国朱府君墓志铭	正二品

续 表

序号	墓主人	卒年或葬年	志　文	品　级
82	王延胤	945	大晋故竭忠匡运佐国功臣横海军节度沧景德州观察处置管内河堤等使充北面行营步军左右厢都指挥使特进检校太师使持节沧州诸军事行沧州刺史兼御史大夫上柱国太原郡开国公食邑三千户食实封一千户赠侍中王公墓志铭	正一品
83	阎弘祚	945	大晋故镇宁军节度副使光禄大夫检校司空兼御史大夫上柱国太原县开国伯食邑七百户阎公墓志铭	正二品
84	李仁宝	946	大晋绥州故刺史金紫光禄大夫检校太保兼御史大夫上柱国李公墓志铭	正一品
85	王　君	946	唐故朝议大夫行尚书礼部郎中柱国赐紫金鱼袋太原王君墓志铭	从二品
86	庞令图	948	大汉故鸿胪少卿金紫光禄大夫检校兵部尚书兼御史大夫上柱国庞公墓志铭	正二品
87	夏光逊	948	大汉故齐州防御副使银青光禄大夫检校尚书左仆射兼御史大夫上柱国谯郡夏公墓志铭	正二品
88	杨敬千及妻李氏	948	后汉故青州刺史弘农杨公墓志铭	从三品
89	徐　铎	949	故竭诚耀武功臣左匡圣步军都指挥副使兼第二明义指挥使金紫光禄大夫检校太保使持节彭州诸军事守彭州刺史兼御史大夫上柱国高平县开国男食邑三百户徐公内志	正一品
90	罗周辅	948	故大中大夫检校尚书虞部郎中行司农少卿上柱国赐紫金鱼袋罗公墓志铭	正二品
91	张虔钊	948	大蜀故匡国奉圣叶力功臣北路行营都招讨安抚使兴元武定管界沿边诸寨屯驻都指挥使左匡圣马步都指挥使山南节度兴凤翔等州管内观风营田处置等使开府仪同三司检校太师兼中书令行兴元尹清郡开国公食邑四千户食实封三百户赠太子太师赐谥温穆清河郡张公墓志铭	正一品
92	贾　潭	948	大唐故中散大夫检校司徒使持节泰州诸军事兼泰州刺史御史大夫洛阳开国子贾宣公墓志铭	从三品

续 表

序号	墓主人	卒年或葬年	志 文	品 级
93	张备	949	大汉故将仕郎试大理评事前守莱州莱阳县令张府君墓志铭	正六品上
94	刑德昭	950	故大晋光禄大夫检校尚书左僕射行司农卿上柱国河间县开国男食邑三百户赠太子宾客刑府君墓志铭	正二品
95	陶敬宣	951	唐故泰州刺史陶公墓志铭	从三品
96	□殷	951	大周故晋州义胜军都指挥使银青光禄大夫检校礼部尚书兼御史大夫上柱国赠光州刺史□公墓志铭	正二品
97	王进威	951	赐本道保义军进奏使兼官授银青光禄大夫	
98	苗延禄	951	唐故检校司徒行右千牛卫将军苗公墓志铭	正一品
99	李彝谨	952	故推诚望戴功臣金紫光禄大夫检校太保使持节绥州诸军事绥州刺史兼御史大夫上柱国李公墓志铭	正一品
100	马从徽	952	故凤翔节度行军司马光禄大夫检校司空兼御史大夫上柱国扶风郡开国侯食邑一千户马公墓志铭	正一品
101	江文蔚	952	唐故左谏议大夫翰林学士江公墓志铭	正四品下
102	刘琪及妻杨氏	952	周故枢密副承旨银青光禄大夫检校兵部尚书兼御史大夫上柱国彭城刘府君墓志铭	正二品
103	薄可扶	952	周天平军右武备第三军使银青光禄大夫检校左散骑常侍兼御史大夫武骑尉薄公墓志铭	从三品
104	武敏	952	大周故宿州符离县令武府君墓志	正六品上
105	马光赞	953	□□镇南军节度副使光禄大夫检校太傅兼御史大夫上柱国扶风马公墓铭	正一品
106	刘彦融	954	大周故将仕郎检校尚书库部郎中守太子左赞善大夫赐紫金鱼袋彭城刘公墓志铭	正五品上
107	俞让	954	大吴越国匡时励节功臣台州教练都知兵马使罗城四面都巡检使银青光禄大夫检校刑部尚书上骁卫将军兼御史大夫上柱国俞让墓志	正二品
108	安重遇	954	大周故护国军节度行军司马金紫光禄大夫检校司徒兼御史大夫上柱国武威县开国男食邑三百户安公墓志铭	正一品

续表

序号	墓主人	卒年或葬年	志文	品级
109	秦思温	954	天平军节度押衙、充节院使兼随身军使、充平卢军马直都指挥使、充随驾右威和第五指挥使、充左威和第五指挥使、充左兴顺第九指挥使、充左兴顺第二军第四指挥使、充镇州屯驻权五指挥都部署使、充邺都右校练使兼随使厅头军使兼衙内都部署使、银青光禄大夫、检校左散骑常侍兼御史大夫、上柱国	正二品
110	刘光赞	954	大周故金紫光禄大夫检校尚书右僕射左监门卫将军兼御史大夫上柱国刘公墓志铭	正二品
111	刘 秘	954	大周故朝散大夫左千牛卫将军同正□留中书刘公墓志	从三品
112	赵 凤	955	大周故金紫光禄大夫检校司徒持节单州诸军事单州刺史兼御史大夫上柱国天水郡开国候食邑一千户赵公墓志铭	正一品
113	石金俊及妻元氏	955	大周故北京飞胜五军都指挥使银青光禄大夫检校司空兼御史大夫上柱国赠左骁卫将军石公妻河南郡太夫人元氏墓志铭	正一品
114	吴谯、吴涓	955	故朝议郎河南渑池县令绯鱼袋赠起居舍人讳谯、男金部郎中知制诰赐紫金鱼袋赠工部侍郎讳涓吴府君墓志铭	正六品上
115	王 柔	955	大周赠太尉琅琊王公墓志	正一品
116	苏逢吉	955	故汉开国佐命匡圣功臣特进守司空门下侍郎平章事监修国史上柱国武功郡开国公食邑二千户食实封四百户苏公墓志铭	正一品
117	张仁嗣及妻郭氏	955	大周故朝请大夫左领军卫将军同正柱国清河张君墓志铭	从二品
118	孙汉韶	955	大蜀故匡时翊圣推忠保大功臣武信军节度遂合渝泸昌等州管内观风营田处置等使开府仪同三司守太傅兼中书令使持节遂州诸军事守遂州刺史上柱国乐安郡王食邑三千户食实封二百户赠太尉梁州牧赐谥忠简孙公内志	正一品
119	袁彦进	956	大周故输诚效议功臣光禄大夫检校太保前行宁州刺史权知阶州军州事濮阳郡开国候食邑一千户袁公墓志	正一品

续表

序号	墓主人	卒年或葬年	志　文	品级
120	萧处仁	956	大周故光禄大夫检校司徒行右金吾卫将军兼御史大夫上柱国兰陵县开国男食邑三百户赠汉州防御使萧公墓志铭	正一品
121	王继勋	956	左威卫大将军琅琊太尉侍中王府君墓志铭	正三品
122	索万进	958	大周有故输忠保节功臣、彰信军节度、曹单等州观察处置等使、光禄大夫、检校太尉、使持节曹州诸军事、行曹州刺史兼御史大夫、上柱国、京兆郡开国公、食邑一千五百户索公墓志	正一品
123	宋彦筠	958	大周故开府仪同三司太子太师致仕蔡国公赠侍中宋公墓志铭	从一品
124	段延勋	958	大周故山南东道节度副使银青光禄大夫检校户部尚书兼御史大夫上柱国京兆郡段公墓志铭	正二品
125	包谔	958	唐故银青光禄大夫检校国子祭酒御史中丞包君墓志铭	从三品
126	冯晖	958	周朔方军节度使中书令卫王故冯公墓志铭	从一品
127	卢价	960	大周故礼部尚书致仕卢公墓志铭	正三品
128	石映	964	故左武威中郎将石府君墓志铭	正四品下
129	□楚	后唐某年葬	唐故定州义武军节度随使步军都教练使左横冲军使西□使银青光禄大夫检校户部尚书右监门卫大将军守祁州刺史兼御史大夫上柱□	正二品
130	白万金	后晋某年葬	晋故竭忠佐国功臣金紫光禄大夫检校司空使持节怀州诸军事怀州刺史充本州河堤使兼御史大夫上柱国南阳县开国男食邑二百户白公墓志铭	正一品
131	石昂	后晋时葬	故晋朝散大夫宗□	从五品下
132	太原王公	前蜀某年葬	议大夫检校户部尚书守太仆卿兼御史大夫上柱国依前知□	正二品

第二章 五代十国壁画主题分类及区域特性

墓室壁画"是古人为埋葬死者而修造的墓葬的一部分,几乎一切题材都要围绕墓葬设计者的主观意愿来选择和组织"[1]。五代十国政局的大分裂带来先前完备的大统一礼制体系的分裂,原来掩盖和包容在统一体系下的地域性艺术特色开始得到最大限度的自由和成长的空间。因此,五代十国时期壁画图像主题在继承唐代的基础上,出现显著的自由性和地域性特色,各个政治、经济割据区域内,在继承和发扬原来积淀下来的共性艺术养分基础上,个性化、自由化、地域化的艺术样式也层出不穷。

第一节 演变中的人物图式

一、张彦远"南北有殊"论

古代人物画的作用主要为真人写貌留影,再现人物形象或生活状况的客观现实,或者是佛道人物像,目的是发挥认识功能和社会功能,作为纪念、供奉、鉴戒、教化的工具。

南齐谢赫《古画品录》道:"图绘者,莫不明劝戒、著升沉,千载寂寥,披图可鉴。"[2]唐代张彦远《历代名画记》说:"以忠以孝,尽在于云台。有烈有勋,皆登于麟阁。见善足以戒恶,见恶足以思贤。留乎形容,式昭盛德之事。

---

[1] 郑岩:《魏晋南北朝壁画墓研究》,文物出版社2002年版,第13页。
[2] (南齐)谢赫、(陈)姚最撰、王伯敏标点注释:《古画品录·续画品录》,人民美术出版社1959年版,第1页。

具其成败,以传既往之踪。"[1]既然是"千载寂寥,披图可鉴",是"以传既往之踪",故而人物图式最基本的要求是"外形酷似"。因而《广雅》云:"画,类也。"[2]《尔雅》云:"画,形也。"[3]《说文》云:"画,畛也。"[4]《释名》云:"画,挂也。"[5]总而言之,画就要像客观对象,"类"物、"形"物、"挂"物。因此绘画人物图式十分重视实有其人,称其为"写真""写照""写影",把刻画真实人物作为艺术关照的起点和核心。如东晋顾恺之的"实对"理论,南齐谢赫的"应物象形"说,北宋苏轼"灯下取影"说,元王铎"写像秘诀",清蒋骥"以远取神"方法,中心意思都是"留乎形容"。

不过,作为"留容"的客观关照物,史上我国南北方人有显著差别,有民族差别、地理差别、习惯差别、性格差别、衣帽服饰差别等等。《洛阳伽蓝记·卷第二·景宁寺》记载洛阳杨元慎嘲讽南朝来的陈庆之:"吴人之鬼,住居建康,小作冠帽,短制衣裳。自呼阿侬,……"[6]杨氏虽是故意打外交战、丑化、贬低南方人,但客观描绘了南方和北方不同的衣帽、语言特点。张彦远《历代名画记·论画六法》论道:"夫象物必在于形似,形似须全其骨气……然则,古之嫔擘纤而胸束,古之马喙尖而腹细,古之台阁竦峙,古之服饰容曳,故古画非独变态有奇意也,抑亦物象殊也。"[7]张彦远说古画中描绘的人、马、台阁、服饰与其当时的情况有"奇意",原因就在于"物象殊",即作为绘画表现的客观存在的显著差异。到宋元,人分南北更是成为政治因素,鸿沟更大,差距更明显。元末陶宗仪《南村辍耕录·氏族》详细记载当时的社会阶层为:一是蒙古人;二是色目人,包括钦察、唐兀、回回等族,是蒙古人已征服的西域人;三是汉人,包括契丹、高丽等族及原金国统治下的北方汉族人;除此之外,还有第四等所谓的南人。钱大昕在《十驾斋养新录·卷九》说,"汉人南人之分,以宋金疆域为断,江浙、湖广、江西三行省为南人,河南省唯江北、淮南诸路为南人"[8]。

张彦远自然不知宋元人将分南北弄得更复杂和明显。但他在撰写著作时早已看出,作为绘画摹写的客观对象"人",是存在南北差异的。《历代名

---

[1] (唐)张彦远:《历代名画记》,江苏美术出版社2007年版,第2页。
[2] 转引自周积寅编:《中国画论大辞典》,东南大学出版社2011年版,第88页。
[3] 转引自周积寅编:《中国画论大辞典》,东南大学出版社2011年版,第88页。
[4] 转引自周积寅编:《中国画论大辞典》,东南大学出版社2011年版,第88页。
[5] 转引自周积寅编:《中国画论大辞典》,东南大学出版社2011年版,第88页。
[6] (北魏)杨衒之:《洛阳伽蓝记·卷第二·景宁寺》,商务印书馆1936年版,第85页。
[7] (唐)张彦远:《历代名画记》,江苏美术出版社2007年版,第29页。
[8] (清)钱大昕著、陈文和主编:《嘉定钱大昕全集》,江苏古籍出版社1997年版,第238页。

画记》中明确指出,"若论衣服车舆,土风人物,年代各异,南北有殊"[1]。一些成语和俗语,如"南人北相""北人南相""南人南相",大意亦如此。

人物有地域性,自然画家创作出来的人物图式很自然有地域差异,在各类文献中屡见不鲜,以同为唐人的画家尉迟乙僧为例,可见"南北有殊"实为确言。尉迟乙僧生卒不详,大致生活在唐贞观至景云年间(627—710)。史料载其在长安大慈恩寺、安国寺、光宅寺、兴唐寺等多处寺院有壁画。唐代朱景玄《唐朝名画录》载:"尉迟乙僧者,吐火罗国人。……又光泽寺七宝台后面画《降魔像》千怪万状,实奇踪也。凡画功德、人物、花鸟、皆是外国之物像,非中华之威仪。"[2]朱景玄说得很明白,尉迟乙僧画作呈现的面貌不是"中华之威仪"。张彦远自己在《历代名画记》也曰:"尉迟乙僧,……善画外国及佛像……画外国及菩萨,小则用笔紧劲如屈铁盘丝,大则洒落有气概。"[3]僧惊云:"外国鬼神,奇形异貌,中华罕继。"[4]北宋《宣和画谱》记载:"乙僧尝在慈惠寺塔前画《千手眼降魔像》,时号奇踪。然衣冠物象,略无中都仪形。"[5]这说明北宋人也认为尉迟乙僧的人物作品是"奇踪",人物貌相和服饰,一点没有"中都仪形"。北宋人对尉迟乙僧的评论不是人云亦云,而是有其现实作品可考,当时宋徽宗内府就收藏尉迟乙僧作品八幅,分别是弥勒佛像一、佛铺图一、佛从像一、外国佛从图一、唐大悲像一、明王像二、外国人物图一。而且尉迟乙僧现在仍有《龟兹舞女图》《朝僧图》《番君图》等作品传世,和中原绘画风格迥异,所以尉迟乙僧可谓是身在大唐,画在异域,此更可以佐证张彦远"南北有殊"之说。

五代契丹画家李赞华情形类似尉迟乙僧,李赞华本是契丹东丹王,为辽主耶律德光所迫,于后唐明宗长兴六年(935)泛海来中土。《宣和画谱》记载:

明宗赐与甚厚,仍赐姓东丹名慕华。……又赐姓李,更名赞华。……尤好画,多写贵人、酋长。至于袖戈挟弹,牵黄臂苍,服用皆缦胡之缨,鞍勒率皆瑰奇,不作中国冠冕,亦安于所习者也。然议者以谓马尚丰肥,笔乏壮气,其确论欤?[6]

---

[1](唐)张彦远:《历代名画记》,江苏美术出版社2007年版,第38页。
[2](唐)朱景玄撰,温肇桐注:《唐朝名画录》,四川美术出版社1985年版,第9页。
[3](唐)张彦远:《历代名画记》,江苏美术出版社2007年版,第217—218页。
[4](唐)张彦远:《历代名画记》,江苏美术出版社2007年版,第218页。
[5]潘运告主编,岳仁译注:《宣和画谱》,湖南美术出版社1999年版,第38页。
[6]潘运告主编,岳仁译注:《宣和画谱》,湖南美术出版社1999年版,第185页。

很显然,李赞华的人物画也是带有鲜明地域特色的,"不作中国衣冠"。他笔下的马也是异样风格,和中原的审美标准不合,被认为是"马尚丰肥,笔乏壮气"。刘道醇《五代名画补遗》也记载李赞华画:

> 东丹王赞华,契丹大姓,乃耶律德光之外戚,善画马之权奇者。梁、唐及晋初,凡北边防戍及榷易商人尝得赞华之画,工甚精致,至京师人多以金帛质之。予于赞善大夫赵公第见赞华画马,骨法劲快,不良不弩,自得穷荒步骤之态。其所短者,设色粗略,人物短小,此其失也。[1]

说李赞华的画在五代京师地区价格不菲,"人多以金帛质之"。但刘道醇对他的作品评论一般,认为他画人物有欠缺,"人物短小"。李赞华画作真实艺术水准且不论,其画被边防戍卒和榷易商人贩卖到京师,大受欢迎的原因,应该是其作品附带的浓郁的契丹色彩,和中原人物不同,这是其竞争力所在,而非为技法和设色。《宣和画谱》保留其作品目录,从中可以清晰地看出李氏画的异域风情:"今御府所藏十有五:双骑图一,猎骑图一,雪骑图一,番骑图六,人骑图二,千角鹿图一,吉首并驱骑图一,射骑图一,女真猎骑图一。"[2]

北宋黄休复的《益州名画录》记载了蜀中两位有特色的人物画家:杜敬安和阮惟德。"杜敬安,子环子也,美继父踪;妙于佛像……。蜀城寺院,敬安父子图画佛像罗汉甚众。蜀偏霸时,江吴商贾入蜀,多请其画将归本道。"[3]这里面信息值得推敲,江、吴系当时南唐江南一带,江、吴商人去四川,多请杜敬安的画,千里迢迢带回去。可南唐并不缺少佛像画家,相反,有一大批杰出的佛像、罗汉画家,而且是各个层次的均有。如曹仲元、周文矩、王齐翰、陶守立、厉昭庆、陆晃、陆文通、顾德谦等,甚至一位女画家童氏也擅长释道人物画,《宣和画谱》曰:"妇人童氏,江南人也,莫详其世系。所学出王齐翰,画工道释人物。"[4]论名气和艺术成就,杜敬安显然不如周文矩、王齐翰等。杜敬安的画能被江、吴等地客商千里迢迢带回去,最大的可能就是,虽然题材都是佛教、罗汉,但杜敬安的画作和江、吴本地画家的画作应该有所不同,带有某种蜀中绘画界长期积淀的佛道画独有特色。

---

[1] 潘运告编注:《中国历代画论选》,湖南美术出版社2007年版,第218页。
[2] 潘运告主编、岳仁译注:《宣和画谱》,湖南美术出版社1999年版,第185页。
[3] 潘运告编注:《中国历代画论选》,湖南美术出版社2007年版,第184—185页。
[4] 潘运告主编、岳仁译注:《宣和画谱》,湖南美术出版社1999年版,第142页。

最能体现人物画地域性特色的,是西蜀画家阮惟德的作品。《益州名画录》载:

> 惟德者,知诲子也……。画《贵公子夜宴图》、《宫中赏春图》、《宫中戏秋千图》、《宫中七夕乞巧图》、《宫中熨铁图》、《宫中按舞图》、《宫中按乐图》,皆画当时宫苑亭台花木,皇妃帝后富贵之事,精妙颇甚……。蜀广政初,荆湖商贾入蜀,竞请惟德画"川样"美人卷簇,将归本道,以为奇物。[1]

不难看出,阮惟德的美人图式,因为带有鲜明的川中特点,被直接加上地理标志,叫"川样美人"。

其实,并非绘画一门,文学艺术的表现因素有地域差异。宋代俞文豹《吹剑续录》中记载一则趣谈:"东坡在玉堂,有幕士喜讴,因问:'我词比柳词何如?'对曰:柳郎中词,只合十七八女郎,执红牙板,歌'杨柳岸、晓风残月';学士词,须关西大汉,铜琵琶,铁绰板,唱'大江东去'。"[2]

不论是尉迟乙僧,还是李赞华、杜敬安、阮惟德,其创作实践和作品,都印证了张彦远人物画"南北有殊"之论。

二、"宣教功能"向"世俗主题"转变

在短短72年的历史区间内,五代十国绘画发展丰富加深了中晚唐以来绘画的世俗化倾向,绘画艺术技巧、样式、题材等诸多方面扩大了新领域,到达了新水平。与五代十国绘画发展水平基本同步,五代十国壁画人物图式,不论是墓室壁画、石窟壁画、寺观壁画,在晚唐世俗化基础上走得更远,更丰富,更饱满。墓室壁画内容主要涉及墓主人生前出行、生活现实性场景再现、宇宙天象与升仙场景表现等方面,涉及的具体形象有墓主人像、男女侍、文吏、宦者、童子、伶人、宫嫔、舞姬、山水、花鸟、器物、云鹤、生肖、神像、天象图等。值得注意的是,这些壁画地理位置的差异,导致相同的构图元素也出现很明显的区域色彩。

五代十国墓室中发现了一定数量的人物壁画,当时人物画盛行的状况

---

[1](宋)黄休复撰、何韫若、林孔翼校注:《益州名画录》,四川人民出版社1982年版,第95页。
[2](清)上疆村民选编:《宋词三百首》,哈尔滨出版社2012年版,第99页。

可窥见一斑。因该时期壁画具有纪年性,因此通过对壁画内容的详细解读,可以为复原当时的绘画情况以及厘清壁画与卷轴画之间的关联提供重要参考。

综观五代十国墓室壁画图像系统的配置情况,可以看出,当时人物壁画在整个图像系统中居主导地位,其安排与绘制是画师重点强调部分。整体来看,当时割据政权林立,隋唐那种大一统的丧葬礼制不复存在,壁画的功能呈现出由"宣教功能"向"世俗主题"转变之趋势。各个政权都按照自己的意愿和地域特色来营造墓室,既继承传统,也我行我素。微观体现的墓室壁画人物即带有显著的地方特色。人物为主体,通过饰以花鸟、树木、山石等为背景来共同组成完整的画面[1]。同时,五代壁画中人物图像按照身份和功能,大致可以分成以下六种类型。

A型:主人像

五代壁画人物图像的一个重要特点,就是墓主人像或者石窟主人像开始频繁出现并突出其位置的重要性。主人像(见附表1),或其生活、娱乐之态,在两汉墓室壁画中流行,魏晋以后逐渐减少。唐代壁画中主人像依稀可见,据目前收集到的资料中可明确见到,或者可以判明是主人像的,可见三处,即陕西省西安市唐高元珪墓、北京市宣武区陶然亭唐何府君墓、陕西省乾县章怀太子墓。

1955年在西安发掘的唐代高元珪墓葬,此墓葬于天宝十五年(756),墓室壁画中出现墓主人端坐在一把椅子上的画像[2](图2-1-1)。1988年北京宣武区发现的唐史思明天顺元年(759)何府君墓,墓西北侧壁出现墓主人端坐于高背椅上的画

图2-1-1 西安唐高元珪墓墓主人像(引自陕西历史博物馆编:《唐墓壁画集锦》,陕西人民美术出版社1991年版,第153页)

---

[1] 李星明:《唐代墓室壁画研究》,陕西人民美术出版社2005年版,第230页。
[2] 陕西历史博物馆编:《唐墓壁画集锦》,陕西人民美术出版社1991年版,第153页。

像[1]。高元珪像（中部残缺）略圆脸，戴黑色幞头，穿圆宽领土灰色长衫，乌靴，静坐额头高的椅子上；右侧立一女子，梳双环髻，着红色圆窄领衫，抹胸裙。

还有一类主人像出现在群体画面中，主要展现主人身份和活动。唐章怀太子墓室壁画《狩猎出行图》（图2-1-2）描绘壮观的马队正中一人着兰紫袍，雍容端庄，轻身出行，乘大白马，其他马均剪鬃，"细尾扎结"，便于驰逐，白马迥然不同，颈披长鬃，马尾垂散，左侧前后蹄奋起，走姿轻快稳便。唐文献中称此类马为"走马"，地位尊荣之人方可享用。孙光宪《北梦琐言》："车驾必谋幸蜀，先以陈公走马赴任。"[2]章怀太子墓中不可能出现第二个中心人物，骑白马者应是墓主人章怀太子李贤。发掘报告中也描述为："中间簇拥着一圆脸微带胡须的人物，双目前视，神态自若……骑一高大白马，可能就是出行的主人。"[3]

图2-1-2 陕西乾县乾陵章怀太子墓《狩猎出行图》（引自邹文、周志主编：《中国绘画经典（上卷）》，人民美术出版社2000年版，第68页）

与章怀太子主人像类似的是敦煌石窟第156窟《张议潮统军出行图》（图2-1-3）。张议潮是晚唐名将，唐河西地区自建中二年（781）沙州被吐蕃攻陷后，吐蕃奴役60余年。唐大中二年（848），张议潮组成归义军反抗吐蕃，一度恢复河西十一州，"西尽伊吾，东接灵武，得地四千余里，户口百万之家，六郡山河，宛然而旧"[4]。张氏采用汉化的民族融合政策，"河西创复，犹杂蕃浑。……训以华风，咸会驯良，轨俗一变"[5]。在张氏领导下，瓜州、沙州

---

[1] 徐光冀主编：《中国出土壁画全集·10·北京、江苏、浙江、福建、江西、湖北、广东、重庆、四川、云南、西藏卷》，科学出版社2011年版，第1页。
[2] （五代）孙光宪撰：《北梦琐言》，上海古籍出版社2012年版，第22页。
[3] 陕西省博物馆、乾县文教局唐墓发掘组：《唐章怀太子墓发掘简报》，《文物》1972年第7期。
[4] 马德：《敦煌莫高窟史研究》，甘肃教育出版社1996年版，第298页。
[5] ［日］前田正名著、陈俊谋译：《河西历史地理学研究》，中国藏学出版社1993年版，第193页。

图2-1-3 敦煌石窟第156窟《张议潮统军出行图》(引自段文杰主编:《中国美术全集·绘画编·15·敦煌壁书下》,上海人民美术出版社1985年版,第131页)

等地"人物风华,一同内地"[1]。

此画全景展示张议潮统军出行的雄壮场面。队伍有武骑、文骑、舞伎、乐伎等200余人。张议潮位于画面中部,人与马形体最大,众人中突显;其穿圆领红袍,白色鸭翅幞头,系革带,骑白马,提缰挥鞭,沉毅威武[2]。同样是敦煌石窟第156窟《宋国夫人出行图》(图2-1-4),描绘张议潮夫人宋国夫人游乐情形,此画充满轻松愉悦色彩。前端是"戴竿技"、舞蹈、伎乐;中间是肩舆和车队;后段是宋国夫人侧身坐大白马,人、马均比侍从大一等,主人身份突出。宋国夫人紫色长裙,发髻高耸,隐约可见黄绿首饰,高贵端庄,榜题为"宋国河内郡夫人宋氏出行图"[3]。此图与展子虔《虢国夫人游春图》(图2-1-5)极为相似,各有所长。《虢国夫人游春图》以表现人物为主,画面只有九人,主人像虢国夫人体态丰姿绰约,雍容华贵,脸庞丰润,"态浓意远淑且真,肌理细腻骨肉匀"[4]。《宋国夫人出行图》以突出场面为主,杂技、乐舞、文武侍从100余人。从人物清晰度来看,后者不如前者。就场面丰富性来看,前者不如后者。

---

[1] 王重民、王庆菽、向达等编:《敦煌变文集》,人民文学出版社1957年版,第3451页。
[2] 段文杰主编:《中国美术全集·敦煌壁画下》,上海人民美术出版社1985年版,第130—133页。
[3] 王子初:《中国音乐考古学》,福建教育出版社2003年版,第375页。
[4] (唐)杜甫著、龚笃清选注:《杜甫诗精选精注》,广西师范大学出版社1996年版,第62页。

图2-1-4 敦煌石窟第156窟《宋国夫人出行图》(引自段文杰主编:《中国美术全集·绘画编·15·敦煌壁书下》,上海人民美术出版社1985年版,第136页)

图2-1-5 《虢国夫人游春图》(引自杨建峰编:《中国人物画全集上》,外文出版社2011年版,第39页)

后梁乾化四年（914），张议潮外甥女婿曹议金取代张氏政权，其子孙曹元德、曹元深、曹元忠、曹延恭、曹延禄等继任，前后121年，政局稳定，历代统治者都大举开凿洞窟，其中大窟就有143窟（重修）、100窟、108窟、454窟、22窟、61窟、55窟、53窟、96窟（重修）、261窟、146窟、152窟、130窟（重修）、256窟、76窟等窟。尤为珍贵的是，这些窟中壁画保留了大量窟主人像，其中第5窟南壁画供养人曹元忠等3身；北壁画供养人存凉国夫人翟氏像1身；第61窟画回鹘公主等供养人8身，于阗国三公主曹延禄姬像。第98窟南壁画曹议金父子供养像8身；北壁画张议潮、索勋等供养像存6身（东段残）；于阗国王李圣天等男女供养人11身；门北下画回鹘公主等男女供养人7身。第108窟南壁绘曹议金、曹元德等供养像7身。第100窟南壁画曹议金父子供养人像5身；北壁画回鹘公主等女供养人10身。

其中最典型的主人像存于第98窟，此窟是曹议金为其女婿于阗国王开的功德窟，后世一般看成是曹议金功德窟，供养人画像200余身，主要人物像是于阗王、曹议金、回鹘公主。于阗王李天圣像高大，为敦煌人物像之冠，尤为独特的是其汉族帝王装束——李天圣头戴冕旒，上饰北斗七星，身穿衮服，上绘日月、华虫、黼黻12种纹样，与中原汉族帝王类似。但是其左手无名指戴宝石戒指，又显示少数民族装饰习惯，榜题是：大朝大宝于阗国大圣大明天子。李天圣画像一副帝王气派，体现了曹议金当时刻意抬高李天圣身份地位的用意。于阗皇后为曹议金之女，头绿宝石凤形冠，两边饰步摇，发上插满四瓣花钗，耳饰绿宝石连珠耳珰，身穿回鹘翻领大袖长袍，肩护绣凤罗巾，榜题是：大朝大于阗国大政大明天册全封至孝皇帝天皇后曹氏。二人像服饰具有汉族和于阗特色融合的特点。

第100窟绘有《曹议金统军出行图》（图2-1-6）和《回鹘夫人出行图》（图2-1-7），人物众多，场面浩大。《曹议金出行图》前有仪仗导引、护卫簇拥，乐器伴奏。南壁中部为曹议金画像，头戴展脚幞头，身着红袍，骑一白马，正欲过桥，前后侍卫护送，有旄节引导。它与第156窟《张议潮出行图》如出一辙，但其中多了少数民族人物，显示曹氏政权民族融合的史实。回鹘公主着回鹘装，骑高头大马，乐人作前导，身后是其眷属们乘坐的彩棚车，侍女随行，捧物、打扇，充满了逍遥闲适的情趣，模仿第156窟《宋国夫人出行图》痕迹明显。

曹议金夫人回鹘公主在当时曹氏政权具有极高地位，敦煌诸多洞窟有其画像，被尊称为"天公主"。第100窟曹议金夫妇出行图中，作为归义军

图2-1-6 敦煌石窟第100窟《曹议金出行图》(引自敦煌文物研究所编:《敦煌莫高窟(五)》,文物出版社2013年版,图31)

图2-1-7 敦煌石窟第156窟《回鹘夫人出行图》(引自敦煌文物研究所编:《敦煌莫高窟(五)》,文物出版社2013年版,图32)

节度使,曹议金戴展脚幞头,着紫色圆领袍衣,束革带,佩鱼符,乌靴,唐风浓厚,服饰延续唐代官员服饰规格,沈从文也曾以曹议金画像来佐证唐代服饰制度[1]。此图回鹘公主着圆领窄袖回鹘装,头戴遮阳毡笠,骑白马,手持马鞭。但在榆林第16窟可见其混合回鹘和汉族一身的装束,画中回鹘公主头饰桃形凤冠、高髻,饰金钗步摇,后垂红结绶,脸上赭色晕染,额中点梅花,双颊贴花钿,正是"犀玉满头花满面"装扮;耳垂耳珰,项饰瑟珠,穿弧形翻领、窄袖紧口、红色通裾长袍,肩披巾帛,衣领和袖口饰凤鸟花纹;长袍上窄下宽,袍裾曳地数尺[2]。步摇、凤冠、凤鸟纹都是汉族贵妇装饰,可见,回鹘公主形象中也有汉族服饰的因素。

---

[1] 沈从文:《中国古代服饰研究》,上海书店出版社1997年版,第332—335页。
[2] 沙武田:《五代宋敦煌石窟回鹘装女供养像与曹氏归义军的民族特性》,《敦煌研究》2013年第2期。

可以看出,敦煌石窟壁画主人像附着了特殊地缘政治产生的鲜明特点,如唐张彦远《历代名画记》中指出的:衣服车舆、土风人物"南北有殊"[1]。这种"南北有殊"的地理因素,在敦煌五代壁画主人像上体现得分外明显。一方面,归义军政权作为汉人政权,孤悬西陲,延续的是较为纯粹的唐文化传统,中原五代政局变乱对其冲击甚微,如曹议金着正统唐代服饰形象;另一方面,归义军政权为了生存需要,不得不改变张议潮时"训以华风"的汉化政策,和周边少数民族和亲、融合,吸纳异域民族文化因素,如阗皇后曹氏、回鹘公主画像。从上述代表人物像可以看出,来自东方的唐朝文化元素,和当地回鹘、于阗等少数民族文化元素,在敦煌地区交流融合,使壁画主人像呈现出独特的风韵。

然而,五代十国墓室壁画中的主人像呈现另一番特点,中原、关中地区出土的五代墓室壁画,如王处直墓、冯晖墓、李茂贞墓、洛阳孟津新庄五代壁画墓、洛阳邙山镇营庄村北五代壁画墓、五代周恭帝顺陵、洛阳伊川后晋孙璠墓等,均无墓主人画像。只有李茂贞夫人墓中发现一块砖雕《乘凤驾鹤西游图》,里面绘制的一驾鹤西游妇人的喻义是墓主人。其余据目前文献所显现及考古发掘资料所见,有九处是可以见到,或者判明是墓主人像。

A1:五代前蜀王建石像

王建永陵(918)出土石刻王建像一尊,高96.5厘米。王建戴展脚幞头,着圆领宽袖及地袍服,端坐方形仿木四脚小几上,冯汉骥考证王氏坐具为"驾头"[2];王氏腰系玉带,浓眉深目,圆脸大耳,"隆眉广颡,状貌伟然"[3]。石像比例适中,线条简洁灵动,雕刻刀法纯熟[4]。

A2:五代王建嫔妃墓女性墓主石坐像

石像面部已残,但其风格、坐姿、坐具、大小,下部服饰线条,以及雕琢技法,与王建石像完全雷同,可以判明是同一时期,或同一时间雕琢之作[5]。

A3:后蜀宋王赵廷隐陶塑彩绘主人像

2011年成都龙泉驿区发现后蜀宋王赵廷隐墓(950)。墓后室放置一长1.2米、宽1米、高0.3米的陶质庭院模型,庭院中厅摆有陶塑墓主人像,戴平

---

[1] (唐)张彦远:《历代名画记》,江苏美术出版社2007年版,第38页。
[2] 冯汉骥撰:《前蜀王建墓发掘报告》,文物出版社2002年版,第70—72页。
[3] (宋)欧阳修撰:《新五代史·卷六十三·前蜀世家第三·王建》,中华书局1974年版,第783页。
[4] 冯汉骥撰:《前蜀王建墓发掘报告》,文物出版社2002年版,第67页。
[5] 张亚平:《"前蜀后妃墓"应为前蜀周皇后墓》,《四川文物》2003年第1期。

角幞头,着右衽红色长袍,束腰带,双手拢袖于胸前,足穿平底圆头乌靴,坐具为靠背椅,塑像高10厘米[1]。

A4:文献记载吴越国钱元玩石刻像

1963年浙江省文物管理委员会在杭州功臣山发现钱元玩墓(901—924),钱元玩是吴越武肃王钱镠(907—932)第十九子,曾被封庐陵侯,后在功臣寺出家为僧,号慧日普光大师。发掘报告称:

> 墓葬位置在临安城南二里许功臣山下。查《临安县志》(清宣统二年重修):"普光大师墓,在(临安)县治南二里净土寺,武肃王十九子普光修禅于此,圆寂后,即葬焉。墓前建塔,号普光塔,有石琢遗像。"按,吴越武肃王十九子,名元玩,封庐陵侯(见《吴越备史》世系),则普光和尚即钱元玩,墓中出土石雕遗像,墓地周围环境与所载情况吻合,故墓主人应是钱元玩。[2]

A5:文献记载南汉国刘龑"金像"

明番禺人黎遂球(1602—1646)《莲须阁记》记载,五代南汉国主刘龑(888—942)墓中曾出土其和夫人的"金像",重达五六十斤,原文是:

> 予家板桥,对岸有洲名北亭,当五羊城之东……崇祯丙子秋,田间有雷出,奋而成穴。耕者梁父过而见之。因投以巨石,空空有声。乃内一雄鸡其中。自伺守,至夜尽,闻鸡鸣无恙。于是率子弟入,将大发之。见有金人如翁仲之属者凡数,举之各重十五、六斤;其正处二金像,冕而坐,如王者与后之仪,各重五、六十斤……盖南汉刘氏冢也。[3]

王士禛《渔洋山人精华录训纂·卷四下》伪汉刘龑冢歌,指出此墓即是南汉开国君主刘龑的康陵,主要内容与黎氏一致,曰:

> 刘龑墓,在番禺东二十里。崇祯九年秋,北亭洲间有雷出奋而成穴,

---

[1] 王毅、谢涛、龚扬民:《四川后蜀宋王赵廷隐墓发掘记》,《中国社会科学报》2011年5月26日,第008版。
[2] 浙江省文物管理委员会:《杭州、临安五代墓中的天文图和秘色瓷》,《考古》1975年第3期。
[3] (明)黎遂球:《吊南汉刘氏墓赋序》,《莲须阁集》卷1,第30—31页,《四库禁毁书丛刊》集部第183册,北京出版社2000年版。(转引自李清泉:《墓主像与唐宋墓葬风气之变——以五代十国时期的考古发现为中心》,《美术学报》2014年第4期,第6页注释[7]。)

一田父见之，投以石，空空有声，乃内一雄鸡，夜尽闻鸡鸣，于是率子弟以入……有金人十二，举之重各十五六斤。中二金像，冕而坐，若王与后，重各五六十斤。旁有学士十八，以白银为之。[1]

A6：文献记载闽王王审知纸质（绢帛）画像

王审知墓（862—925）于932年迁葬福州北郊莲花峰。明宣德四年（1429）被盗掘，据明万历年编纂的《福州府志·卷七十六》记载，王审知墓"圹制广如屋，前祀王像，……后寝红棺二"[2]。其时见到的王审知画像是"举王画像悬于堂上，只见方面、大耳、巨目、弓鼻、紫面、修髯，俨然可畏，四周朽蠹已尽，中独如故"[3]。画像能悬于公堂，且四周朽烂，似被虫蛀，可见是纸质或绢帛像。

A7：李茂贞夫人墓砖雕主人像

陕西宝鸡金台区李茂贞夫人墓端门西厢顶端有砖雕《乘凤驾鹤西游图》，画面主题突出表现的是一贵妇人驾鹤西游，飞升成仙。画前布局上、下两位乘鹤仙人，为引导；中间有一对仙鹤回首婉转，展翅盘旋；贵妇人居画面中心，高圆髻，发后高耸硕大花冠，面部丰盈，下颔圆润，慈眉凤目，樱口红唇，着红色交领宽袖长服，胸结红扎巾，长带后曳，随风飘飞，白色披肩厚重华贵，博大衣袖波浪形飘逸身后。贵妇人双手胸前斜持长笏，两腿向后蜷曲，面向凤首，跪坐于凤背上，神态恭顺虔诚。鹤在道家喻义长寿，李白有诗："颇闻列仙人，于此学飞术。"[4]宋代黄昆亦曰："乘鹤仙人去不回，空名黄鹤旧楼台。"[5]道家用"驾鹤西游""驾鹤西去""驾鹤仙游""驾鹤成仙"等比喻逝者随仙鹤西去成仙，此贵妇人似为主人像，但是从面目年龄看，与李茂贞夫人年龄相差甚远，只能是借喻[6]。另在墓道中部有石刻八棱柱状体，八棱柱面上分别雕莲花瓣形龛，龛内各高浮雕供养人、侍女、护法金刚等造像。供养人龛有二，造像均为一主二仆；其一龛，中间一老妇人直立，头结宝髻，

[1] 冯汉骥：《前蜀王建墓发掘报告》，文物出版社2002年版，第69页。
[2] （明）喻政主修、福州市地方志编纂委员会整理：《福州府志（下）》，海风出版社2001年版，第754页。
[3] （明）喻政主修、福州市地方志编纂委员会整理：《福州府志（下）》，海风出版社2001年版，第754页。
[4] （唐）李白著、《国学典藏书系》丛书编委会主编：《李白诗集》，吉林出版集团有限责任公司2011年版，第255页。
[5] 陈新等补正：《全宋诗订补》，大象出版社2005年版，第796页。
[6] 宝鸡市考古研究所编著：《五代李茂贞夫妇墓》，科学出版社2008年版，第43页。

胸系宽带，长服曳地，雍容华贵，左右各有一侍女，双手托扶老妇人手臂，神态恭顺；另一龛，主人站立，双手拥抱胸前，左右二侍分离。这两处供养人像，应是与李茂贞夫人年龄更相近[1]。

A8：内蒙古清水河塔尔梁五代壁画墓主人像

M1西壁右下方为男女主人《宴饮图》，男女主人分别坐于长方形四腿桌两端，桌上有瓶、杯、盏等食器。女主人用黄布挽花状发髻，面部残，体型丰满，着红紫色镶黄边长袍，双手抱握于胸前；男主人头戴黑色圆翅幞头，面部残，有小撇胡须，紫红色长袍，身形魁梧，双手举杯于胸前[2]。该墓还出土多幅男女主人生活场景壁画，M1墓室东南壁有《道家打坐图》、墓东南壁有《出行图》《修行图》。西北壁有《抚琴图》《钓鱼图》《打马球休憩图》；M2墓室北壁有《男女主人宴乐图》等。此墓还有大量描绘草原景物、动物的壁画，考古学者认为，此墓和清水河山跳峁墓属同一类型，均是五代辽和汉人边境民族融合风格的墓葬。人物主要用墨线勾勒填彩而成，神态呆板，造型单调，线条生硬稚拙，远没有五代中原王处直、冯晖、李茂贞等墓室壁画人物生动丰富[3]。

A9：洛阳邙山镇营庄村北五代壁画墓主人像

墓室第三组壁画为《弹唱宴饮图》，画面有砖雕桌子、椅。墓主人梳平髻，头戴牡丹，外着紫红色纱衫，内着带红色抹胸黄色长裙。左右两边各三位侍女，布局紧凑[4]。

从上述九处发掘资料或文献中可以很清晰地看出，五代墓主人像出现具有一定的地理规律性，主要特点有以下三点。

（1）表现形式地域差异性。北方墓主人像以壁画和浮雕砖为主，如内蒙古塔尔梁五代壁画墓，陕西宝鸡李茂贞夫人墓。南方则以雕塑为主，如王建墓的石刻像，吴越国钱元玩的石刻像，赵廷隐的陶塑像，南汉的金人像。只有闽地的王审知是例外，是纸质或绢帛画像。这种材质各异、形态不一的墓主人像充分说明了五代墓葬美术创作的自由性，其基本是根据营建者所在的地方传统，或自身条件，或喜好意愿来进行的。

---

[1] 宝鸡市考古研究所编著：《五代李茂贞夫妇墓》，科学出版社2008年版，第84页。
[2] 内蒙古师范大学科学技术史研究院、内蒙古文物考古研究所：《内蒙古清水河塔尔梁五代壁画墓发掘简报》，《文物》2014年第4期。
[3] 内蒙古师范大学科学技术史研究院、内蒙古文物考古研究所：《内蒙古清水河塔尔梁五代壁画墓发掘简报》，《文物》2014年第4期。
[4] 洛阳市文物考古研究所：《洛阳邙山镇营庄村北五代壁画墓》，《洛阳考古》2013年第1期。

(2)所在地理区位边缘化。中原五代政权所统治传统地域内，主人像比较少见。如中原、关中、河北诸核心地区，冯晖墓、王处直墓、五代已经发掘的帝陵，都没有见到墓主人像，或是出土墓主人像的记录。即便是李茂贞夫人主人像，其陵墓位置已经是位于关中最西端的宝鸡市。而五代十国的边缘地区，墓主人像出现频繁。如内蒙古清水河县塔尔梁墓室壁画，出现墓主人像或活动场景的达六次之多；尤其明显的是，十国中处于边远地区的四国，最西端的前蜀（四川）、最南端的南汉（两广）、东南一隅的闽国（福建）、最东边的吴越（浙江），都出现了墓室主人像，靠近中原五代地区的南唐、楚、南平等地则未有发现。

(3)地域文化传统影响大。这是五代墓主人像体现的最显著特色。如前所述，中原隋唐墓葬多壁画，但鲜见主人像，五代中原墓室壁画延续此传统。与其相反的是，偏安一隅的西蜀，一直有注重留存当地杰出官员和最高统治者画像的传统，到晚唐五代时更为盛炽。《益州名画录》云："蜀自炎汉至于巨唐，将相理蜀，皆有遗爱。民怀其德，多写真容。年代既远，颓损皆尽。"[1]

而蜀地另一个艺术传统是石刻像发达，《华阳国志·蜀志》中记载："乃自湔堰上分穿羊摩江灌江西，于玉女房下白沙邮作三石人，立水中，与江神要水竭不至足，盛不没肩。"[2]说是秦国蜀郡太守，主持开凿都江堰李冰（约公元前302—前235年）曾制作三石人立于水中，但石人具体形貌未见。

1974年在都江堰发现李冰石像（图2-1-8），衣纹线条都非常清晰，造型简洁朴素，神态从容，微露笑容，着秦冠服，两袖和衣襟上刻有三行隶书文字，中行为"故蜀郡李府君讳冰"，左袖为"建宁元年闰月戊申朔廿五日都水掾"，右袖为"尹龙长陈壹造三神石人珍水万世焉"[3]。显然，此石像最晚也是东汉建宁元年（168）雕刻的，抑或是当年李冰造的三石人之一，建宁元年修整刻字。1975年在李冰石像出土地附近出土一尊残石像，宽衣垂袖，双手持锸而立。2005年在都江堰渠首发现第三尊石像，身穿"深衣"，宽襟重袖，两手相交于胸前，姿态与李冰石像极为相似，是典型汉代圆雕石刻像，其后又发现第四尊石像，无头。2014年发现第五尊石像，着官服，左开襟，有腰

---

[1]（宋）黄休复撰、何韫若、林孔翼校注：《益州名画录》，四川人民出版社1982年版，第97页。
[2] 刘晓东等点校：《二十别史·华阳国志·蜀志》，齐鲁社2000年版，第30页。
[3] 常宁生：《权利与荣耀——罗马帝国与中国汉代雕塑艺术比较》，陕西人民美术出版社2003年版，第122页。

带。这几尊石像是四川地区发现最早的大型圆雕组合,雕刻年代最迟也是两汉时期,石像造型浑厚稳重,线条简朴有力,形象生动传神。李冰石像的文献和实物出土,充分说明四川很早就有石刻人像做纪念的传统。

另外,唐开元元年到贞元十九年(713—803),蜀中又开凿出大型石雕群乐山大佛。唐韦皋《嘉州凌云寺大像记》云:"于是,万夫竞力,千锤齐奋,大石雷坠,伏螭潜骇。"[1]南宋范成大《吴船录》云:"唐开元中,浮屠海通始凿山为弥勒佛像以镇之,高三百六十丈,顶围十丈,目广二丈,为楼十三层,自头面以及其足,极天下佛像之大。"[2]王象之《舆地纪胜》记载:"唐开元中,僧海通于渎江、沫水、濛水三江之会,悍流怒浪之滨,凿山为弥勒大像,高逾三百六十尺,建七层阁以覆之。"[3]大佛依山凿成,神势肃穆。在左右两侧沿江崖壁上,还刻有两尊护法天王,数百龛上千尊石刻佛造像,与大佛一起形成"一佛二天王"组合。能开凿如此宏大的石刻艺术群,可见四川石刻艺术水平积淀之深厚,技艺之精湛,延续之长久。

图2-1-8 李冰石像(引自于明主编:《中国美术全集(雕塑卷上)》,青海人民出版社2003年版,第146页)

从唐永徽元年(650)到南宋,史上属于东川的重庆市大足县在北山、宝顶山、南山、石篆山、石门山五处摩崖造像75处,5万余尊,刻铭文10万余字。其中五代前后蜀时期在北山就有造像18种题材,3 000多尊,"凡佛典所载,无不备列"[4],主要以高浮雕为主,包括圆雕、高浮雕、浅浮雕、凸浮雕、阴雕五种。佛、菩萨、罗汉、金刚,以及王公大臣、官绅士庶、渔樵耕读、各种侍者像都似现实人物,写实"人味"多于"神味","神的人化与人的神化"达到高度统一,宗教神化与世俗化生活紧密结合。

---

[1] 王朝谦、林惠君主编:《巴蜀古诗选解》,四川大学出版社1998年版,第246页。
[2] 古今图书馆编、彭崇伟等标点:《古今笔记精华录》,岳麓书社1997年版,第1174页。
[3] (宋)王象之:《舆地纪胜》,天津古籍出版社1987年版,第112页。
[4] 林婉如主编:《中国旅游地理》,东北财经大学出版社2013年版,第149页。

从地理位置看，李冰石像是在四川盆地西端，大足石刻在其东边。东西都出现精美的石刻艺术，并非偶然，是蜀中石刻文化传统哺育出的必然杰作。所以，五代十国时王建永陵出土一尊精美的石刻造像，是偶然中的必然，也充分佐证了五代墓主人像的地域性特征。

主人像为何在两汉墓室流行，到魏晋以后逐渐减少，至唐代壁画中只依稀可见，而到五代十国时期又重新出现？笔者认为除了"受到当时佛教寺院塑像、尤其是高僧影堂和坟塔中安置真身或灰身塑像的激发"[1]，并受"中国肖像画、特别是兴起于唐代的写真艺术传统"的影响之外，更为重要的是，特殊的时代个性促使当时人的心态发生了变化，正如欧阳修《新五代史·安重荣传》载，"天子宁有种耶？兵强马壮为之尔"[2]。五代皇帝多由方镇将帅发展而来，他们追求一种突破唐以来的丧葬礼仪规制的约束、凸显个人主体地位以及地方割据实力的一种世俗化、自由化的新趋势，这种新趋势的酝酿无疑对宋代主人像的大量出现有着直接的影响。（见附表1）

B型：男侍像

五代十国壁画中男吏、男侍、男仆形象异常丰富，且具有一定的地域差异性，笔者根据考古发掘的实物或壁画图像，以下分类述之。

B1：幞头侍者

内蒙古清水河塔尔梁五代壁画出现多幅人物像，M1西壁右下方男女主人《宴饮图》（图2-1-9），男主人身后立一男侍者，戴黑色幞头，红色圆领长袍，双手抱黑色长颈瓶[3]。

冯晖墓甬道北端绘有两名持杖人物像，东壁人物侧身向北，戴硬脚幞头，紫红色圆领袍服，白腰带，双手执杖胸前。西壁人物亦头戴上翘幞头，额饰红点，着浅红色圆领袍服，黑腰带，双手持杖胸前。其他如王处直墓、李茂贞夫人墓、山西太原北汉壁画墓、洛阳孟津、龙盛小学五代墓中均出现戴多种幞头的男侍壁画或塑像。

"幞头"出现于北周，定型于隋，盛行于唐。其裹法基本延续五代，"将巾帕裁出四脚，覆盖于顶后，后两脚朝前包抄，反曲折上，系结于额，前两脚

---

[1] 李清泉：《墓主像与唐宋墓葬风气之变——以五代十国时期的考古发现为中心》，《美术学报》2014年第4期。
[2] （宋）欧阳修撰：《新五代史·卷五十一·杂传第三十九·安重荣》，中华书局1974年版，第583页。
[3] 内蒙古师范大学科学技术史研究院、内蒙古文物考古研究所：《内蒙古清水河塔尔梁五代壁画墓发掘简报》，《文物》2014年第4期。

包过额头,绕至颅后,并缚结下垂"[1]。隋至中唐前多用一巾裹制而成,隋代幞头形状为幅巾两角在脑后打结自然下垂,似带状。后发展为软裹唐巾,形状为后面垂有两个巾角,亦称"软脚幞头"。唐开元以罗制之,至中唐后唐始用漆纱裹之,其形式有圆顶、方顶之分,有软裹、硬裹之别。至五代十国,幞头巾式固定住,"脑后的两

图2-1-9 内蒙古清水河塔尔梁五代壁画墓《宴饮图》(引自内蒙古师范大学科学技术史研究院、内蒙古文物考古研究所:《内蒙古清水河塔尔梁五代壁画墓发掘简报》,《文物》2014年第4期)

脚以铁丝等硬质材料为骨架制成硬脚,缀于幞头之后,富有弹性,或上翘、或平展,且形制多样。幞头的顶部分为后高前低的两层,低者紧贴额头,高者内空,以承发髻"[2]。《服饰图典》中描述:"幞头的两脚,初期略似两条带子,从脑后自然下垂,至颈或过肩,后来两脚渐渐缩短,将两脚反曲朝上反插入脑后结内,多见于中唐,自中唐以后,两脚形制不同,或圆或阔,犹如硬翅,微微上翘,中间似有丝弦之骨,有一定的弹性,被称为'硬脚幞头'。"[3] 赵彦卫《云麓漫钞》记载:"唐末丧乱,自乾符后,宫娥宦官皆用木围头,以纸绢为衬,用铜铁为骨,就其上制成而戴之。"[4]《中华历代服饰艺术》中谈道:"幞头巾子,头脚都用硬脚,形式也出现了不少变化,如团扇形、蕉叶形、平展伸直形、翘上形、反折形等,并用珠络为饰或金线棱盘。"[5] 宋代毕仲询《幕府燕闲录》云:"自唐中叶以后,谓诸帝改制,其垂二脚,或圆或阔,周丝弦为骨稍翘矣。臣庶多效之。"[6]

朝天幞头是五代时期男性服饰变化最显著的特征(图2-1-10)。至宋代,幞头已成为主要的头饰,自天子至王公、列臣及庶民皆可同戴,其形式有

---

[1] 俞珊瑛:《黄岩灵石寺塔出土人物戏剧砖雕考》,《东方博物》2005年第4期。
[2] 俞珊瑛:《黄岩灵石寺塔出土人物戏剧砖雕考》,《东方博物》2005年第4期。
[3] 曾慧洁:《服饰图典》,江苏美术出版社2002年版,第77—79页。
[4] (宋)赵彦卫:《云麓漫钞》,中华书局1985年版,第66页。
[5] 黄能馥、陈娟娟:《中华历代服饰艺术》,中国旅游出版社1999年版,第230页。
[6] 转引自孙机:《中国古舆服论丛》,文物出版社1993年版,第164页。

图2-1-10 唐、五代、宋幞头形制演变图（笔者制作）：1. 唐代幞头样式；2.（唐）阎立本《步辇图》（局部）；3. 五代冯晖墓壁画人物；4. 宋太祖坐像

"直脚、局脚、交脚、朝天、顺风，凡五等，唯直脚贵贱通服之"[1]，而"朝天幞头"较为罕见。"至刘汉祖始仕晋为并州衙校，裹幞头左右长尺余，横直之，不复上翘，迄今不改。"[2]

从五代冯晖墓可以看出，五代"软脚幞头""硬脚幞头"和"朝天幞头"三种形制一并流行，且幞头顶部明显垫高。宋代郭若虚《图画见闻志》载："后周以三尺皂绢，向后幞发，名折上巾，通谓之幞头。武帝时裁成四脚。隋朝唯贵臣服黄绫纹袍、乌纱帽、九环带、六合靴，起于后魏。次用桐木黑漆为巾子，裹于幞头之内，前系二脚，后垂二脚，贵贱服之，而乌纱帽渐废。"[3]

五代幞头形制多样（表2.1.1），具有鲜明的时代特色。此外，该时期幞头两脚开始出现以金银、罗绢之花加以装饰。"幞头簪花，谓之簪戴。中兴，郊祀、明堂礼毕回銮，臣僚及扈从并簪花，恭谢日亦如之。大罗花以红、黄、银红三色，栾枝以杂色罗，大绢花以红、银红二色。"[4]赵彦卫《云麓漫钞》又载：

五代帝王，多裹朝天幞头，二脚上翘。四方僭位之主，各创新样，或翘上而反折于下，或如团扇蕉叶之状，合抱于前。伪孟蜀始以漆纱为之。湖南马希范，二角左右长尺余，谓之龙角，人或误触之，则终日头痛。至刘汉祖始仕晋为并州衙校，裹幞头，左右长尺余，横直之，不复上翘，迄今不改。[5]

---

[1]（宋）沈括著、沈文凡、张德恒注评：《梦溪笔谈》，凤凰出版社2009年版，第7页。
[2]（宋）赵彦卫：《云麓漫钞》，中华书局1985年版，第67页。
[3]（宋）郭若虚撰、王其祎校点：《图画见闻志》，辽宁教育出版社2001年版，第6页。
[4]（元）脱脱等撰：《宋史·卷一百五十三·志第一百零六·舆服五·诸臣服（下）、士庶人服·簪戴》，中华书局1977年版，第3569页。
[5]（宋）赵彦卫：《云麓漫钞》，中华书局1985年版，第66、67页。

表2.1.1 五代十国壁画人物幞头形制统计表

型	幞头样式					
I型 (软脚幞头)	I-1 不衬巾		冯晖墓	冯晖墓	李茂贞夫人墓	北汉壁画墓
	I-2 衬巾	圆顶短脚	冯晖墓	北汉壁画墓	韩熙载夜宴图	韩熙载夜宴图
			冯晖墓	冯晖墓	冯晖墓	冯晖墓
		圆顶长脚	王建墓	王处直墓	王处直墓	李茂贞夫人墓
		圆顶朝天	敦煌莫高窟第98窟	冯晖墓	李茂贞夫人墓	李茂贞夫人墓
II型 (硬脚幞头)	圆顶展脚		冯晖墓	李茂贞夫人墓	李茂贞夫人墓	北汉壁画墓

续表

型	幞 头 样 式			
Ⅱ型（硬脚幞头）	方顶直脚 敦煌莫高窟第144窟	敦煌莫高窟第108窟	柴宗训墓	柴宗训墓
	方顶翘脚 冯晖墓	王处直墓	北汉壁画墓	塔尔梁壁画墓
	方顶曲脚 王处直墓	冯晖墓	北汉壁画墓	北汉壁画墓
	孟津五代壁画墓	孟津五代壁画墓	龙盛小学壁画墓	孟知祥墓

由此可以明确看出，宋代的幞头是受五代十国时期幞头装饰风格影响发展而来。至宋不改，这就说明，幞头在五代之前多有变化，但正是在五代定型，到宋代已无大的变化。五代诸多壁画墓中的幞头形象，为这种说法提供了直观的证据。

B2：侏儒侍者

王处直墓前室南壁下墓门东、西两侧各有男侍一幅，头戴黑色翘脚幞头，圆领缺胯袍，腰束带，叉手侍立；前室东壁有高浮雕《奉侍图》（图2-1-11），浮雕14位男女侍从，其中13位为女性。最前为一男性"侏儒侍者"，侏儒头梳双髻，着褐色圆领缺胯袍，双手托巾，捧盘口细颈瓶，正待近前侍奉。双髻一般是儿童和少女发饰，宋黄庭坚有"学绾双鬟年纪小"[1]诗句。此处

---

[1] 沙勤主编：《宋词》，长征出版社2000年版，第323页。

用于男性侏儒装饰，点缀轻松幽默的氛围。

"侏儒侍者"在唐代是身份和等级的象征，唐统治者把拥有侏儒视为有档次和气派。《新唐书》记载唐德宗要求湖南道州将侏儒作为贡品"至道州，治民如治家，宜罚罚之，宜赏赏之，不以簿书介意。……州产侏儒，岁贡诸朝，城哀其生离，无所进。帝使求之，城奏曰：'州民尽短，若以贡，不知何者可供。'自是罢"[1]。白居易在《道州民》里曰："道州民，多侏儒，长者不过三尺余。市作矮奴年进送，号为道州任土贡。"[2]据目前收集资料显示，

图2-1-11　五代王处直墓东壁《奉侍图》（引自河北省文物研究所、保定市文物管理处：《五代王处直墓》，文物出版社1998年版，彩版三三）

唐墓室壁画中出现侏儒图像的共五座。2005年洛阳发掘的唐"安国相王"嫔妃唐氏墓中，甬道东壁第三人为男性侏儒，黑色幞头，圆领缺胯长袍、白色长裤，袖手拱于胸前，五官清晰，两颊有红晕。西壁第三人亦为侏儒，黑色幞头，圆领缺胯长袍，面部圆润，两颊也有红晕[3]。另外四座有侏儒壁画的分别是章怀太子李贤墓、惠庄太子李㧑墓、唐臧怀亮墓、唐张去奢墓。臧怀亮官至左羽林大将军；《全唐文·卷二十三》记载，张去奢是唐玄宗"常芬公主"的驸马[4]。均为皇族或高级贵族的墓葬。王处直墓里出现"侏儒侍者"，说明其墓室壁画仍延续唐代的价值标准，以侏儒侍者的形象来提升其身份和地位。

而王处直墓室的侏儒侍者像和其他墓室壁画中不同的是，其为高浮雕人物像，其他均为笔绘画像，这点也很特别。南方前蜀王建墓、四川高晖墓、

---

[1]（宋）欧阳修、（宋）宋祁撰：《新唐书·卷一百九十四·列传第一百一十九·卓行·阳城》，中华书局1975年版，第5572页。
[2] 转引自胡适：《白话文学史》，岳麓书社1986年版，第472页。
[3] 洛阳市第二文物工作队：《唐安国相王孺人唐氏、崔氏墓发掘简报》，《中原文物》2005年第6期。
[4] 周绍良主编：《全唐文新编》，吉林文史出版社2000年版，第296页。

四川彭山宋琳墓、后蜀孟知祥墓、后蜀孙汉韶墓、南唐李昪墓、杭州钱元瓘、吴汉月墓等均有高浮雕人物像,可以说是很普遍的现象。但五代十国时期,北方出土高浮雕人物像的,目前只有王处直墓一处,从分布来看,此处高浮雕侏儒像为一特例,也呈现出地域性特色(表2.1.2)。

表2.1.2 唐、五代墓室壁画中侏儒图像统计表

序号	出土墓葬	年代	侏儒图像	资料来源
1	大唐安相国王孺人唐氏墓	唐神龙二年(706)		洛阳市第二文物工作队:《唐安国相王孺人唐氏、崔氏墓发掘简报》,《中原文物》2005年第6期
2	大唐安相国王孺人唐氏墓	唐神龙二年(706)		洛阳市第二文物工作队:《唐安国相王孺人唐氏、崔氏墓发掘简报》,《中原文物》2005年第6期
3	陕西乾县章怀太子墓	唐神龙二年(706)		徐光冀主编:《中国出土壁画全集(7·陕西下)》,科学出版社2012年版,第290页

续表

序号	出土墓葬	年代	侏儒图像	资料来源
4	河北曲阳五代王处直墓	五代同光二年（924）		河北省文物研究所、保定市文物管理处：《五代王处直墓》，文物出版社1998年版，彩版三四
5	河北曲阳五代王处直墓	五代同光二年（924）		河北省文物研究所、保定市文物管理处：《五代王处直墓》，文物出版社1998年版，图二四

B3：担子侍者

李茂贞夫人墓道和墓室中间有砖石庭院，庭院东壁砖雕《二人轿子图》，前者戴黑色幞头，着红色窄袖圆领袍服，衣褶线条流畅，右肩抬轿子，右手扶轿杠，左手扣提左腰软带，右脚前迈腾空，左脚拖后，脚尖着地，腰背微微下弯受重。后者衣着、腿姿与前者完全一致，右肩抬杠，右手上扶，左手抬至胸前，拇指翘起，作夸奖状，下颌微微仰起，面露喜色[1]。

庭院西壁是砖雕《八人抬轿图》，轿子前侧四人，分置前后两排，前两人右肩承杠，前者戴黑色翘脚幞头，红色长袍，右手上扶抬杠，左手弯曲胸前，右腿迈前，脚后跟着地，脚尖微翘，左脚托后，脚尖着地。后者紧随其后，右手扶杠，左手扣提腰间，步伐与前者亦完全相同。后排两人为前排所遮掩，皆黑色幞头，左肩承杠，左手扶抬杠。轿子后侧四人，分置前后两排，前排两人右肩承杠，前者戴黑色圆脚幞头，右手上扶抬杠，左手于腰间攥拳，右腿迈前，脚后跟着地，脚尖微翘，左脚拖后，脚尖着地，步幅较大。后者紧随其后，右手扶杠，左手弯曲胸前，步伐与前者亦相同；后排两人几为遮掩，仅头部少许露出，戴黑色幞头，左手上扶，左肩承杠[2]。关于贵族命妇乘轿，《唐会要》规定："诸亲及外命妇，朝贺辞见参谢入内，从听依前件。至内命妇朝

---

[1] 宝鸡市考古研究所：《五代李茂贞夫妇墓》，科学出版社2008年版，第45页。
[2] 宝鸡市考古研究所：《五代李茂贞夫妇墓》，科学出版社2008年版，第46、47页。

图2-1-12 唐、五代墓室壁画"担子图"比较(笔者制作):1. 唐昭陵新城公主墓壁画; 2. 西安东郊东兴置业M23唐墓壁画;3、4、5. 五代李茂贞夫人墓砖雕

堂,及夫子官品高,于等从高,仍并不得乘担子,其尊属年老,敕赐担子者,不在此例。"[1]此类抬轿的"担子"图像,在唐皇族墓葬也有出现,昭陵新城公主墓有四人"担子"壁画,永泰公主墓有八人"担子"图画(图2-1-12),但都不及此画精美、气派,说明李茂贞夫人墓延续唐代皇族墓葬风格。李茂贞虽最高封爵不过是秦王,但史载李茂贞夫人起居按皇后礼仪,此二人、八人抬轿图亦可看出其称霸一方,僭越礼制的史实。

B4:牵马、牵骆驼侍者

李茂贞夫人墓室庭院东耳室南壁砖雕《汉人牵马图》,马夫戴黑色幞头,红色圆领紧袖短袍,革腰带,白色长裤;头、身向左侧倾斜,左脚在前,膝微屈,右脚后蹬,右手臂藏于马首后牵马,左手弯曲胸前攥紧,面容严肃。庭院东耳室北壁砖雕《汉人牵马图》,马夫戴黑色幞头,红色圆领紧袖长袍,束革带,带扣置于身体左肋下,白色长裤,软底包脚草编履;左手藏于马首后牵马,右手弯曲胸前,拇指上竖,右腿在前,左脚拖后,脚尖点地,举目抬头,挺胸鼓腹[2]。此类图像在魏晋、隋唐以及宋辽墓壁画中均有出现(图2-1-13)。

---

[1](宋)王溥:《唐会要》,中华书局1955年版,第493页。
[2]宝鸡市考古研究所:《五代李茂贞夫妇墓》,科学出版社2008年版,第48—50页。

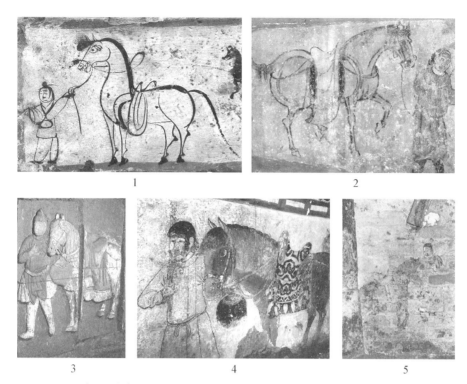

图2-1-13 魏晋、隋唐、五代、辽金墓室壁画"汉人牵马"图像比较（笔者制作）：1. 甘肃高台县骆驼城壁画墓墓壁画；2. 宁夏固原梁元珍墓壁画；3. 五代李茂贞夫人墓砖雕；4. 内蒙古阿鲁科尔沁旗东沙布日台乡宝山村1号墓壁画；5. 山东淄博市博山区神头金墓壁画

此墓壁画中一种特殊侍者是"胡人像"，庭院西耳室南壁有《胡人牵驼图》，牵驼者为胡人形象，面容丰腴圆润，深目高鼻，桃形络腮胡须，蓄剪整齐，戴黑色圆脚幞头，红色圆领裹身紧袖长袍，白色窄腿长裤，白色软底包脚尖头草编履，右臂弯于胸前，拇指竖起，左手攥提骆驼缰绳，面容谦和，体态矫健。西耳室北壁绘《胡人持节牵驼图》，牵驼胡人深目高鼻，桃形络腮胡须，黑色幞头，白色圆领裹身紧袖及膝长袍，白色窄腿长裤，白色软底包脚尖头草编履，弯曲于胸前，持节，右手攥提驼缰，正在行走[1]。

故宫博物院藏有一件"唐三彩胡人牵骆驼俑"，白色陶胎，面部敷粉画彩，身施黄、绿、白三色釉，牵骆驼胡人深目高鼻，头戴折沿尖顶帽，身穿窄袖长袍，外翻领，下着裙，双手握拳显示正在拉驼缰；驼俑为双峰驼，上有毡

---

[1] 宝鸡市考古研究所：《五代李茂贞夫妇墓》，科学出版社2008年版，第50页。

垫,腰身略长,四腿直立于长方形托板上,周身黄釉为主,昂首嘶鸣[1]。丝绸之路上的交通工具最主要的就是骆驼,李茂贞夫人墓中出土胡人牵骆驼砖雕,既将胡人、骆驼这样的异域元素引进墓葬,寓意墓主人身份高贵,也有胡人通过丝绸之路获得财富的理想,这种造型在墓室中出现,从一个侧面说明五代墓室壁画既继承唐代风格,又有自由化、多元化趋势。

　　胡人牵马或牵骆驼是古代墓葬的一个特殊主题。1976年湖南衡阳市衡阳县道子坪1号墓出土一尊东汉"胡人牵马铜俑",胡人深目高鼻,胡髯卷曲,耳上穿环,穿交领右衽紧袖长袍,左臂曲于胸前,右手上举作牵马状;马健膘壮,仰首嘶鸣[2]。同墓地3号墓出土有"二千石"铭文墓砖,说明墓主人至少是二千石以上高官。唐代长安和洛阳作为国际大都市,居住大量西域胡人。唐代诗人陆岩梦写胡人是"眼睛深似湘江水,鼻孔高于华岳山"[3];李白诗曰:"胡姬貌如花,当炉笑春风。"[4]一些底层的胡人主要从事武士、家仆、奴婢、马夫之类的工作。唐永泰公主墓有胡人袒腹俑、胡人骑马上身裸体俑、胡人骑马俑、唐韦贵妃墓有胡人备马图。五代后梁画家赵嵒绘制一幅《调马图》(图2-1-14),胡人马夫高鼻深目、满腮胡须,马匹劲健强壮,充满动势。五代十国胡人图像的大量出现,从侧面反映了当时汉人与北方及西域各民族之间的交流情况,中原政权衰弱,少数民族大量进入中原(图2-1-15)。

图2-1-14　五代赵嵒《调马图》(引自杨建峰编:《中国人物画全集 上》,外文出版社2011年版,第76页)

---

[1]　韩久海主编:《艺术鉴赏》,北京师范大学出版社2012年版,第197页。
[2]　台北故宫博物院、联合报系文化基金会等:《汉代文物大展图录》,艺术家出版社1999年版,第32页。
[3]　阮阅编、周本淳校点:《诗话总龟(前集)》,人民文学出版社2005年版,第396页。
[4]　黄钧、龙华、张铁燕等校点:《全唐诗》,岳麓书社1998年版,第229页。

图2-1-15 唐、五代"胡人牵马(驼)"图像比较(笔者制作):1. 陕西礼泉唐韦贵妃墓壁画;2. 河南洛阳唐安国相王孺人崔氏墓壁画;3. 五代李茂贞夫人墓砖雕;4. 东汉胡人牵马铜俑;5. 唐三彩胡人牵骆驼俑

B5:门吏侍者

洛阳孟津新庄五代壁画甬道两侧画有一对中年文官仪仗(图2-1-16),手中各持仪仗用具;墓室内入口左侧绘一位作揖侍卫。此墓突出的人物像是"门吏图"。甬道东侧南北向绘三门吏,南侧门吏着黑色圆领袖长袍,红腰带,白色长裤,两手叉手斜握短棒于胸前;中间门吏上唇八字须外翘,下颚山羊胡,着黑色圆领窄袖长袍,叉手握于胸前;北侧门吏着白色圆领窄袖长袍,叉手斜抱外套褐色袋的琴状物于胸前。甬道西壁绘有三门吏,南侧门吏上唇八字须外翘,着黑色圆领窄袖长袍,两手斜握长棒于胸前;中间门着黑色圆领窄袖长袍,叉手握于胸前。北侧门吏穿白色圆领窄袖长袍,黑

图2-1-16 洛阳孟津新庄五代壁画墓甬道门吏侍者像(引自洛阳市文物考古研究院:《洛阳孟津新庄五代壁画墓发掘简报》,《洛阳考古》2013年第1期)

腰带,黑色长靴,两手叉手于胸前[1]。

洛阳邙山镇营庄村五代壁画墓共有九组壁画,《门吏侍卫图》保存较好(图2-1-17)。甬道东侧一门吏,头顶稍残,轮廓用黑色线条勾勒,五官清晰,上唇八字须外翘,下颚山羊胡,右手持骨朵,握于胸前,左手放于腰部,穿圆领窄袖葡萄紫过膝长衫;其后跟一男侍卫,五官清晰,戴葡萄紫小帽,两手相握胸前,身穿圆领、窄袖白色长衫。甬道西侧和东侧壁画两两相对,前一门吏戴高冠,浓眉大眼,上唇和下颚胡须稀疏,异于对应的东侧门吏,右手握拳于胸前,左手下垂握一骨朵,葡萄紫圆领窄袖长衫;其后跟一武士,头戴葡萄紫小帽,以葡萄色带子绕颚固定,五官端正,圆领窄袖白色长衫,腰跨一马头形箭,内放一张弓,几支箭[2]。

图2-1-17 洛阳邙山镇营庄村五代壁画《门吏侍卫图》(引自洛阳市文物考古研究院:《洛阳邙山镇营庄村北五代壁画墓》,《洛阳考古》2013年第1期)

图2-1-18 五代后周恭帝柴宗训顺陵《文武官吏图》(引自徐光冀主编:《中国出土壁画全集(5·河南)》,科学出版社2012年版,第127页)

五代后周恭帝柴宗训顺陵墓室西侧绘《武吏持端斧图》,武吏头戴黑色展角幞头,红色圆领广袖袍服,白色裤,云头靴,侧身侧首侍立,手持斧钺。墓室甬道东侧是《文吏迎侍图》一幅(图2-1-18),图中两文吏恭顺侍立,南侧人头戴黑色展角幞头,红色圆领袍服,玉腰带,两手胸前施叉

---

[1] 洛阳市文物考古研究所:《洛阳孟津新庄五代壁画墓发掘简报》,《洛阳考古》2013年第1期。
[2] 洛阳市文物考古研究所:《洛阳孟津新庄五代壁画墓发掘简报》,《洛阳考古》2013年第1期。

手礼,目侧视;北侧人姿态同上,但为白色长袍[1]。

门吏图在五代河南的几座壁画墓中均有出现,而且服饰大致相同,以长袍、幞头为主,并且身份主要是以文官形象为主。五代其他地区少见这种形象的侍从,这种现象有很明显的地域集中性,说明该地区以门吏守门,作为体现墓主人身份的一个重要表现元素。

B6: 石刻神道侍者

李茂贞墓正南方神道西侧现存造像14尊。其中武官3尊、文官2尊、马与控马官2尊(组)、虎3尊、羊3尊、华表1尊;正南方神道东侧现存造像7尊(组),文官1尊、五官1尊、羊2尊、马与控马官2尊(组)、华表1尊[2]。从出现马和华表来看,僭越痕迹明显。

B7: 陶俑、石俑、木俑侍者

B7-1: 西蜀陶俑侍者

王建永陵前室第一道券有壁画侍从,但漫漶严重,性别无辨[3]。后蜀孟知祥墓墓室两壁彩绘男女宫人(半身),男宫人黑色圆翅幞头,着圆窄领长袍,面目清秀,下颌圆润饱满[4]。

西蜀出土了大量雕塑侍俑,成都双流籍田竹林五代后蜀双室合葬墓M1出土陶男侍官俑6件[5]。五代后蜀彭山宋琳墓出土文俑7件、戴披风帽俑2件、穿短褐俑1件、伏地俑1件[6]。五代后蜀孙汉韶墓出土武士俑1件、戴冠俑1件、侍俑4件、匍伏俑1件、文俑1件、仆俑9件[7]。西蜀宋王赵廷隐墓出土各类彩陶俑近50件,包括文官俑、武士俑,伎乐俑、神怪俑等俑表施彩,且部分描金[8]。

B7-2: 南方陶俑侍者

南唐二陵出土大量陶俑及碎块,能见其形的,李昪陵出土男女侍仆俑136件,前室出土29件,中室出土48件,后室出土53件,墓门前出土6件。男俑共53件(图2-1-19),其中拱立俑10件,持物俑33件,舞蹈俑10件;陶俑

---

[1] 李书楷:《五代周恭帝顺陵出土壁画》,《中国文物报》1992年4月5日,第1版。
[2] 宝鸡市考古研究所:《五代李茂贞夫妇墓》,科学出版社2008年版,第122—139页。
[3] 中国科学院考古研究所:《前蜀王建墓发掘报告》,文物出版社1964年版,第25页。
[4] 成都市文物管理处:《后蜀孟知祥墓与福庆长公主墓志铭》,《文物》1982年第3期。
[5] 成都文物考古研究所、双流县文物管理所:《成都双流籍田竹林村五代后蜀双室合葬墓》,收录于《成都考古发现(2004)》,科学出版社2006年版,第332—335页、第342—357页。
[6] 四川省博物馆文物工作队:《四川彭山后蜀宋琳墓清理简报》,《考古通讯》1958年第5期。
[7] 成都市博物馆考古队:《五代后蜀孙汉韶墓》,《文物》1991年第5期。
[8] 王毅等:《四川后蜀宋王赵廷隐墓发掘记》,《中国社会科学报》2011年5月26日,第008版。

1. 李昪陵出土的拱立男俑　　2. 李昪陵出土的拱立男俑侧面　　3. 李昪陵出土的拱立男俑背面

4. 李昪陵出土的捧兽男俑　　5. 李昪陵出土的捧兽男俑侧面　　6. 李昪陵出土的捧兽男俑背面

图2-1-19　李昪陵出土男侍俑（引自南京博物院：《南唐二陵发掘报告》，文物出版社1957年版，图版52）

均黏土模制，脸涂白粉，舞者俑再涂红色；帽饰有道冠帽、方形小帽、幞头帽、风帽、兜鍪；服饰有方领宽袖右衽长袍、圆领右衽长袍、翻领舞衣、圆领舞衣，武士俑披战袍，盔甲，膝下有下垂流苏。李璟陵墓出土可见其形陶俑54件（图2-1-20），前室出土28件，中室出土28件，后室出土8件，大中小高度类似李昇陵。男俑32件，均为持物俑，帽饰只有戴道士冠和幞头帽两种，服饰与李昇陵雷同，陶俑制作比李昇陵更为粗糙[1]。苏州七子山五代墓出土陶男侍俑5件，发长披肩，似风帽状，面型丰腴端庄，身穿圆领长袍，束腰带，拱手胸前。又出土"铜男俑"4件，为南方和五代罕见，头戴幞头小帽，圆领长袍，宽袖，双手垂拱，模制[2]。

福建永春五代墓出土陶俑76件，文官男侍俑12件，戴冠，面部丰满，两手拱胸，身穿宽袖长袍；侍从俑12件，戴幞头，短衬衣，着袍，左臂前曲握拳，右手握拳于胸前，作持物状。俑用高岭土模制，后背平直，胎呈灰白色，上黄彩作底，眉、眼、髯描墨，脸部、服饰点缀有金、红，已脱落；跪拜俑1件，戴直筒帽，宽袖长袍，帽墨黑，衣袍染红，脸朝下，背朝上，胸腹部平直，屈肢俯身于地；坐俑1件，端坐，长袍，双手平举[3]。

五代闽国刘华墓出土彩绘陶俑43件（图2-1-21），色彩已脱落。男俑28件，按头饰可分为：戴"王冠"执物俑12件，造型一致，戴圆筒形帽，状如"王冠"，双手拱于胸前，作执物状，穿对衿式方领广袖外衣，腰系长带，着"云纹"鞋；戴幞头帽拱立俑6件，圆领宽袖左右开衽长袍，着圆头鞋或尖头鞋；戴幞头弯身俑1件，穿圆窄袖向左开衽外衣，圆头鞋，身前弯，左手弯于胸前作握拳状；戴道士帽俑2件，方领广袖外袍，束腰带，着"云纹"鞋，抱拳于胸前；戴僧帽执物俑2件，两手叠置胸前，作执物状，穿方领向右开衽外衣，束带，着圆头鞋；戴角帽执物俑1件，帽尖顶向前倾如角，两手叠放胸前，作执物状，穿方领广袖外衣，系长带，着"云纹"鞋；戴风帽拱立俑1件，帽平顶，左右檐披耳，后檐披背，两手拱于胸前，圆领向右开衽宽袖长袍，束带，着圆头鞋；束发戴小冠执物俑1件，戴圆形束发冠，两手叠置胸前作执物状，圆领广袖外衣；戴风帽扶杖老人俑1件，帽尖顶，帽檐罩至颈肩部，仅露面孔，穿宽袖外衣，束带，左手下垂于袖内；右手扶杖，身略前弯，着圆尖鞋。这28件俑大多是执物俑，从俑手中留下痕迹看，器物有圆形和长方形两种。陶俑

---

[1] 南京博物院编著：《南唐二陵墓发掘报告》，文物出版社1957年版，第59—69页。
[2] 苏州市文管会、吴县文管会：《苏州七子山五代墓发掘简报》，《考古》1981年第2期。
[3] 晋江地区文管会、永春县文化馆：《福建永春发现五代墓葬》，《文物》1980年第8期。

1. 李璟陵出土的捧笏男俑　　2. 李璟陵出土的捧笏男俑侧面　　3. 李璟陵出土的捧笏男俑背面

4. 李璟陵出土的捧笏男俑　　5. 李璟陵出土的捧笏男俑　　6. 李璟陵出土的捧笏男俑
（底部修补）　　　　　　　（底部修补）

图2-1-20　李璟陵出土男侍俑（引自南京博物院：《南唐二陵发掘报告》，文物出版社1957年版，图版84）

图2-1-21　五代闽国刘华墓出土男侍俑（引自福建省博物馆：《五代闽国刘华墓发掘报告》，《文物》1975年第1期）

中戴"王冠"、幞头状帽、风帽拱立俑，应为宫中文吏；低头弯身俑，系奔走仆人；戴束发冠俑，可能是道教人物；扶杖老人俑应是佛教人物[1]。

广州石马村南汉墓出土男俑2件，长衣阔袖，两手高拱似执笏[2]。

B7-3：南方木俑侍者

江苏常州半月岛五代墓出土木俑25件（图2-1-22），其中男侍俑10件。一是老年长须俑，戴幞头，着右衽方领宽袖曳地长袍，双手拢于袖内，衣纹裆裥清晰；二是戴幞头袖手俑，着右衽方领宽袖曳地长袍，双手拢于袖内，底纹裆裥清晰；三是戴幞头拱手俑，着右衽方领宽袖曳地长袍，双手拱于胸前，衣纹裆裥清晰；四是侍立俑，戴帽，着圆领窄袖短衣，双手拢于胸前，腰部束带；其五是持物俑，着圆领窄袖短衣，戴帽，腰部束带，右手贴胸作持物状[3]。

武汉市阅马场五代墓出土木片俑2件。用一圆杉木一剖为二而成，剖面作俑背面，正面用杉木圆面稍加刻饰出首身性别之分，制作稚拙，人形抽

[1] 福建省博物馆：《五代闽国刘华墓发掘报告》，《文物》1975年第1期。
[2] 商承祚：《广州石马村南汉墓葬清理简报》，《考古》1964年第6期。
[3] 常州市博物馆：《江苏常州半月岛五代墓》，《考古》1993年第9期。

图2-1-22 江苏常州半月岛五代墓出土男侍俑（引自常州市博物馆：《江苏常州半月岛五代墓》，《考古》1993年第9期）

象，男俑头戴高帽[1]。

安徽合肥西郊南唐墓前室两侧放插头木俑3件，扁体俑2件；后室棺前有木俑2件；棺盖上放扁体俑2件；棺外两侧各放扁体俑5件；棺内出土木俑头部7件，上饰有镂花银片，扁体俑12件，圆体俑4件。所有木俑头脸雕琢简单质朴，少数可区分出性别，多数只是写意，略有人形[2]。

江苏邗江蔡庄五代吴国寻阳公主墓出土木俑44件（图2-1-23），在第六排两块青石板间金井内，放木制跪俑1件，其余43件木俑主要出土于后室，少数出土于侧室，其中男俑20件，分执盾武士俑、昂首执物、跪俑、戴风帽戴幞头俑、生肖俑等，造型承袭了唐代人物艺术风格，面部丰满，身材匀称，仪态庄严，雕刻技法纯熟，木俑服饰基本上承袭唐制，雕ához虽简略，但纹理恰到好处，这些木俑和唐代陶俑比较，显得拘谨单调[3]。

观察五代十国墓室壁画中男侍者形象（见附表2），其特征主要有以下四个方面：

---

[1] 武汉博物馆：《阅马场五代吴国墓》，《江汉考古》1998年第3期。
[2] 石谷风、马人权：《合肥西郊南唐墓清理简报》，《文物参考资料》1958年第3期
[3] 扬州博物馆：《江苏邗江蔡庄五代墓清理简报》，《文物》1980年第8期。

图2-1-23　江苏邗江蔡庄五代墓出土男侍俑（引自扬州博物馆：《江苏邗江蔡庄五代墓清理简报》，《文物》1980年第8期）

其一是地理分布差异明显。中原北方主要是壁画和雕刻为主，如洛阳、内蒙古、陕西的五代壁画墓，只有少量彩绘陶俑。南方南唐、吴越、南汉、楚、闽等地主要以陶俑、木俑、少数铜俑为主，如南唐二陵、福建的永春五代墓和刘华墓；西蜀恰好两者兼之，既有壁画线刻人物画，也有陶俑、石刻像，如王建墓中的线刻侍者、孟知祥墓中的壁画侍者、赵廷隐墓中的陶俑侍者。

其二是侍者形象地域差别明显。北方男侍者像基本延续晚唐风格，人物形体高大强健，即便是最下等的男仆人，也表现出饱满的精神面貌，如李茂贞夫人墓中抬轿子的轿夫。南方的男侍者陶俑总体风格虽沿袭唐俑余续，但两者之间仍有不同。大唐国力强盛，唐俑精神饱满，充满活力；五代十国时局动荡，政权割据，男侍俑制作相对较为粗糙，造型纤小细弱，缺乏生命力，此时有些男侍者陶俑虽丰润圆满，如刘华墓出土的侍者俑，有唐俑余韵，但和唐俑比较，已经逐渐变得清秀瘦弱。

其三是塑造手法上有独到之处。五代陶俑分捏塑与模制两种，常州半月岛出土的男俑和女俑基本上都是模制，或者是某几件一组模制。苏州七子山出土的四件男铜俑也是模制。木俑主要利用半圆形木材，稍加雕折而成，写意之中不免粗糙。合肥西郊南唐墓前室发现的插头木俑，更是只简单

完成了头部的加工，身躯只削成了简陋的木片状。

其四是侍者"冠帽"异常丰富。北方壁画侍者以幞头为主，变化不大。如冯晖墓、王处直墓、内蒙塔尔梁墓、李茂贞夫人墓、洛阳系列五代墓中的侍从，均戴幞头，虽然幞头的展角有硬脚幞头和软脚幞头之分，但基本形制相同。南方男侍者陶俑冠帽远比唐代丰富。仅从南唐二陵和福建刘华墓出土陶俑就可以见到幞头、道冠状帽、莲瓣状帽、方形小帽、风帽、胄形帽、筒状帽、僧帽、角状帽等多种，基本以方形帽最多，这奠定了北宋以后陶俑以方形帽为主流之基础。

C型：女侍像

C1：环髻、高髻侍女

内蒙古塔尔梁五代壁画墓《宴乐图》（图2-1-24）中，女主人身后拱手站立两侍女；外侧侍女圆脸，梳蝴蝶型双环髻，用黄布束起，着红衣，双手握于腹部；此侍女发式为"双环望仙髻"。据唐段成式《髻环品》载，玄宗时宫中盛行将头发分成两股，用丝绦束缚成环，高耸于头顶或头两侧，谓"双环望仙髻"，宋时仍流行[1]。塔尔梁墓壁画有此类发髻，说明受内地文化影响深厚。隋代妇女发髻大多作平顶式，梳时将发分作二至三层，层层堆上，如帽子状，初唐时多沿用这种发式，只是顶部有上耸趋势，大多呈朵云形。其后，发髻渐高、蓬松，发式日趋丰富。到晚唐五代，发髻再次增高（图2-1-25），高发髻成为最主要的女性装饰，且发式多变，出现单环髻、双环髻等多种形式。王建墓中的线刻伎乐图像中，单环髻、双环髻成为常见的女性发饰。李茂贞夫人墓道中部造像石刻八棱柱状体，上、下底面素

图2-1-24 内蒙古塔尔梁壁画墓《宴乐图》（引自内蒙古师范大学科学技术史研究院、内蒙古文物考古研究所：《内蒙古清水河塔尔梁五代壁画墓发掘简报》，《文物》2014年第4期）

---

[1] 中国文物学会专家委员会编：《中国文物大辞典（上）》，中央编译出版社2008年版，第646页。

图2-1-25 唐、五代"胡人牵马(驼)"图像比较(笔者制作):1. 唐阿史那忠墓侍女(局部);2. 唐房龄公主墓女官、侍女(局部);3. 唐李勋墓侍女(局部);4、5. 五代王处直墓侍女(局部);6. 五代王处直墓奉侍浮雕(局部)

面,侧面八棱柱面分别雕莲花瓣形龛,龛内有高浮雕供养人、侍女、护法金刚等像;侍女龛有二,造像均为一人立像。其一龛侍女也是头挽高髻,面左侧立,身后飘带当风,尤为飘逸[1]。

《中国历代妇女妆饰》中论述:"宋代女子承晚唐五代遗风,也以高髻为尚,如朝天髻,便始于五代,流行于宋。"[2]朝天髻的出现是五代女性发式变化的重要特征,也是五代出现并且定型,直接流传成为宋代女性的主流发式。

C2:醉妆侍女

冯晖墓墓室东壁绘有两侍女,其一持巾女,梳双髻,着红底黄团花对襟宽袖女袍,内着红色抹胸,红色长裙,外套白底绣白色团花圆边围裙,左手臂搭绣花叶纹白色长巾;右侧一捧唾盂侍女,淡红色对襟宽袖女袍,淡黄色抹胸与长裙,裙套有绣白色团花圆边围裙;西壁绘一抱蒲团侍女;北壁绘执净瓶侍女,淡红色对襟宽袖女袍,内着红色抹胸、白色长裙;右侧绘持拂尘侍女,着饰黄色碎花对襟窄袖女袍,红黄色长裙[3]。

该系列侍女最显著的特征是双颊涂红,艳丽如血,又温润如玉,如醉酡

---

[1] 宝鸡市考古研究所:《五代李茂贞夫妇墓》,科学出版社2008年版,第84页。
[2] 周汛、高春明:《中国历代妇女妆饰》,学林出版社1988年版,第23页。
[3] 咸阳市文物考古研究所:《五代冯晖墓》,重庆出版社2001年版,第25页。

图2-1-26 五代冯晖墓捧唾盂侍女（局部）（引自咸阳市文物考古研究所：《五代冯晖墓》，重庆出版社2001年版，图五十一）

图2-1-27 五代王处直墓侍女图（局部）（引自河北省文物研究所、保定市文物管理处：《五代王处直墓》，文物出版社1958年版，彩版一六）

之状。洛阳邙山镇营庄村五代墓中宴饮图中人物双颊也施朱，但过于粗糙，造型失真，不及冯晖墓女侍者色泽温润自然。《新五代史》说五代前蜀王氏政权时引用"醉妆"一词曰："当王氏晚年，俗竞为小帽，仅覆其顶，俯首即堕，谓之危脑帽。衍以为不祥，禁之。而衍好戴大帽，每微服出游民间，民间以大帽识之，因令国中皆戴大帽。又好裹尖巾，其状如锥。而后宫皆戴金莲花冠，衣道士服，酒酣，免冠，其髻髽然，更施朱粉，号'醉妆'。"[1] 冯晖墓中女侍者的酡颜即为"醉妆"（图2-1-26）。

C3：簪花侍女

洛阳邙山镇营庄村北五代壁画墓有一幅《牡丹女子图》，女子梳高髻，头簪红牡丹，手托官帽，为男主人"递帽"送行，和王处直墓《侍女童子图》（图2-1-27）中侍女，以及晚唐画家周昉《簪花仕女图》中的第三人颇有相似之处。墓室壁画这两女虽都是侍女，但人物圆润丰腴，衣饰华丽，高发髻为主，簪花，与唐代仕女形象接近，沿袭了晚唐周昉所作仕女画"艳丽丰腴"之风格。

另一组盛装贵妇，头戴各式花簪，手执各种乐器，在其前方桌子上摆有杯盏水注、盘子、石榴等。另有《侍女劳作图》，画面左有一砖雕盆架，中间镂空，上面放一砖雕盆几。两侍女皆高髻，头

---

[1]（宋）欧阳修撰：《新五代史·卷六十三·前蜀世家第三·王建》，中华书局1974年版，第792页。

簪牡丹花，穿黄色纱衫，内着带红色抹胸长裙；穿尖头上翘鞋子，一侍女站盆几左后方，另一仕女持火苗准备点灯，是晨起开始劳作的情景。另一《侍女理柜图》画面残存，砖雕柜子髹红漆，左右各站一侍女；两侍女头上簪花，两颊妆靥；柜左侍女外穿宽袖黄衫，红色抹胸黄色长裙；柜右仕女外穿长袖短襦，红色抹胸黄色长裙，系有腰带[1]。

王处直墓《侍女童子图》位于东耳室北壁，侍女额心花钿装饰，耳垂饰红（图2-1-28），亦簪花，插梳。南壁有《侍女图》一幅，梳双髻，簪花，两鬓各插一把梳子，白色窄袖交领长裙，抹胸，手执拂尘；西耳室北壁绘《侍女图》，两侍女侧身而行，前者梳丛髻、簪花，额鬓插白色梳一把，红色抹胸和红色长裙，肩披白色帔帛，腰带微微下垂，手托一食盒；后者梳双髻，白色交领

图2-1-28　五代冯晖墓、王处直墓侍女耳垂饰红图像比较（笔者制作）：1. 耳垂饰红局部演示；2、3、4、5. 五代冯晖墓侍女图（局部）；6. 五代王处直墓侍女图（局部）

[1] 洛阳市文物考古研究院：《洛阳邙山镇营庄村北五代壁画墓》，《洛阳考古》2013年第1期。

襦衫，双手笼袖；西耳室南壁侍女外着红色窄袖短襦，内为抹胸和白色长襦，双手持细颈瓶[1]。周昉《簪花仕女图》色泽重彩，气韵古雅，画中第三位女子衣着艳丽，高发髻，着红抹胸、直襟长裙，与前所述墓室壁画侍女极为相似，特别是簪花仕女与身后举扇女仆与王处直《侍女童子图》中的仕女和身后童子对比，两者画面结构一般无二。

C4：乘鹤侍女

五代李茂贞夫人墓端门西厢顶端砖雕《乘凤驾鹤西游图》（图2-1-29）中，绘有上、下两位乘鹤仙人。上方导引者，梳黑色高双头髻，着红色交领窄袖服，袖口齐腕，披肩飘逸身后，双手胸前抱举宝伞一柄，神态恭顺；下方导引者，梳黑色包头髻，着交领窄袖服，披肩随风飘逸，双手胸前抱举一宝伞，两腿跪坐展翅仙鹤的背上，神态谦恭。仙鹤长喙曲颈，翅羽垂展宽大，羽毛雕刻清晰[2]。

此侍女图像与冯晖墓、王处直墓中的侍女更贴近现实不同，更注重写意，突出其引导墓主人飞升成仙的功能。

C5：启门侍女

五代李茂贞夫人墓端门第三层西厢有砖刻《妇人启门图》（图2-1-30），由整方砖高浮雕刻制而成，右侧门扇紧闭，左侧微启，有一妇人半身俏立于微启的门间，另半身藏于右侧门扇后，作探身张望

图2-1-29　五代李茂贞夫人墓乘鹤侍女（局部）（宝鸡市考古研究所刘军社提供）

图2-1-30　五代李茂贞夫人墓《妇人启门图》（宝鸡市考古研究所刘军社提供）

---

[1] 河北省文物研究所、保定市文物管理处：《五代王处直墓》，文物出版社1998年版，第16、17页。
[2] 宝鸡市考古研究所：《五代李茂贞夫妇墓》，科学出版社2008年版，第43页。

状；高发髻，束腰，粉红圆领袭衣；外衣及膝，下摆宽裕，表施白色彩底；中衣右衽，红色长裙曳地，足部藏于门槛之后；妇人双手叠抱胸前，拢袖，头部侧斜向左，身体随之微倾，面部丰盈，神态恬静、闲适。东厢亦有砖刻《妇人启门图》，门板半开，一妇人端立正中，着三重衣，袒胸，抹胸红艳低束；中衣上紧身，下朱红长裙百褶宽肥；束腰，左手握右手腕于下腹，右手斜握拂尘；妇人面如满月，细眉凤目，面颊粉色，神态恭顺端庄。后室北壁绘有壁画，右侧绘《侍女图》，侍女梳高髻，面容瘦俏，红色圆领；南壁站立侍女，束高髻[1]。四川彭山后蜀宋琳墓棺壁亦发现一幅《启门妇人图》，整块红砂岩凿成，壁外四边有浮雕，前后两端是仿木建筑的脊檐和门柱，中脊两角鸱吻相对，并刻走水屋檐，门各有七排乳丁，中间有一妇人，启门欲进[2]。

"妇人启门图"是一种中国墓葬装饰艺术中的常见题材，曾多见于东汉画像石中，但是至隋唐已经沉寂。关于其身份是女主人还是女侍者一直存在争议，其要表达的主题亦众说纷纭，一种认为主要表达引导墓主人升仙；另一种认为妇人半倚门扉，暗示门后深宅大院，寓意主人殷实富有。笔者认为按古人"事死如事生"的丧葬理念，后者的意思应该更准确。至宋辽金时期，此类图案成为最流行的墓室装饰主题。王世襄在《四川南溪李庄宋墓》中曰："门蔽半身之妇人，为全墓最易引人注意之点……其形制与宜宾旧州坝宋墓所见者，颇多似处，可见为当时极普遍之装饰。"[3]而五代出现少数这类图案，正是宋以后流行的发端和源头，也从具体艺术形象证明五代墓室壁画对宋代墓室壁画的意义。

C6：陶俑、石俑、木俑侍者

C6-1：成都双流籍田竹林五代后蜀双室合葬墓陶俑侍女

成都双流籍田竹林五代后蜀双室合葬墓M1出土女侍官俑2件（图2-1-31），分别置立于棺室后部两侧壁龛内，其一弯眉丰颊，神态自然，着圆领窄袖落地长袍，双手合抱于胸，食指、小指伸直左手握住腰带，右手弯曲平行向前伸出[4]。1986年在四川广汉发现后蜀孟昶及其夫人花蕊夫人墓，墓内出土石碑一通，上刻"故蜀王孟相暨花蕊夫人墓"11字，此墓出土一批小陶俑，残

---

[1] 宝鸡市考古研究所：《五代李茂贞夫妇墓》，科学出版社2008年版，第42、43页。
[2] 四川省博物馆文物工作队：《四川彭山后蜀宋琳墓清理简报》，《考古通讯》1958年第5期。
[3] 王世襄：《四川南溪李庄宋墓》，收录于《王世襄自选集》，生活·读书·新知三联书店2001年版，第738页。
[4] 成都文物考古研究所、双流县文物管理所：《成都双流籍田竹林村五代后蜀双室合葬墓》，收录于《成都考古发现（2004）》，科学出版社2006年版，第335页。

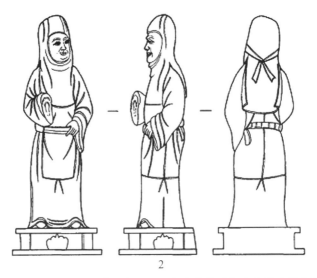

图2-1-31 成都双流籍田竹林村五代后蜀双室合葬墓成都陶女侍官俑（引自文物考古研究所、双流县文物管理所：《成都双流籍田竹林村五代后蜀双室合葬墓》，《成都考古发现（2004）》，科学出版社2006年版，第339页）

缺难以辨形，女俑造型较为优美[1]。

C6-2：武汉阅马场五代墓木俑侍女

武汉市阅马场五代墓出土木片女俑1件，俑头梳发髻，身穿长裙，脸部用线条刻出眼、鼻、口，手法简略粗犷[2]。

C6-3：南唐二陵陶俑侍女

南唐李昪陵出土拱立侍女俑32件（图2-1-32），持物侍女俑47件，舞女俑4件；李璟陵墓出土拱立女俑6件。出土侍女俑都是梳高髻，少数梳单环髻或双环髻。从文献看，南唐妇女化妆仍效唐代风格，其中花钿是唐妇女化妆的冠冕首饰部分。白居易《长恨歌》所写"云鬓花颜金步摇"[3]、南唐二主词中常见的"高髻""蝉鬓""翘首""鬓朵"即是此类发饰。李璟陵侍女俑多数穿广袖直衿外衣，露前胸，抹胸，下着曳地长裙，如李煜《谢新恩》中所述"双鬟不整云憔悴，泪沾红抹胸"[4]。少数女俑外衣上加"华袂"，两肩披"云肩"[5]。但是南唐出土这批陶俑侍女的高髻和中原以及北方壁画中的侍

---

[1] 江甸潮、徐式文、敖天照：《后蜀孟昶暨花蕊夫人墓的调查》，《四川文物》1988年第4期。
[2] 武汉博物馆：《阅马场五代吴国墓》，《江汉考古》1998年第3期。
[3] 张春林编：《白居易全集》，中国文史出版社1999年版，第111页。
[4] （南唐）李煜：《李煜集》，三晋出版社2008年版，第5页。
[5] 南京博物院：《南唐二陵发掘报告》，文物出版社1957年版，第66页。

图2-1-32　南唐二陵李昇墓出土拱立女陶俑（引自南京博物院：《南唐二陵发掘报告》，文物出版社1957年版，图版68）

女高髻发饰有所不同，此处高髻均是前高，后面结成圆形拖于头后，两侧贴鬓发，下垂过耳。尤为特别的是髻上和两侧有小孔，应正是插翠珠花钿等饰物之用，直接展示了花钿妆的形态。江苏邗江五代吴国寻阳公主墓出土女俑13件，基本完好，分着衣女俑和一般女侍俑两类。着衣女俑已残碎，头和身躯涂黑漆，所着衣服均已不存，应为舞蹈俑，高发髻，两侧贴鬓发，多数头后有四个插饰小孔[1]。女侍俑构造与南唐二陵出土的陶俑侍女大致相似。

C6-4：江苏连云港五代墓木俑侍女

江苏连云港五代吴大和五年（933）墓出土木俑24个，雕刻简单粗糙，仅在圆形木料约三分之一处分出头与身来，能见其形的均为女像，有坐像，发式前低后高，这点与南唐陵墓中出土的侍女高髻前高是明显不同；手拱胸前，两袖下垂过膝，高髻鬓发盖耳，圆脸，着长衣束腰带，左手下垂，衣袖过膝，右手略举至胸前；有着小袖长袍，束腰；有头梳圆球状高髻，两手拱于胸前，两袖下垂过膝；有前梳方形大髻，后露长圆形髻，髻上并插铜钗，面部尚

---

[1] 扬州博物馆：《江苏邗江蔡庄五代墓清理简报》，《文物》1980年第8期。

留白粉残痕，着方领长衫，两手拱胸前[1]。

C6-5：江苏半月岛五代墓陶俑、铜俑侍女

江苏常州半月岛五代墓出土女侍俑4件（图2-1-33），一种是垂髻俑，发辫圈盘下垂于脑后，脸形丰满，体态丰腴，着宽袖曳地长袍，双手拢于袖内；另一种是戴帽俑，戴圆形风帽，着圆领宽袖曳地长袍，双手拱于胸前，衣纹裆裥清晰。出土女仆俑均留发髻，上身瘦长，下身肥大，着圆领窄袖短衣，下身似着短裙[2]。出土铜女俑4件，梳双髻，对襟长袍，宽袖，铜俑多半边俑，陶俑塑工严谨，比例准确，神态生动，沿袭唐代写实作风。但女俑面型并不丰满肥硕，衣袖较紧窄，有别于盛唐时期陶俑饱满丰腴、宽衣大袖的特点，特别是发饰，并没有出现北方常见的高髻、环髻，而是多垂髻、双垂髻、圆帽，体现了显著的地域性特色[3]。

C6-6：五代闽国刘华墓陶俑侍女

福州五代刘华墓前室出土女俑计8件（图2-1-34），为宫女或宫中女官，按头式分三类。一是高髻拱手俑4件，大型2件，其一梳扇形高髻，两侧微露鬓发，发后半周有密集小孔，面额丰满，头稍下俯，

图2-1-33　江苏常州半月岛五代墓出土女侍俑（引自常州市博物馆：《江苏常州半月岛五代墓》，《考古》1993年第9期）

穿对衿广袖外衣，两下侧开衩，长巾绕背，垂至身前两侧，袒胸，露抹胸，两手拱于胸前广袖内；另一件发髻、服式与前略同，脸额较方圆，较丰满，衣袖边亦有似装饰物的小洞十余个，比前俑华贵。双髻执物俑2件，一件发分两半，两侧边结一相对小髻，穿圆领宽袖长袍，向右开衿，袖口露内衣袖，两侧下开衩，两手露出袖外，叠贴胸前，作执物状。戴风帽执物俑2件，面方圆，容貌庄重，服式和姿态与双髻执物俑同，穿圆领宽袖外衣[4]。

概括分析五代十国墓室壁画中的侍女形象（见附表3），以下四点值得关注和讨论：

---

[1] 江苏省文物管理委员会：《五代——吴大和五年墓清理记》，《文物参考资料》1957年第3期。
[2] 常州市博物馆：《江苏常州半月岛五代墓》，《考古》1993年第9期。
[3] 苏州市文管会、吴县文管会：《苏州七子山五代墓发掘简报》，《文物》1981年第2期。
[4] 福建省博物馆：《五代闽国刘华墓发掘报告》，《文物》1975年第1期。

一是类型分布上地域性差异明显。中原北方以壁画和浮雕为主，如王处直墓、冯晖墓、李茂贞墓、内蒙古塔尔梁墓等，南方则以陶俑居多，又有木俑、铜俑，如南唐二陵、常州半月岛墓。连云港五代墓虽在地理位置上偏北，但是在五代为南唐的前身杨吴政权所统治，也出现木制女侍俑。西蜀则是陶俑、壁画均有。五代南方墓室中除吴越康陵中有类似北方的壁画以外，基本没有如北方那样丰富完整的壁画。

二是人物形象风格上地域性差异明显。中原的侍女形象整体与唐代相似，人物高大丰腴，装饰厚重繁复，高贵大气。但也出现了一定的变化，在脸型的塑造上，唐代侍

图2-1-34　五代闽国刘华墓出土拱手俑（引自福建省博物馆：《五代闽国刘华墓发掘报告》，《文物》1975年第1期）

女脸型圆润饱满，体态丰腴健壮，气质雍容高贵，展示大唐盛世贵族女性的华贵之美。而从五代王处直墓、冯晖墓、李茂贞墓的墓室壁画侍女形象可以看出，脸型开始出现细微变化，由圆润逐渐拉长（图2-1-35），体态由丰满变得臃肿。而五代西蜀和南方的侍女，无论是陶俑、木俑、铜俑明显都略显臃肿。而南方出现的其中最有特色侍女是风帽俑，成都双流籍田竹林五代后蜀双室合葬墓、南唐二陵、福建刘华墓都出现了戴风帽的女侍者俑。这种戴风帽侍女形象，在北方墓室壁画几乎未见。

三是体现五代仕女画的新变化。五代壁画中的侍女，特别是中原和北方墓室中的侍女形象，更类似唐代的仕女形象。晚唐周昉的《簪花仕女图》《挥扇仕女图》在造型上注重写实求真。与晚唐周昉的"周家样"相同，五代仕女画也开始分化，北方仕女画出现由丰腴慵散到清秀瘦削的悄然转变，五代阮郜的《阆苑女仙图》可见一斑，此画中仙女人物身材修长，不再是唐代仕女丰满肥胖，腰肢粗壮的造型程式，开始注重表现女性曲线美及娇媚之姿[1]。

---

[1] 谢稚柳：《鉴余杂稿（增订本）》，上海人民出版社2008年版，第92页。

图2-1-35 唐、五代女性人物脸型比较图（笔者制作）：1. 唐段简壁墓第五天井东壁侍女图；2. 唐李凤墓甬道西壁侍女图；3. 五代王处直墓西耳室侍女图；4. 五代顾闳中《韩熙载夜宴图》（局部）；5. 五代阮郜《阆苑女仙图卷》（局部）

壁画中与其印证最明显的就是冯晖墓中的侍女形象，一改唐代侍女丰满的身材，身材开始变得修长。而王处直墓中的侍女形象更近似晚唐风格，比冯晖墓中的侍女更显丰腴。

  南方画家一部分也开始尝试改变"周家样"，如顾闳中的《韩熙载夜宴图》。笔下歌妓与唐代仕女相比，身材明显开始偏瘦小、清秀，不再有唐代仕女的丰腴体态。特别是画中女主角王屋山，腰肢纤细如柳，这是唐代仕女画中不可见的。南方另一部分画家虽然人物造型上坚持"周家样"艺术风格，但细节也开始变化，以周文矩为代表，周文矩笔下的人物虽然丰肌高髻，但是线条皆细劲曲折，圆润流畅，作仕女画时不用颤笔，其体近周昉，"而纤丽过之"[1]。周文矩表现仕女除个别处施淡彩外，都用白练，富于结构感，从

---

[1] 潘运告主编、岳仁译注：《宣和画谱》，湖南美术出版社1999年版，第144页。

《宫中图卷》(图2-1-36)可见其貌。而冯晖墓中的侍女形象也与其神韵相似，以淡彩为主。因此，可以从五代墓室壁画的侍女形象看到这种艺术风格的变化。

图2-1-36　五代周文矩《宫中图卷》(引自中国美术全集编委会编：《中国美术全集绘画2隋唐五代绘画》，上海人民美术出版社1984年版，第122页)

图2-1-37 五代顾闳中《韩熙载夜宴图》(局部)(引自中国美术全集编委会编：《中国美术全集绘画篇2隋唐五代绘画》,上海人民美术出版社1984年版,第134页)

四是体现绘画设色方法上的新变化。唐代卷轴画与壁画在设色方法上基本相同,不同之处在于卷轴画采用"三白"技法,人物染胭脂之后,稍用淡肉色,只在人物鼻子暗面及脖颈下稍加渲染,后加薄粉罩,用重粉染出额、鼻、颏,即"三白"。施用重粉,而不染明暗或少染明暗技法,表现出唐代所崇尚的"盛妆"效果,富有强烈色彩视觉。

五代仕女画更重视"肉粉法",面部用朱膘和赭石染出眼窝、鼻凹、两颊、嘴角、耳边及颧骨各部位,再罩上肉色粉。这与唐代用粉不调肉色或少调肉色大不相同,但仕女面部仍然与唐代一样施加"三白",而且更浓,较唐代更有立体感,甚至更浓艳厚重。这在王处直墓中侍女图像上体现更明显。其中的《侍女童子图》,无论是侍女还是童子,面部的眼窝、鼻凹、两颊等都异常清晰,富有立体感,但是整体面貌显得非常白皙,比唐代的仕女面部白得更加厚重醒目。《韩熙载夜宴图》(图2-1-37)中众多歌妓的面部设色也是此法,与墓室壁画侍女的色彩风格相一致。所以说,五代这种面部较细致并富有立体感和质感的染法,在着色方面是一大进步。

D型：伎乐像

关于墓室中的伎乐图像,早在山东沂南东汉墓中室东壁百戏画像石中就有乐队图像,乐器有竖笛、鼗、小鼓、铎、排箫、埙、瑟、编钟、编磬、建鼓等。唐代西域的胡乐进入中原地区,和本土音乐相结合,使当时的伎乐艺术多姿多彩,这种情形势延续到五代,在五代墓室壁画中得到充分的体现。五代十国墓室壁画中出土大量的伎乐以及各种乐器图案(见附表4、附表5),根据目前收集的考古材料显示,其中具代表性的有以下8组。

D1：王建墓"二十四伎乐图像"

王建墓棺椁外壁东、西两面各刻10人,南面4人,计24人(图2-1-38)。

图2-1-38　前蜀王建墓棺床南面（正面）雕刻二十四伎乐图像（引自冯汉骥：《前蜀王建墓发掘报告》，文物出版社2002年版，图版拾肆）

其中奏乐器者22人；南面东一琵琶、南面西以及东六拍板、东五和西四筚篥、东四笛、西一篪、西五竖箜篌、西三筝、西七笙、西二箫、东一正鼓、东十毛员鼓、东二齐鼓、东九答腊鼓、东七西十羯鼓、东八鸡娄鼓、鼗、西九铜钹、西六吹叶、西八贝、东一正鼓。南面正中两人为舞者，头梳高髻，身着圆领上衣，宽袖袍服，皆为红色，胸下系长裙，皆杏黄色。《新唐书》记载："杨贵妃常以假鬓为首饰，而好服黄裙，近服妖也。时人为之语曰：'义髻抛河里，黄裙逐水流。'"[1] 24乐伎的发髻，虽梳法相同，但发髻大不同，总计有22种，以双鬟髻为主[2]。

D2：王处直墓"散乐图"

王处直墓西壁刻浮雕"散乐图"一组（图2-1-39），由15人组成。右边第一人为女性，男装，戴黑色朝天幞头，穿褐色圆领缺胯长袍，线鞋，双手交叉胸前，横握一棒，棒上穿双环丝带，为乐队指挥；右下角2人，男侏儒头戴高冠，冠后披巾下垂，穿褐色圆领缺胯袍，长勒靴，双手执物，躬身屈膝。十二演奏女分前后两排，前排5人，右起第一人梳抱面高髻，戴花、插白色梳子，白色长裙，竖抱箜篌，右手拇指食指"擘箜篌"；第二人梳椎髻、戴花，白色长裙，弹古筝；第三人梳环髻，额上戴花，白色长裙，右手持拨弹四弦曲颈琵琶；第四人梳抱面高髻，插花，插白色梳子，红色长裙，拍板；第五人梳双

---

[1]（宋）欧阳修、（宋）宋祁撰：《新唐书·卷三十四·志第二十四·五行一·服妖》，中华书局1975年版，第879页。
[2] 冯汉骥：《前蜀王建墓发掘报告》，文物出版社2002年版，第34页。

图2-1-39　五代王处直墓浮雕"散乐图"(线图)(引自河北省文物研究所、保定市文物管理处:《五代王处直墓》,文物出版社1998年版,第39页)

髻,插花,插白色梳,白色长裙,击鼓。后排7人,右起第一人梳抱面高髻,戴花,插白色梳子,红色长裙,吹笙;第二人抱面高髻,插白梳,红色长裙,打方响;第三人抱面高髻,插白色梳子,红色长裙,敲答腊鼓;第四人抱面高髻,戴花、插白色梳子,吹笙篥;第五人如第四人;第六、第七人,抱面高髻,戴花、插白色梳子,握横笛吹[1]。襦裙是唐代妇女的主要服式。在隋代及初唐时期,妇女的短襦都用小袖,下着紧身长裙,裙腰高系,一般都在胸部以上,有的甚至系在腋下,并以丝带扎。至五代十国时期,其位置有所降低,一般系于女性胸部以下、腰部以上的位置(图2-1-40)。

图2-1-40　唐、五代襦裙变化示意图(笔者制作)。1. 唐代服饰示意图;2. 五代王处直墓散乐浮雕人物线描图;3. 王建墓棺床南面舞伎

[1] 河北省文物研究所、保定市文物管理处:《五代王处直墓》,文物出版社1998年版,第38—40页。

D3：李茂贞夫人墓"伎乐图"

李茂贞夫人墓后甬道东壁砖雕"伎乐图"（图2-1-41），自南而北第一人是舞蹈者，着红色开胯长袍，皂靴，左脚跟着地，脚尖翘起，踩节拍起舞；第二人是抱拍板者，黑色幞头，红色圆领窄袖束腰长袍，右臂胸前抱拍板，面容丰腴；第三人击正鼓者，红色右衽短袖长袍，腰系长鼓，双手于胸前抱握鼓杖，右脚抬起，脚尖着地，作迈步状，身体微微向前倾；第四人拍毛员鼓者，黑色幞头，红色圆领窄袖束腰长袍，毛员鼓横置腰间；第五人击鸡娄鼓者，黑色幞头，红色圆领开胯长袍，左手腋下挟鼓，右手胸前持鼓杖，头部微微向左侧倾；第六人摇大鼓者，红色开胯长袍，尖头履；第七人残；第八人操笛者，黑色幞头，红色圆领窄袖束腰长袍，双手胸前握横笛；第九乐舞指挥者，红色开胯长袍，身体右侧有一圆长枝杆指挥杖。墓后甬道西壁亦是砖雕伎乐图，自南而北，第一人舞蹈者，红色圆领开胯长袍，右指抬起于胸前，五指散开，左脚尖点地，右脚尖腾空，脚尖上翘，头向右侧倾，翘臀哈腰，衣褶流线飘逸自然，极富动感；第二人拍板者，黑色幞头，圆领窄袖开胯长袍，体态优雅；第三人弹琵琶者，黑色绣花纹幞头，红色圆领窄袖开胯长袍，黑眉圆目，粉面丰腴，右肩宽带系四弦琵琶于胸前，左手琵琶间握持按弦，右手握拨片；第四人击羯鼓者，黑色幞头，红色圆领窄袖开胯长袍，面容丰腴圆润；第五人敲磬者，红色及地长袍；第六人吹笙者，黑色硬脚幞头，红色圆领宽袖开胯长袍，头向右倾，腰曲躬，双手抱笙；第七人红色及地长袍；第八人戴黑色硬脚幞头，红色圆领窄袖开胯长袍，粉面朱唇，双手握箫，右手前握左手后，箫端抵唇作吹奏状；第九人乐舞指挥者，红色开胯长袍，乌皮靴，身体左侧有圆长杆指挥杖[1]。

图2-1-41 五代李茂贞墓砖雕"伎乐图"（宝鸡市考古研究所刘军社提供）

---

[1] 宝鸡市考古研究所：《五代李茂贞夫妇墓》，科学出版社2008年版，第144、145页。

D4：后蜀宋琳墓"伎乐图"

后蜀宋琳墓棺座由红砂岩凿成，四边浮雕花纹（图2-1-42），正前是三舞乐伎。由右至左第一人是擎拍板伎，戴冠，着长服，长飘带，盘膝而坐，左手执拍板作击奏状。第二人是舞伎，戴花冠，着曳地舞裙，长飘带，长袖，右手举至眉尖，左手下垂于腹部，面倾斜，曲膝，如白居易《霓裳羽衣舞歌》所写，"小垂手后柳无力，斜曳裾时云欲生；烟蛾略敛不胜态，风袖低昂如有情"[1]。第三人是吹篪伎，姿态与击拍板伎相同，持篪横吹[2]。整体图像不及王建墓伎乐图人物清晰传神。

D5：冯晖墓"散乐图"

墓甬道发现浮雕砖54块（图2-1-43），上下两块拼成一完整人物造型。原浮雕砖共56块，组成28个人物，东壁男性，西壁女性，各14人，主要表现散乐和舞蹈场面。东壁彩绘浮雕砖男性，戴幞头，着圆领袍服，宽衣大袖，披帛，束腰带，脚着履或靴；舞者三块，敲方响、弹箜篌、打拍板、击腰鼓、打答

图2-1-42　后蜀宋琳墓棺床"伎乐图"（引自四川省博物馆文物工作队：《四川彭山后蜀宋琳墓清理简报》，《考古通讯》1958年第5期）

图2-1-43　五代冯晖墓伎乐浮雕线图（局部）（引自咸阳市文物考古研究所：《五代冯晖墓》，重庆出版社2001年版，第14页）

---

[1] 张春林编：《白居易全集》，中国文史出版社1999年版，第458页。
[2] 四川省博物馆文物工作队：《四川彭山后蜀宋琳墓清理简报》，《考古通讯》1958年第5期。

腊鼓、弹琵琶（残）、吹芦笙、吹排箫、吹筚篥各1人，吹笛2人。西壁女性人物梳髻，上穿襦衫，宽衣大袖，披帛，瘦长裙，外着蔽膝或围裙，戴佩绶，佩玉，足着平头履；女舞者3人，敲方响、弹筝篌、打拍板、腰击鼓、弹琵琶、打答腊鼓、吹笛、芦笙、排箫各1人，吹筚篥2人。砖雕画面施以浓墨重彩，色彩艳丽，立体感强[1]。

D6：内蒙古壁画墓五代"宴乐图"

内蒙古清水河县山跳峁墓地M7西北壁保存有一组呈队列式布局的五人"宴乐图"。第一、第二、第四人头戴黑色幞头，身穿红色长袍，第一人双手执一乐器，第二、第四人因残损情况不详；第三人头戴浅黄幞头，身穿浅黄色长袍，双手执笛吹奏；第五人头戴黑色幞头，身穿长袍，手执竖笛吹奏[2]。内蒙古清水河塔尔梁五代壁画墓M1西壁右下方有男女主人《宴饮图》一幅，中间桌子后面站三乐伎男侍，皆为头戴两翅上翘黑色幞头，左侧一人着黄色圆领长袍，腰系红色腰带，正奏拍板；中间一人穿红色圆领长袍，吹笛；右侧一人穿黑色圆领长袍，吹笙[3]。

D7：洛阳邙山镇营庄村五代壁画墓"弹唱宴饮图"

洛阳市邙山镇营庄村五代壁画墓墓室绘"弹唱宴饮图"一幅（图2-1-44），图中间是砖雕桌、椅，其上置果盘，果盘内置石榴；果盘两边置茶壶、托盏，桌后站7位仕女，发髻间皆簪牡丹花，两颊有妆靥，部分眉心有花钿，中间一女平髻簪大朵牡丹花，外穿紫红色纱衫，内着带红色抹胸黄色长裙，怀抱乐器，应为弹唱侍女首领，或为墓主人。从残存壁画情况看，除左边第三女外穿黄色纱衫内穿紫红色长裙外，其余皆穿黄长裙，右三和中间侍女持有乐器。整个画面描绘是墓主人品尝水果，观赏乐队弹唱的闲适生活场面[4]。

D8：后蜀赵廷隐墓伎乐俑

赵廷隐墓出土伎乐俑分为乐俑、歌俑及舞俑3种，总计20余件，皆立姿，服装鲜艳富丽，衫、裙清晰可辨，且多描金。乐俑所用乐器有琵琶、筚篥、羌鼓、齐鼓、笙、排箫等。歌俑神态尊贵，头饰金簪，位于众乐俑中部。舞俑中

---

[1] 咸阳市文物考古研究所：《五代冯晖墓》，重庆出版社2001年版，第13—22页。
[2] 内蒙古文物考古研究所、乌兰察布博物馆、清水河县文物管理所：《内蒙古清水河县山跳峁墓地》，《文物》1997年第1期。
[3] 内蒙古师范大学科学技术史研究院、内蒙古文物考古研究所：《内蒙古清水河塔尔梁五代壁画墓发掘简报》，《文物》2014年第4期。
[4] 洛阳市文物考古研究院：《洛阳邙山镇营庄村北五代壁画墓》，《洛阳考古》2013年第1期。

图2-1-44　洛阳邙山镇营庄村五代壁画墓"弹唱宴饮图"（引自洛阳市文物考古研究院：《洛阳邙山镇营庄村北五代壁画墓》，《洛阳考古》2013年第1期）

柔舞俑2件，着女装，姿态柔和优美；健舞俑1件，着男装，舞姿干健有力[1]。

总体分析来看，五代墓室壁画中的伎乐像有如下几个特点：

一是以继承唐代的散乐为主。唐文献中记载了大量散乐的信息。杜佑《通典》载："散乐，非部伍之声，俳优歌舞杂奏。"[2]《唐会要》载："散乐历代有之，其名不一，非部伍之声，俳优歌舞杂奏，总谓之百戏。"[3]《辽史·卷五十四》记载："今之散乐，俳优、歌舞杂进。"[4]还记载当时的主要乐器，"玉磬、方响、搊筝、筑、卧箜篌、大箜篌、小箜篌、大琵琶、小琵琶、大五弦、小五弦、吹叶、大笙、小笙、觱篥、箫、铜钹、长笛、尺八笛、短笛。以上皆一人。毛员鼓、连鼗鼓、贝。以上皆二人，余每器工一人"[5]，可见有歌有舞的"杂奏"是散乐的主要特征。上述八处五代伎乐图像，各种伎乐和器乐组合并不统

---

[1]　王毅、谢涛、龚扬民：《四川后蜀宋王赵廷隐墓发掘记》，《中国社会科学报》2011年5月26日，第008版。
[2]　（唐）杜佑撰：《通典·乐六》，岳麓书社1995年版，第1964页。
[3]　（宋）王溥：《唐会要》，中华书局1955年版，第611页。
[4]　（元）脱脱等撰：《辽史·卷五十四·志第二十三·乐志·散乐》，中华书局1974版，第891页。
[5]　（元）脱脱等撰：《辽史·卷五十四·志第二十三·乐志·大乐》，中华书局1974版，第887、888页。

一,单个来看,王处直墓、冯晖墓、李茂贞夫人墓、王建墓的伎乐都是比较完整的乐队组合,甚至有指挥,但是乐器种类和人员构成并不是完全一致,完全符合散乐的特点。更直接的证据是《辽史》记载散乐的乐器在五代已经发现的资料中都有出现,其中冯晖墓的伎乐乐器,几乎与此记载完全相同。

二是壁画伎乐分布呈现明显的"北多南少"的地理特点。从五代已出土的考古资料看,这种散乐图主要出现在北方和西蜀地区,特别是成系统的乐队组合。中原王处直、冯晖墓、李茂贞墓室都有人数众多、组织严密的伎乐图,乐工、乐器组成系统化,甚至还有乐队指挥人员。西蜀王建墓乐队规模庞大,服饰奢华,歌舞形式兼备。但长江以南很少见到五代伎乐壁画,或是伎乐俑,特别是成系统的伎乐组合。除了邗江蔡庄吴国寻阳公主墓出土几件乐器以外,南唐二陵只有少许舞蹈俑,并未见到如中原、西蜀那样系统的乐队组合。南方其他已经发掘的帝后级陵墓,如吴越康陵、闽国刘华墓,均没有发现伎乐俑。从附表5可以看出,五代散乐的各种乐器在南方除了在蔡庄五代墓中发现琵琶2个、拍板6块以外,长江以南未见散乐乐器。

壁画伎乐形象这种"北多南少"分布的原因,是和地理文化密切相关的。五代中原地区是承接唐音乐文化的遗韵。西蜀一直是乐器制作中心和音乐中心,"管弦歌舞之多,伎巧百工之富……扬不足以侔其半"[1]。蜀地音乐歌舞和音乐人才较多,而另一个文化中心扬州不到其一半。可见南方的音乐文化传统,一直不如北方,五代十国时南唐,虽然音乐歌舞文化也发达,但现实生活中居多,没有成系统地进入墓葬文化里。

E型:武士、力士像
E1:王建墓十二护卫神将像

王建墓棺床东、西两侧雕刻12个护卫神将(图2-1-45),每侧六人,东一、东六、西一、西四为单置,其余均两两相对,此十二神将名称分别是:东一为腾蛇(火将)、东二为朱雀(火将)、东三为六合(木将)、东四为句陈(土将)、东五为青龙(木将)、东六为天一(土将);西一为天后(水将)、西二为太阴(金将)、西三为玄武(水将)、西四为太常(土将)、西五为白虎(金将)、西六为天空(土将)[2]。

---

[1] (清)董诰等:《全唐文·卷七四四·成都记序》,中华书局1983年版,影印本。
[2] 冯汉骥:《前蜀王建墓发掘报告》,文物出版社2002年版,第36页。

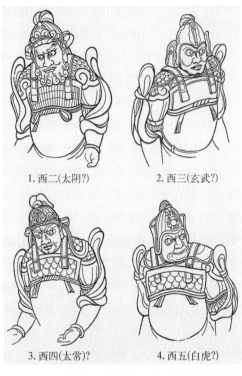

图2-1-45 前蜀王建墓十二护卫神雕刻（引自冯汉骥：《前蜀王建墓发掘报告》，文物出版社2002年版，图三九）

图2-1-46 五代王处直墓武士石刻（引自曹汉刚：《国家宝藏——记河南博物院建院八十周年特展》，《收藏家》2008年第2期）

E2：王处直墓彩绘浮雕武士石刻

王处直墓彩绘浮雕武士石刻为长方形汉白玉石上高浮雕（图2-1-46），身着铠甲，手持宝剑，立于牛形鹿角怪兽之上，顶凤鸟含珠，应是佛教护法神的天王形象[1]。

E3：李茂贞夫人墓道金刚、武官像

李茂贞夫人墓道中部造像石刻八棱柱状体，上、下底面素面，侧面八棱柱面上刻有石龛，其中四龛内均高浮雕一护法金刚，金刚身披甲胄，肌肉饱满，或单手持宝剑，或双手拄宝剑，姿态各异[2]。李茂贞墓墓道北端西面出

---

[1] 曹汉刚：《国家宝藏——记河南博物院建院八十周年特展》，《收藏家》2008年第2期。（1994年5月，河北曲阳五代王处直墓被盗，2000年，被盗的彩绘浮雕武士石刻出现在美国纽约中国文物拍卖会上，经中国政府交涉，美国海关总署于2001年5月23日在纽约世贸中心将其归还中国，现藏中国国家博物馆。）

[2] 宝鸡市考古研究所：《五代李茂贞夫妇墓》，科学出版社2008年版，第84页。

土石刻护法金刚石座,为经幢一部分,八面体,每一边棱处,减底刻高浮雕护法金刚,金刚身披甲胄,挂绕飘带,手持宝剑、战斧、弓矢、金刚杵等兵器,姿态各异、威武有力[1]。李茂贞墓正南方神道西侧现存造像14尊,其中武官3尊[2]。

E4:西蜀武士、力士像

成都市东郊后蜀张虔钊墓棺床四周有长方形柱子16个,每边各4个,均刻力士像(图2-1-47)。力士卷发披头,高鼻、锁眉、大嘴、鼓眼、赤足,有的右手叉腰,左手托棺,有的左手叉腰,右手托棺[3]。四川彭山后蜀宋琳墓棺座

图2-1-47 后蜀张虔钊墓力士像(引自成都市文物管理处:《成都市东郊后蜀张虔钊墓》,《文物》1982年第3期)

[1]宝鸡市考古研究所:《五代李茂贞夫妇墓》,科学出版社2008年版,第119页。
[2]宝鸡市考古研究所:《五代李茂贞夫妇墓》,科学出版社2008年版,第121页。
[3]成都市文物管理处:《成都市东郊后蜀张虔钊墓》,《文物》1982年第3期。

四角，均塑一个浮雕力士像，戴披风帽，赤足裸身，胸前露出一对大孔，双膝作跪状[1]。成都白果林社区前蜀周皇后墓石雕棺床满布浮雕，有护棺力士石雕像（残留4尊），抬棺力士皆为半身圆雕像，体量略小于王建永陵力士像，雕刻技法相同，甲胄样式、袍袖翻卷、面部神态都十分接近永陵[2]。成都市金牛区孙汉韶墓棺床四周皆为长方形红砂柱，正面雕刻抬棺力士像，两侧均凿含口，以嵌壸门石刻，石刻间均隔以抬棺力士石柱。其中力士卷发披肩、锁眉鼓眼、单跪或盘坐，以肩托棺[3]。五代后蜀孟知祥墓门为牌楼式建筑，牌楼下有彩枋四柱，柱上刻有青龙、白虎，左右各有一个身披甲胄、手执剑斧的圆雕守门卫士；主室内棺为须弥座，座底绕以莲瓣，前后各有裸身卷发的力士5人，中层四方各凿长方形孔数个，作插放罩棺葬帐柱用，四角各有身披甲胄、面部表情各异的力士1人，作跪地负棺状，均系深浮雕[4]。

四川广汉后蜀孟昶暨花蕊夫人墓出土武士俑4个，头戴战盔，身着铠甲，腰系狮头宽边丝带，侧系双箭囊，双目圆睁，与王建永陵十二护棺力士多相似[5]。成都双流籍田竹林五代后蜀双室合葬墓M1出土武士俑2件，分立于角道两侧龛内，器形较大，其一头头戴兜鍪，顶插圆环火焰缨饰，鍪带系于颈部，兜鍪两侧镶连环圆纹装饰，怒目圆睁前方，嘴角略向上撇，面目神情肃然，孔武有力，外套铠甲，右掌压一柄竖立长剑，站立在圆筒形莲瓣器座上。M2出土陶鼓俑1件，鼓两面圆形，鼓身立于粗壮支座上，鼓体外有两周圆帽钉稳定鼓面，与"负鼓力士"中鼓的形象基本一致[6]。

E5：南唐二陵钦陵武士像

南唐二陵钦陵墓门上刻石质武士立像2幅（图2-1-48），半立体浮雕。武士头上戴盔，身穿梅花鱼鳞甲，双手握长剑，足踏云彩，相貌威严，面向内侧而立，作左右侍立护卫姿态，石刻线条有贴金敷朱残迹[7]。

E6：福建永春五代武士俑

福建永春五代墓出土武士俑12件，头戴盔鍪，面丰圆，身穿甲，胸部有

---

[1] 四川省博物馆文物工作队：《四川彭山后蜀宋琳墓清理简报》，《考古通讯》1958年第5期。
[2] 张亚平：《"前蜀后妃墓"应为前蜀周皇后墓》，《四川文物》2003年第1期。
[3] 成都市文物管理处：《成都市东郊后蜀张虔钊墓》，《文物》1982年第3期。
[4] 成都市文物管理处：《后蜀孟知祥与福庆长公主墓志铭》，《文物》1982年第3期。
[5] 江甸潮、徐天文、敖天照：《后蜀孟昶暨花蕊夫人墓的调查》，《四川文物》1988年第4期。
[6] 成都文物考古研究所、双流县文物管理所：《成都双流籍田竹林村五代后蜀双室合葬墓》，收录于《成都考古发现（2004）》，科学出版社2006年版，第332—335页、第342—357页。
[7] 南京博物院：《南唐二陵发掘报告》，文物出版社1957年版，第12页。

图2-1-48 南唐二陵钦陵石刻武士浮雕（引自南京博物院：《南唐二陵发掘报告》，文物出版社1957年版，图版29）

铠，前胸有椭圆形"护"二面，挺胸凸肚，双手握拳前屈腰间，孔武有力[1]。

E7：内蒙古塔尔梁壁画武士像

内蒙古清水河塔尔梁五代壁画墓M1中发现一幅独特的武士壁画像，与所有发现的武士雕塑和俑不同的是，该武士像并未穿铠甲，浑身近乎赤裸，只在裆部绘灰色短裤。画像上身、腹部、大腿用肉红色绘出块状肌肉，显得强健有力，展现一种粗犷原始的人体之美，艺术表现方式非常独特。

发掘资料表明（见附表6），五代墓葬中武士俑有两种情况，一种是和佛教、神话相关的，如李茂贞夫人墓中的金刚武士像、王建墓中的抬棺十二神像。这种神像主要是"神化"，一般都用夸张的手法，制造威严、狰狞的面目形象，以达到震慑的效果。西蜀出土的神像多为如此，如张虔钊墓、成都双流合葬墓、孙汉韶墓等出土的神像。

---

[1] 晋江地区文管会、永春县文化馆：《福建永春发现五代墓葬》，《文物》1980年第8期。

另一种是当时现实中的武将形象,主要是"人化",如李茂贞夫妇墓前的神道上的武将形象,南唐二陵的武将神像。福建永春五代墓也出土了12件武士像,更偏重于现实的武将形象,和西蜀王建墓十二神像就显著不同。

F型:十二生肖人像

生肖题材起源很早,《法苑珠林》引《大集经》解释十二生肖由来:"阎浮提外,四方海中,有十二兽,并是菩萨化导。人道初生,当菩萨住窟,即属此兽护持、得益,故汉地十二辰依此行也。"[1]十二生肖何时流行现无考,但南北朝时期已经在民间有系统规范的说法。《北史·宇文护传》中明确记载宇文护的母亲写信给宇文护,非常清楚地说到属相,"昔在武川镇生汝兄弟,大者属鼠,次者属兔,汝身属蛇"[2]。

F1:王处直墓十二生肖人物浮雕

王处直墓室前室东壁、西壁、南壁、北壁浮雕十二生肖人物像(图2-1-49),原有12件,前室四壁每壁3个,1994年被盗6件,剩余6件,其中鼠位于北壁中央,龙位于东壁南部,马位于南壁中间,鸡位于西壁中部,蛇、羊曾被盗[3]。

1　　　　　　　　2　　　　　　　　3

图2-1-49　王处直墓十二生肖人物像(引自河北省文物研究所、保定市文物管理处:《五代王处直墓》,文物出版社1998年版,第34页)

---

[1](清)翟灏撰:《通俗编·附直语补正》,商务印书馆1959年版,第868页。
[2](唐)令狐德棻等撰:《周书》,中华书局1999年版,第114页。
[3]河北省文物研究所、保定市文物管理处:《五代王处直墓》,文物出版社1998年版,第31、32页。

F2：冯晖墓、李茂贞夫人墓志线刻十二生肖人像

冯晖墓墓室东南角墓志盖上，墓志盖四立面线刻十二生肖人像，每面3人，头戴进贤冠，冠顶卧生肖动物[1]。与其相类似的是，李茂贞夫人墓中，墓志盖四刹上，也线刻有十二生肖人物像[2]。

F3：西蜀生肖俑

成都双流籍田竹林五代后蜀双室合葬墓出土六件生肖陶俑。第一类是头戴进贤冠（图2-1-50），冠中央立有上圆下方马蹄牌，冠顶前低后高，中央立塑的生肖像脱落无存，只有"巳蛇"像可见，人像面目圆润，端庄和睦，或表情肃然或微侧脸含笑，内着圆领坠地长裙，外罩右衽交领长袍，"双山"朝靴，双手半握状站于器座，总计5件；第二类头戴进贤冠，冠顶中心缺生肖动物塑像，裙袍衣饰、器座等均同第一类，只是双手拢在袖中[3]。四川

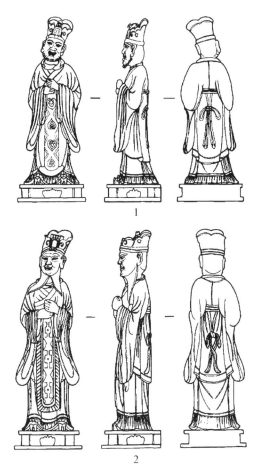

图2-1-50 成都双流籍田竹林五代后蜀双室合葬墓M2生肖文官俑（引自成都文物考古研究所、双流县文物管理所：《成都双流籍田竹林村五代后蜀双室合葬墓》，收录于《成都考古发现》(2004)，科学出版社2006年版，第345页）

彭山五代后蜀宋琳墓出土一件猪头人身陶俑，圆领长袍，束腰，窄袖，双手相握于胸前，似执物状，腰部挺直，缺右耳[4]。

---

[1] 咸阳市文物考古研究所：《五代冯晖墓》，重庆出版社2001年版，第51页。
[2] 宝鸡市考古研究所：《五代李茂贞夫妇墓》，科学出版社2008年版，第121页。
[3] 成都文物考古研究所、双流县文物管理所：《成都双流籍田竹林五代后蜀双室合葬墓》，收录于《成都考古发现（2004）》，科学出版社2006年版，第355—358页。
[4] 四川省博物馆文物工作队：《四川彭山后蜀宋琳墓清理简报》，《考古通讯》1958年第5期。

F4：邗江吴国寻阳公主生肖俑

江苏邗江蔡庄五代浔阳公主墓出土一批生肖陶俑，能见其形的是寅虎、卯兔、亥猪，生肖均放置在人像手中，双手捧于胸前[1]。

F5：常州半月岛人首木俑

江苏常州半月岛五代墓出土一件人首鸟身木俑，残长15厘米，头及五官均为人形，鸟身[2]。

F6：吴越康陵石刻十二生肖像

吴越国康陵后室门背面下部及后室三壁，及门背面下部共有12个壶门形龛，刻十二生肖人物像（图2-1-51），其中后室门背面下部石龛内雕刻有虎、龙、兔等生肖人物像。三壁自左壁正中的"子"位开始，依次排列为亥（猪）、子（鼠）、卯（兔）、辰（龙），右壁为巳（蛇）、午（马）、未（羊），后壁为申

图2-1-51　五代吴越国康陵十二生肖人物像（引自杭州市考古所、临安文物馆：《浙江临安五代吴越国康陵发掘简报》，《文物》2002年第2期）

[1] 扬州博物馆：《江苏邗江蔡庄五代墓清理简报》，《文物》1980年第8期。
[2] 常州市博物馆：《江苏常州半月岛五代墓》，《考古》1993年第9期。

（猴）、酉（鸡）[1]。整体风格与王处直墓相近。

F7：五代闽国刘华墓生肖俑

五代刘华墓出土十二生肖陶俑3件，但是和其他生肖像不一样，刘华墓生肖像，是直接将动物头像安置人身，没有人像，与彭山后蜀宋琳墓出土的猪头人身像类似，可能都是十二生肖俑的变形[2]。

可以看出，五代十二生肖像在五代墓葬中分布广（见附表7），从冯晖墓到南汉国均有涉及，但各地的表现形式不一样：

第一，五代中原地区十二生肖成系统性、完整性，形式以雕刻、线刻人物像为主。如王处直墓、冯晖墓中的十二生肖像。

第二，西蜀、江南地区以陶俑、雕刻为主，并且多在龛内摆放，而且人物像非常鲜明突出，如吴越国的康陵。但是康陵的十二生肖像与王处直墓风格相似，说明该地区受中原艺术影响更大，这也与当时吴越国一直奉中原为正统、与之来往密切的史实相合。

第三，福建地区十二生肖像，呈现特殊的形式，是以生肖动物形象取代人的首，置于人身，不似其他地区有完整的人像。

将以上出现的人物壁画与唐代墓室壁画中人物形象比较，五代十国人物壁画新特点主要表现在以下几个方面：

一是从内容上看，五代十国人物壁画主要表现的是男、女侍服侍墓主以及舞乐伎表演场景。而唐代壁画墓中（如李寿墓、永泰公主墓、章怀太子墓等）大量出现的仪仗队、车舆、骑马出行、打马球、狩猎出行等大场景画面均未有发现。《新唐书·卷二三·仪卫志上》载："唐制，天子居曰衙，行曰驾，皆有卫有严。羽葆、华盖、旌旗、罕毕、车马之众盛矣，皆安徐而不哗。"[3]此种场景在五代十国壁画墓中没有得到再现，直到宋代更为少见。

二是从整体上看，其规模不及唐代。在唐墓壁画中，人物出现的规模较为宏大，通常由多人一起组成大场面。五代十国壁画墓人物形象则多以单个或两人组合的形式出现而共同组成一幅画面。如冯晖墓中的浮雕图像，均由单个图像连在一起形成完整的画面。此种布局形式为宋代壁画墓中杂剧图的表现提供了良好的借鉴，郑州二里岗宋墓中壁画人物形象延续了这

---

[1] 杭州市考古所、临安文物馆：《浙江临安五代吴越国康陵发掘简报》，《文物》2002年第2期。
[2] 福建省博物馆：《五代闽国刘华墓发掘报告》，《文物》1975年第1期。
[3]（宋）欧阳修、（宋）宋祁撰：《新唐书·卷二十三（上）·志第十三（上）·仪卫（上）》，中华书局1975年版，第481页。

一特点。

三是从人物造型上看,五代十国墓室壁画表现的人物比例多为六个头长,与唐代壁画人物相比较,该时期更为理性地把握了人体造型的基本规律而具有新的时代风尚[1]。人物脸型由圆润逐渐拉长,呈现出向宋代瘦骨清秀风格转变之势。

四是从表现技法来看,线条的运用更为成熟。兰叶描为中晚唐时期所流行的一种表现手法,该时期发展得更为精细、理性而写实。此外,人物表现一般为等大且在一个简单平面上,没有大的透视与空间关系变化以及人物之间的穿插关系。而唐代墓室壁画画面则较为复杂,人物数量较多,大小、远近、虚实关系表现得较为恰当。在色彩的运用上,敷色基本以晕染与平涂法为主,与唐代明亮、典雅的色彩相比略显俗艳。该时期南北方之间的表现手法也略有差异,北方墓室壁画手法随意性增强,更显粗犷、率真,如王处直墓与冯晖墓中的人物形象就有此特点。

第二节　山水壁画之嬗变

"唐张彦远著《历代名画记》,止于大中元年(847)。唐末的绘画,他没来得及记录。郭若虚著《图画见闻志》,论述重点又放在宋初,唐末这一段画史似乎很寂寞。其实,唐末的绘画乃是历盛、中唐之后走向成熟和更加成熟的时期……至五代宋初,山水画已高度成熟,并居画坛之首。"[2]因此,五代十国山水画的发展与突破在中国美术史上有着重要的地位和作用。

一、水墨山水的兴起与演变

中国山水画出现很早,东汉墓室壁画里就可见山石树木的描绘(图2-2-1),但是发展缓慢。从构图、技法上来说,到魏晋时候还是"人大于山,水不容泛",比例失真,画面生硬;从思想内涵上看,一直是人物画,或是佛教画的衬托和附庸,无自身独立含义。张彦远《历代名画记》说:

---

[1] 李星明:《唐代墓室壁画研究》,陕西人民美术出版社2005年版,第308页。
[2] 陈传席:《中国山水画史》,天津人民美术出版社2001年版,第57页。

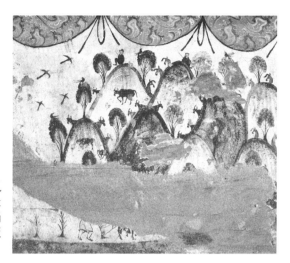

图2-2-1 内蒙古鄂托克旗凤凰山1号墓《放牧、牛耕图》(收录于徐光冀主编:《中国出土壁画全集(3·内蒙古)》,科学出版社2012年版,第12页)

魏晋以降,名迹在人间者,皆见之矣。其画山水,则群峰之势,若钿饰犀栉,或水不容泛,或人大于山,率皆附以树石,暎带其地,列植之状,则若伸臂布指。[1]

说明张彦远看到的魏晋最好的名迹山水,亦甚为稚嫩,山如"钿饰犀栉",树如"伸臂布指"。

但是一些画家或理论家一直在探索山水画的创作。东晋顾恺之(348—409)在《魏晋胜流画赞》中云:"凡画:人最难,次山水,次狗马。台榭一定器耳,难成而易好,不待迁想妙得也。"[2]在另一篇《画云台山记》阐述了山水画的明暗、远近、设色问题,"山有面,则背向有影,可令庆云西而吐于东方。清天中凡天及水色,尽用空青,竟素上下,以映日西去。山别详其远近发迹,东基转上未半,作紫石如坚云者五六枚,夹冈乘其间而上,使势蜿蜒如龙"[3]。南朝画家宗炳(375—443)在《画山水序》中云,"坚划三寸,当千仞之高;横墨数尺,体百里之迥"[4],论述山水画创作技巧上的"远近法",且提出"畅神"说,赋予山水画独立的思想内涵。同时代王微(415—443,一说415—453)见解与宗炳相近,他提出画山水应"以神明降之"[5],提出山水

---

[1](唐)张彦远:《历代名画记》,江苏美术出版社2007年版,第31、32页。
[2] 俞剑华等编著:《顾恺之研究资料》,人民美术出版社1962年版,第11页。
[3](唐)张彦远:《历代名画记》,江苏美术出版社2007年版,第139页。
[4] 汤麟编著:《中国历代绘画理论评注·元代卷》,湖北美术出版社2009年版,第106页。
[5] 王伯敏主编:《中国美术通史·第二卷》,山东教育出版社1987年版,第118页。

不能死摹自然,而应注重情感表现,并以诗化语言说:"望秋云,神飞扬,临春风,思浩荡。"[1]文献载六朝山水画名作甚多,如顾恺之《雪霁望五老峰图》《庐山图》、夏侯瞻《吴山图》、戴逵《剡山图卷》、宗炳《秋山图》等。

  这里可以看出很有意义的现象,早期探索山水画或开始创作山水画的画家,地理区位都很集中和明显,主要是生活在南方的画家,如顾恺之、夏侯瞻、戴逵、宗炳、王微。出现此现象的原因很多,最主要原因有两点:

  其一是时局动荡,文人处境险恶。东晋到宋、齐、梁、陈,帝位换了五家,统治者施政残暴,多次出现同室操戈,手足相残。文人仕途凶险,而中国文人一直有寄情山水的传统,孔子曰:"知者乐水,仁者乐山。"[2]朱熹对此的解释是:"知者达于事理而周流无滞,有似于水,故乐水;仁者安于义理而厚重不迁,有似于山,故乐山。"[3]李白有诗曰:"众鸟高飞尽,孤云独去闲。相看两不厌,只有敬亭山。"[4]因此南朝文人纷纷借佛避祸,借道隐身,借山水逃避现实,寄情苟安。比如宗炳,东晋和刘宋当局屡征出仕,俱不就,其除了信佛,一生漫游山川,西涉荆巫,南登衡岳,年老多病才归老家江陵。又将游历之景,绘于居室之壁,自称"澄怀观道,卧以游之"[5]。乐山、游山、爱山,文人画家自然要画山、论山。

  其二是山水诗的滋养抚育。山水诗正是在南朝兴起而成为一派,范文澜说:"写作山水诗起自东晋初庾阐诸人。"[6]东晋谢灵运把自然美景引进诗中,使山水诗成为独立的审美对象。"山水含清晖,清晖能娱人"[7],开启南朝诗歌新风貌。这是继陶渊明田园诗以后,山水诗成为文人与自然的一种沟通和关照工具,很自然产生全新的审美观念。而当时文人数量和范畴都不是很大,诗人和画家拥有相同的审美取向,因此山水诗兴起必然给当时绘画注入新的表现客体和审美对象。王国维说"一切景语皆情语"[8],抒情的山水诗转化为写景的山水画,对文人而言是很自然的事。

[1] (唐)张彦远著、田村解读:《解读历代名画记》,黄山书社2011年版,第217页。
[2] (宋)张栻撰:《张栻集》,岳麓书社2010年版,第48页。
[3] (宋)朱熹撰:《论语集注》,齐鲁书社1992年版,第57页。
[4] (唐)李白:《李白诗集》,吉林出版集团有限责任公司2010年版,第300页。
[5] (明)冯梦龙评纂、陈朝辉、钟锡南点校:《太平广记钞》,团结出版社1996年版,第723页。
[6] (梁)刘勰著、范文澜注:《文心雕龙注》,人民文学出版社,1958年,第93页。
[7] 余冠英选注:《汉魏六朝诗选》,人民文学出版社1997年版,第217页。
[8] 王国维原著、施议对议注:《人间词话注释》,广西教育出版社1990年版,第121页。

宗炳、王微等人提出赋予山水画独立含义,但其作品已经难考。文献记载顾恺之画过《雪霁望五老峰图》,具体面貌不可知。但从顾恺之的《女史箴图》看,此时山水画仍是线条勾勒,还只是人物画的背景或衬景,没有独立成篇,或者独立成节;也没有摆脱"人大于山,水不容泛"的程式,人物和山水的比例,山体和树木的比例严重失调。由此可见,六朝对山水画独立的探索,可能是理论在前,而实践在后。

山水画到隋唐时开始出现变化,体现在:一是用笔的变化,二是用色的变化,三是角色的变化。张彦远说:"山水之变始于吴,成于二李。"[1]荆浩说:"夫随类赋彩,自古有能。如水墨晕章,兴吾唐代。"[2]六朝山水画沿袭旧风,用又细又圆又均匀的"春蚕吐丝描"精雕细作,勾勒山石轮廓,再填涂重彩。吴道子率先变化,打破山水画精工细作的画风,解放用笔方式,突破线型,变顾恺之"密体"画法为"疏体"画法,"笔才一二,象已应焉"[3]。线条变得雄放遒劲,富有运动感,粗细互变。这也为后世画家创新勾、擦、皴、点等笔法打开大门,使山石、山体的量块、层次、明暗、质感得以充分表现。同时吴道子一扫注重勾填的琐碎技法,注重表现山水气韵,大气磅礴。"气韵雄壮,几不容于缣素"[4]给山水画注入强健的灵魂。因此吴氏是从"用笔"和"注魂"两方面启动山水画变革,故张彦远说"山水画之变始于吴"是中肯之言。

山水画用笔解放的同时,用色也在解放。用色变化有两条路:一条是"老路",由李思训在吴道子之前开创的,其子李昭道完成,晕染赋彩而成的金碧青绿,即金碧绿山水;一条是"新路",由吴道子开创的用"墨踪为之",但吴氏没来得及让用墨山水定型成熟,此工作由王维完成,即水墨山水。

山水画第一波兴盛的是青绿山水,角色也随之变化。宋徽宗认定的展子虔《游春图》是青绿山水开山之作,此画承顾恺之"密体"余脉,线条无变化,但采用勾框填重彩青绿法,面貌一新,且从全图布局看,山水已是主导地位,不似《女史箴图》中山水仍是衬景。盛唐阎立德、阎立本有意剥离山水在人物画中的配角地位,张彦远《历代名画记》记:"国初二阎擅美匠学,

---

[1] (唐)张彦远:《历代名画记》,江苏美术出版社2007年版,第32页。
[2] 郑午昌:《中国画学全史》,时代文艺出版社2009年版,第176页。
[3] 叶宗镐选编:《傅抱石美术文集》,江苏文艺出版社1986年版,第312页。
[4] (唐)张彦远:《历代名画记》,江苏美术出版社2007年版,第30页。

杨、展精意宫观，渐变所附。"[1]二阎"渐变所附"的努力进展也有限。阎立本（约601—673）之后30余年，懿德太子李贤墓（706）壁画中，一幅"三重阙"背后就绘制青绿山水作为衬景（图2-2-2），画面以墨线勾勒山石轮廓，线条转折有力，用色是平涂青绿，以颜色深浅表现山石层次，但是画中人、马和山的比例还是失当，人、马、仪仗比例过大，山石、山形比例过小[2]。唐节愍太子墓（710）东壁北部有一幅《山石风景图》（图2-2-3），以墨线勾勒山石、古树轮廓；古树虬枝苍劲，山石或方或圆，棱角分明；疏密有间，用笔有湿有枯，浓淡适中，刻画出苍古幽深的意境，是比较成熟之作，但还是作为其右侧《持稍仪卫图》的衬托之景[3]。

图2-2-2　陕西乾县乾陵懿德太子墓《阙楼图》（引自徐光冀主编：《中国出土壁画全集（7·陕西下）》，科学出版社2012年版，第297页）

唐时任武卫大将军的李思训（651—716）将青绿山水提高到辉煌顶峰，其贡献有两个方面：一是将山水画完全解放出来，作为独立艺术语言，有开宗立派之功；二是开创金碧青绿山水，创后世数百年之体。体现其画风的《江帆楼阁图》（图2-2-4）可见端倪，此画完全以山水为主题，青绿为质，金碧为纹，山石用墨线勾勒轮廓，线条略见皴斫的雏形；画树整体青碧葱郁、富丽堂皇；大

图2-2-3　陕西富平县唐节愍太子墓《山石风景图》（引自徐光冀主编：《中国出土壁画全集（7·陕西下）》，科学出版社2012年版，第325页）

---

[1]（唐）张彦远：《历代名画记》，江苏美术出版社2007年版，第32页。
[2] 陕西省博物馆、乾县文教局唐墓发掘组：《唐懿德太子墓发掘简报》，《文物》1972年第7期。
[3] 陕西省考古研究所：《唐节愍太子墓发掘简报》，《考古与文物》2004年第4期。

片水波在细致勾勒后用水色渲染,浓淡相宜,产生水波潋滟之效。元代汤垕认为"李思训著色山水,用金碧辉映,自为一家法"[1],谓李思训"用金碧辉映,为一家法,后人所画着色山,往往多宗之"[2]。朱景玄《唐朝名画录》说他"国朝山水第一,列神品"[3]。《宣和画谱》收录其山水作品有《山居四皓图》《春山图》《江山渔乐图三》《群峰茂林图三》。

李思训创作独立山水,创新晕染赋彩,但以均匀线条勾勒山水轮廓的局限没有突破。其子李昭道开始继承家学,画风精丽细致,"豆人寸马"也画得须眉毕现,画面繁复,线条纤细。但后来李昭道用笔吸取吴道子经验,线条开始变化。明人詹景凤在《詹东图玄览编》评论所见李昭道《桃源图》说:"落笔甚粗,但秀劲,石与山都先以墨勾成,上加青绿。"[4]可见李昭道既学李思训的赋彩,又学吴道子的笔骨,所以张彦远说李昭道"变父之势,妙又过"[5]。这样,青绿山水经过李思训的独立成篇,晕染赋彩,李昭道的"秀劲""变势",最终发扬光大。李氏父子开创的"金碧青绿山水"影响绵延百代,明代董其昌提出山水画"南北宗"说,称李思训为"北宗"之祖。他这一脉后继者名家辈出,如郭熙、范宽、刘松年、李唐、马远、夏圭、王晋卿、王希孟、赵伯驹、冷谦、仇英等诸家都从李氏父子处繁衍而来。明人陈继儒《清河书画舫》曾言:"山水画自唐始变,盖有两宗:李之传为宋王诜、郭熙、张择

图2-2-4 唐李思训《江帆楼阁图》(引自张大鸣、高峰主编:《珍本中国美术全集》,中国对外翻译出版公司1999年版,第35页)

---

[1] 伍蠡甫:《中国画论研究》,北京大学出版社1983年版,第269页。
[2] 王琪森:《中国艺术通史》,上海锦绣文章出版社2012年版,第227页。
[3] 隆炜主编:《中国通史》,中国档案出版社1999年版,第926页。
[4] (明)詹景凤撰:《詹东图玄览编》,台北故宫博物院1947年版。
[5] 滕固著,彭莱选编:《滕固论艺》,上海书画出版社2012年版,第70页。

端、赵伯驹、伯骕,以及于李唐、刘松年、马远、夏圭皆李派。"[1]所以张彦远说山水画"成于二李"。

如前所述,二李独立成篇,晕染赋彩,为水墨山水打下三大基础。吴道子变线条,重气韵,又为水墨山水的独立开创新局面,张彦远记载其墨色山水是"纵以怪石崩滩,若可扪酌"[2]。吴道子曾应唐玄宗之命,在大同殿画嘉陵江山水,"嘉陵江三百余里山水一日而毕"[3];之前李思训画同样景色,"累月才毕"[4]。可见二人都创作了独立题材山水。不过从工作量看,吴道子一日抵得上李思训数月,显然二人走了两个极端,李氏过于工笔细致,吴氏过于写意简略;李氏赋彩金碧辉煌,吴氏只用单一墨色。所以吴氏山水免不了有粗疏单调之虞,画山水"墨踪为之",后人称其"有笔无墨"。

成功将水墨山水向前推进的是王维,王维初学李思训,用"春蚕吐丝描",以青绿赋彩,造型谨严精细,传现藏日本大阪美术馆的《伏生授经图》为其所作。但其又学吴道子画法,朱景玄《唐朝名画录》记载:"王维……其画山水树石,踪似吴生,而风致标格特出。"[5]故而他融合了李吴两家之长的深厚底蕴。张彦远说王维:"曾见破墨山水,笔迹劲爽。"[6]很显然,"破墨"是学李氏晕染赋彩,"劲爽"是学吴氏的笔骨,这才首创"破墨山水"。

但是吴道子的"线法""墨法",二李的"色法",还不足以使破墨山水定型成熟。郭若虚《图画见闻志》云:"画山石……每留素以成云,或借地而为雪,其破墨之功,尤为难也。"[7]王维突破性贡献是"水法",以水破墨,用水将墨色稀释、渲染出浓淡层次,显示物象界限轮廓,达到墨彩生动之效。因此,王维是将吴氏的"墨法"、李氏晕染的"色法",加上自己的"水法",三法合一,独创"水墨晕染"的画法,奠定了水墨山水的根基。他"始用渲淡,一变构斫之法"[8]。其用"水墨渲淡"来表现自己隐居的辋川山水,这是摆脱线条构图,注重墨染的大批量实践创作的开始。《宣和画谱》记载

---

[1] 启功原著、沈培方选编:《启功论艺》,上海书画出版社2010年版,第129页。
[2] (唐)张彦远:《历代名画记》,江苏美术出版社2007年版,第32页。
[3] 李浴:《中国美术史纲·下卷》,辽宁美术出版社1988年版,第130页。
[4] 徐复观:《中国艺术精神》,华东师范大学出版社2001年版,第153页。
[5] 于安澜编:《画品丛书·唐朝名画录》,上海人民美术出版社1982年版,第80页。
[6] (唐)张彦远:《历代名画记》,江苏美术出版社2007年版,第250页。
[7] (宋)郭若虚撰、王其祎校点:《图画见闻志》,辽宁教育出版社2001年版,第5页。
[8] 杜永刚:《董其昌与松江派》,吉林出版集团有限责任公司2011年版,第59页。

宋徽宗御府收录王维作品126幅，其中山水或与山水有关的就达47幅，分别是：山庄图一、山居图一、栈阁图七、剑阁图三、雪山图一、唤渡图一、雪岗图四、雪渡图三、早行图二、村圩图二、蜀道图四、山谷行旅图一、山居农村图二、雪江胜赏图二、雪江诗意图一、雪冈渡关图一、雪川羁旅图一、雪景饯别图一、雪景山居图二、雪景待渡图三、群峰雪霁图一、江皋会遇图二、黄梅出山图一[1]。

随后这一流派开始逐渐吸引、涌现毕宏、张璪、郑虔、项容等画家，不断探索、尝试、沉淀、积累，到画家项容开始不拘一格，大胆用墨。荆浩《笔法记》说："项容山人树石顽涩，……用墨独得玄门，用笔全无其骨。"[2]但项容用墨还是没有控制好度，破墨过度，用笔无骨，造成树石"顽涩"，没有生气和灵气，故荆浩说："项容有墨而无笔。"[3]项容学生王默（？—805），又名王墨、王洽，个性特殊，"风颠酒狂……醉后以头髻取墨抵于绢画"[4]。朱景玄《唐朝名画录》说王洽是："即以墨泼，或笑或吟，脚蹙手抹，或挥或扫，或淡或浓，随其形状，为山为石，为云为水。应手随意，倏若造化，图出云霞，染成风雨，宛若神巧，俯观不见其墨污之迹，皆谓奇异也。"《宣和画谱》中说："王洽，不知何许人。善能泼墨成画，时人皆号为王泼墨。……每欲作图画之时，必待沈酣之后，解衣盘礴，吟啸鼓跃，先以墨泼图幛之上，乃因似其形象，或为山，或为石，或为林，或为泉者，自然天成，倏若造化，已而云霞卷舒，烟雨惨淡，不见其墨污之迹。"[5]王洽的创作不仅是技法上的挥洒自如，也彻底使水墨山水赋予人精神世界的自由，成为艺术家抒发主体情致的载体，破墨山水从艺术手法到精神内涵变得成熟丰富了。

与传统山水画发展相印证的是壁画山水，1985年陕西临潼县庆山寺舍利塔精室北壁发现屏风山水壁画（图2-2-5）[6]。屏风山水为单幅立轴式构图，山势垂直而起。主体为墨笔，风格豪放，峰顶有团状苔点。此画构图方式别有创新，东晋至隋代，卷轴山水画面为横向全景概括，无纵深感，所谓

---

[1] 潘运告主编、岳仁译注：《宣和画谱》，湖南美术出版社1999年版，第212页。
[2] 潘天寿：《中国绘画史》，团结出版社2005年版，第114页。
[3] (宋)郭若虚撰、王其祎校点：《图画见闻志》，辽宁教育出版社2001年版，第16页。
[4] (唐)张彦远：《历代名画记》，江苏美术出版社2007年版，第279页。
[5] 潘运告主编、岳仁译注：《宣和画谱》，湖南美术出版社1999年版，第216页。
[6] 临潼县博物馆：《临潼唐庆山寺舍利塔基精室清理记》，《文博》1985年第5期。另见徐涛：《吕村唐墓壁画与水墨山水的起源》，《文博》2001年第1期。

图2-2-5　临潼县博物馆清理临潼庆山寺舍利塔精室山水壁画（引自临潼县博物馆：《临潼唐庆山寺舍利塔基精室清理记》，《文博》1985年第5期）

图2-2-6　隋展子虔《游春图》（引自中国美术全集编委会编：《中国美术全集绘画篇2隋唐五代绘画》，上海人民美术出版社1984年版，第1页）

"咫尺千里"。《游春图》（图2-2-6）、《江帆楼阁图》《明皇幸蜀图》（图2-2-7）均是如此。《明皇幸蜀图》用纵向构图，两山夹峙，中间为幽深峡谷，构图从"咫尺千里"到"咫尺重深"转变，展示山水的深邃辽阔。

1994年在陕西富平县吕村乡唐高祖献陵的陪葬墓区发现一座唐墓，墓室西北角为棺床遗址，棺床西壁上绘有六幅山水屏风（图2-2-8），绘于浅红色屏风框内，立轴，各自独立成景[1]。其画一高耸山峰，山体垂直矗立，壁立千仞，山顶墨笔勾勒白云，山势垂直而起，高崖耸立，构图以"高远"为主；左图视点由近山渐远，构图以"平远"为主，为两山夹峙，中有水溪谷道，以"之"字形延伸远方。远方山水隐约可见，与白云一起飘浮在天际间。吕村

---

[1]　井增利、王小蒙：《富平县新发现的唐墓壁画》，《考古与文物》1997年第4期。

图 2-2-7 唐李昭道《明皇幸蜀图》(引自中国美术全集编委会编:《中国美术全集绘画篇 2 隋唐五代绘画》,上海人民美术出版社 1984 年版,第 33 页)

图 2-2-8 陕西富平朱家道村唐墓山水六扇屏(引自《新美术》2009 年第 1 期,第 39 页,郑岩绘制)

唐墓山水壁画水墨笔法特征明显，用笔如文献所述的吴道子笔法，线条粗犷多变，气势磅礴豪放，无圆匀的"春蚕吐丝描"。但早期山水画常用的"大苔点""棉花云"在远山之中仍然可见。山石处理上，采用朴素的"皴法"，山石先勾勒轮廓，远山用平涂，显示隐约之影；山体内部用淡墨，依山石走势，晕染出层次、明暗、深浅，突出山峰质感和层次，缓坡如披麻皴；悬崖如斧劈皴。而远山的小树，不见枝叶，直接用墨染出，如同小墨团，用色有王维水墨晕染的痕迹。

二、"四大中心"区域布局

隋唐山水画迅速发展，但终唐一代，还是次于人物画。五代因为时局动荡，天下大势一变，敦煌因为孤悬西陲，在归义军政权领导下，石窟壁画获得很大发展；西蜀地区比较稳定，画家云集，绘事不断，虽然释道人物画是主体，但是也出现了一批杰出山水画家；中原地区以荆浩为代表的北方一批"隐士画家"开拓出雄浑壮阔的北方山水；以董源为代表的南方"文人画家"创新了平淡天真的南方山水。明代王世贞也说："山水：大小李一变也；荆、关、董、巨又一变也。"[1]自五代始，山水画后来居上，逐渐取代人物画成为中国画坛的主流，这种情况延续了近千年，直到清代中期，山水画主流地位才被花鸟画赶上，并驾齐驱。就地理区域来观察，笔者认为五代山水画主要存在四大中心。

（一）敦煌壁画山水

"自魏晋南北朝山水画产生以来，到唐代发展成熟，以山水为中心的风景画成为了中国绘画的一个重要主题。"[2]敦煌石窟壁画主要是以礼佛为主，所以佛教绘画是主要内容，表现山水的元素只能是次要的、辅助的。初唐第209窟、321窟、323窟；盛唐第217窟、45窟、33窟、103窟、23窟、320窟、171窟、172窟；中唐第112窟、159窟、238窟；晚唐第17窟、85窟；五代第36窟、61窟、98窟都保留颇多精美的青绿山水画作，尚有部分墨画的痕迹。王伯敏根据敦煌壁画的内容将其分为四类："配于经变中貌似寻常实

---

[1]（明）王世贞：《艺苑卮言论画》，收录于俞剑华编《中国画论类编·上篇》，人民美术出版社1957年版，第116页。
[2] 赵声良：《敦煌壁画风景研究》，中华书局2005年版，第2页。

非一般的山水;配于佛传或本生故事中的实景山水;佛国世界的净土山水;生活现实中的自然风光。"[1] 通过对图像的观察,笔者认为,从敦煌山水的发展形态来看,大致可以分为四类山水:装饰山水、背景山水、主体山水、地图山水。

其一是装饰山水。这类山水不是严格意义上的山水画,很多是有山无水,描绘出最原始、最拙朴的山峰轮廓,多描绘山形,几乎没有山石描绘,类似几何状图案,主要有三角形、波浪形、椭圆形等。三角形山形代表性洞窟有西魏第249窟、285窟;五代第61窟南壁《楞伽经变》画面顶端有一排山峰(图2-2-9),三角形,或者近似三角形,前后三重排列,用绿色、青色涂抹简易轮廓,没有层次、明暗、透视的展现。此山形在图中就是装饰、丰富主题画,或是填补空白之用,非主要表现内容。与此相似,1990年在陕西礼泉县昭陵陪葬墓燕贵妃墓出土了壁画《十二条屏之五》(图2-2-10)风景人物画,画面顶端绘有很规则的平行的三行远山7座,山形近乎三角形,上下各2座,中间3座[2]。波浪形山峰代表石窟有北魏第248窟、251窟、254窟、257窟,西魏第249窟;北周第428窟,在排列上是左右平列和前后叠压,以赭红、白、绿、蓝等颜色染出,形成鲜明的装饰图案效果。

其二是背景山水。通常是作为佛经故事,经变画,或者佛教人物的背景出现。这类山水比装饰山水内容丰富,绘制技法多样,往往是根据主体图案

图2-2-9 敦煌石窟第61窟南壁《楞伽经变》壁画(引自敦煌文物研究所编:《敦煌莫高窟(五)》,文物出版社2013年版,图71)

---

[1] 王伯敏:《莫高窟早中期壁画山水再探》,《学术月刊》1987年第8期。
[2] 昭陵博物馆编:《昭陵唐墓壁画》,文物出版社2006年版,第179—184页。

图2-2-10 唐燕贵妃墓《十二条屏之五》(引自徐光冀主编:《中国出土壁画全集(7·陕西下)》,科学出版社2012年版,第237页)

图2-2-11 敦煌石窟第98窟《法华经变》(局部)(引自敦煌文物研究所编:《敦煌莫高窟(五)》,文物出版社2013年版,图5)

或故事需要进行绘制,是经文、图像的有机组成部分。根据《敦煌莫高窟内容总录》中数据统计,敦煌壁画中各种经变画多达30余种[1]。经变画多在相应山水为背景的舞台上展开。例如《法华经变》背景多为连绵不绝的山峦;而《阿弥陀经变》人物周围环境多为亭台楼阁、水榭莲花。此类代表性山水主要有初唐第209窟西壁南侧上部和南壁西侧上部山水,初唐第321窟南壁《法华经变》四周青绿山水,初唐第323窟南壁东侧、西侧山水,盛唐第217窟北壁观《无量寿经变》、南壁《法华经变》,盛唐第45窟南壁《观音经变》,晚唐第85窟东壁门上《萨埵那太子本生》,晚唐第138窟东壁北侧《报恩经变》说法图、五代第98窟南壁《法华经变》(图2-2-11)等

---

[1] 数据参见敦煌文物研究所整理:《敦煌莫高窟内容总录》,文物出版社1982年版,第119页。

背景山水。

其三是主体山水。描绘的景物被当作表现客体,而不再是主题画的陪衬或背景,是一幅独立的山水画,或者是经变画中独立成一体的作品。此类画出现在盛唐以后壁画中较多,如盛唐第23窟的《农耕图》、第103窟南壁西侧《法华经变化城喻品》,榆林窟第25窟的《耕获图》,中唐第112窟《报恩经变》上部山水、南壁《金刚经变》山水,五代《五台山图》中的《太子观耕图》等。其中第112窟的《金刚经变》山水出现新突破,不再是盛唐的大青绿,出现墨线勾廓山体,用笔方折尖峭,不再是先前均匀浑圆的"春蚕吐丝描",部分山峦赭石与青绿并用,画面流云缭绕,岗峦起伏,悬泉流瀑,意境幽深。或是中原吴道子、王维等人在中原对水墨山水的探索辐射到了敦煌。相似的还有榆林窟第3窟《普贤变》《文殊变》中,山峰耸峙、岗峦重叠、林木葱茏、楼阁辉映,山石水墨晕染为主,有皴擦渲染,山石可看出很长披麻皴,整幅画开阔雄伟,颇有"大山大水"的气势。

其四是地图山水。全景展示所绘的地图景色,不仅是山水画面,交通、城郭、人物、物产等要素齐备。以五代时期的第61窟西壁《五台山图》(图2-2-12)为代表,此画高3.42米、宽13.45米,全景描绘了五台山周边山川地

图2-2-12 敦煌石窟第61窟西壁《五台山图》(局部)(引自敦煌文物研究所编:《敦煌莫高窟(五)》,文物出版社2013年版,图55)

理风貌。此画本是作为文殊菩萨背景而画出的,但是描绘的内容远远超过背景画范畴。由五台山延伸开去,绘出了从山西太原到河北镇州(今河北正定)方圆500里山川形势,大小城郭、寺院、塔、草庵建筑共100余处。画面结构宏大,场景众多,有高僧说法、草庵修炼、信徒巡礼、神光灵异等。尤为珍贵的是共有榜题195条,其中有关灵异瑞相的46条,寺院、草庵、兰若85条,佛塔15条,地名32条,送供人、游台道人之类12条,其他5条。《五台山图》以图画形式将当时的建筑、民俗、佛事、交通、地理、人物服饰等要素记录下来,是图文并茂的实地资料。

　　敦煌山水壁画虽然也是不断发展进步的,但总体看,敦煌山水并未形成新的流派,只是一些零星、偶然的技巧创新和突破,来源可能是某些画师的一时灵感或外来技艺的短暂熏陶,并没有完成系统的升华和构建。一直到五代,敦煌壁画的山石、树木总体还比较稚拙,山石、树木的画法远没有进步到中原山水画的地步,总体水平仍处于张彦远《历代名画记》所论述的,"魏晋以降,名迹在人间者,皆见之矣。其画山水,则群峰之势,若钿饰犀栉,或水不容泛,或人大于山,率皆附以树石,暎带其地,列植之状,则若伸臂布指。详古人之意,专在显其所长,而不守于俗变也"[1]。笔者认为,敦煌壁画山水,总体是远远落后于中原山水画,其意义是正好体现中原山水画早期的面貌,和"魏晋以降"的"名迹"大致相符合。此说可以从不同时期代表性的几个洞窟壁画取证。

　　张彦远所说的"钿饰犀栉"有两重意思,"钿饰"是以金银宝石镶嵌在器物上作饰,"犀栉"是梳齿一样整齐紧密排列的山峰。如前面所述,西魏第285窟中《五百强盗成佛》图中,中部左右,右下角,均有数十座山峰分布,山不仅远小于人物像,而且小于树木、野鹿。五代第36窟南壁《楞伽经变》(图2-2-13)中,画面顶端有青绿山峰,三角形紧密排列,正如"犀栉";山峰的形体大小和画面中部、下部的人物、神像、房屋比例失当。第98窟北壁《贤愚经变象护品》(图2-2-14)中上有三丛山峰,如密箭、三角形,亦是"犀栉";山峰下数人打坐,身形也比山峰高。背屏后绘一人弯弓如月,纵马在山中射鹿,人马高过三座山峰,远大于山。第98窟南壁《法华经变》中上部山峰林立,又绘有众人人物、马匹、城池、商旅,从比例看,是人大于山,城

---

[1] (唐)张彦远:《历代名画记》,江苏美术出版社2007年版,第31、32页。

图2-2-13 敦煌石窟第36窟《楞伽经变》(引自敦煌文物研究所编:《敦煌莫高窟(五)》,文物出版社2013年版,图45)

图2-2-14 敦煌石窟第98窟《贤愚经变象护品》(引自敦煌文物研究所编:《敦煌莫高窟(五)》,文物出版社2013年版,图17)

大于山,马大于山。五代最具代表性的洞窟之一,第61窟壁画中"人大于山"现象无处不在,具体内容如下(表2.2.1):

表2.2.1 敦煌莫高窟第61窟"人大于山"图像统计表

壁　　画	特　　征
	东壁北侧《维摩经变》中的方便品,右下角三重青绿山水,比左侧人物小,比上端房屋更小

续表

壁　画	特　征
	南壁《佛传图》左上角，人马大于青绿山峰，甚至出现人马在山峰上纵横驰骋的场面
	西壁《五台山图》中的"南台之顶"，行人在半山腰行走，大雁飞过山顶，身形比例过大。有树木数株，"若伸臂布指"
	"东台之顶"树木直插如剑，树、山比例失当，山顶屋大于山，山脚茅屋修炼的僧人，人大于山
	西壁佛传图《太子观耕》顶部，山峰如簇，树木笔直如手指，完全如张彦远所说的"伸臂布指"，而且山峰高度有的还不如树木高度，与下面的人物、马、牛、耕具相比，大小比例也完全失当

续表

壁 画	特 征
	西壁"大佛光寺"房屋大于山,人身高到半山腰,树"若伸臂布指","大建安寺"楼阁大于山
	五台山图中"河东道山门西南",人、马、骆驼、城郭、房屋均大于山
	《百戏娱乐图》,正中舞蹈的优伶脚踏山峰起舞,左侧直立吹奏乐器者,右侧挥、手指挥者,身高是山峰数倍,"人大于山"体现最为明显

敦煌壁画山水,与中原地区出土的东汉壁画颇有相似之处。1959年山西省平陆县枣园村汉墓出土一幅《山峦院落图》(图2-2-15),年代为新莽时期(9—23),画面上部,山峦叠嶂,树木摇曳,山中有飞鸟奔鹿,树和鸟与山

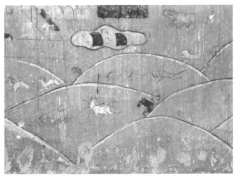

图2-2-15　山西省平陆县枣园村汉墓《山峦院落图》(摹本)(引自徐光冀主编:《中国出土壁画全集(2·山西)》,科学出版社2012年版,第1页)(左图)

图2-2-16　陕西定边郝滩汉墓《狩猎图》(引自徐光冀主编:《中国出土壁画全集(6·陕西上)》,科学出版社2012年版,第60页)(右图)

体比例适当,类似敦煌山石[1]。1992年内蒙古鄂托克旗凤凰山汉墓出土一幅《放牧牛耕图》,画面中部是连绵的群山,重峦叠嶂,山形为青绿粗线勾勒的圆弧形,山顶有垂帘状抹擦;山顶、山腰林木茂盛,树木主要为伞形,树冠涂青绿,树枝左右对称,不是"若伸臂布指"。此画山、树木、动物比例不当,动物被画在山腰,甚至山顶[2]。2000年陕西省旬邑县百子村东汉墓出土有一幅《贵妇图》壁画,画面右侧用墨色绘有一棵老树,树干曲折高挑,枝条繁密,树冠如盖,枝头晕染白花红蕊,采用"没骨法"绘制,异常生动,无论是树形、技法,远胜敦煌壁画中的树[3]。2003年陕西省定边县郝滩乡汉墓出土一幅《狩猎图》(图2-2-16),画面下方,用黑线勾勒,灰线晕染,大椭圆形状绘制八座山峦,一红衣男子齐黑马,在山间纵马飞驰,追逐山羊、野鹿、野猪等

―――――――
[1] 山西省文物管理委员会:《山西平陆枣园村壁画汉墓》,《考古》1959年第9期。另见徐光冀主编:《中国出土壁画全集(2·山西)》,科学出版社2012年版,第1页。
[2] 徐光冀主编:《中国出土壁画全集(3·内蒙古)》,科学出版社2012年版,第12页。
[3] 徐光冀主编:《中国出土壁画全集(6·陕西上)》,科学出版社2012年版,第114页。

猎物,人、马、各种猎物与山比例不当[1]。

很显然,敦煌山水壁画始终没有发育出真正的山水画,一直处在山水画早期萌发时期,和中原地区所见的东汉墓室壁画不相上下,不具有山水画全部要素和整体审美特征,更非中原文人所青睐的"可游、可居、可赏"山水。与敦煌第61窟同期的五代中原、南方地区已经产生荆浩、关仝、董源、巨然这样的山水巨匠,已经完成了《匡庐图》《关山行旅图》《潇湘图》《龙宿郊民图》《层岩丛树图》等不朽的山水经典之作,两者差距天壤之别。敦煌壁画山水可能有部分画的山石、树木的笔法赶上中原山水的技法,但整体情况看,始终没有系统解决"人大于山"这类基本问题,依然停留在中原汉魏六朝时水平,因此,可以将敦煌山水视作中原魏晋六朝山水的实体研究资料。

敦煌山水之所以出现整体发育不全的面貌,笔者认为主要和以下三个要素有关:

一是和敦煌石窟的主旨有关。敦煌开窟以来,始终是以佛教题材绘画为最大主题,历朝历代无不如此,因此人物画始终占据主要位置,山水、花鸟甚至世俗生活画,始终只能处于次要地位。所以历代画师,包括曹氏政权设立的曹氏画院,培养的人才方向始终以人物画、佛教画为主。从画师的角度,想要谋生,也只有钻研、精进人物画、佛教画,而不会去旁骛其他,画师没有现实需要,去研习山水画这一新流派。

二是和敦煌的地理位置有关。敦煌地处戈壁沙漠,山也少见,水更少见,山水很难成为一种审美对象。从师法自然的角度,即便画师有追求山水画的艺术理想,也没法见到董源、巨然眼中的"南方山水",荆浩、关仝眼中的"北方山水",其所见为瓜州、沙州当地的大漠长河,只能是"西方山水"。没有艺术关照的客体,完全凭空设想,是不可能达到中原画家那种"外师造化,中得心源"的主客体有机统一,产生创作灵感的。所以敦煌地区画师群体受地理条件的桎梏,自身无法独立完成山水这一流派的创立和完善。

三是和敦煌的地缘政治有关。敦煌从北魏时期,石窟开凿以来,被北魏、西魏、隋、唐、吐蕃、于阗、归义军、回鹘等多个政权轮番统治,各个政权的文化传统有别,虽然中原文化一直影响至此,但时断时续。中原地区的山水画审美标准,绘制理论、技艺无法整体传播、移植到敦煌地区。当地其他少

---

[1] 徐光冀主编:《中国出土壁画全集(6·陕西上)》,科学出版社2012年版,第60页。

数民族政权也不一定爱好,也无法接纳中原山水画。故而只能零星地、片段地学习中原山水画些许技艺。或是凭借想象,或摹植前朝壁画山水的一鳞半爪。所以五代时尽管敦煌有曹氏画院,就山水画而言,没有连续的艺术积淀,没有荆浩、关仝、董源、巨然等大家的不断探索和总结,只能是小积跬步,没有至千里之功。

(二)北方山水

北方山水以荆浩、关仝、李成、范宽为代表,这一派山水画家理论体系完备成熟,作品丰富多样,群体师承有序。这一派山水的产生,主要和两个因素有关:

一是历史因素。前人对山水画的探索和实践,到五代荆浩等人时,已纷繁厚重,能提供理性批判、自由创新的多种营养。荆浩早年"业儒,博通经史,善属文"[1],其《笔法记》把先前山水大家悉数评论一遍:

> 故张璪员外树石,气韵俱盛,笔墨积微;真思卓然,不贵五彩;……麹庭与白云尊师,气象幽妙,俱得其元,动用逸常,深不可测。王右丞笔墨宛丽,气韵高清,……李将军理深思远,笔迹甚精,虽巧而华,大亏墨彩。项容山人树石顽涩。……用墨独得玄门,用笔全无其骨,然于放逸,不失真元气象,无大创巧媚。吴道子笔胜于象,骨气自高,树不言图,亦恨无墨。[2]

还论:"吴道子画山水有笔而无墨,项容有墨而无笔。吾当采二子之所长,成一家之体。"[3]其绘画笔墨观是:"笔者,虽依法则,运转变通,不质不形,如飞如动。墨者,高低晕淡,品物浅深,文彩自然,似非因笔。"[4]他特别注重运笔之灵动,有笔有墨,笔墨两得,皴染兼备,达到"墨淡野云轻"的水墨之效。经过荆浩突破创新,水墨产生更多的美感,正如《宣和画谱》所说,"故所以可悦众目,使览者易见焉"[5]。

二是地理要素。中国自然地理风貌是以秦岭淮河为分界的,南北迥异。

---

[1] 于安澜编:《画品丛书·五代名画补遗》,上海人民美术出版社1982年版,第100页。
[2] 俞剑华编著:《中国古代画论类编》,人民美术出版社1998年版,第607页。
[3] (宋)郭若虚撰、王其祎校点:《图画见闻志》,辽宁教育出版社2001年版,第16页。
[4] 王朝闻、邓福星主编:《中国美术史》,北京师范大学出版社2011年版,第146页。
[5] 潘运告主编、岳仁译注:《宣和画谱》,湖南美术出版社1999年版,第222页。

秦岭以南以丘陵为主，山势平缓，山形曲婉，气候温润，树木华滋。秦岭以北山势高大险峻，气势雄伟，山形粗犷，树木稀少。宋代郭熙《林泉高致》总结："东南之山多奇秀，……西北之山多浑厚。"[1]自然之美需要艺术家智慧之美来改造提升，方可成为艺术之美。宗炳《画山水序》曰："以形写形，以色貌色也。"[2]唐张璪提出"外师造化，中得心源"。"造化"即客观大自然，"心源"是主观创造，艺术创作是主体与客体、再现与表现、写实又写神完美统一。荆浩、关仝均隐居太行山深谷，开门见山，古松、怪石、高崖、幽峡、奇峰、巨壑、悬瀑、山溪等提供最直观"造化"。郭熙《林泉高致》说："太行枕华夏而面目者林虑。"[3]荆浩等人对山水画的突破，正是每日间面对太行山的各种"造化"，不断摹写提炼而成的，其《笔法记》记载看到一片古松，"因惊其异，遍而赏之。明日携笔复就写之，凡数万本，方如其真"[4]。

荆浩对山水创作的贡献有三：

其一是构建了中国山水画，尤其是北方山水系统的美学体系。其《笔法记》和《山水节要》提出一系列划时代的理论，如"代去杂欲"的养德说，"气、韵、思、景、笔、墨"的六要说，"明物象之深""搜妙创真"的师法自然说，"真"与"似"之分的"图真说""气质俱盛"说，气、韵、思、景、笔、墨"六要"说，有形之病与无形之病的二病说，"筋、肉、骨、力"四势说，"神、妙、奇、巧"四品说[5]。

其二是开创全景式构图布局，"大山大水，开图千里"。他长期隐居太行山，为太行山磅礴气势熏陶，形成豪放壮阔的审美思维，落笔"开图千里"。沈括在《图画歌》文中写道："画中最妙言山水，摩诘峰峦两面起。李成笔夺造化工，荆浩开图论千里。"[6]荆浩将太行山的山形水态分为峰、顶、峦、岭、岫、崖、岩、谷、峪、溪、涧等，并总结不同的审美角度，"其上峰峦虽异，其下冈岭相连，掩映林泉，依稀远近"[7]。正是从远近、上下、虚实、主从等几个方面观照巍巍太行，才形成荆浩"山水之象，气势相生"[8]的审美境界，其特点是

---

[1]（宋）郭熙撰：《林泉高致·山水训》，山东画报出版社2010年版，第32、35页。
[2]（宋）宗炳：《画山水序》，人民美术出版社1985年版，第5页。
[3]（宋）郭熙撰：《林泉高致·山水训》，山东画报出版社2010年版，第41页。
[4]叶宗镐选编：《傅抱石美术文集》，江苏文艺出版社1986年版，第39页。
[5]高峰主编：《艺术鉴赏》，北京理工大学出版社2011年版，第32页。
[6]（宋）沈括著，胡道静校：《梦溪笔谈校证（上）·卷十七·书画》，上海出版公司1956年版，第567页。
[7]郑午昌：《中国画学全史》，时代文艺出版社2009年版，第176页。
[8]潘天寿：《中国绘画史》，团结出版社2005年版，第113页。

图2-2-17 五代荆浩《雪景山水图》(引自杨建峰编:《中国山水画全集·上》,外文出版社2011年版,第8页)

在画幅中央布局气势雄浑的主峰,危峰突兀,重岩叠嶂,气势浩大;中景和近景多绘林泉掩映,点缀山村楼桥,穿插人物活动,使得画面气息生动,如其作品《雪景山水图》(图2-2-17)。米芾评其作品是"善为云中山顶,四面峻厚"[1]。清人顾复说其多为"寻丈之笔",以致"后之大图不能出范围焉"[2]。荆浩创作钟爱秋冬之景,据文献可知其曾绘有一系列秋景之作,如《秋山楼观图》《秋景渔父图》《秋山瑞霭图》《楚山秋晚图》《秋山萧寺图》等。黄公望评论其中的《楚山秋晚图》是"骨体琼绝,思致高深",并赋诗赞咏:"天高气肃万峰青,茬苒云烟满户庭。径僻忽惊黄叶下,树荒犹听午鸡鸣。山翁有约谈真诀,野客无心任醉醒。最是一窗秋色好,当年洪谷旧知名。"[3]

其三是总结山水画"用笔勾皴程式",一变隋唐以来空勾填色、无点无皴的画法,创造以点、面为主的勾斫技法系统,为后世画家创造更多的点法、皴法提供直观的参照和启发。但荆浩的皴法后人看法不一。南宋周密所著的《云烟过眼录》说其曾见过荆浩所创的《渔乐图》两幅,画上有《渔父辞》,书风类柳公权[4];清初孙承泽说"其山与树皆以秃笔细写,形如古篆隶,苍古之甚"[5];清代布颜图说"将右丞

---

[1] 于安澜编:《画品丛书·画史》,上海人民美术出版社1982年版,第215页。
[2] 《续修四库全书》编纂委员会编:《续修四库全书·第1065册》,上海古籍出版社1995年版,第358页。
[3] (清)陈邦彦选编:《康熙御定·历代题画诗·上卷》,北京古籍出版社1996年版,第56页。
[4] 于安澜编:《画品丛书·云烟过眼录》,上海人民美术出版社1982年版,第349页。
[5] 张光福编著:《中国美术史》,知识出版社1982年版,第315页。

之芝麻皴少为伸张,改为小披麻"[1];清代李佐贤说他"皴用小斧劈,树石勾勒,笔如篆籀"[2]。以上说明荆浩绘画用笔上融入了篆隶的笔法或柳公权书法的骨力,也说明荆浩此时在皴法上还没有成熟,还在不断探索,没有定型。荆浩"全景式大山水"由随后的关仝、范宽、李成等巨匠加以完善,铺开了全景山水画的艺术格局,快速推动山水画的艺术风格走向全盛期。历代评论家对荆氏极为推崇,元代汤垕赞其为"唐末之冠"[3]。

关仝(约907—960)早年师法荆浩,但青出于蓝,与荆浩并称"荆关"。米芾说他"工关河之势,峰峦少秀气"[4]。他画风朴素,简括雄壮,与荆浩笔下的太行山水不同,关仝作品表现关陕山川的雄伟气势。笔下"石体坚凝、杂木丰茂、台阁古稚、人物幽闲"[5],被誉为"笔愈简而气愈壮,景愈少而意愈长"[6]。黄公望《题关仝〈层峦秋霭图〉并序》中认为关仝"虽师法荆浩,而间以王摩诘笔法,融液秀润,正其中岁精进之作也"[7]。

关仝多作寒林、秋山、野渡、渔村、山驿、幽人逸氏等生活景物,给人身临其境之感,"使见者悠然如在灞桥风雪中"[8]。北宋《宣和画谱》中记载御府收录其《秋山图》《春山萧寺图》等94件作品,传世可见的制作是《关山行旅图》《山溪待渡图》等。《山溪待渡图》描绘大山下水滨待渡,巍峰矗立,石质坚凝,气势堂堂,远山迷濛,意境幽深,壮伟荒寒;用笔刚健有力,简劲老辣。刘道醇《五代名画补遗》论关仝山水的艺术特色是"坐突巍峰,下瞰穷谷,卓尔峭拔者,仝能一笔而成"[9]。《关山行旅图》(图2-2-18)是典型的全景式大山构图,山峰、云烟、古寺、寒林、野店、行旅,勾皴简括有力,穿插人物活动,表现北方山村的田园气息,蕴含着强烈的隐逸情怀和超脱思想。《珊瑚网》所记:"关仝《关山行旅图》轴,山色浓绿如泼,树屋以黑染之。"[10]

李成(919—967)亦曾师法荆浩,其原籍长安,祖父于五代避乱迁家营丘(今山东昌乐)。其画体现地域特色亦明显,荆浩画"太行山水",关仝画

---

[1](明)董其昌著,屠友祥校注:《画禅室随笔》,上海远东出版社1999年版,第130页。
[2]马鸿增:《北方山水画派》,吉林美术出版社2003年版,第25页。
[3]李希凡主编:《中华艺术通史·五代两宋辽西夏金卷·下编》,北京师范大学出版社2006年版,第33页。
[4](宋)米芾著,黄正雨、王心裁辑校:《米芾集》,湖北教育出版社2002年版,第166页。
[5]王永平主编:《中国文化通史·隋唐五代卷》,中共中央党校出版社2000年版,第489页。
[6]滕固、郑昶:《中国美术史二种》,上海书店出版社2011年版,第101页。
[7]马鸿增:《北方山水画派》,吉林出版社2003年版,第49页。
[8]郑午昌:《中国画学全史》,岳麓书社2010年版,第164页。
[9]于安澜撰:《画品丛书·五代名画补遗》,河南大学出版社2009年版,第139页。
[10]陈传席:《中国山水画史》,天津人民美术出版社2001年版,第74页。

图2-2-18 五代关全《关山行旅图》（引自杨建峰编：《中国山水画全集·上》，外文出版社2011年版，第10页） 　图2-2-19 五代李成《晴峦萧寺图》（引自杨建峰编：《中国山水画全集·上》，外文出版社2011年版，第21页）

"关陕山水"，李成创作的客体是"齐鲁山水"，艺术风格是"气象萧疏、烟林清旷，毫锋颖脱，墨法精微"[1]。其描绘寒林枯枝最具特色，主要作品是《晴峦萧寺图》（图2-2-19）、《读碑窠石图》《小寒林图》《寒林平野图》等。李成山水艺术成就非同一般，一是其创新出"寒林平远"式构图，此类审美图式深刻影响后世文人绘画；二是画作中表现气候、季节、时序变化，有学者品论是"心术之变化，有时出则托于画以寄其放，故云烟风雨，雷霆变怪，亦

---

[1] 程民生：《宋代地域文化》，河南大学出版社1997年版，第356页。

随以至"[1]，并独创"卷云皴"；三是惜墨如金，墨法精微，郭若虚评论他的作品即是"墨法精微"[2]；而米芾说其作品惜墨是"淡墨如梦雾中"[3]，又如"淡笔空过，乃如天成"[4]。李成用墨谨精，作品有"清润"的美感。黄公望在《写山水诀》评："作画用墨最难，澹先用淡墨，积至可观处，然后用焦墨、浓墨分出畦径远近，故在生纸上有许多滋润处，李成惜墨如金是也。"[5]

北方画派人才辈出，北宋初年又一大家是范宽（约950—1031），华原（今陕西耀县）人，师荆浩、李成山水，又自成一家。范宽以终南山、太华山为观照，形成与关家不同的"关陕山水"。米芾谓范宽山水"远山多正面，折落有势"[6]。正面山体范宽喜以稠密小笔，此皴法后称"钉头皴"或"雨点皴"，稍大者谓之"豆瓣皴"。范宽山水构图继承荆浩"善写云中山顶，四面峻厚"传统，作品气魄雄伟，境界浩莽，笔墨雄浑朴厚；善用厚重浓墨，厚实而滋润。郭若虚评为"枪笔俱均，人物皆质"[7]，存世作品有《溪山行旅图》《雪山萧寺图》《雪景寒林图》等。《溪山行旅图》继承荆、关全景式大山构图，"高远法"布局；山体厚重高大，给人剧烈的视觉压迫冲击感；山头上丛林浓郁，高岩巨石间瀑布飞下；在山脚处描绘丛林起伏，几处行旅之人艰难而行。

对雪景山水的表现是范宽山水独特之处。如《雪景寒林图》，画面巨峰顶天而立，为全图三分之二位置，气势雄伟，画境深远，表现静穆的北方山川雪景；画中雾气升腾，木石坚凝，意境幽深旷远；其山石先用刚硬方折的线条勾勒轮廓，后用"雨点皴"攒簇而成，其中夹杂"刮铁皴""小斧劈皴"。范宽与李成同属北方画家，但与李成迥然不同，其画呈现"壮武"之风，王诜将其与李成比较，称为"一文一武"[8]。《圣朝名画评》把范宽画列为神品，"宋有天下，为山水者，惟中正与成称绝，至今无及之者"[9]。刘道醇所谓"李成之笔，近视如千里之远；范宽之笔，远望不离坐外，皆所谓造乎神者也"[10]，正是对两者画境的精辟评论。

---

[1] 于安澜编：《画品丛书·广川书跋》，上海人民美术出版社1982年版，第307页。
[2] （宋）郭若虚撰、王其袆校点：《图画见闻志》，辽宁教育出版社2001年版，第10页。
[3] 于安澜编：《画品丛书·画史》，上海人民美术出版社1982年版，第215页。
[4] 于安澜编：《画品丛书·画史》，上海人民美术出版社1982年版，第194页。
[5] （明）董其昌著，赵菁编：《骨董十三说》，金城书版社2012年版，第145页。
[6] 于安澜编：《画品丛书·画史》，上海人民美术出版社1982年版，第208页。
[7] 滕固：《中国美术小史唐宋绘画史》，吉林出版集团有限责任公司2010年版，第88页。
[8] 郑午昌：《中国画学全史》，上海古籍出版社2012年版，第263页。
[9] 于安澜编：《画品丛书·圣朝名画评》，上海人民美术出版社1982年版，第132页。
[10] 潘运告主编、云告译注：《宋人画评》，湖南美术出版社2010年版，第57页。

从荆浩到范宽,北方山水流派对中国山水画做出了划时代的贡献,故而郭若虚《图画见闻志》说:"唯营丘李成,长安关仝、华原范宽智妙入神,才高出类,三家鼎峙,百代标程。"[1]北方山水有共同的艺术风格,均以大山大水为主要题材,用苍劲刚健的笔墨展现北方山水的雄伟壮丽,点景多穿插渔、樵、耕、读、行旅等活动,充满浓郁的生活气息;用笔苍劲硬朗,多用线条表现起伏凹凸,用墨浓重厚实;构图多用"高远""深远","平远"较少;正面以高远为主,配以林木、溪流;侧面多用平远,山岭交映,重叠连绵;深沟巨涧多用深远,营造幽深渺远之景。

但是北方山水内部因为画家籍贯或生活范围不一,又分成不同的小地域特色,艺术风格和绘画技法也有差异,地理要素影响很明显。荆浩隐居太行,便画"太行山水",多用中锋勾写山形,山头和背光处用"斧劈皴",以淡墨反复烘染,体现山体阴阳向背,起伏变化。关仝和范宽是长安人,多绘"关陕山水"。关仝皴法多用"钉头皴"和"雨点皴",笔法硬挺密集,中侧锋并用,反复皴擦,淡墨烘染,形成"刮铁"效果,营造山体起伏之势。范宽以"关陕山水"为主,用笔挺拔硬朗,反复烘染,墨色沉厚鲜活。李成生活在山东"营丘",以描绘"齐鲁山水"为主,构图用"寒林平远"式,用笔苍劲瘦硬,用中锋短皴多次点写出山体,营造质感。郭若虚总结这些细微的不同曰:"夫气象萧疏,烟林清旷,毫锋颖脱,墨法精微者,营丘之制也;石体坚凝,杂木丰茂,台阁古雅,人物幽闲者,关氏之风也。"[2]

(三)南方山水

"白马秋风塞上,杏花春雨江南。"[3]我国南方,特别是江南,自然山水和荆浩、关仝活动的北方大相径庭。南方地形多为丘陵平原,山峦映带,河流纵横,平沙浅渚,水天苍茫;山体平缓矮小,以土质为主,又因降水充沛,林木葱茏,百草丰茂。从地形地貌、植被、气候等看,其和北方太行、关陕、齐鲁等山地大不相同。董源这一派很难去北方体会"荆关"所见山水,他只能观照自己生活范围内的南方山水,画作自然和"荆关李范"那种大山大水,开图千里有异。

南派山水中,山体造型上则山势平缓,多矾头、杂草,土多石少;技法上以"披麻皴""雨点皴"为主;构图上以平远、阔远为主;点景上多为渔浦、

---

[1](宋)郭若虚撰、王其祎校点:《图画见闻志》,辽宁教育出版社2001年版,第10页。
[2](宋)郭若虚撰、王其祎校点:《图画见闻志》,辽宁教育出版社2001年版,第10页。
[3]王震:《徐悲鸿年谱长编》,上海画报出版社2006年版,第278页。

舟帆、小桥、野村；用笔上则笔性柔软，笔墨柔和、清雅，整体上"平淡天真"，充满婉柔之美。五代南方山水一派以董源、巨然为代表；稍后的北宋则以米芾、米友仁父子为继承创新。但如同北方山水分成太行山水、关陕山水、齐鲁山水一样，整个南方山水内部也分成更小的地域特色山水。

一是董源的金陵山水。董源（？—962）字叔达，早年学李思训，亦师王维。《图画见闻志》谓董源"水墨类王维，着色如李思训"[1]。但是其影响最大的还是水墨山水，擅画秋岚远景，多绘金陵一带真山真水。董源曾长期供职南唐皇家园林的"北苑副使"，故又称"董北苑"。南唐"北苑"即今南京玄武湖一带。《江苏省志》记载："玄武湖及其南岸仍为宫苑区，在南唐合称北苑。"[2]《辞海》解释说："南唐都建业，有苑在北，谓之北苑。当时画家董源尝官北苑使，世称董北苑。"[3]沈括在《梦溪笔谈》中认为："北苑乃江南禁苑，在金陵，非建安也。"[4]董源供职在北苑，同时又供职南唐画院，既无法隐居，又不可远游。其所观照的客体山水只能是金陵周边为主的实景，故沈括《梦溪笔谈》则评董源："尤工秋岚远景，多写江南真山，不为奇峭之笔。"[5]清笪重光《画筌》："董巨峰峦，多属金陵一带，……从来笔墨之探奇，必系山川之写照。"[6]董源正是以金陵周边山水为主，加上对李思训、王维等人山水画的继承，以及自己的艺术探索，完成南派山水的理论体系和创作实践。

董源是五代以来皴法体系集大成者，其创造了"披麻皴"，将密皴、点簇、晕染相结合，突破隋唐以来硬笔勾勒的表现方法，完成水墨系统化集成，确立皴法美学系统，使山水画皴法之美成为美学独立单元。汤垕认为："唐画山水，至宋始备，如元又在诸公之上。"[7]从用色来看，董源把王维所创的"破墨之法"大大推进一步，水色与墨色把握十分纯熟，用勾、皴、点、染不同技法，描绘风、晴、雨、雪的不同气象，营造云烟山色、朴茂静穆意境，开创"平淡天真、融浑静穆"[8]的南派风格，使山水画在形状、形式、空间、色调四

---

[1]（宋）郭若虚撰、王其祎校点：《图画见闻志》，辽宁教育出版社2001年版，第29页。
[2] 江苏省地方志编纂委员会编著：《江苏省志》，江苏古籍出版社2000年版，第21页。
[3]《辞海》编辑委员会编：《辞海》，上海辞书出版社1990年版，第379页。
[4]（宋）沈括著，胡道静校：《梦溪笔谈校证（下）·补笔谈卷一·辩证》，上海出版公司1956年版，第908页。
[5]（宋）沈括著，胡道静校：《梦溪笔谈校证（上）·卷十七·书画》，上海出版公司1956年版，第565页。
[6] 王秀成：《中国历代画论选释》，黑龙江美术出版社1988年版，第31页。
[7] 王朝闻主编：《中国美术史·宋代卷·上》，齐鲁书社、明天出版社2000年版，第153页。
[8] 王克文：《山水画谈》，上海人民美术出版社1993年版，第26页。

163

大范畴成为一个有机整体。米芾在《画史》中说:"董源平淡天真多,唐无此品,在毕宏上。近世神品格高,无与比也。"[1]元代黄公望说:"作山水者必以董为师法,如吟诗之学杜也。"[2]

董源"披麻皴"和"雨点皴"所形成的密集、细腻线条,更具有写意性、随意性,用笔多圆曲、柔浑,用墨多清润淡雅,晕染婉柔秀雅的意境。其代表作《潇湘图》(图2-2-20)和《夏景山口待渡图》(图2-2-21)是"披麻皴"经典之作。《潇湘图》先以淡墨"长披麻皴"画出山形,未干时以浓墨点苔,墨色和水色或以浓破淡,或以淡破浓,浑然一体,清润淡雅,"点子皴"登峰造极。米芾评价董源说:"峰峦出没,云雾显晦,不装巧趣,皆得天真,岚色郁苍,枝干劲挺,咸有生意,溪桥渔浦,洲渚掩映,一片江南也。"[3]

图2-2-20　五代董源《潇湘图》(引自中国美术全集编委会编:《中国美术全集　绘画篇 2　隋唐五代绘画》,上海人民美术出版社1984年版,第141页)

图2-2-21　五代董源《夏景山口待渡图》(引自中国美术全集编委会编:《中国美术全集　绘画篇 2　隋唐五代绘画》,上海人民美术出版社1984年版,第149页)

---

[1] 周积寅:《中国画论大辞典》,东南大学出版社2011年版,第332页。
[2] 崔卫:《黄公望》,河北教育出版社2006年版,第135页。
[3] 伍蠡甫:《中国画论研究》,北京大学出版社1983年版,第135页。

二是巨然的金陵山水与"南北山水"。巨然为五代南唐、北宋画家。其活动范围也在金陵一带，因此他在南唐时的山水画也是金陵山水为主。所画以平远构图为主，总体艺术特色也是"平淡天真"，为董源画风嫡传，故并称"董巨"。与董源略不同是，巨然擅画江南烟岚渺渺的云气和山川高旷的"淡墨轻岚"之景。沈括《图画歌》道："江南董源僧巨然，淡墨轻岚为一体。"[1]

巨然在南唐灭亡以后来到开封，居开宝寺，画风开始吸纳北方山水画家的技法，效法李成"寒林平远山水"，但总体风格仍是南派为主。这期间巨然效法宋初北方山水画多立轴的样式，作品多竖式构图；其擅长用粗重的大墨点苔，鲜明、疏朗，长披麻皴粗而密，笔法老辣、率意。《宋朝名画评》记载："沙门巨然，亦江宁人，……伪唐李煜归命，巨然随至京师，居于开宝寺，投谒在位，遂有声誉。画烟岚晓景于学士院壁，……远至幽墅，于野逸之景甚备。"[2]从其《山居图》中可清晰看出这种特点，画中幽溪细路，竹篱茅舍，断桥危栈，确为"野逸之景"。

《宣和画谱》记御府珍藏136件巨然之作，皆山水，存世作品有《秋山问道》《万壑松风图》《层岩丛树图》等图。《层岩丛树图》山石皆以淡墨湿笔长披麻皴为之，线条淡而润，趁湿加稍浓的苔点，一片湿润模糊；松树以浓墨出之，然后以淡墨破之，浓淡相间、枯润相生、笔墨秀润、气格清雅、意境幽深，泼墨山水的表现力淋漓尽致。米芾《画史》载："巨然师董源，今世多有本，岚气清润，布景得天真多，巨然少年时多作矾头，老年平淡趣高。"[3]董、巨开创的南派山水，为元代以后文人所推崇。清朝王鉴说："画之有董、巨，如书之有锺王，舍此则为外道。"[4]

三是米芾、米友仁父子"京口山水"。董、巨开创的南派山水延续到宋代，被米芾、米友仁父子继承创新，米氏父子极力推崇董、巨的水墨风格，倡导"平淡天真"审美趣味。米芾在长山一带定居，直至终老。他师法造化，观察自然，体悟长山烟云变幻，转化为山水画作。其在《净名斋记》中深情赞美丹徒山水："江山万里，十郡百邑，临流为隍者，惟吾丹徒。"[5]

---

[1] 王伯敏：《中国美术通史·第四卷》，山东教育出版社1987年版，第24页。
[2] 刘道淳：《宋朝名画评》，收录于王伯敏、任道斌主编《画学集成（六朝—元）》，河北美术出版社2002年版，第262、263页。
[3] 王仲荦：《隋唐五代史》，上海人民出版社2003年版，第1245、1246页。
[4] 郑午昌：《中国画学全史》，上海书画出版社1985年版，第441页。
[5] 王骧等编著：《镇江史话》，江苏古籍出版社1984年版，第94页。

有京口山水作为客体参照，主观上米芾艺术才能非常全面。《宋史》说："（芾）特妙于翰墨，沈著飞翥，得王献之笔意。画山水人物，自名一家，尤工临移，至乱真不可辨。"所以米芾创新一派山水，其山水没有轮廓线，墨和水浑然冲融，有朦胧湿润之感，即不画云雾，也有云雾出没，雨后山川迷茫景象，故后人称之和其子米友仁的山水为"米氏云山"。"米氏云山"在用水、用墨上更进一步，作画草草而成，率性而为，米芾自说是"云山草笔"，此画法吴镇认为是"墨戏之作，盖士大夫词翰之余，适一时兴趣"。"墨戏"法是山水画史上又一变革，给山水画注入独立自由的文人

图2-2-22　北宋米芾《春山瑞松图》（引自全景博物馆丛书编辑委员会编纂：《中国传世名画》，海燕出版社2003年版，第75页）

情怀，确立文人画自由创作、抒发心灵、无拘无束的风范（图2-2-22）。

米友仁继承米芾画风，多用泼墨法，以积墨和破墨参用之，用焦墨点缀。米友仁代表作有《潇湘奇观图卷》《云山墨戏图卷》《潇湘白云图卷》《云山图卷》等。从技法上看，米氏父子还创造了"落茄点"，又称"米点皴"，是墨法上的再次革命。其用卧笔横点成块面，打破线条成规。米友仁《潇湘奇观图》绘烟雨中的江畔乡村，以"落茄点"为主，点染自如，浓淡松紧极为丰富，烟云以线空勾，加以渲染和积洗，远山和坡脚用没骨笔扫抹，随意自然，充分体现米氏云山的"墨戏"风采。

"米点"和"米氏云山"丰富了以董巨为首的南方山水画派的艺术内涵。中国山水画由笔起主导作用，到笔墨并重；由重墨法，到"墨法"与"水法"并重。水由调和剂上升为着色剂，此为用水、用墨的革命性之变，所以说山水画技法"至米又一变也"[1]。

---

[1]（明）董其昌著、屠友祥校注：《画禅室随笔》，上海远东出版社1999年版，第138页。

(四)西蜀山水

五代时期西蜀画家荟萃,《宣和画谱》云:"大抵西蜀丹青之学尤盛,而工人物道释者为多。"[1]虽蜀中主要以佛道人物画为主,山水不是主要画种,但是根据文献记载,山水画家还是不乏其人。

《益州名画录》记载西蜀晚唐、五代最重要的山水画家是李升:

> 李升者,成都人也,小字锦奴。年才弱冠,志攻山水,天纵生知,不从师学。……遂出意写蜀境山川平远,心思造化,意出先贤。数年之中,创成一家之能,俱尽山水之妙。每含毫就素,必有新奇。《桃源洞图》《武陵溪图》《青城山图》《峨眉山图》《二十四化山图》,好事得之,为箱箧珍;后学得之,以为无言师。明皇朝有李将军,擅名山水,蜀人皆呼升为"小李将军",盖其艺相匹尔。悟达国师自京入蜀,重其高手,请于圣寿寺本院同居数年。因于厅壁画《出峡图》一堵,《雾中山图》一堵。既而又请于大圣慈寺真堂内画《汉州三学山图》一堵、《彭州至德山图》一堵。[2]

《宣和画谱》记载李升情况大致相同:

> 李升,唐末成都人也。初得李思训笔法而清丽过之。一日,得唐张璪"山水"一轴,凝玩久之,……蜀人亦呼为小李,盖当时李昭道乃思训子也,思训号大李将军,昭道号小李将军。今升与昭道声闻并驰,故以名云。升笔意幽闲,人有得其画者,往往误称王右丞者焉。今御府所藏五十有二:……仙山图一、仙山故实图一、天王像一、行道天王像二、渡海天王像一、吴王避暑图一、滕王阁宴会图一、滕王阁图五、姑苏集会图一、避暑宫图五、江上避暑图一、故实人物图二、江山清乐图一、出峡图一、远山图一、山水图一。[3]

蜀中另一画家黄筌也善画山水,有《春山图》《秋山图》《山家晚景图》

---

[1] 潘运告主编、岳仁译注:《宣和画谱》,湖南美术出版社1999年版,第200页。
[2] (宋)黄休复撰、何韫若、林孔翼校注:《益州名画录》,四川人民出版社1982年版,第60、61页。
[3] 潘运告主编、岳仁译注:《宣和画谱》,湖南美术出版社1999年版,第73页。

《山家早景图》《山家雨景图》《山家雪景图》《山居诗意图》《潇湘图》。其子黄居寀也兼画山水,《益州名画录》记载很详细:

> 淮南通好之日,居寀与父同手画《四时花雀图》、《青城山图》、《峨眉山图》、《春山图》、《秋山图》,用答国信。……回至彭州,栖真南轩,画《水石》一堵,自未至酉而毕,敏而复妙者也,今见存。……于圣兴寺新禅院画《龙水》一堵、《天台山图》一堵、《水石》两堵,工夫虽少,大体宛存。[1]

《宋朝名画评》记载:"黄筌,画山水亦为时人所称。松石学孙位,山水学李升,皆过之。伪蜀孟昶时尝写秋山图,至今犹传。"[2]

《益州名画录》记载画家李文才"攻画人物、屋木、山水,善写真"[3],画家杜措"蜀人也。……今大圣慈寺六祖院傍《地藏菩萨竹石山水》一堵"[4],画家丘文播"攻画山水人物、佛像神仙"[5],画家僧令宗"丘文播异姓弟也,攻画山水人物、佛像天王"[6],画家王宰"大历年家于蜀川。善画山水树石,意出像外,故杜甫歌云:'十日画一水,五日画一石'"[7]。刘道醇《圣朝名画评》记载,画家石恪"石恪,字子专,成都郫人。……初事张南本学画,才数年已出其右。多为古僻人物,诡形殊状,以蔑辱豪右,西州人患之。尝画五丁开山、巨灵擘太华图,其气韵刚峭,当时称之"[8]。

通过以上文献的整理与分析,可以看出五代西蜀山水画存在以下三种情况:

一是没有专攻山水的画家。山水画家多侧重佛教画、人物画、花鸟画等题材,除王宰外,丘文播、僧令宗、杜措、李文才都是画人物、佛像的。名气最大的李升,《宣和画谱》收录其52幅作品,纯山水的也只有《江山清乐图》《出峡图》《远山图》《山水图》《仙山图》5幅。佛道、人物、宫殿仍是主要的。

---

[1] (宋)黄休复撰、何韫若、林孔翼校注:《益州名画录》,四川人民出版社1982年版,第72、73页。
[2] 刘道淳:《宋朝名画评》,收录于王伯敏、任道斌主编《画学集成(六朝—元)》,河北美术出版社2002年版,第262页。
[3] (宋)黄休复撰、何韫若、林孔翼校注:《益州名画录》,四川人民出版社1982年版,第79页。
[4] (宋)黄休复撰、何韫若、林孔翼校注:《益州名画录》,四川人民出版社1982年版,第89页。
[5] (宋)黄休复撰、何韫若、林孔翼校注:《益州名画录》,四川人民出版社1982年版,第94页。
[6] (宋)黄休复撰、何韫若、林孔翼校注:《益州名画录》,四川人民出版社1982年版,第114页。
[7] (宋)黄休复撰、何韫若、林孔翼校注:《益州名画录》,四川人民出版社1982年版,第116页。
[8] 于安澜编:《画品丛书·圣朝名画评》,上海人民美术出版社1982年版,第128页。

黄筌、黄居寀父子更是以花鸟闻名于世。

二是以蜀中山水题材多样。李升是成都人,其作品《青城山图》《峨眉山图》《出峡图》《汉州三学山图》《彭州至德山图》显然是蜀中山水。《桃源洞图》《武陵溪图》显然是想象之作,"桃源洞""武陵溪"是陶渊明《桃花源记》中所载,具体何处也不知。黄居寀山水也是蜀中为主,如《青城山图》《峨眉山图》。石恪的《五丁开山》《巨灵擘太华图》显然是取材神话故事。但是黄筌的山水有些例外,似乎更似南方山水,从画作名字可以看出一二,如《春山图》《秋山图》《山家晚景图》《山家早景图》《山家雨景图》《山家雪景图》《山居诗意图》《潇湘图》。特别是《潇湘图》和南唐董源《潇湘图》名称完全一致,《山居图》和巨然《山居图》也一般无二,这是巧合,还是这类题材成为当时南唐、西蜀画家共同所关注,现已难考。

其三是蜀中山水画应是青绿、水墨、工笔并存。"初得李思训笔法而清丽过之"[1],显然李升的山水有青绿山水。但《宣和画谱》又说"升笔意幽闲,人有得其画者往往误称王右丞者焉"[2],说明李升山水和王维水墨风格又是一致的。《益州名画录》记载黄筌父子补画《秋山图》,"居寀与父奉命别画,经月方毕,工更愈于前者"[3]。一个月才画好《秋山图》,说明此画绝不会是挥洒写意之作,应是工笔山水。

尤为值得关注的是,西蜀山水在墓室中也有体现。1984年在成都金牛区五代后蜀孙汉韶墓中发现灰陶假山1件(图2-2-23),山形呈不规则的拱形,中部有半圆形山洞。又出土刻画有山形的灰陶墙1件(图2-2-24),平面曲尺形,内墙线刻重叠的假山[4]。假山和假山墙体所描绘山体,山形高峻,山谷幽深,气势雄伟,线条豪放雄强,有明显"小斧劈皴"特色。整体风格和北方山水相似,这件实物和文献一起证明,西蜀山水既描绘自己的地域风光,也兼有南北山水的因素,有《潇湘图》《山居图》这样带有明显南派山水印记的山水,也有孙汉韶墓灰陶假山、假山墙这样的北派风格山水。

---

[1] 潘运告主编、岳仁译注:《宣和画谱》,湖南美术出版社1999年版,第73页。
[2] 潘运告主编、岳仁译注:《宣和画谱》,湖南美术出版社1999年版,第73页。
[3] (宋)黄休复撰、何韫若、林孔翼校注:《益州名画录》,四川人民出版社1982年版,第72页。
[4] 成都市博物馆考古队:《五代后蜀孙汉韶墓》,《文物》1991年第5期。

 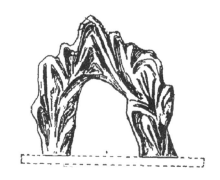

图 2-2-23　五代孙汉韶墓灰陶假山（引自成都市博物馆考古队:《五代后蜀孙汉韶墓》，《文物》1991年第5期）

图 2-2-24　五代孙汉韶墓灰陶墙图（引自成都市博物馆考古队:《五代后蜀孙汉韶墓》，《文物》1991年第5期）

三、王处直墓山水壁画的几点讨论

　　五代王处直墓中发现的两幅重要"屏风式"水墨山水壁画，分别位于前室北壁和东耳室东壁，前者（图2-2-25）高1.8米、宽2.22米；后者高1.47米、宽2.15米[1]。

　　从地理位置看，王处直墓在河北曲阳，曲阳位于华北平原西部，太行山东麓（图2-2-26），西北向东南依次为低山、丘陵、平原。开创北派山水的荆浩就隐居在太行山洪谷。洪谷为何处，有两种说法：一说在河南沁水。刘道醇《五代名画补遗》记："荆浩，字浩然，河南沁水人。业儒，博通经史，善属文。偶五季多故，遂退藏不仕，乃隐于太行之洪谷，自号洪谷子。尝画山水树石以自适。"[2]《全唐诗》收录荆浩诗作《画山水图答大愚》，诗序记

---

[1] 河北省文物研究所、保定市文物管理处:《五代王处直墓》，文物出版社1998年版，第18、19页。
[2] 于安澜编:《画品丛书·五代名画补遗》，上海人民美术出版社1982年版，第100页。

图 2-2-25　五代王处直墓前室北壁山水壁画（引自河北省文物研究所、保定市文物管理处：《五代王处直墓》，文物出版社1998年版，彩版一三）

图 2-2-26　太行山概貌图

载:"荆浩,字浩然,沁水人,隐太行洪谷,自号洪谷子,工丹青,尤长山水。"[1]另一说是山西沁水,雍正时《山西通志》记:"荆浩,沁水人。善画,世称荆、关、董、巨为画家正宗。唐末隐于太行山之洪谷,自号洪谷子。案:济源有沁水古城,故浩亦有称为河内人者。然以县名系籍,则汉(时以沁水名济源)县废已久,故当以(山西)泽州(今山西晋城)之沁水为近是。"[2]山西《泽州府志》记:"洪谷,唐末荆浩居此,自号洪谷子。为画家正宗,世称荆关董巨,非夏珪马远比也。"[3]山西《沁水县志》记:"洪谷,唐末荆浩隐居此,因自号洪谷子。"[4]不管是山西沁水还是河南沁水,荆浩均居于太行山西部,和王处直墓所在地曲阳相隔一个山西省,但都位于太行山系列。

从时间上看,荆浩大约卒于五代后唐(923—936)年间。据《资治通鉴》《旧五代史》记,王处直养子王都后梁龙德元年(921)发动兵变,尽杀王处直子孙及心腹,自封为节度使,而王处直也于龙德三年(923)郁郁而终。《新五代史》记载相同,只不过是说王处直是被杀,"阿保机举国入寇,定人皆不欲契丹之举,小吏和昭训劝都举事,都因执处直,囚之西宅,自为留后,凡王氏子孙及处直将校杀戮殆尽。明年正月朔旦,都拜处直于西宅,处直奋起揕其胸而呼曰:'逆贼!吾何负尔?'然左右无兵,遂欲啮其鼻,都掣袖而走,处直遂见杀"[5]。因此荆浩和王处直几乎是生活在同一时代的人。

故而从地理和时间上看,王处直墓壁画山水理应和北派山水更相近,但实际情况并非如此。王处直墓壁画山水既从形式上继承唐墓"屏风式"山水样式,又兼有五代南北山水风格,且南派山水因素更多,呈现非常独特的艺术特色。

一是与唐代墓室山水比。唐代出现一种新的画面构成模式,就是屏风画,屏风又叫"障子"。初唐诗人上官仪(约608—664)《咏画障》曰:"芳晨丽日桃花浦,珠帘翠帐凤皇楼。蔡女菱歌移锦缆,燕姬春望上琼钩。新妆漏影浮轻扇,冶袖飘香入浅流。未减行雨荆台下,自比凌波洛浦游。"[6]这是人物屏风。山水屏风亦有,诗人袁恕已《咏屏风》:"绮阁云霞满,芳林草树新。鸟惊疑欲曙,花笑不关春。山对弹琴客,溪流垂钓人。请看车马客,行处有

---

[1](清)彭定求等编:《全唐诗》,中州古籍出版社1996年版,第4509页。
[2]田同旭、马艳主编:《沁水县志三种》,山西人民出版社2009年版,第1226页。
[3]田同旭、马艳主编:《沁水县志三种》,山西人民出版社2009年版,第1303、1304页。
[4]田同旭、马艳主编:《沁水县志三种》,山西人民出版社2009年版,第1304页。
[5](宋)欧阳修撰:《新五代史·卷三十九·杂传第二十七·王处直》,中华书局1974年版,第421页。
[6](清)彭定求等编:《全唐诗·第一卷》,中州古籍出版社2008年版,第235页。

风尘。"[1]方干《题画建溪图》又写道:"六幅轻绡画建溪。"[2]岑参有《刘相公中书江山画障》,张九龄有《题画山水障》,可见当时存在多种形式的屏风式山水画。

此外,唐代壁画墓中也出土了一系列屏风式山水,1985年在陕西省临潼庆山寺发现五幅唐代壁画屏风山水,立式构图,山势耸立高起,峰顶有团状苔点。1994年在陕西富平县吕村唐墓发现六幅山水屏风,也是竖式构图。陕西中堡村唐墓出土的三彩立式假山盆景[3](图2-2-27),咸阳底张湾唐墓出土陶塑游山

图2-2-27 陕西中堡村唐墓出土的三彩立式假山盆景

俑[4](图2-2-28),山体造型与上述两处风格相似。王处直墓山水采用的也是"屏风式"形制,这点延续唐代墓葬壁画山水风格,但从画面形制来看,王处直墓两幅壁画山水皆横幅,这和唐墓山水多竖式构图不同。但2014年长安区郭新庄村南的韩休墓(740)中发现独立山水一幅(图2-2-29),也是屏风山水,画面构图布局与王处直墓山水壁画相仿。吕村唐墓壁画山水右数第二幅描绘山体垂直矗立,壁立千仞,尖峭突兀,气势磅礴豪放,悬崖如"斧劈皴",山顶墨笔勾勒白云,构图以"高远"为主。王处直墓前室北壁山水虽也有雄伟壮观势,有一点"披麻皴",但气势和高度远不如此画。吕村唐墓右边数第三幅构图则不同,以"平远"为主,两山夹峙,中有"之"字形溪谷延伸至远方。这与王处直墓壁画山水相似,基本是左右布局。沈括《图画歌》写

---

[1] (宋)计有功撰:《唐诗纪事(上)》,中华书局1965年版,第108页。
[2] (宋)翁卷著、余力笺注:《翁卷集笺注》,线装书局2009年版,第112页。
[3] 陕西省文物管理委员会:《西安西郊中堡村唐墓清理简报》,《考古》1960年第3期。
[4] 咸阳底张湾唐墓壁画部分资料可参见贺梓城:《唐墓壁画》,《文物》1959年第8期。另可见中国艺术研究院《中国建筑艺术史》编写组编:《中国建筑艺术史·上》,文物出版社1999年版,第352页。

图 2-2-28　咸阳底张湾唐墓出土陶塑游山俑

图 2-2-29　唐韩休墓独立山水画

道:"画中最妙言山水,摩诘峰峦两面起。"[1]王处直墓壁画山水,正像王维水墨布局,"峰峦两面起"。两幅画都是山峦左右对峙,中间为缓平山谷,有"之"字形水溪(图2-2-30)。

二是和北派山水比。如前所述,王处直墓山水是横幅屏风式,与荆关北派山水多竖式构图也不同。更大的不同在于画面内容和艺术风格上,北派山水是大山大水,开图千里,笔墨雄强,气势雄浑。荆浩的《匡庐图》中,崇山峻岭,层峦叠嶂,气势雄伟而壮观。刘道醇《五代名画补遗》说关仝"坐突危峰,下瞰穷谷,卓尔峭拔者,同能一笔而成"[2]。这些风格,王处直墓室壁画都没有,只是前室北壁壁画中,山石集中在画面前景和中景,气势较为雄伟,有一些北派山水的气势,但没有大石当中、危崖高耸之类的雄浑之气。而东耳室山水两组山峦山势稍低,气势温婉,完全不是北派笔端的景物。而荆浩、关仝等人作品多为"高远""深远"构图,和王处直墓壁画"平远"构图为主也显然有别。

三是和南派山水比。除去"屏风式"外形,王处直墓两幅壁画山水与南派山水的横幅形制相近,特别是如董源的《潇湘图》和《夏山图》。两幅山水画总体风格与董源南派山水画风

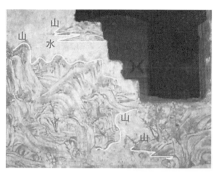

1

2

3

图2-2-30 五代王处直墓山水构图分析比较图(笔者制作):1. 五代王处直墓山水壁画;2. 五代王处直墓山水壁画(线图);3. 五代董源《龙宿郊民图》

---

[1](宋)沈括著、胡道静校:《梦溪笔谈校证(上)·卷十七·书画》,上海出版公司1956年版,第567页。
[2]于安澜编:《画品丛书·五代名画补遗》,上海人民美术出版社1982年版,第101页。

相近。王处直墓山水除"平远"构图以外，留白的面积很大，以此表现水面和天空、白云，特别是"留白水面"和董源的《潇湘图》《夏山图》水面酷似。在构图上看，董源的《龙宿郊民图》与王处直墓山水的"两山夹峙"的构图样式几乎完全一致。

从山形看，王处直墓室两幅壁画山水局部山峦有相似之处，左面山峰均是中间三组纵向波浪线山峰，呈阶梯状，每一组都层层叠叠，向后延伸。东耳室山水画，因为面积稍宽，又没有布局高大山体，山峦造型较前者更为疏朗。在景物造型方面，王处直墓室山水山峦平缓，特别在两幅画面的右边山峦，山体缓缓延伸，与平广的水面自然相接，溪岸相依，为董源南派山水所常见；山石用墨线勾勒轮廓，富有粗细变化，皴法为长短线排列，似"披麻皴"。用竖笔小点绘成山头远树，手法类似董源山水画的矾头画法。线条的灵动性虽不及吴道子，但造型精准，前室山水画左侧的山峦造型酷似传为巨然的《溪山兰若图》。王处直墓第二幅壁画的水岸、山脚、缓坡、丛石，与董源的《夏山图》《潇湘图》非常相似（图2-2-31）。

王处直墓山水壁画在整个五代壁画，或已发现的壁画中，都是独特的，也是目前发现的最早的水

1

2

3

图2-2-31　五代王处直墓山水笔法分析比较图（笔者制作）：1. 五代荆浩《匡庐图》（局部）；2. 五代王处直墓山水壁画（局部）；3. 五代董源《龙宿郊民图》（局部）

墨专题山水壁画。其本身延续了前唐屏风画构成方式,并呈现出南北交融之特色,艺术风格为何出现这种独特样式,笔者推测有以下三点:

其一,唐屏风山水画的影响。如前所述,唐代山水屏风盛行,在唐代出现大量歌咏山水屏风诗歌,可见一斑。这其中既有青绿山水,也有水墨山水,而且水墨山水后来居上。张彦远《历代名画记》评李思训山水:"其画山水树石,笔格遒劲,湍濑潺湲,云霞缥缈,时睹神仙之事,窅然岩岭之幽。"[1]《太平广记钞》载,天宝年间唐玄宗召李思训画大同殿壁兼掩障,赞曰:"卿所画掩障,夜闻水声。"[2]显然李思训此屏风是青绿山水。李白欣赏道友元丹丘画的金碧山水屏风,感慨写诗赞道:"高咫尺,如千里,翠屏丹崖灿如绮。苍苍远树围荆门,历历行舟泛巴水。水石潺湲万壑分,烟光草色俱氤氲。"[3]

水墨山水兴起后,很快移植到屏风画上。杜甫《奉先刘少府新画山水障歌》盛赞刘少府画的屏风山水是"元气淋漓障犹湿,真宰上诉天应泣"[4],显然这是浓墨山水。高僧皎然《观裴秀才松石障歌》提到山水画的"皴法","谁工此松唯拂墨,巧思丹青营不得。……荆门石状凌玛瑙,蹙成数片倚松根"[5]。皎然说的"蹙"即是皴法。据文献,唐水墨山水的当家人物王维、张璪、王宰、王洽等都曾画过水墨屏风。

由此可见,山水屏风在唐代是很流行的构图模式,而且主要在中原、北方地区,它对修建考究的王处直墓壁画,显然是不可忽略的选择。

其二,"平远"构图式的积淀。王处直墓室壁画山水最大的特色就是平远构图,这也是南派山水构图的最常用技法。从文献看,平远构图早在王维时期就开始了,《宣和画谱》说:"卢鸿字浩然,……颇喜写山水平远之趣。"[6]《画鉴》说:"张璪松人间最少,此卷幽深平远,如行山阴道中,诚宝绘也。"[7]黄休复的《益州名画录》说蜀地最著名的山水画家李升,"意写蜀境,山川平远,心思造化,意出先贤,数年之中,创成一家之能,俱尽山水之妙"[8]。

---

[1](唐)张彦远著、俞剑华注释:《历代名画记》,江苏美术出版社2007年版,第232页。
[2](明)冯梦龙评纂:《太平广记钞》,团结出版社1996年版,第726页。
[3]夏于全集注:《唐诗宋词全集》,华艺出版社1997年版,第340页。
[4](清)黎简撰、梁守中校辑:《五百四峰堂诗钞》,中山大学出版社2000年版,第502页。
[5](清)彭定求等编:《全唐诗(下)》,中州古籍出版社1996年版,第5010页。
[6]潘运告主编、岳仁译注:《宣和画谱》,湖南美术出版社1999年版,第210页。
[7]于安澜编:《画品丛书·画鉴》,上海人民美术出版社1982年版,第410页。
[8](宋)黄休复撰、何韫若、林孔翼校注:《益州名画录》,四川人民出版社1982年版,第60页。

由上述文献可以判明的是，平远这种山水构图式，在唐代虽不是特别成熟完善，但流传甚广，李升远在蜀地都已掌握此技法。王处直墓室壁画山水采用平远构图也属正常。只是后来荆浩等人师法自然，画北方雄壮的大山大水用平远构图不合适，故而他们多用高远、深远技法。而平远构图随着大批文人、画家南迁，被南唐画家学习吸收。且平远构图最适合表现南方丘陵山水，因此后来由董源等人发扬光大，成为南派的重要艺术特点。因为南派后来声誉日隆，平远等艺术技法更为纯熟，广为人知，因此，反过来认为王处直墓室山水南派风格明显。也可以说，王处直墓室壁画山水，其实是南派山水早期在北方时的真实面貌。

其三，王处直养子王都的个人爱好。王处直墓是其养子王都主持营造的，这点从王处直墓志可知。王处直墓志是由和昭训撰写的，而和昭训正是王都发动政变的主要策划者。"阿保机举国入寇，定人皆不欲契丹之举，小吏和昭训劝都举事，都因执处直，囚之西宅，自为留后，凡王氏子孙及处直将校杀戮殆尽。"[1]政变以后，王处直子孙要么被杀，要么逃命四方，无暇也无力为王处直营造大墓安葬。

王都虽然出身行伍，但是对文化艺术尤为嗜好。《旧五代史》载："都好聚图书，自常山始破，梁国初平，令人广将金帛收市，以得为务，不责贵贱，书至三万卷，名画乐器各数百，皆四方之精妙者，萃于其府。"[2]这里两个数字值得关注，一个是"名画……数百"，一个是"四方之精妙"；王都收藏四方数百名画，肯定是人物、花鸟、山水等各种风格、题材均有。"精妙者"意味着都是著名画家的名作。从王处直墓室壁画人物、花鸟、雕刻看，确实都是艺术精品。在五代动乱的年代，在王处直、王都占据的定州小城，通常是没有力量齐全地集中各种流派的著名画家于一地的。王处直墓室壁画山水之所以呈现如此高超的艺术水平，甚至出现独一无二的水墨山水，最大的可能是当时营造的画工是参照王都收藏的"四方之精妙者"绘制而成的。

另外还有一种可能，在王处直这样的北方墓葬中出现南方风格山水画，是因北方画师研习南方山水之风格，或是南方画家迁徙至北方生活，并参与壁画的绘制，将个人熟悉的题材与风格表现在墓室壁画中。

---

[1]（宋）欧阳修撰：《新五代史·卷三十九·杂传第二十七·王处直》，中华书局1974年版，第420、421页。
[2]（宋）薛居正等撰：《旧五代史·卷五十四·唐书三十·列传第六》，中华书局1976年版，第733页。

第三节　花鸟画地理中心的迁变

花鸟画作为独立画科，一般认为形成于唐代，文献中多有记载。唐章怀太子李贤墓、永泰公主李仙惠墓、新疆吐鲁番阿斯塔那217号唐墓中均有花鸟画出现。但几乎和山水画地位一样，花鸟在唐代不是占主导地位的画种。到五代十国，花鸟画才彻底摆脱唐代作为装饰艺术的地位，独立和写实风格得到充分展开和发扬。

一、牡丹图

据笔者统计，五代十国墓室壁画花鸟画图案种类繁多，就花卉而言，就有忍冬、牡丹、月季、蔷薇、牵牛花、菊花、睡莲等十余种，还有由花卉转化而来的纹饰，如宝相花、海石榴花、卷草纹、团花、半团花、柿蒂纹、仰覆莲纹、卷草图案等。而且从中原到西蜀、南唐的五代壁画墓中均有分布（表2.3.1）。

这其中出现最多的就是牡丹花或牡丹花纹，唐代种植与欣赏牡丹风俗尤盛。边鸾就多次画过牡丹图。董逌在《广川画跋》描述："边鸾作牡丹图而其下为人畜，小大六七相戏状，妙于得意，世推鸾绝笔于此矣。"[1]但就地理区域而言，唐代牡丹种植、欣赏主要在北方地区。白居易《看浑家牡丹花戏赠李二十》说："人人散后君须看，归到江南无此花。"[2]张祜《京城寓怀》诗言："由来不是求名者，唯待春风看牡丹。"[3]这些都说明当时牡丹主要种植在北方，在南方鲜见，"江南无此花"。

《十国春秋》载，在西蜀"广政五年（943），帝宴牡丹苑，牡丹花凡双开者十、黄者白者三，红白相间者四，又有深红、浅红、深紫、浅紫，……从官皆赋诗赏之"[4]。在五代十国时期，牡丹种植的地理中心已经开始由中原向其他地方扩散，且品种花色繁多，深受帝王权贵、文人雅士喜欢。

---

[1] 于安澜编：《画品丛书·广川画跋》，上海人民美术出版社1982年版，第281页。
[2] 上海古籍出版社编：《唐五代笔记小说大观（下册）》，上海古籍出版社2000年版，第1282页。
[3] （清）彭定求：《全唐诗》，中华书局1960年版，第5843页。
[4] 蔡磊主编：《传世私家藏书》，内蒙古人民出版社2001年版，第345页。

表 2.3.1　五代十国主要壁画墓花鸟壁画内容及配置比较表

墓名	壁画内容	壁画表现形式	壁画布局
王处直墓	赭色纹带、忍冬纹、团窠花纹	壁画	前室墓门两侧及顶部
	云鹤图8幅	同上	前室墓门两侧上栏东、西壁各2幅，四个拐角各1幅
	牡丹图2幅、月季图1幅、牵牛图1幅	同上	前室西壁
	折扇式屏风5幅（仕女图、牡丹图、蔷薇图2幅、牵牛图）	同上	前室东壁
	花卉、蝴蝶	同上	东耳室顶部
	牡丹、绶带鸟	同上	西耳室西壁上部
	花卉、蝴蝶、云气	同上	西耳室顶部
	菊花图	同上	后室南壁过道两侧
	菊花、蝴蝶、竹石、山雀	同上	后室东壁南部上部、中北部
	菊花、蝴蝶、竹石、树木、长尾鸟	同上	后室西壁南部上部、中北部
	牡丹、湖石、蔷薇	同上	后室北壁、中部及两侧
王建墓	菊花图案	壁画	前室第三道券顶额
冯晖墓	缠枝牡丹	同上	墓室穹顶
	白色鸳鸯、连环花相间的连续花纹带	同上	墓室穹顶底部
	睡莲花	同上	侧室下直壁、上弧顶部
	半团花、牵牛花	同上	东侧室东壁、南壁
	穿枝花草、半团花	同上	西侧室
	黄色菱形花卉，绕云气、半团花，红色锦球	同上	西侧室西壁弧顶
南唐二陵（钦陵）	牡丹、宝相花、海石榴花及柿蒂纹、仰覆莲纹	壁画	墓门及3个主室壁面
	缠枝海石榴花纹	雕刻（浅浮雕）	棺床座侧
南唐二陵（顺陵）	牡丹、卷草图案	壁画	三间主室的壁面砖结构的仿木梁、枋、柱和斗拱上
五代吴越王国康陵	牡丹图案	壁画 雕刻（浅浮雕）	后室四壁

图2-3-1　北京王公淑唐墓《牡丹芦雁图》（引自北京市海淀区文物管理所：《北京市海淀区八里庄唐墓》，《文物》1995年第11期）

从墓室壁画牡丹图看，唐代多数也是屏风式。北京海淀区八里庄开成二年（846）王公淑墓中墓北壁有一幅屏风式《牡丹芦雁图》（图2-3-1）。画面中央绘制叶茂花盛牡丹一株。根茎采用赭色勾画，叶子以黑线勾勒，绿色晕染；花朵用黑线勾勒轮廓，红色晕染花体，具有一定的层次。牡丹东西两侧各绘一只芦雁。东边的一只侧身正面，平视前方；西边的一只侧身探首，似引颈觅食[1]。

从时间上看，这幅花鸟画的时间正值边鸾创作盛期，或稍晚于他生活的时代。边鸾花鸟无论是从时间上，还是从地理范围上看，都影响到五代西蜀的滕昌祐等人。因此，与其相隔时间不短的这两幅画，受到边鸾花鸟画艺术风格影响是完全可能的。

王处直墓出现了多幅牡丹图，均为屏风式。前室西壁下栏第二幅就是牡丹图，绘牡丹一株，枝头七朵牡丹花盛开，上面左右均有蝴蝶飞舞，左下角有一只鸽子静立；第三幅也是牡丹图，绘湖石牡丹，枝头有九朵盛开花朵，上方左右有两只蝴蝶飞舞，湖石两旁有几株青草[2]。前室东壁第二幅是牡丹图，绘牡丹一株，残存五朵盛开的牡丹花，左上部有一只蝴蝶飞向花丛。前室北壁下栏东侧有牡丹图一幅，残存四朵花朵，侧上有一只蝴蝶飞舞，下方站立一只白鸽[3]。后室北壁是一幅屏风花鸟壁画，画面中央也是牡丹图。一株硕大牡丹紧贴大湖石，枝叶繁茂，枝头有15朵盛开的牡丹，上方左右有四只绶

---

[1] 北京市海淀区文物管理所：《北京市海淀区八里庄唐墓》，《文物》1995年第11期。
[2] 河北省文物研究所、保定市文物管理处：《五代王处直墓》，文物出版社1998年版，第16、17页。
[3] 河北省文物研究所、保定市文物管理处：《五代王处直墓》，文物出版社1998年版，第17、18页。

图2-3-2 五代王处直墓前室东壁《牡丹图》(引自河北省文物研究所、保定市文物管理处：《五代王处直墓》，文物出版社1998年版，彩版一一)

带鸟，下方有四只正在觅食的鸽子。西边一直正在回首，欲啄食一只正在爬行的蚂蚱，花丛旁有数只飞舞的蝴蝶和蜜蜂[1]（图2-3-2）。

王处直墓室壁画牡丹图、花鸟基本艺术特色类似边鸾的"下笔轻利，用色艳明"。可能笔力、赋彩不及边鸾，但是画面也是采用勾勒填彩，工笔勾勒，重笔填彩，色泽艳丽；花卉都是先用竹签、淡墨勾勒轮廓，枝干填浅褐色，花叶填浅绿色，花蕊填深红，花瓣用深浅不一的红色晕染，雅致贵气，层次分明，有立体感；禽鸟羽毛填褐色，嘴、爪填深红色；鸽子或静立或回首；蝴蝶双翅填红色；墨线勾勒几株小花小草，点缀花根部周围。画面布局严谨，富有浓郁的生活气息。

冯晖墓也有牡丹花，墓室穹顶遍施黑色底纹，浅黄色花，浅蓝色叶子的大朵缠枝牡丹。但是和王处直墓壁画牡丹最大的不同是，冯晖墓的牡丹主要是装饰性图案，不是自然生态的花形。冯晖墓壁画牡丹从颜色形状看，以装饰为主，从数量上看，是单个存在的无枝花朵，并非像王处直墓是整株花。墓室直壁部分是竖式屏风画，背景以赭色衬底，淡黄色团花牡丹相间，团花直径最大1米[2]。冯晖墓牡丹都是只有花，而没有枝叶枝干，而且花朵均是非常规整，近乎圆形的装饰图案，或者是工笔、重色描绘的牡丹花瓣。

与冯晖墓壁画牡丹最相似的是南唐李昪陵中的彩绘牡丹。在墓门阑额和柱头枋上有缠枝牡丹花，用深红色线勾勒花瓣和枝叶轮廓，内部涂赤黄色，花叶以及花瓣上涂石青、石绿，花蕊点朱红。后室阑额上也绘有牡丹，花叶用赭色勾勒轮廓，花叶用石青、石绿晕染，花蕊点朱红。墓门泥道栱上绘有牡丹，墓门立柱上，前室四壁立柱、立枋上均有缠枝牡丹花。画法大致相同，外围留1—3厘米边框，赭线勾勒花叶轮廓，花叶先涂黄色，再涂石青、石

---

[1] 河北省文物研究所、保定市文物管理处：《五代王处直墓》，文物出版社1998年版，第16、31页。
[2] 咸阳市文物考古研究所：《五代冯晖墓》，重庆出版社2001年版，第24页。

绿,花心点朱红[1]。

另外,吴越国康陵壁画牡丹花异常精美,前室两耳室三壁各绘一株朱红色牡丹,高约108厘米、宽83厘米。整朵或残花都在20朵左右,株干为红色,花根为云气纹;后侧门券上也绘有朱红色缠枝牡丹花。康陵中室左右两壁中部绘盛开牡丹,宽均为1.1米[2]。左壁牡丹高1.73米,有花26朵;右壁的高1.8米,有花28朵。花均为大红色,色泽鲜艳夺目。牡丹花蕊用菱形金箔点缀,以绿叶衬托。枝干近根部贴饰十余枚圆形金箔,根以红绿云气纹组成[3]。这两株牡丹,虽然有株型,但是和实际牡丹大不一样。特别是左壁的牡丹,所有花朵组成一个扇形,枝干是大红色,根以红绿色云气纹组成,整株牡丹都是艳丽的红色、金色、绿色为主,显然是寓意富丽堂皇、雍容华贵的王家气派,并不是以描绘自然状态的牡丹花为目的。后室左右壁及后壁的上部雕刻并彩绘上下两层宽带状牡丹图案,宽约50厘米。上层为缠枝牡丹,下层在覆莲瓣纹中刻一大朵牡丹花。底色均为红色,用金箔装饰莲瓣边线。花朵分三层,最里面是米黄色花蕊,第二层是血红花瓣,外围是浅蓝色或绿色花叶。色彩艳丽,绘刻细致、工整[4]。这种牡丹花与冯晖墓牡丹图案,色彩类似,有淡黄、血红、浅蓝色、绿色,图案也很规整。装饰色彩浓郁,与王处直墓壁画上的有根、茎、叶的自然状态的牡丹大不相同。

因此,概括来看,牡丹墓室壁画牡丹图,真正类似唐代卷轴画或壁画的,描绘自然状态的写生式牡丹的,只有王处直墓牡丹图。冯晖墓、南唐李昪墓、吴越康陵中的牡丹虽然艳丽多姿,但均以装饰图案或装饰纹样为主。其余如五代李茂贞夫人墓、洛阳邙山五代壁画墓、内蒙古塔尔梁五代壁画墓、连云港五代吴大和五年墓、苏州七子五代墓,甚至远在福建的五代王审知墓都出现了牡丹图案。牡丹图在五代十国壁画及绘画中大量出现(表3.3.2),甚至瓷器(图2-3-3)、木雕、金银器中

图2-3-3　五代耀州窑青瓷刻花牡丹唐草文水注(陕西省考古研究院王小蒙提供)

---

[1] 南京博物院:《南唐二陵发掘报告》,文物出版社1957年版,第23—29页。
[2] 杭州市文物考古研究所等:《浙江临安五代吴越王国康陵发掘简报》,《文物》2000年第2期。
[3] 杭州市文物考古研究所等:《浙江临安五代吴越王国康陵发掘简报》,《文物》2000年第2期。
[4] 杭州市文物考古研究所等:《浙江临安五代吴越王国康陵发掘简报》,《文物》2000年第2期。

也有涉及。这一方面说明了当时延续唐人追求牡丹所带来的富丽堂皇、雍容华贵的审美风尚，另一方面也从侧面反映了五代十国进一步世俗化、自由化、重享乐的精神层面追求。

表3.3.2　五代十国墓室壁画中牡丹题材图像统计

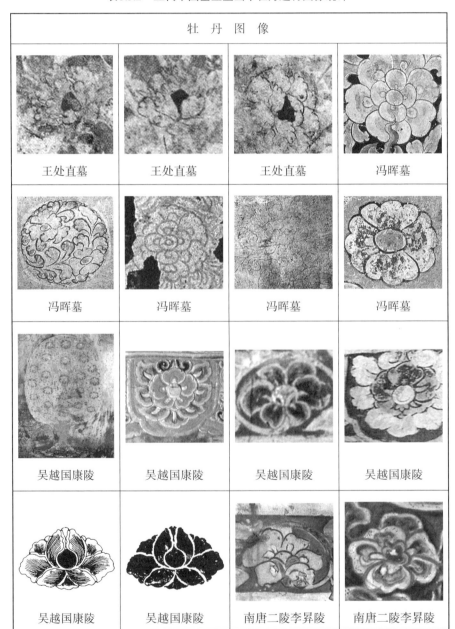

牡　丹　图　像			
王处直墓	王处直墓	王处直墓	冯晖墓
冯晖墓	冯晖墓	冯晖墓	冯晖墓
吴越国康陵	吴越国康陵	吴越国康陵	吴越国康陵
吴越国康陵	吴越国康陵	南唐二陵李昪陵	南唐二陵李昪陵

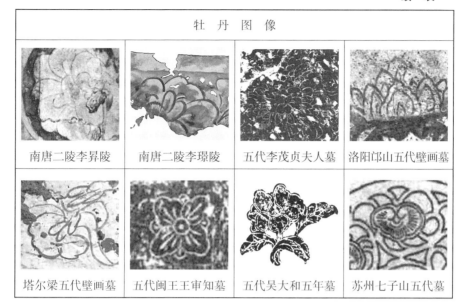

二、对鸟图

五代十国壁画中出现一种非常特别的对鸟图装饰，最大的特色是主体图案两两相对，对鸟的种类主要有凤凰、绶带鸟、鸳鸯、仙鹤等。

对鸟图中的主体图案以凤凰和仙鹤居多，凤凰飞舞，仪态优美，多比喻祥瑞之像。《尚书》说："《萧韶》九成，凤凰来仪。"[1]这种有凤来仪便成为古时常用的祥瑞之兆。《汉书·王莽传上》记载："甘露从天下，醴泉自地出，凤凰来仪，神爵降集。"[2]

吴越康陵出现了四组"金箔对鸟凤凰"，康陵后室门有两重，里面是门框，门框和上面额枋相连；外面有左右方形立柱，方柱与额枋间用榫卯连接。里外两重额枋左右三分之一处，用金箔描贴两展翅凤凰，横向相对，相向飞翔，且以绿、白二色绘出云彩，在两组方柱上部三分之一处，又用金箔竖贴凤凰，引颈向上[3]。此四组对鸟凤凰均为金箔剪贴而成，外形以写意为主，嘴部、头、翅、尾巴都是剪成的大致轮廓（图2-3-4）。

---

[1] 冀昀主编：《尚书》，线装书局2007年版，第31页。
[2]（汉）班固撰、赵一生点校：《汉书》，浙江古籍出版社2000年版，第1223页。
[3] 杭州市文物考古研究所等：《浙江临安五代吴越王国康陵发掘简报》，《文物》2000年第2期。

图2-3-4 五代吴越国康陵后室"金箔凤凰"（引自杭州市文物考古研究所等：《浙江临安五代吴越王国康陵发掘简报》，《文物》2000年第2期）

冯晖墓东侧室东壁绘有团花双凤对鸟图，凤鸟上下两两相对，浅黄色，身子修长飘逸，凤尾粗大，既富贵又有飘逸之美[1]（图2-3-5）。艺术风格与吴越康陵的金箔对鸟凤凰极为相似。此外，广州南汉康陵也出土双凤纹瓦当（图2-3-6）。

西蜀王建墓出现多幅线刻对鸟图案，集中在出土的"宝盝"上。关于宝盝的作用，冯汉骥在王建墓发掘报告中考证道："宝盝的制度，唐以前已不能详，惟《宋会要辑稿》、《文献通考》及《宋史·舆服志》等书中曾略言之。此三书所记载的制度，均为上尊号及册后妃、太子所用，并非拿来作殉葬用者，但其所记载的制度颇有与王建墓内宝盝制度相合者。"[2] 王建墓宝盝分内外两重，皆正方形，外重盒为67厘米，高19.2厘米；内重盒60.3厘米，高14厘米。

图2-3-5 五代冯晖墓东侧室东壁团花双凤对鸟图案（引自咸阳市文物考古研究所：《五代冯晖墓》，重庆出版社2001年版，第60页，图六十四）

图2-3-6 广州南汉康陵出土双凤纹瓦当（引自广州市文物考古研究所：《广州南汉德陵、康陵发掘简报》，《文物》2006年第7期）

---

[1] 咸阳市文物考古研究所：《五代冯晖墓》，重庆出版社2001年版，第34页。
[2] 冯汉骥：《前蜀王建墓发掘报告》，文物出版社2002年版，第74页。

王建宝盝上的对鸟凤凰主要都是"团花对鸟纹"，这是其与众不同之处。外宝盝盒盖中部有两组对鸟凤凰，左右各两只，也成一对，凤凰为工笔线刻而成，凤尾呈波浪型，如飘带，围绕盒盖中部。对鸟为银平脱构成，造型繁复精美，二鸟凤尾盘桓而飞，每一个构成一个半月形，合起来组成团花纹饰。凤翅、凤尾线型浓密均匀，细如游丝，灵动流畅。内宝盝底部上有一对银质平脱凤鸟，凤冠巨大，凤身细瘦，尾巴用左右对称蕉叶型羽毛，整个凤尾风格古拙厚重。内宝盝盖上有一对银质平脱凤鸟，最特别处是凤尾用左右相对的四组圆环组成。外重宝盝盒底上四角镶鸳鸯4只，两两相对而飞[1]。王建棺床偏东方向发现的金银胎漆碟，为五瓣型，圆底，圈足，胎分两层，内层为银，外层为铅，外层有髹漆，已脱落。碟内底部可有线刻对鸟双凤，以卷草纹为背景衬托[2]。

王建墓出土的哀册和谥册均放置在册匣中，两匣大小、形制相同，匣全部漆成深红色，四周镶银皮。每个盖面有椭圆形对鸟团花5组，均以忍冬纹为底；正中为双凤对鸟，各自衔绶带，上下对飞。在其左右有仙鹤对鸟团花，双鹤对飞，衔卷草纹；再外面为孔雀对鸟团花，衔绶带纹[3]。此幅双凤对鸟团花与外宝盝盖上正中的对鸟双凤皆相似，不同之处在于宝盝上对鸟双凤未衔绶带，是衔卷草纹，而对鸟仙鹤衔的卷草纹正好与其相似，可见这些对鸟纹应是依照固定样式之作而成的，也说明当时西蜀这种对鸟凤凰是很成熟的装饰艺术品，甚至有批量模制的可能（表3.3.3—表3.3.5）。

表3.3.3　王建墓对飞凤凰图像统计表

对飞凤凰图像		

王建墓内层盝底盒上的平脱凤鸟	王建墓外层盝盖面正中的银平脱双凤团花	王建墓册匣盖面双凤团花细部

---

[1] 冯汉骥：《前蜀王建墓发掘报告》，文物出版社2002年版，第74页。
[2] 冯汉骥：《前蜀王建墓发掘报告》，文物出版社2002年版，第80页。
[3] 冯汉骥：《前蜀王建墓发掘报告》，文物出版社2002年版，第82页。

表3.3.4　五代十国对鸟式图案统计表

对　鸟　图　像		
王建墓外重盝盖上中部的鸟	王建墓内重盝盖上的平脱飞鸟	王建墓外重盝盒上的鸳鸯
王建墓册匣盖面双鹤团花	王建墓册匣盖面孔雀团花	镇江五代砖室墓青瓷大碗心纹饰
五代王处直墓壁画	五代王处直墓壁画	五代王处直墓壁画

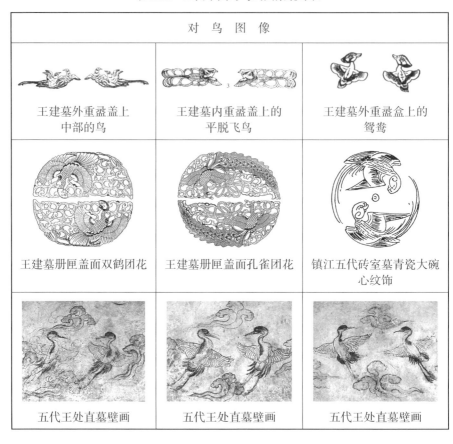

表3.3.5　敦煌壁画人物服饰对鸟式图案统计表[1]

对　鸟　图　像		
女供养人（于阗国王及曹议金家族）服饰披带图案	曹议金女供养人刺绣前补子图案	外檐刺绣供桌毯图案

[1] 常沙娜编著：《中国敦煌历代服饰图案》，中国轻工业出版社2001年版，第214、218、221页。

冯晖墓顶部绘有一幅鸳鸯图,鸳鸯用墨线勾勒而成,两只鸳鸯围绕中间的绶带莲花图案,这幅对鸟图和诸多繁缛的装饰图案不一样,只用简要的墨线勾勒,粗犷朴实,写实性大于装饰性[1]。李茂贞夫人墓庭院东西廊壁有鸳鸯牡丹图两幅,中心图案为两只首尾相对的鸳鸯,鸳鸯曲颈昂首,翅羽舒展[2],与冯晖墓鸳鸯图在构图上基本一致(图2-3-7)。

1　　　　　　　　　　　2　　　　　　　　　　　3

图2-3-7　五代冯晖墓、五代李茂贞夫人墓中鸳鸯图像比较(笔者制作):1.五代冯晖墓鸳鸯图案;2、3.五代李茂贞夫人墓鸳鸯图案

对鸟仙鹤图主要以王处直墓壁画为代表,其墓室前室东西壁上绘有八幅屏风《云鹤图》,均系对鸟式构图。云鹤类题材入画,早见于唐代著名画家薛稷(649—713)作品。《唐朝名画录》记载:"(薛稷)画踪如阎立本,今秘书省有画鹤,时号一绝。"[3]且仙鹤成为屏风画题材,亦是薛稷所创。《历代名画记》明确说:"(薛稷)画鹤知名,屏风六扇鹤样,自稷始也。"[4]且薛稷也画壁画仙鹤,杜甫《通泉县署屋壁后薛少保画鹤》赞道:"薛公十一鹤,皆写青田真。画色久欲尽,苍然犹出尘。"[5]黄休复《益州名画录》记载在西蜀还保留薛稷画的壁画仙鹤,"薛少保者,名稷。天后朝位至太子少保,文章学术,名冠当时,而好图画。《画品录》云:'秘书省有薛少保画鹤,时称一绝。'又闻蜀郡多有公画。卢求《成都记》云:'府衙院西厅少保画《鹤》与《青牛》,并少保自眉州司马迁移文记'"[6]。

五代时期,画鹤在淮南、西蜀依然很流行。《益州名画录》说:

---

[1]　咸阳市文物考古研究所:《五代冯晖墓》,重庆出版社2001年版,第24页。
[2]　罗宏才主编:《西部美术考古》,上海大学出版社2008年版,第261页。
[3]　于安澜编:《画品丛书·唐朝名画录》,上海人民美术出版社1982年版,第79页。
[4]　(唐)张彦远:《历代名画记》,江苏美术出版社2007年版,第235页。
[5]　张春林编:《屈原、陶渊明、李白、杜甫全集》,中国文史出版社1999年版,第302页。
[6]　(宋)黄休复撰、何韫若、林孔翼校注:《益州名画录》,四川人民出版社1982年版,第116页。

至少主广政甲辰岁。淮南通聘，信币中有生鹤数只。蜀主命筌写鹤于偏殿之壁，警露者、啄苔者、理毛者、整羽者、唳天者、翘足者，精彩态体，更愈于生，往往生鹤立于画侧。蜀主叹赏，遂目为六鹤殿焉。[1]

图2-3-8 唐永泰公主墓《云鹤图》(引自陕西文物管理委员会：《唐永泰公主墓发掘简报》，《文物》1964年第1期)

唐代墓室中也多次出现云鹤题材壁画，唐永泰公主墓室后甬道顶部绘有云鹤图[2]（图2-3-8）；西安市长安区韦洞墓后甬道、后室四壁均绘有云鹤图[3]；李宪墓墓道东西两壁仪卫图上方残存衔瑞草的仙鹤[4]（图2-3-9）；唐会昌四年（844）梁元翰墓、咸通五年（864）杨玄略墓都画六扇云鹤屏风，张彦远记载薛稷创立"屏风六鹤样"完全一致；2011年西安长安区发现郭子仪曾孙郭仲文墓，在墓道、甬道和墓室四壁发现10幅屏风仙鹤壁画，屏高约2米、宽约1米[5]。仙鹤都是单笔勾绘而成，朱顶、黑喙和黑腿，神态各异，生动传神。

上述主要是单鹤，或者群鹤壁画图案，与王处直墓对鸟云鹤图有异。但对鸟式云鹤图并非王处直墓首次出现，陕西富平唐节愍太子墓甬道拱券顶，绘有对鸟图案，残存仙鹤、凤凰、孔雀各一对，第二对仙鹤东边一只可见全貌，仙鹤展翅高翔、颈项顾盼、口衔玉佩；鹤形曲线流畅，尾羽飘逸，翎毛矫健，鹤顶及鹤喙用朱砂染红[6]。2007年西安市郭杜镇东祝村唐墓，墓室第三洞上方出现一对仙鹤，相向而行，嘴中均衔瑞草，左边鹤身

---

[1]（宋）黄休复撰、何韫若、林孔翼校注：《益州名画录》，四川人民出版社1982年版，第49、50页。
[2] 陕西文物管理委员会：《唐永泰公主墓发掘简报》，《文物》1964年第1期。
[3] 陕西省文物管理委员会：《长安县南里王村唐韦洞墓发掘记》，《文物》1959年第8期。
[4] 徐光冀主编：《中国出土壁画全集（7·陕西下）》，科学出版社2012年版，第356页。
[5] 陕西省考古研究院、西安市文物保护考古研究院：《西安凤栖原唐郭仲文墓发掘简报》，《文物》2012年第10期。
[6] 陕西省考古研究所：《唐节愍太子墓发掘简报》，《考古与文物》2004年第4期。

图2-3-9 唐李宪墓《衔瑞草仙鹤图》（引自徐光冀主编：《中国出土壁画全集（7·陕西下）》，科学出版社2012年版，第356页）

残，右边鹤下面绘一朵白云[1]。如前所述，王建墓室中装哀册和谥册的册匣盖面上有对鸟团花图案五组，以团花对鸟双凤为中心，在其左右有仙鹤对鸟团花图案，双鹤对飞，衔卷草纹。

王处直墓室中八幅对鸟云鹤图与唐墓对鸟云鹤图、王建墓团花对鸟云鹤图均不同。王处直墓室云鹤图构图很奇特，也很有规律性，均为"四云二鹤"式构图。每组云鹤由两只仙鹤组成，以四朵白云为背景，四朵白云组成一个近似菱形的空间。仙鹤两两成对，曲颈相望，展翅翱翔白云间；左右仙鹤身边均有白云相拥；仙鹤均以墨线勾勒，鹤顶染大红色，翅膀用淡墨，尾羽、双腿用浓墨。翎毛贲张有力，双腿伸展修长，身形飘逸。正如李白所写，"昂昂伫眙，霍若惊矫，形留座隅，势出天表"[2]。

五代这种画鹤、赏鹤之风直接影响到北宋。米芾《题苏中令家故物薛稷鹤》诗中说："从容雅步在庭除，浩荡闲心存万里。"[3]又说："余平生嗜此老（指薛稷）矣，此外无足为者。"[4]郭若虚《图画见闻志》记载宋徽宗时一场画鹤比赛："熙宁初，命白与艾宣、丁贶、葛守昌画垂拱殿御扆鹤竹各一扇，而白为首出。"[5]2009年陕西韩城市盘乐村218号墓室北壁发现一幅《湖石牡丹图》（图2-3-10），壁画中央绘有太湖石，石上一丛牡丹；壁画左右角分

---

[1] 徐光冀主编：《中国出土壁画全集（7·陕西下）》，科学出版社2012年版，第209页。
[2] 刘继才：《中国题画诗发展史》，辽宁人民出版社2010年版，第76页。
[3] （宋）米芾著、黄正雨、王心裁辑校：《米芾集》，湖北教育出版社2002年版，第5页。
[4] （宋）米芾撰：《画史》，中华书局1985年版，第3页。
[5] （宋）郭若虚撰、王其祎校点：《图画见闻志》，辽宁教育出版社2001年版，第43页。

别绘有两只仙鹤站立,左侧仙鹤曲颈右看,右侧仙鹤曲颈左看。前面所述对鸟云鹤图,一般双鹤距离相近,但此画两只仙鹤为牡丹太湖石所隔,相距甚远;从艺术风格看,此二鹤为写实风格,均为墨线勾勒轮廓,身涂白、朱顶、尾羽墨色,仙鹤身形比例科学美观,动态准确,赋彩自然生动,非前面各种云鹤所能比拟,显示北宋画家画鹤的水平已经超越前人[1]。

三、"金盆鹁鸽"花鸟

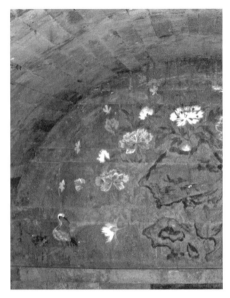

图2-3-10　陕西韩城市盘乐村218号墓《湖石牡丹图》(引自徐光冀主编:《中国出土壁画全集(7·陕西下)》,科学出版社2012年版,第416页)

郭若虚《图画见闻志》记述黄筌父子画样说:"居寀复以待诏录之,皆给事禁中。多写禁御所有珍禽瑞鸟、奇花怪石。今传世《桃花鹰鹘》、《纯白雉兔》、《金盆鹁鸽》、《孔雀龟鹤》之类是也。"[2]这里提到的"金盆鹁鸽"可谓是当时宫廷贵族花鸟画的代表型风格。

但是"金盆鹁鸽式"花鸟早在唐朝就已可见,而且在壁画中主要是以屏风画形式出现。河南安阳唐代赵逸公墓(829)的西壁有三扇屏风,中扇最大的屏风中央画有一个矩形金盆或银盆,装饰精美,图案繁复,特别是盆的边缘装饰有黑白相间的斑点花纹,十分醒目。盆中盛满清水,水纹荡漾,水面漂浮着花朵,盆前有三只大雁,引吭展翅,似乎是准备戏水的兴奋之态,盆后有一丛芭蕉。大雁外形以轻淡劲利的墨线勾勒,翅膀用浓墨勾描,表现翅羽的整齐和劲健,背部、腹部用墨点均匀点染,表现大雁腹、背松软的绒毛,空中有几只鹁鸽正在飞向盆中。左右两扇屏风的画面布局相似,以一块大湖石为中心,石前有几只喜鹊和鹦鹉,石后有茂盛的花草,还有燕子、黄鹂、蝴蝶、蜜蜂、蚱蜢在花草中飞舞。整个画面既华丽富贵,又表现贵族生活的

---

[1] 徐光冀主编:《中国出土壁画全集(7·陕西下)》,科学出版社2012年版,第416、417页。
[2] (宋)郭若虚撰、王其祎校点:《图画见闻志》,辽宁教育出版社2001年版,第10页。

闲适之气[1]。

　　唐德宗长女唐安公主墓墓室西壁亦有一幅"金盆鹁鸽",画面中央为一个大团花纹盆,盆沿右侧蹲立二斑鸠、二黄莺;盆左不远处有两只鸽子,相互顾盼而立;盆右有两只雉鸡,冲天飞翔。画面两侧各有一鲜花绽放的小树,地面围绕中心的盆,点缀诸多花草,整个画面构图饱满,花卉草木与禽鸟相间,描绘鸟语花香、富贵精致的皇家贵族生活气息[2]。

　　五代王处直墓壁画花鸟也明显体现了这种"金盆鹁鸽"花鸟(图2-3-11),在继承唐代的艺术风格的基础上,也呈现出自己的特色,表现为不再以"金盆"为构图中心,甚至没有出现"金盆"。前室绘有五扇屏风花鸟画,取代金盆中心位置的是湖石,湖石用墨线勾勒轮廓和层次结构,再以浓淡水墨晕染凸显阴阳向背。王处直墓室花鸟画面构图有一致性,鹁鸽在下,蝴蝶、蜜蜂在上,这点和赵逸公墓、唐安公主墓中"金盆鹁鸽图"是一致的。但是王处直墓花鸟特色很明显:其一是"左右对称式"构图,花卉、鸟雀、蜂蝶布局均以湖石为中心,左右对称构图。其二是花卉竹木均作生长在地上的全株式,未见文献所述如边鸾的"折枝花",也和陕西蒲城李宪墓(742)壁画贵妇团扇上出现的缠枝牡丹不一样。其三构图用线轻利,画面敷色明艳,完全符合文献记载边鸾"下笔轻利,用色艳明"的艺术风格。王处直墓室壁画花卉均用轻淡流畅的墨线勾勒,敷色艳丽明快,视觉

图2-3-11　五代王处直墓花鸟壁画(引自河北省文物研究所、保定市文物管理处:《五代王处直墓》,文物出版社1998年版,彩版八)

---

[1] 李星明:《唐代和五代墓室壁画中的花鸟画》,《南京艺术学院学报(美术与设计版)》2007年第1期。
[2] 陈安利、马咏钟:《西安王家坟唐代唐安公主墓》,《文物》1991年第9期。另参见李星明:《唐代和五代墓室壁画中的花鸟画》,《南京艺术学院学报(美术与设计版)》2007年第1期。

感很强烈。牡丹花蕊填深红色,花瓣则用淡红,既表现花色的深浅变化,富有立体感,又十分雅致贵气;鹁鸽姿态各异,或站立,或啄蚱蜢,或卧憩,或回首顾盼,神态生动,特别是鹁鸽双翅点染成红色,使画面十分生动,整个画面体现的是一派富贵、雍容、精致的贵族生活[1]。

五代西蜀地区显然也流行"金盆鹁鸽式"花鸟,画风似边鸾的滕昌祐,随唐僖宗入蜀,其花鸟画对西蜀有源头性影响,"寿至八十五,然年高其笔犹强健"[2]。《宣和画谱》记载说黄筌"花竹师滕昌祐"[3],说明黄筌间接学习和继承了边鸾的艺术风格。长安人刁光胤于天复年间(901—904)入蜀,居住蜀地30余年。《益州名画录》说黄筌也跟他学过花鸟。"入蜀之后,前辈有攻花雀者,顿减价矣。有师问笔法者,黄筌、孔嵩二人,亲授其诀。孔类升堂,黄得入室。"[4]

从时间上看,王处直墓建于923年前后,其花鸟画绘制年代正值刁光胤寓居西蜀传授弟子之时,即黄筌拜师学艺期间,所以西蜀以黄筌为代表的花鸟画和王处直墓花鸟画中绘制从年代上看有一定差距,但艺术风格根源有一致之处,从与黄筌传世作品《写生珍禽图》比较来看,两者无疑均为五代鹁鸽类题材杰作。黄筌所画禽鸟用笔精确工致,敷色细腻,层次丰富,但是略欠鲜活之气,特点是"精",王处直墓中的鸽子虽然略显粗犷,用笔用色不及黄筌那样细腻,但造型同样精准,神情动态更加富有生机,特点是"活"。

四、"江湖野逸"花鸟

五代十国花鸟壁画在延续"金盆鹁鸽"式贵族化风格以外,另一种风格也悄然延续和发展,这便是花鸟画的民间化、野逸化风格。中晚唐后,"花鸟画开始走向市井,迎合平民需要"[5]。推动花鸟画发展的主要画家边鸾完成了一个从富贵到平民化的转变,因为他后来流落泽、潞一带,已经远离京城,而且生活状态是"穷苦",现实条件决定他不可能还走宫廷绘画的路子,只能以民间生活题材作为表现对象。

---

[1] 河北省文物研究所、保定市文物管理处:《五代王处直墓》,文物出版社1998年版,第17页。
[2] 潘运告主编、岳仁译注:《宣和画谱》,湖南美术出版社1999年版,第338页。
[3] 潘运告主编、岳仁译注:《宣和画谱》,湖南美术出版社1999年版,第330页。
[4] (宋)黄休复撰、何韫若、林孔翼校注:《益州名画录》,四川人民出版社1982年版,第65页。
[5] 李星明:《唐代和五代墓室壁画中的花鸟画》,《南京艺术学院学报(美术与设计版)》2007年第1期。

新疆阿斯塔那217号唐墓六扇屏风花鸟画虽然敷色浓艳,有富贵之气,在题材上却有多样化色彩,充满民间野逸情趣,六幅作品以旷野为背景,地上远山,天空云朵、飞燕,画面开阔,不是金盆鹁鸽那种定位于贵族花园或厅堂一角。主所绘题分别为兰花、百合、水仙、芦苇等寻常花卉,并没有大红大紫的牡丹等,以及芦雁、野鸭、野雉、鸳鸯等野禽,皆为普通题材,没有点缀贵族生活的金盆、银盆、鹁鸽之类元素[1](图2-3-12)。

图2-3-12　新疆阿斯塔纳217号唐墓《六屏花鸟图》(引自徐光冀主编:《中国出土壁画全集(9·甘肃·宁夏·新疆)》,科学出版社2012年版,第214、215页)

北京王公淑《牡丹芦雁图》中不仅有体现富贵色彩的牡丹,也有秋葵、百合和野草等寻常花草,它们与牡丹组合一起,既有贵族气息又有民间化倾向[2]。

王处直墓花鸟壁画也是如此,不仅有"金盆鹁鸽"的富贵花鸟,也出现了民间化题材。王处直墓西壁下栏有两幅花鸟,一幅为《月季图》,另一幅为《牵牛花图》。《月季图》为仿屏风式,花柱位于画面正中,植株呈对称结构,枝叶茂盛,如一株花树;枝叶互不遮挡,均匀地分布于画面;枝叶原本可能是青绿色,但颜色已剥落成偏黄灰。花朵采用色彩性质稳定的朱砂,故鲜明如昔。月季花下有一鸽,明眸顾盼,羽毛鲜亮,衬以月季,更显灵动。

画家周滉也为花鸟画民间化、野逸化做出突出贡献,其花鸟画特点是:"作远江近渚、竹溪蓼岸、四时风物之变,揽图便如与水云鸥鹭相追逐。"[3]这

---

[1] 宿白主编:《中国美术全集·绘画篇12·墓室壁画》,文物出版社1989年版,第49、50页。
[2] 北京市海淀区文物管理所:《北京市海淀区八里庄唐墓》,《文物》1995年第11期。
[3] 潘运告主编、岳仁译注:《宣和画谱》,湖南美术出版社1999年版,第322页。

种江渚、竹溪、水云鸥鹭展现的是远阔的江南,营造的是荒寒野逸的艺术氛围,与以庭院奇石为背景的"金盆鹁鸽"差异明显。周滉这种艺术特色很快被五代南方文人画家继承和发展。至南唐,画家徐熙在民间化花鸟风格基础上,创立一种全新风格的花鸟画,《图画见闻志》说徐熙的艺术创作是"志节高迈,放达不羁,多状江湖所有汀花野竹,水鸟渊鱼"[1]。另一位画家胡擢花鸟也是"气韵高迈,飘飘然有方外之志。……乃作草木禽鸟,亦诗人感物之作也"[2]。画家郭乾晖更是"善画草木鸟兽,田野荒寒之景"[3]。

从主题看,这种以江湖"汀花野竹,水鸟渊鱼""水云鸥鹭"为表现对象的风格,与"黄家样"表现庭院"金盆鹁鸽"题材显然是天壤之别,帝王将相自然喜欢富丽堂皇的"金盆鹁鸽"花鸟,但是民间文人恰恰要借江湖野逸花鸟来表现自己恬淡的情趣和胸怀,正如后来倪瓒所说:"余之竹,聊以写胸中逸气耳,岂复较其似与非,叶之繁与疏,枝之斜与直哉?"[4]

如青绿山水与水墨山水,花鸟画因表现主题的不同,所以技法和用色方法也各不相同,徐熙和钟隐尝试放弃彩色,用浓淡不一的墨色来表现花鸟的身姿和神姿,抒发五代这个动荡年代下文人隐逸和超脱情怀。钟隐的创作特色就是"善画鸷禽榛棘,能以墨色浅深分其向背"[5]。很显然,用富丽堂皇、五彩斑斓作为"金盆鹁鸽"花鸟的色法是科学必要的,水墨和艳丽的色彩相比,更适合表现一种恬淡、天然、野逸的审美情趣。徐熙的作品也正是与西蜀工笔花鸟不同,用寥寥数笔的"没骨"写意,用水墨代替色彩艳丽、精雕细琢的西蜀花鸟,表现一种荒寒、野逸之趣,"金盆鹁鸽"花鸟自然无法负载这样的艺术情感。

观察唐代、五代墓室壁画,以及参照文献资料,可知民间化题材、文人野逸情怀、水墨技法等多种因素的注入使花鸟画经过五代这个转折点。花鸟画开始由唐代边鸾以长安为地理中心向五代多中心转移,不管是北方还是南方,都开始明显分化,两种风格画的种子落在西蜀和南唐这两块不同的艺术土壤里。五代前后蜀均多为武夫执政,这些人马上得天下,文化程度不高,艺术也就是其荣华富贵生活的点缀品,因此对"金盆鹁鸽"式有很强的需求;南唐所在的金陵,六朝时期就是文人荟萃之地,因此对那种能寄托情

[1](宋)郭若虚撰、王其祎校点:《图画见闻志》,辽宁教育出版社2001年版,第11页。
[2]潘运告主编、岳仁译注:《宣和画谱》,湖南美术出版社1999年版,第322页。
[3]潘运告主编、岳仁译注:《宣和画谱》,湖南美术出版社1999年版,第324页。
[4](元)倪瓒:《清閟阁集·卷九·题画竹》,西泠印社出版社2010年版,第302页。
[5]潘运告主编、岳仁译注:《宣和画谱》,湖南美术出版社1999年版,第328页。

怀的江湖野逸花鸟更钟情。宫廷贵族情趣的花鸟由黄筌父子承其衣钵,江湖野逸花鸟画由徐熙、郭乾晖、钟隐等画家发扬光大,形成了"黄家富贵,徐熙野逸"这两种各具特色、各有艺术魅力的流派[1]。

本章附表:

附表1　汉至宋元时期主人像统计表

序号	图像名称	出土墓葬	年代	尺寸	墓主人图像	资料来源
1	墓主人坐帐图	河北省安平县逯家庄东汉壁画墓	东汉熹平五年(176)	画高180厘米		徐光冀主编:《中国出土壁画全集(1·河北)》,科学出版社2012年版,第11页
2	墓主人夫妇图	陕西省定边县郝滩乡汉墓	新—东汉(9—220)	高约48厘米、宽71厘米		徐光冀主编:《中国出土壁画全集(6·陕西上)》,科学出版社2012年版,第58、59页
3	墓室人及农耕图	陕西省靖边县杨桥畔杨一村东汉墓	东汉(25—220)	高40厘米、宽154厘米		徐光冀主编:《中国出土壁画全集(6·陕西上)》,科学出版社2012年版,第103页
4	主薄图	河北省望都县一号汉墓	东汉(25—220)	人物高约(跽坐)52厘米		徐光冀主编:《中国出土壁画全集(1·河北)》,科学出版社2012年版,第22页

---

[1] 李星明:《唐代和五代墓室壁画中的花鸟画》,《南京艺术学院学报(美术与设计版)》2007年第1期。

续　表

序号	图像名称	出土墓葬	年代	尺寸	墓主人图像	资料来源
5	主记史	河北省望都县1号汉墓	东汉（25—220）	人物高约（跽坐）52厘米		徐光冀主编：《中国出土壁画全集（1·河北）》，科学出版社2012年版，第23页
6	墓主安车出行图（局部）	河南省偃师市杏园村首阳山电厂汉墓	东汉（25—220）	高约60厘米		徐光冀主编：《中国出土壁画全集（5·河南）》，科学出版社2012年版，第59页
7	后壁墓主人图（局部）	河南省新安县铁塔山汉墓	东汉（25—220）	不详		徐光冀主编：《中国出土壁画全集（5·河南）》，科学出版社2012年版，第61页
8	男墓主图	河南省洛阳市东北郊朱村2号墓	东汉晚期—曹魏时期（220年前后）	不详		徐光冀主编：《中国出土壁画全集（5·河南）》，科学出版社2012年版，第62页
9	女墓主图	河南省洛阳市东北郊朱村2号墓	东汉晚期—曹魏时期（220年前后）	不详		徐光冀主编：《中国出土壁画全集（5·河南）》，科学出版社2012年版，第62页

续表

序号	图像名称	出土墓葬	年代	尺寸	墓主人图像	资料来源
10	墓主人宴饮图	甘肃省嘉峪关市新城1号墓	三国·魏甘露二年（257）	高17.5厘米、宽36.5厘米		徐光冀主编：《中国出土壁画全集(9·甘肃、宁夏、新疆)》，科学出版社2012年版，第9页
11	主簿及议曹掾图（摹本）	辽宁省辽阳市棒子台2号壁画墓	汉魏之际（3世纪）	高140厘米、宽100厘米		徐光冀主编：《中国出土壁画全集(8·辽宁、吉林、黑龙江)》，科学出版社2012年版，第10页
12	夫妇对坐图（摹本）	辽宁省辽阳市三道壕1号壁画墓	汉魏之际（3世纪）	高105厘米、宽140厘米		徐光冀主编：《中国出土壁画全集(8·辽宁、吉林、黑龙江)》，科学出版社2012年版，第15页
13	夫妇对坐图	辽宁省辽阳市三道壕1号壁画墓	汉魏之际（3世纪）	高105厘米、宽80厘米		徐光冀主编：《中国出土壁画全集(8·辽宁、吉林、黑龙江)》，科学出版社2012年版，第16页
14	墓主图	甘肃省酒泉市果园乡丁家闸5号墓	十六国（304—439）	高约80厘米、宽约110厘米		徐光冀主编：《中国出土壁画全集(9·甘肃、宁夏、新疆)》，科学出版社2012年版，第129页

续表

序号	图像名称	出土墓葬	年代	尺寸	墓主人图像	资料来源
15	墓主人生活纸画	新疆维吾尔自治区吐鲁番市阿斯塔纳墓地13号墓	东晋（317—420）	高46.2厘米、宽105厘米		徐光冀主编：《中国出土壁画全集（9·甘肃、宁夏、新疆）》，科学出版社2012年版，第212页
16	墓主人像	辽宁省朝阳市十二台营子乡袁台子村壁画墓	前燕（337—370）	画面高80.5厘米、宽65.2厘米		徐光冀主编：《中国出土壁画全集（8·辽宁、吉林、黑龙江）》，科学出版社2012年版，第35页
17	墓主人像（摹本）	辽宁省朝阳县北沟门子北燕壁画墓	北燕（409—436）	残高36厘米、宽50厘米		徐光冀主编：《中国出土壁画全集（8·辽宁、吉林、黑龙江）》，科学出版社2012年版，第53页
18	主人、侍者图	山西省大同市东郊沙岭村7号墓	北魏太延元年（435）	高约30厘米、宽约40厘米		徐光冀主编：《中国出土壁画全集（2·山西）》，科学出版社2012年版，第19页
19	夫妇并坐图（局部）	山西省大同市东郊沙岭村7号墓	北魏太延元年（435）	高约180厘米、宽约286厘米		徐光冀主编：《中国出土壁画全集（2·山西）》，科学出版社2012年版，第22页

续 表

序号	图像名称	出土墓葬	年代	尺寸	墓主人图像	资料来源
20	夫妇对坐图	吉林省集安市洞沟古墓群禹山墓区中部角抵墓	高句丽（4世纪中叶）	高约220厘米、宽约290厘米		徐光冀主编：《中国出土壁画全集（8·辽宁、吉林、黑龙江）》，科学出版社2012年版，第106、107页
21	主人并坐图（摹本）	山西省太原市第一热电厂北齐墓	北齐（550—577）	高约233厘米、宽约250厘米		徐光冀主编：《中国出土壁画全集（2·山西）》，科学出版社2012年版，第100页
22	墓主人出行图	山东省济南市文化东路冶金宾馆院内北齐墓	北齐武平二年（570）	高约150厘米、宽约340厘米		徐光冀主编：《中国出土壁画全集（4·山东）》，科学出版社2012年版，第63页
23	夫妇并坐图	山西省太原市王家峰村北齐徐显秀墓	北齐武平二年（571）	高约410厘米、宽约570厘米		徐光冀主编：《中国出土壁画全集（2·山西）》，科学出版社2012年版，第90页
24	墓主人图（摹本）	河北省磁县东槐树村高润墓	北齐隆化元年（576）	高285厘米、宽645厘米		徐光冀主编：《中国出土壁画全集（1·河北）》，科学出版社2012年版，第32页
25	李贤像	陕西省乾县章怀太子墓	唐神龙二年（706）	不详		徐光冀主编：《中国出土壁画全集（7·陕西下）》，科学出版社2012年版，第271页

续 表

序号	图像名称	出土墓葬	年代	尺寸	墓主人图像	资料来源
26	墓主人像	陕西西安唐高元珪墓	唐至德元年（756）	不详		陕西历史博物馆编：《唐墓壁画集锦》，陕西人民美术出版社1991年版，第153页
27	墓主图	北京市宣武区陶然亭唐何府君墓	唐史思明天顺元年（759）	高约140厘米、宽80厘米		徐光冀主编：《中国出土壁画全集（10·北京、江苏、浙江、福建、江西、湖北、广东、重庆、四川、云南、西藏）》，科学出版社2012年版，第1页
28	张议潮像	敦煌156窟	晚唐	不详		段文杰主编：《中国美术全集·绘画编·15·敦煌壁画下》，上海人民美术出版社1985年版，第132页
29	于阗国王供养像	敦煌石窟第98窟	五代	不详		敦煌文物研究所编：《敦煌莫高窟（五）》，文物出版社2013年版，图13
30	曹议金像	敦煌石窟第100窟	五代	不详		敦煌文物研究所编：《敦煌莫高窟（五）》，文物出版社2013年版，图31

续 表

序号	图像名称	出土墓葬	年代	尺寸	墓主人图像	资料来源
31	王建像	前蜀王建墓	前蜀光天元年（918）	此像坐于几上，全高96.5厘米、几高30.5厘米		冯汉骥:《前蜀王建墓发掘报告》，文物出版社2002年版，第68页
32	王审知	闽王王审知墓	后唐同光三年（925）	不详	《福州府志》卷七十六《杂谈二》记载，王审知墓:"圹广如屋，前祀王像，……后寝红棺二。"	(明)喻政主修、福州市地方志编纂委员会整理:《福州府志（下）》，海风出版社2001年版，第754页
33	刘龑及及夫人	五代南汉国主刘龑墓	后晋天福七年（942）	不详	"予家板桥，对岸有洲名北亭，当五羊城之东……崇祯丙子秋，田间有雷出，奋而成穴。耕者梁父过见之。因投以巨石，空空有声。乃内一雄鸡其中。自伺守，至夜尽，闻鸡鸣无恙。于是率子弟入，将大发之。见有金人如翁仲之属者凡数，举之各重十五六斤；其正处二金像，冕而坐，如王者与后之仪，各重五六十斤……盖南汉刘氏冢也。"	黎遂球:《吊南汉刘氏墓赋序》，《莲须阁集》卷1，第30—31页，《四库禁毁书丛刊》集部第183册，北京出版社2000年版
34	赵廷隐像	后蜀宋王赵廷隐墓	后蜀广政十三年（950）	不详		李清泉:《墓主像与唐宋墓葬风气之变——以五代十国时期的考古发现为中心》，《美术学报》2014年第4期

续表

序号	图像名称	出土墓葬	年代	尺寸	墓主人图像	资料来源
35	王建嫔妃像	王建嫔妃墓	不详	不详		李清泉：《墓主像与唐宋墓葬风气之变——以五代十国时期的考古发现为中心》，《美术学报》2014年第4期
36	钱元玩	吴越国钱元玩墓	不详	不详	《临安县志》(清宣统二年重修)："普光大师墓。在(临安)县治南二里净土寺，武肃王十九子普光修禅于此，圆寂后，即葬焉。墓前建塔，号普光塔，有石琢遗像。"	浙江省文物管理委员会：《杭州、临安五代墓中的天文图和秘色瓷》，《考古》1975年第3期
37	李茂贞夫人	五代李茂贞夫人墓	后晋天福八年（943）	不详		宝鸡市考古研究所刘军社提供
38	墓主人姓名不详	内蒙古清水河塔尔梁五代壁画墓	不详	不详		内蒙古师范大学科学技术史研究院、内蒙古文物考古研究所：《内蒙古清水河塔尔梁五代壁画墓发掘简报》，《文物》2014年第4期
39	墓主人姓名不详	洛阳邙山镇营庄村北五代壁画墓	不详	不详		洛阳市文物考古研究院：《洛阳邙山镇营庄村北五代壁画墓》，《洛阳考古》2013年第1期

续　表

序号	图像名称	出土墓葬	年代	尺寸	墓主人图像	资料来源
40	夫妇对坐图	河南省新密市下庄河村宋墓	北宋（960—1127）	高80厘米、宽106厘米		徐光冀主编：《中国出土壁画全集（5·河南）》，科学出版社2012年版，第157页
41	夫妇对坐图	河南省济源市东石露头村宋墓	北宋（960—1127）	高155厘米、宽300厘米		徐光冀主编：《中国出土壁画全集（5·河南）》，科学出版社2012年版，第164页
42	夫妇对坐图	河南省荥阳市槐西村宋墓	北宋（960—1127）	高86厘米、宽78厘米		徐光冀主编：《中国出土壁画全集（5·河南）》，科学出版社2012年版，第182页
43	夫妇对坐图	河南禹州市白沙2号宋墓	北宋（960—1127）	高80厘米、宽100厘米		徐光冀主编：《中国出土壁画全集（5·河南）》，科学出版社2012年版，第191页
44	夫妇对坐图	河南登封市黑山沟村北宋李守贵墓	北宋绍圣四年（1097）	高134厘米、宽77厘米		徐光冀主编：《中国出土壁画全集（5·河南）》，科学出版社2012年版，第62页
45	夫妇对坐图	河南禹州市白沙北宋赵大翁墓	北宋元符二年（1099）	高92厘米、宽132厘米		徐光冀主编：《中国出土壁画全集（5·河南）》，科学出版社2012年版，第143页

续表

序号	图像名称	出土墓葬	年代	尺寸	墓主人图像	资料来源
46	夫妇对坐图	河南省新密市平陌村宋墓	北宋大观二年（1108）	高105厘米、宽70厘米		徐光冀主编：《中国出土壁画全集（5·河南）》，科学出版社2012年版，第149页
47	夫妇对坐图（摹本）（局部）	河北省井陉县柿庄村2号墓	金—元（1115—1368）	高约80厘米、宽约120厘米		徐光冀主编：《中国出土壁画全集（1·河北）》，科学出版社2012年版，第200页
48	夫妇对坐图	河南省新安县石寺乡李村北宋宋四郎墓	北宋靖康元年（1126）	不详		徐光冀主编：《中国出土壁画全集（5·河南）》，科学出版社2012年版，第156页
49	夫妇对坐图	山西省长治市东郊南垂村金墓	金贞元元年（1153）	高约51厘米、宽约64厘米		徐光冀主编：《中国出土壁画全集（2·山西）》，科学出版社2012年版，第142页
50	夫妇对坐图	河北省邢台市钢铁公司冶炼分厂墓	元（1206—1368）	高约70厘米		徐光冀主编：《中国出土壁画全集（1·河北）》，科学出版社2012年版，第218、219页

续 表

序号	图像名称	出土墓葬	年代	尺寸	墓主人图像	资料来源
51	主人神位图	山西省沁源县东王勇村元墓	元（1206—1368）	高约111厘米、宽约144厘米		徐光冀主编：《中国出土壁画全集（2·山西）》，科学出版社2012年版，第223页
52	夫妇并坐图（局部）	内蒙古赤峰市元宝山沙子山1号墓	元（1206—1368）	高94厘米、宽243厘米		徐光冀主编：《中国出土壁画全集（3·内蒙古）》，科学出版社2012年版，第224、225页
53	夫妇并坐图	内蒙古赤峰市三眼井元代2号壁画墓	元（1206—1368）	高65厘米、宽90厘米		徐光冀主编：《中国出土壁画全集（3·内蒙古）》，科学出版社2012年版，第228页
54	夫妇并坐图	内蒙古凉城县崞县夭乡后德胜村元墓	元（1206—1368）	高70厘米、宽210厘米		徐光冀主编：《中国出土壁画全集（3·内蒙古）》，科学出版社2012年版，第232页
55	夫妇对坐图	山东省济南市历城区大正小区埠东村元石雕墓	元（1206—1368）	高76厘米、宽100厘米		徐光冀主编：《中国出土壁画全集（4·山东）》，科学出版社2012年版，第168、169页
56	男主人图	山东省济南市历城区大正小区埠东村元石雕墓	元（1206—1368）	高约31厘米、宽约20厘米		徐光冀主编：《中国出土壁画全集（4·山东）》，科学出版社2012年版，第168、170页

续表

序号	图像名称	出土墓葬	年代	尺寸	墓主人图像	资料来源
57	女主人图	山东省济南市历城区大正小区埠东村元石雕墓	元（1206—1368）	高约31厘米、宽约20厘米		徐光冀主编：《中国出土壁画全集(4·山东)》，科学出版社2012年版，第168、171页
58	夫妇对坐图	山东省济南市历城区港沟镇邢村元墓	元（1206—1368）	高76厘米、宽100厘米		徐光冀主编：《中国出土壁画全集(4·山东)》，科学出版社2012年版，第179页
59	夫妇对坐图	山东省章丘市龙山镇元墓	元（1206—1368）	高约120厘米、宽约190厘米		徐光冀主编：《中国出土壁画全集(4·山东)》，科学出版社2012年版，第206页
60	女墓主人像	河南省尉氏县后大村元墓	元（1206—1368）	高120厘米、宽90厘米		徐光冀主编：《中国出土壁画全集(5·河南)》，科学出版社2012年版，第214页
61	夫妇对坐图	山东省淄博市博山区神头金墓	金大安（1210）	高68厘米、宽74厘米		徐光冀主编：《中国出土壁画全集(4·山东)》，科学出版社2012年版，第104、105页
62	男墓主	陕西省蒲城县洞耳村元墓	元至元六年（1269）	不详		徐光冀主编：《中国出土壁画全集(7·陕西下)》，科学出版社2012年版，第458页

续 表

序号	图像名称	出土墓葬	年代	尺寸	墓主人图像	资料来源
63	女墓主	陕西省蒲城县洞耳村元墓	元至元六年（1269）	不详		徐光冀主编：《中国出土壁画全集（7·陕西下）》，科学出版社2012年版，第458页

附表2　五代十国壁画中男侍像统计表

序号	墓葬名称	图像名称	图　像　内　容	资　料　来　源
1	五代冯晖墓	持杖男侍		咸阳市文物考古研究所：《五代冯晖墓》，重庆出版社2001年版，图四十四
2	五代王处直墓	男侍		河北省文物研究所、保定市文物管理处：《五代王处直墓》，文物出版社1998年版，彩版四
		男侍		河北省文物研究所、保定市文物管理处：《五代王处直墓》，文物出版社1998年版，彩版五

续 表

序号	墓葬名称	图像名称	图像内容	资料来源
2	五代王处直墓	侏儒男侍		河北省文物研究所、保定市文物管理处：《五代王处直墓》，文物出版社1998年版，彩版三四
3	内蒙古清水河塔尔梁五代壁画墓	男侍		内蒙古师范大学科学技术史研究院、内蒙古文物考古研究所：《内蒙古清水河塔尔梁五代壁画墓发掘简报》，《文物》2014年第4期
4	五代李茂贞夫人墓	抬轿男侍		宝鸡市考古研究所刘军社提供
		抬轿男侍		宝鸡市考古研究所刘军社提供

210

续表

序号	墓葬名称	图像名称	图像内容	资料来源
4	五代李茂贞夫人墓	牵马男侍		宝鸡市考古研究所刘军社提供
		牵驼男侍		宝鸡市考古研究所刘军社提供
5	内蒙古清水河塔尔梁五代壁画墓	守门人及牵马图		内蒙古师范大学科学技术史研究院、内蒙古文物考古研究所：《内蒙古清水河塔尔梁五代壁画墓发掘简报》，《文物》2014年第4期
6	洛阳孟津新庄五代壁画墓	男仪仗吏		洛阳市文物考古研究院：《洛阳孟津新庄五代壁画墓发掘简报》，《洛阳考古》2013年第1期
7	洛阳邙山镇营庄村五代壁画墓	门吏侍卫		洛阳市文物考古研究院：《洛阳邙山镇营庄村北五代壁画墓》，《洛阳考古》2013年第1期

续表

序号	墓葬名称	图像名称	图像内容	资料来源
8	五代后周恭帝柴宗训顺陵	武吏		徐光冀主编:《中国出土壁画全集》(6·河南),科学出版社2012年版,第128页
9	五代后蜀孟知祥墓	男宫人		成都市文物管理处:《后蜀孟知祥墓与福庆长公主墓志铭》,《文物》1982年第3期
10	南唐二陵李昪墓	男俑		南京博物院:《南唐二陵发掘报告》,文物出版社1957年版,图版52
11	南唐二陵李璟墓	男俑		南京博物院:《南唐二陵发掘报告》,文物出版社1957年版,图版91
12	江苏常州半月岛五代墓	男吏俑		常州市博物馆:《江苏常州半月岛五代墓》,《考古》1993年第9期

续表

序号	墓葬名称	图像名称	图像内容	资料来源
13	苏州七子山五代墓	铜男俑		苏州市文管会、吴县文管会：《苏州七子山五代墓发掘简报》，《文物》1981年第2期
14	福建永春五代墓	陶俑		晋江地区文管会、永春县文化馆：《福建永春发现五代墓葬》，《文物》1980年第8期
15	广州石马村南汉墓	男石俑		商承祚：《广州石马村南汉墓葬清理简报》，《考古》1964年第6期
16	成都双流籍田竹林五代后蜀双室合葬墓M1	陶生肖文官俑		成都文物考古研究所、双流县文物管理所：《成都双流籍田竹林村五代后蜀双室合葬墓》，收录于《成都考古发现》（2004），科学出版社2006年版，第336页

续表

序号	墓葬名称	图像名称	图像内容	资料来源
17	五代后蜀彭山宋琳墓	文俑		四川省博物馆文物工作队：《四川彭山后蜀宋琳墓清理简报》,《考古通讯》1958年第5期
		披风帽俑		四川省博物馆文物工作队：《四川彭山后蜀宋琳墓清理简报》,《考古通讯》1958年第5期
		高冠俑		四川省博物馆文物工作队：《四川彭山后蜀宋琳墓清理简报》,《考古通讯》1958年第5期
18	五代后蜀孙汉韶墓	陶俑		成都市博物馆考古队：《五代后蜀孙汉韶墓》,《文物》1991年第5期
		陶俑		成都市博物馆考古队：《五代后蜀孙汉韶墓》,《文物》1991年第5期

续 表

序号	墓葬名称	图像名称	图像内容	资料来源
19	西蜀宋王赵廷隐墓			闫佳楠:《赵廷隐墓出土乐舞伎俑音乐文化研究》,《文博》2019年第5期
20	五代闽国刘华墓	戴王冠执物俑		福建省博物馆:《五代闽国刘华墓发掘报告》,《文物》1975年第1期
		戴幞头帽拱立俑		福建省博物馆:《五代闽国刘华墓发掘报告》,《文物》1975年第1期
		戴幞头弯身俑		福建省博物馆:《五代闽国刘华墓发掘报告》,《文物》1975年第1期

续 表

序号	墓葬名称	图像名称	图像内容	资料来源
20	五代闽国刘华墓	戴道士帽抱卷俑		福建省博物馆:《五代闽国刘华墓发掘报告》,《文物》1975年第1期
		戴僧帽执物俑		福建省博物馆:《五代闽国刘华墓发掘报告》,《文物》1975年第1期
		戴角状帽执物俑		福建省博物馆:《五代闽国刘华墓发掘报告》,《文物》1975年第1期
		束发戴小冠执物俑		福建省博物馆:《五代闽国刘华墓发掘报告》,《文物》1975年第1期

续表

序号	墓葬名称	图像名称	图像内容	资料来源
21	江苏邗江蔡庄五代墓	戴幞头俑		扬州博物馆:《江苏邗江蔡庄五代墓清理简报》,《文物》1980年第8期
22	合肥西郊南唐墓	木俑头		石谷风、马人权:《合肥西郊南唐墓清理简报》,《文物参考资料》1958年第3期
		扁体俑		

附表3　五代十国壁画中女侍像统计表

序号	墓葬名称	图像名称	图像内容	资料来源
1	五代冯晖墓	持巾侍女		咸阳市文物考古研究所:《五代冯晖墓》,重庆出版社2001年版,图四十四

续表

序号	墓葬名称	图像名称	图像内容	资料来源
1	五代冯晖墓	抱蒲团侍女		咸阳市文物考古研究所:《五代冯晖墓》,重庆出版社2001年版,图五十三
		持净瓶侍女		咸阳市文物考古研究所:《五代冯晖墓》,重庆出版社2001年版,图五十七
		持拂尘侍女		咸阳市文物考古研究所:《五代冯晖墓》,重庆出版社2001年版,图五十六
2	洛阳邙山镇营庄村北五代壁画墓	弹唱宴饮侍女		洛阳市文物考古研究所:《洛阳邙山镇营庄村北五代壁画墓》,《洛阳考古》2013年第1期

续表

序号	墓葬名称	图像名称	图像内容	资料来源
2	洛阳邙山镇营庄村北五代壁画墓	劳作侍女		洛阳市文物考古研究所:《洛阳邙山镇营庄村北五代壁画墓》,《洛阳考古》2013年第1期
		理柜侍女		洛阳市文物考古研究所:《洛阳邙山镇营庄村北五代壁画墓》,《洛阳考古》2013年第1期
3	五代王处直墓	侍女		河北省文物研究所、保定市文物管理处:《五代王处直墓》,文物出版社1958年版,彩版七
		侍女童子		河北省文物研究所、保定市文物管理处:《五代王处直墓》,文物出版社1958年版,彩版一六

续 表

序号	墓葬名称	图像名称	图像内容	资料来源
3	五代王处直墓	侍女		河北省文物研究所、保定市文物管理处：《五代王处直墓》，文物出版社1958年版，彩版一七
		侍女		河北省文物研究所、保定市文物管理处：《五代王处直墓》，文物出版社1958年版，彩版一六
		侍女		河北省文物研究所、保定市文物管理处：《五代王处直墓》，文物出版社1958年版，彩版二二
		奉侍图		河北省文物研究所、保定市文物管理处：《五代王处直墓》，文物出版社1958年版，彩版三三

续表

序号	墓葬名称	图像名称	图像内容	资料来源
4	五代李茂贞夫人墓	导引者		宝鸡市考古研究所刘军社提供
		妇人启门		宝鸡市考古研究所刘军社提供
5	四川彭山后蜀宋琳墓	妇人启门		四川省博物馆文物工作队：《四川彭山后蜀宋琳墓清理简报》，《考古通讯》1958年第5期
6	南唐二陵李璟墓	持物女陶俑		南京博物院：《南唐二陵发掘报告》，文物出版社1957年版，图版94

续表

序号	墓葬名称	图像名称	图像内容	资料来源
7	江苏邗江蔡庄五代墓	木俑		扬州博物馆:《江苏邗江蔡庄五代墓清理简报》,《文物》1980年第8期
8	五代吴大和五年墓	木俑		江苏省文物管理委员会(屠思华):《五代吴大和五年墓清理记》,《文物参考资料》1957年第3期
				江苏省文物管理委员会(屠思华):《五代吴大和五年墓清理记》,《文物参考资料》1957年第3期
9	江苏常州半月岛五代墓	木俑		常州市博物馆:《江苏常州半月岛五代墓》,《考古》1993年第9期,图版捌
10	苏州七子山五代墓	铜女俑		苏州市文管会、吴县文管会:《苏州七子山五代墓发掘简报》,《文物》1981年第2期

附表4 五代十国壁画中伎乐像统计表

序号	墓葬名称	图像名称	图 像 内 容	资料来源
1	五代冯晖墓	伎乐浮雕		咸阳市文物考古研究所:《五代冯晖墓》,重庆出版社2001年版,第14、15页
		伎乐浮雕（男髽髻）		咸阳市文物考古研究所:《五代冯晖墓》,重庆出版社2001年版,图十八
		伎乐浮雕（女髽髻）		咸阳市文物考古研究所:《五代冯晖墓》,重庆出版社2001年版,图三十八
2	五代王处直墓	散乐浮雕		河北省文物研究所、保定市文物管理处:《五代王处直墓》,文物出版社1998年版,第39页
		散乐浮雕		河北省文物研究所、保定市文物管理处:《五代王处直墓》,文物出版社1998年版,彩版五六
		散乐浮雕		河北省文物研究所、保定市文物管理处:《五代王处直墓》,文物出版社1998年版,彩版五五

续 表

序号	墓葬名称	图像名称	图像内容	资料来源
3	五代李茂贞夫人墓	伎乐砖雕（抱拍板者）		宝鸡市考古研究所刘军社提供
		伎乐砖雕（击鸡娄鼓者）		宝鸡市考古研究所刘军社提供
		伎乐砖雕（操笛者）		宝鸡市考古研究所刘军社提供
		伎乐砖雕（叩拍板者）		宝鸡市考古研究所刘军社提供

续表

序号	墓葬名称	图像名称	图像内容	资料来源
3	五代李茂贞夫人墓	伎乐砖雕（弹琵琶者）		宝鸡市考古研究所刘军社提供
		伎乐砖雕（击羯鼓者）		宝鸡市考古研究所刘军社提供
		伎乐砖雕（吹笛者）		宝鸡市考古研究所刘军社提供
4	洛阳邙山镇营庄村北五代壁画墓	抱乐器墓主人		洛阳市文物考古研究院：《洛阳邙山镇营庄村北五代壁画墓》，《洛阳考古》2013年第1期

续表

序号	墓葬名称	图像名称	图像内容	资料来源
5	前蜀王建墓	伎乐浮雕		冯汉骥：《前蜀王建墓发掘报告》，文物出版社2002年版，图版拾柒、图版贰贰

续表

序号	墓葬名称	图像名称	图像内容	资料来源
6	四川后蜀宋王赵廷隐墓	伎乐俑	——	成都市文物考古研究所：《四川后蜀宋王赵廷隐墓发掘记》，《中国社会科学报》2011年5月26日第008版
7	四川彭山后蜀宋琳墓	伎乐浮雕		四川省博物馆文物工作队：《四川彭山后蜀宋琳墓清理简报》，《考古通讯》1958年第5期，图版三
8	内蒙古清水河县山跳峁墓	吹奏图		内蒙古文物考古研究所、乌兰察布博物馆、清水河县文物管理处：《内蒙古清水河县山跳峁墓地》，《文物》1997年第1期
9	内蒙古清水河塔尔梁五代壁画墓	伎乐图		内蒙古师范大学科学技术史研究院、内蒙古文物考古研究所：《内蒙古清水河塔尔梁五代壁画墓发掘简报》，《文物》2014年第4期

附表5　五代十国墓室壁画中乐器图像一览表[1]

乐器	冯晖墓	王建墓	王处直墓	李茂贞夫人墓	内蒙古清水河塔尔梁五代壁画墓	后蜀宋王赵廷隐墓	后蜀宋琳墓	江苏邗江蔡庄五代墓
琵琶	2	1	1	1		1		2
五弦								
箜篌	2	1	1					
筝		1	1		1（报告为琴）			
角	3？	2						
箫	2	1		1		1		
笛	3？	1	1	1	1		1（报告为篪）	
笙	2			1	1	1		
腰鼓	2	2						
毛圆鼓		1	1					
答腊鼓		1	1					
鸡娄鼓		1	1					
羯鼓		2	1					
大鼓	2		1	1				
正鼓			1					
羌鼓						1		
齐鼓						1		
拍板	2	2		2	1		1	6
方响	2	1						
钹		2						
尺八		吹叶						
贝								
钟								
磬		1		1				
觱篥	3	1	1		1			

---

[1] 参见罗丰：《五代后周冯晖墓出土彩绘乐舞砖雕考》，《考古与文物》1998年第6期。

附表6　五代十国壁画中武士、力士像统计表

序号	墓葬名称	图像名称	图像内容	资料来源
1	五代李茂贞墓	护法金刚像		宝鸡市考古研究所：《五代李茂贞夫妇墓》，科学出版社2008年版，第120页
2	五代李茂贞夫人墓	武官像		宝鸡市考古研究所：《五代李茂贞夫妇墓》，科学出版社2008年版，第123页
3	前蜀王建墓	十二护卫神雕刻		冯汉骥：《前蜀王建墓发掘报告》，文物出版社2002年版，图三七、三八、三九

续表

序号	墓葬名称	图像名称	图像内容	资料来源
4	四川彭山后蜀宋琳墓	浮雕力士像		四川省博物馆文物工作队：《四川彭山后蜀宋琳墓清理简报》，《考古通讯》1958年第5期
5	后蜀孟昶暨花蕊夫人墓	武士俑		江甸潮、徐式文、敖天照：《后蜀孟昶暨花蕊夫人墓的调查》，《四川文物》1988年第4期
6	后蜀孙汉韶墓	力士像		成都市文物管理处：《成都市东郊后蜀张虔钊墓》，《文物》1982年第3期
7	成都双流籍田竹林五代后蜀双室合葬墓M1	陶武士俑		成都文物考古研究所、双流县文物管理所：《成都双流籍田竹林村五代后蜀双室合葬墓》，收录于《成都考古发现》（2004），科学出版社2006年版，第333、334页

续表

序号	墓葬名称	图像名称	图像内容	资料来源
7	成都双流籍田竹林五代后蜀双室合葬墓M1	陶武士俑		成都文物考古研究所、双流县文物管理所：《成都双流籍田竹林村五代后蜀双室合葬墓》，收录于《成都考古发现》(2004)，科学出版社2006年版，第333、334页
8	成都双流籍田竹林五代后蜀双室合葬墓M2	石武士俑		成都文物考古研究所、双流县文物管理所：《成都双流籍田竹林村五代后蜀双室合葬墓》，收录于《成都考古发现》(2004)，科学出版社2006年版，第343页，图版二
		陶鼓俑		成都文物考古研究所、双流县文物管理所：《成都双流籍田竹林村五代后蜀双室合葬墓》，收录于《成都考古发现》(2004)，科学出版社2006年版，第359页

续表

序号	墓葬名称	图像名称	图像内容	资料来源
8	成都双流籍田竹林五代后蜀双室合葬墓M2	石武士俑		成都文物考古研究所、双流县文物管理所：《成都双流籍田竹林村五代后蜀双室合葬墓》，收录于《成都考古发现》（2004），科学出版社2006年版，图版二
		抬棺力士石像		
		陶生肖文官俑		成都文物考古研究所、双流县文物管理所：《成都双流籍田竹林村五代后蜀双室合葬墓》，收录于《成都考古发现》（2004），科学出版社2006年版，图版三
		男侍官俑		

续表

序号	墓葬名称	图像名称	图像内容	资料来源
9	后蜀孟知祥墓	负棺力士		成都市文物管理处：《后蜀孟知祥墓与福庆长公主墓志铭》，《文物》1982年第3期
10	福建永春五代墓	武士俑		晋江地区文管会、永春县文化馆：《福建永春发现五代墓葬》，《文物》1980年第8期
11	内蒙古清水河塔尔梁五代壁画墓M1	力士图		内蒙古师范大学科学技术史研究院、内蒙古文物考古研究所：《内蒙古清水河塔尔梁五代壁画墓发掘简报》，《文物》2014年第4期

附表7　五代十国壁画中十二生肖人像统计表

序号	墓葬名称	图像名称	图像内容	资料来源
1	五代王处直墓	十二生肖及人像浮雕		河北省文物研究所、保定市文物管理处：《五代王处直墓》，文物出版社1998年版，第33、34页
2	五代冯晖墓	十二生肖人像		咸阳市文物考古研究所：《五代冯晖墓》，重庆出版社2001年版，第51页
3	五代李茂贞夫人墓	十二生肖人像		宝鸡市考古研究所：《五代李茂贞夫妇墓》，科学出版社2008年版，第121页

续表

序号	墓葬名称	图像名称	图像内容	资料来源
4	成都双流籍田竹林村五代后蜀双室合葬墓M2	生肖文官俑		成都文物考古研究所、双流县文物管理所：《成都双流籍田竹林村五代后蜀双室合葬墓》，收录于《成都考古发现》(2004)，科学出版社2006年版，第346页
				成都文物考古研究所、双流县文物管理所：《成都双流籍田竹林村五代后蜀双室合葬墓》，收录于《成都考古发现》(2004)，科学出版社2006年版，第347页

续表

序号	墓葬名称	图像名称	图像内容	资料来源
4	成都双流籍田竹林村五代后蜀双室合葬墓M2	生肖文官俑		成都文物考古研究所、双流县文物管理所：《成都双流籍田竹林村五代后蜀双室合葬墓》，收录于《成都考古发现》(2004)，科学出版社2006年版，第345页
				成都文物考古研究所、双流县文物管理所：《成都双流籍田竹林村五代后蜀双室合葬墓》，收录于《成都考古发现》(2004)，科学出版社2006年版，第348页
5	江苏邗江蔡庄五代墓	生肖俑		扬州博物馆：《江苏邗江蔡庄五代墓清理简报》，《文物》1980年第8期

续表

序号	墓葬名称	图像名称	图像内容	资料来源
6	后蜀宋琳墓	猪头人身俑		四川省博物馆文物工作队：《四川彭山后蜀宋琳墓清理简报》，《考古通讯》1958年第5期
7	江苏常州半月岛五代墓	人首鸟身木俑		常州市博物馆：《江苏常州半月岛五代墓》，《考古》1993年第9期
8	浙江临安五代吴越王国康陵	十二生肖人物像		杭州市文物考古研究所等：《浙江临安五代吴越王国康陵发掘简报》，《文物》2000年第2期
9	五代闽国刘华墓	十二生肖俑		福建省博物馆：《五代闽国刘华墓发掘报告》，《文物》1975年第1期

第三章　三种主体样式的提出与讨论

　　五代十国壁画的地域性很明显,主要是和当时的政治经济文化中心相一致。关中地区唐灭亡以后,其雄厚的经济文化底蕴,余晖尚在。五代政治中心东移,定都洛阳和开封,河洛地区经济文化在动乱中得到阶段性发展;西蜀、南唐也因为割据政权带来的一定时期和平,文化艺术有了一定发展,因为中原五代和西蜀、南唐实际上处于独立状态,因此在壁画艺术上,既有共性的基础,又呈现非常明显的个性与样式特点。

第一节　洛　阳　样　式

一、洛阳地区墓室壁画的历史渊源

　　洛阳的墓室壁画历史渊源深厚,目前已发现的壁画墓以汉代居多,约计20座;唐代洛阳是东都、神都,武则天以后至安史之乱之前,是唐朝实际都城,壁画墓主要有唐安国相王孺人唐氏崔氏墓(693)、唐豆卢氏墓(740)、赵逸公墓(829)等;五代十国时期洛阳是当时的政治、经济中心,后梁、后唐、后晋均定都于此,目前洛阳地区共发现壁画墓6座,在已发掘的五代十国壁画墓中数量最多。洛阳墓室壁画从西汉中期兴起,经历东汉、魏晋、北朝、隋唐,至五代,墓室壁画一直集中分布(表3.1.1),脉络非常连贯清晰,其数量之多、时代之久、内容之丰富,风格之多样,为全国其他地区所罕见,在某种程度上已经形成了自己独特的体系。

表3.1.1 洛阳地区壁画墓统计示例表

时代	墓葬名称	壁画图像	资料来源
西汉	洛阳"八里台"汉墓	①前山墙壁画全图　②持节人物图 ③迎客图　④迎客图　⑤持斧人物图　⑥迎客拜谒图	徐光冀主编:《中国出土壁画全集（5·河南卷）》，科学出版社2012年版，第2—8页
西汉	洛阳市烧沟村西卜千秋墓	①方相氏、龙虎图　②女娲图　③持节方士、双龙图 ④朱雀图　⑤枭羊图 ⑥白虎图　⑦卜千秋夫妇升仙、伏羲、日轮图 ⑧卜千秋夫妇升仙图　⑨月轮图　⑩伏兔图　⑪勾芒图	徐光冀主编:《中国出土壁画全集（5·河南卷）》，科学出版社2012年版，第9—19页。

续表

时代	墓葬名称	壁画图像	资料来源
西汉	洛阳市西郊浅井头汉墓	①伏羲、太阳、白虎图（局部）　②羽人、朱雀图 ③神人、乐人、女娲图	徐光冀主编：《中国出土壁画全集（5·河南卷）》，科学出版社2012年版，第20—22页
西汉	洛阳市郊烧沟村61号墓	①执戟持剑图　②炙肉图（局部） ③老者击掌图　④对饮图	徐光冀主编：《中国出土壁画全集（5·河南卷）》，科学出版社2012年版，第23、24、26、28页
新	洛阳市金谷园村汉墓	①藻井日像图（局部）　②二龙穿壁图 ③东方勾芒图　④西方蓐收图	徐光冀主编：《中国出土壁画全集（5·河南卷）》，科学出版社2012年版，第34—37页

续 表

时代	墓葬名称	壁画图像	资料来源
东汉	洛阳市北郊石油站家属院689号墓	①羲和擎日图　②常仪擎月图	徐光冀主编：《中国出土壁画全集（5·河南卷）》，科学出版社2012年版，第51、52页
东汉晚期	洛阳市东北郊朱村2号墓	①侍女图　②导车图	徐光冀主编：《中国出土壁画全集（5·河南卷）》，科学出版社2012年版，第64、65页
唐	洛阳市新区翠运路唐安国相王孺人唐氏墓	①牵马图　②胡人牵骆驼图　③胡人牵骆驼图　④侏儒图　⑤侏儒图　⑥门吏图　⑦牵马图　⑧门吏图　⑨武士图	徐光冀主编：《中国出土壁画全集（5·河南卷）》，科学出版社2012年版，第111—119页

从政治条件看，西汉初曾定都洛阳数月，后迁都长安，改洛阳为河南郡治。《汉书·地理志》载："郡治及洛阳县治均在故成周（洛阳）城内。"[1] 但西汉是以洛阳作为全国的经济中心，和政治中心长安相对应。《史记》载汉武帝言："洛阳有武库敖仓，天下冲厄，汉国之大都也。"[2] 王莽篡汉，干脆"以洛阳为新室东都"[3]。东汉建武元年（25），刘秀"车驾入洛阳，幸南宫却非殿，遂定都焉"[4]。洛阳作为东汉政治、经济、文化中心长达196年，主城面积为10.1平方公里，周边大洛阳面积约为24.5平方公里，人口不少于50万人，辐射河南、河东的范围就更广了。张衡《东京赋》说："复庙重屋，八达九房。规天矩地，授时顺乡。"[5] 这使它成为当时人口最多的城市，东汉洛阳比西汉长安紧凑朴素，而且是政治和经济双中心。如班固《东都赋》所言："增周旧，修洛邑，扇巍巍，显翼翼；光汉京于诸夏，总八方而为之极。"[6]

从社会因素看，汉代洛阳墓室壁画盛行主要由"孝道"文化和"事死如事生"厚葬之风叠加促成的。王符《潜夫论·浮侈第十二》说，"今京师贵戚，郡县豪家，生不极养，死乃崇丧"[7]，出现了一种生前薄养，死后厚葬，来沽名钓誉的风气，目的是"崇饰丧祀以言孝，盛馔宾客以求名"[8]。很多士族倾家荡产为逝者修建坟墓，绘制表现生前权势、威仪和财富生活及历史神异形象的壁画，以期获得至"孝"之名，有利于仕宦之途。洛阳历代帝王将相、世家缙绅数不胜数。而洛阳地处平原，只有北部有一座邙山，邙山树木郁郁葱葱，苍翠若云，风景秀丽，是绝佳的风水宝地。因此，唐代诗人王建说"北邙山头少闲土，尽是洛阳人旧墓"[9]；白居易则问"何事不随东洛水，谁家又葬北邙山？"[10]

从经济实力看，洛阳人自古喜欢经商，到西汉更盛行，东汉洛阳街市繁华。《史记·货殖列传》说："周人既纤，而师史尤甚，转毂以百数，贾郡国，无

---

[1]（汉）班固撰、赵一生点校：《汉书》，浙江古籍出版社2000年版，第548页。
[2]（西汉）司马迁著、罗文军编：《史记》，太白文艺出版社2006年版，第323页。
[3]（汉）班固撰、赵一生点校：《汉书》，浙江古籍出版社2000年版，第1238页。
[4]（宋）范晔撰、（唐）李贤等注：《后汉书·卷一（上）·光武帝纪第一（上）》，中华书局1973年版，第25页。
[5] 王渭清：《张衡诗文研究》，中国社会科学出版社2010年版，第128页。
[6] 齐云编：《古文观止·上·增补版》，辽宁大学出版社1998年版，第648页。
[7]（汉）王符撰、龚祖培点校：《潜夫论》，辽宁教育出版社2001年版，第23页。
[8] 罗二虎主编：《中国美术考古研究现状》，上海大学出版社2008年版，第41页。
[9]（唐）王建著，尹占华校注：《王建诗集校注》，巴蜀书社2006年版，第8页。
[10]（唐）白居易著、丁如明、聂世美校点：《白居易集》，上海古籍出版社1999年版，第504页。

所不至。洛阳街居在齐秦楚赵之中,贫人学事富家,相矜以久贾,数过邑不入门,设任此等,故师史能致七千万。"[1]《汉书·地理志》说洛阳人"巧伪趋利,贵财贱义,高富下贫,憙〈喜〉为商贾,不好仕宦"[2]。《汉书·货殖传》也说:"师史既衰,至成、哀、王莽时,雒阳张长叔、薛子仲訾亦十千万。"[3]这些正是商品经济发达的表现。丰富的物质生活基础,促成了汉代壁画艺术的产生和发展。这样,在以洛阳为中心,辐射到河南的大部地区,出现数目众多有资格、有实力、有意愿营造豪华墓葬的群体。

二、洛阳墓室壁画的样式特点

根据笔者前文统计,五代十国壁画墓目前发现数量最多的地区为洛阳,共计6座,分别为1986年发现的洛阳后梁高继蟾墓、2005年发现的洛阳伊川后晋孙璠墓、2011年发现的孟津县新庄五代壁画墓、2012年发现的洛阳龙盛小学五代壁画墓、2012年发现的洛阳邙山镇营庄村北五代壁画墓、2012年发现的洛阳苗北村壁画墓。以上除高继蟾墓形制不同以外,其他五座壁画墓形制、壁画内容、壁画形式均有惊人的相似性和规律性,集中体现特征很明显的五代墓葬及其壁画的"洛阳样式",反映了五代时期墓室壁画由唐代等级化、礼制化向宋代墓室壁画生活化、平民化的过渡和转变。其中壁画"一桌二椅"样式,直接开启了宋代墓室壁画生活化、世俗化的趋势,也是宋代墓室壁画中非常常见的"开芳宴"题材的直接源头。

(一)结构完整、组成相似

这五座壁画墓基本由墓道、甬道、墓室等构成,且形制相似(表3.1.2)。伊川孙璠墓由墓道、甬道、墓室组成,墓道位于甬道南,为斜坡阶梯式,长10米、宽1.4米;甬道呈长方形,位于墓道与墓室中间,呈长方形[4]。孟津新庄五代壁画墓由墓道、甬道、墓门、墓室几部分组成,墓道南北长21米,呈斜坡阶梯状,宽2.5米,与甬道口连接处用"人"字形长砖封门,甬道底近长方形;

---

[1](西汉)司马迁著、罗文军编:《史记》,太白文艺出版社2006年版,第619页。
[2](汉)班固撰、赵一生点校:《汉书》,浙江古籍出版社2000年版,第571页。
[3](汉)班固撰、赵一生点校:《汉书》,浙江古籍出版社2000年版,第1104页。
[4]四川大学历史文化学院考古系、洛阳市第二文物工作队:《洛阳伊川后晋孙璠墓发掘简报》,《文物》2007年第6期。

墓门木质,由门扇、门框构成,朽痕完整保存,表面较平整,两扇均残长2.1米、宽0.75米、厚0.06米[1]。龙盛小学五代壁画墓整体由墓道、甬道、墓室组成,墓道位于墓室的南侧,斜坡阶梯型;墓道与甬道间用青砖垒砌墓门;甬道位于墓道和墓室之间,为弧形券顶[2]。邙山镇营庄村五代壁画墓结构稍复杂,由墓道、石块封堵的第一道墓门、过洞、砖砌第二道墓门、甬道、墓室等组成;墓道为斜坡阶梯式[3]。苗北村壁画由墓道、甬道、墓室三部分组成,墓道位于墓室南侧,为斜坡阶梯式,墓道中部有一个过洞,其长1.4米、高1.5米;甬道在墓道与墓室之间,长方形;甬道的两壁单砖错缝平砌,壁面内抹草拌泥外涂白灰[4]。

表3.1.2　洛阳地区壁画墓墓葬平面图统计表

序号	墓葬名称	墓葬形制	资料来源
1	洛阳伊川后晋孙璠墓		四川大学历史文化学院考古系、洛阳市第二文物工作队:《洛阳伊川后晋孙璠墓发掘简报》,《文物》2007年第6期
2	洛阳孟津新庄五代壁画墓		洛阳市文物考古研究院:《洛阳孟津新庄五代壁画墓发掘简报》,《洛阳考古》2013年第1期

[1] 洛阳市文物考古研究院:《洛阳孟津新庄五代壁画墓发掘简报》,《洛阳考古》2013第1期。
[2] 洛阳市文物考古研究院:《洛阳孟津新庄五代壁画墓发掘简报》,《洛阳考古》2013第1期。
[3] 洛阳市文物考古研究院:《洛阳邙山镇营庄村北五代壁画墓》,《洛阳考古》2013年第1期。
[4] 洛阳市文物考古研究院:《洛阳苗北村壁画墓发掘简报》,《洛阳考古》2013年第1期。

续表

序号	墓葬名称	墓葬形制	资料来源
3	洛阳龙盛小学五代壁画墓		洛阳市文物考古研究院:《洛阳龙盛小学五代壁画墓发掘简报》,《洛阳考古》2013年第1期
4	洛阳邙山镇营庄村五代壁画墓		洛阳市文物考古研究院:《洛阳邙山镇营庄村北五代壁画墓》,《洛阳考古》2013年第1期
5	洛阳苗北村壁画墓		洛阳市文物考古研究院:《洛阳苗北村壁画墓发掘简报》,《洛阳考古》2013年第1期

（二）砖砌圆形墓室

这五座壁画墓的墓室形制基本一致，均为圆形砖砌墓室（表3.1.3）。伊川孙璠墓的墓室位于甬道北，平面呈圆形，墓室底前部南北长0.77米，高出甬道0.32米；两列方砖错缝平砌，一列长方砖横砌；墓室底后部南北长0.74米，高出甬道0.34米[1]。孟津新庄墓为仿木结构砖室墓，平面呈圆形；墓室底部由青砖铺地，为砖砌须弥座式，整体为砖雕仿木结构；墓室周壁被四根立柱平分为东、南、西、北四个壁面[2]。龙盛小学五代壁画墓墓室整体近圆形，南北直径约4.34米，东西直径约4.7米，残高2.23米；墓底用青砖平铺，砖有方砖和长砖两种，方砖边长30厘米，厚5厘米；长砖长30厘米，宽15厘米，厚5厘米[3]。邙山镇营庄村壁画墓上部残存严重，但仍可以看出墓室砖砌圆形，内径4.75米，墓底用小砖铺地[4]。洛阳苗北村壁画墓墓室近圆形，东西直径4.6米，南北直径4.9米，残高0.2—1.39米，甬道与墓室之间有用砖错缝平砌的两层台阶[5]。

（三）两侧绘制壁画甬道

除孙璠墓甬道两侧未见壁画以外，其余四座甬道两侧均见到壁画（表3.1.4）。孟津新庄五代壁画墓的甬道壁用厚1厘米白石灰涂抹铺底绘制壁画，东西壁画保存好，内容均为《持杖门吏图》[6]。龙盛小学五代壁画墓甬道东西也绘有壁画，西侧壁为白灰底，绘一男性，圆翅上翘幞头，着圆领宽袖长袍，束红色腰带，脚穿线鞋，站立状，两手交叉胸前横握短棒；甬道东侧相应绘有男性人物一名，面向南部，戴圆翅上翘幞头，鼻梁高耸，朱唇，八字须，颌下短须，鬓发清晰，脸部圆润饱满，着圆领宽袖袍，两手交叉胸前斜握棒，下半部残[7]。邙山镇营庄村五代壁画墓墓室甬道左右两侧均绘制相似的《门吏图》。甬道东侧绘《门吏图》，门吏高1.1米，用黑色线条勾勒，五官

[1] 四川大学历史文化学院考古系、洛阳市第二文物工作队：《洛阳伊川后晋孙璠墓发掘简报》，《文物》2007年第6期。
[2] 洛阳市文物考古研究院：《洛阳孟津新庄五代壁画墓发掘简报》，《洛阳考古》2013第1期。
[3] 洛阳市文物考古研究院：《洛阳龙盛小学五代壁画墓发掘简报》，《洛阳考古》2013年第1期。
[4] 洛阳市文物考古研究院：《洛阳邙山镇营庄村北五代壁画墓》，《洛阳考古》2013年第1期。
[5] 洛阳市文物考古研究院：《洛阳苗北村壁画墓发掘简报》，《洛阳考古》2013年第1期。
[6] 洛阳市文物考古研究院：《洛阳孟津新庄五代壁画墓发掘简报》，《洛阳考古》2013年第1期。
[7] 洛阳市文物考古研究院：《洛阳龙盛小学五代壁画墓发掘简报》，《洛阳考古》2013年第1期。

表 3.1.3 洛阳地区壁画墓墓葬形制图统计表

序号	墓葬名称	墓葬形制	资料来源
1	洛阳伊川后晋孙璠墓		四川大学历史文化学院考古系、洛阳市第二文物工作队：《洛阳伊川后晋孙璠墓发掘简报》，《文物》2007年第6期
2	洛阳孟津新庄五代壁画墓		洛阳市文物考古研究院：《洛阳孟津新庄五代壁画墓发掘简报》，《洛阳考古》2013第1期
3	洛阳龙盛小学五代壁画墓		洛阳市文物考古研究院：《洛阳龙盛小学五代壁画墓发掘简报》，《洛阳考古》2013年第1期
4	洛阳邙山镇营庄村五代壁画墓		洛阳市文物考古研究院：《洛阳邙山镇营庄村北五代壁画墓》，《洛阳考古》2013年第1期
5	洛阳苗北村壁画墓		洛阳市文物考古研究院：《洛阳苗北村壁画墓发掘简报》，《洛阳考古》2013年第1期

表3.1.4 洛阳地区壁画墓甬道人物壁画统计表

甬道人物壁画		
 孟津新庄五代壁画墓	 孟津新庄五代壁画墓	 龙盛小学五代壁画墓
 龙盛小学五代壁画墓	 邙山镇北营村五代壁画墓	 洛阳苗北村壁画墓

清晰；上唇外翘八字须，下颚山羊胡，右手持骨朵握于胸前，左手置腰部，身穿圆领窄袖葡萄紫长衫；黑色平底尖头履。其后为一男侍卫，五官清晰，面部方正，戴葡萄紫小帽，两手相握胸前，穿圆领窄袖白长衫，系黄腰带，黑色平底尖头履。西侧壁画内容和东侧两两相对。前一门吏高1.05米，戴高冠，浓眉大眼；上唇和下颚有稀疏短线表示的胡须，右手握拳于胸，左手下握一骨朵，穿葡萄紫圆领窄袖长衫，白腰带，尖头黑色履。其后为一武士，戴葡萄紫小帽，五官端正，圆领窄袖白长衫，黑色平底尖头履，腰挎马头形箭壶，内装一弓数箭[1]。苗北村壁画墓甬道上部已残毁，甬道两侧对称砌出壁龛，在龛内用砖砌雕刻出长条桌，桌下两腿中间绘有柜形器物等[2]。

---

[1] 洛阳市文物考古研究院：《洛阳邙山镇营庄村北五代壁画墓》，《洛阳考古》2013年第1期。
[2] 洛阳市文物考古研究院：《洛阳苗北村壁画墓发掘简报》，《洛阳考古》2013年第1期。

（四）"分组式"墓室壁画

壁画布局的主要方式是用仿木砖雕柱子，以此将墓室分成等距离或不等距离的几个单元，在每个单元绘制一组壁画，或雕塑一组器物。同一单元的壁画自成一体，和其他单元壁画内容均有所区别。

伊川孙璠墓以墓室中心线为轴线，左右为对称的八根方形抹角倚柱，柱高1.4米，上承铺作，柱间为阑额，倚柱和阑额涂朱彩，依柱将墓室分成八个单元壁面，形成八组壁画，以甬道两侧倚柱间为第一壁面，依顺时针方向叙述各壁面砌砖壁画或物件的内容：

第一壁面，甬道北端壁面下抹白灰，拱券部分下侧涂朱、上侧抹白灰；

第二壁面，中央为灯檠，上出三枝，置三灯盏，通高54厘米；

第三壁面左下为小桌，上置注子、盏及托，桌涂朱。桌高30厘米，宽63厘米。右下似凳，亦涂朱，高30厘米；

第四壁面两横额将其分为三部分，上为障日板，中为七棂窗，下为两抹格扇门，表面均涂朱；

第五壁面上为障日板，下为双扇门，右扇上有一锁，锁抹黑，余涂朱；

第六壁面与第四壁面相同；

第七壁面下部中央为长方形柜。外横挂一锁，锁抹黑，高32厘米，宽75厘米；

第八壁面居中为大方桌，涂朱，高69厘米，宽138厘米[1]。

孟津新庄壁画墓墓室内壁被四根立柱等距离平分为东、南、西、北四个壁面单元，每单元成一组壁画。

东壁单元图案自南向北依次为：一是砖雕马球杆，为高浮雕，竖立，杆细长，首部弯曲；二是门楼，为砖雕仿木结构，主要由框、扇、槛、嵋、檐、椽等组成，高0.8米，宽0.7米；三是高脚箱、桌。高脚箱外形似方桌，直腿，上为长方形扁体，箱门紧闭，中间为筒形锁，高0.76米，宽0.93米；桌为直腿式，腿间有横帐相连。三者图像均大小失真，不成比例。

北壁中间为一面门，仿木结构，为柱、框、楣、扇、槛构成，门板紧闭，中间浮雕筒形锁，高1.25米，宽1.5米。门两侧左右对称落地格子窗，高1.25米，

---

[1] 四川大学历史文化学院考古系、洛阳市第二文物工作队：《洛阳伊川后晋孙璠墓发掘简报》，《文物》2007年第6期。

宽1.4米。

西壁图案是桌椅、高巢灯、门楼。北侧图案为砖雕仿木《一桌二椅图》，直腿方桌居中，桌腿有横帐相连，桌上有浅浮雕的执壶与茶托盏；方桌高0.5米，宽0.64米；桌子左右对称二椅，高0.68米，宽0.5米，直腿，斜式靠背。壁面中部是浅浮雕高巢灯，底座弯曲呈鸡爪形，残高0.7米。西壁南侧是砖雕仿木门楼，主由框、楣、扇、额、檐组成，高1.1米，宽0.78米。

南壁中间是甬道口，其东西两侧为对称砖雕仿木长方形直棂窗，均高0.48米、宽0.54米[1]。

邙山镇营庄村壁画墓内，由八根抹角倚柱将它们分成九个小单元，每一单元绘一组壁画，由左到右顺时针的顺序解读，分别是：

第一组为《童子迎宾图》。画面中童子面部丰满，披发，两颊点饰红色妆靥，眉头点红色花钿，圆领窄袖青衫，红腰带，黑色尖头履，面向墓室内部站立，双手拱于胸前，似在迎客。

第二组为《侍女劳作图》。画面左边是砖雕盆架，镂空，上置砖雕盆几。两高髻侍女，发簪牡丹花，双颊有妆靥，着黄色纱衫，红色抹胸，长裙，尖头上翘履。一侍女立盆几左后方，对面另一侍女手持火苗，准备点灯。画面右边是一砖雕灯架，顶部放置一灯盘，灯盘下左右两侧各放置灯盘，内置蜡烛。画面表现的是侍女晨起，开始一天劳作之景。

第三组为《弹唱宴饮图》。最为突出的是砖雕《一桌二椅图》，桌中置果盘，果盘内放石榴，两边置托盏、茶壶，桌后站七侍女，发髻间皆簪牡丹花，两颊有妆靥，少数眉心饰花钿。居中侍女发饰为平髻，簪大朵牡丹花，着紫红纱衫，内着红色抹胸，怀抱类似琵琶的乐器，可能是墓主人。从残迹看，右三侍女亦持有乐器，侍女主要穿黄衫、黄裙。二椅后各有半身侍女，面型清瘦，两颊有妆靥，发饰为高髻，簪牡丹花，着黄色纱衫，面朝壁画中部。

第四组为《砖砌窗户图》。画面中窗户宽1.4米，高1.3米，均用横砖将其分成上下两部，上部有竖直棂窗，下部有左右两小开窗。

第五组为《砖砌门图》。所绘左右两扇门，宽0.94米，高1.1米，稍错缝，右门微向内开，门上无砖雕或壁画。

第六组为《砖砌窗户图》。整体与第四组砌窗户相同，分立大门左右，对称排列，大小略同。

---

[1] 洛阳市文物考古研究院：《洛阳孟津新庄五代壁画墓发掘简报》，《洛阳考古》2013第1期。

第七组为《侍女理柜图》。残画中可见砖雕髹红漆柜子,柜上有砖雕锁等,左右各立一侍女,两侍女发饰簪花,两颊有妆靥,足穿尖头上翘履。柜左侍女外穿宽袖黄纱衫,内着红色抹胸黄裙;柜右仕女外着长袖短襦,内着红色抹胸。

第八组为《女子惊梦图》。砖雕衣架后有一女,发饰簪花,双颊有妆靥,着左衽紫色斑点长裙,地上放一尖头上翘履,女子作起身状。

第九组为《更衣图》。画面有砖砌横直棂窗,砖砌仿木马子,木马子右侧站一人,长裤,黑色尖头履[1]。

龙盛小学壁画墓也是被仿木砖雕柱子分成九个单元,形成九幅壁画,其中东西两幅壁画两两相对,和甬道相连。其余七幅壁画自西向东分别是:

第一幅绘一名男性人物,呈站立状,圆翅上翘幞头,朱唇,着圆领宽袖长袍,两手交叉胸前横握棒。

第二幅是《持帽贵妇图》,绘两名女性。中年贵妇朱唇,持帽,梳高髻并簪花,着宽袖交领长裙,线鞋,图案高86厘米;其身后中年侍者亦朱唇,双交叉于胸前,圆领宽袖袍,长裤,脚穿线鞋,图案高84厘米。

第三幅是砖雕灯檠图与《一桌二椅图》。灯檠图在南,高66厘米,用两砖竖砌作灯架,半圆形烛台3个。北侧为《一桌二椅图》,居中为仿木桌子,宽70厘米,高57厘米,桌面呈斜角,桌腿为曲棱形,有横枨;桌上用一砖块示意摆放有物;椅方形,斜靠背,对称放置于桌两侧,椅宽50厘米,高70厘米。

第四幅居中为砖雕九棂窗,窗为长方形,窗长50厘米,宽46厘米。

第五幅为砖雕仿木门,正对墓道,门宽88.5厘米,高89.5厘米,由门额、门簪、门砧、门槛、门栓等组成。

第六幅与第四幅画面一致,中间为九棂窗,窗为长方形,长50厘米,宽46厘米。

第七幅画为砖雕衣架、矮柜。矮柜位于画面北侧,两面开,宽66厘米,高64厘米。矮柜南侧是衣架,宽112厘米,高90厘米,面为斜角,腿间有横枨。

第八幅画绘二女性。画面左为青年贵妇,额上有额黄,朱红小口,柳眉杏眼,耳垂点红,头梳高髻,簪牡丹花,体态雍容华贵,肩披纱帔巾,穿宽袖长裙,抹胸,线鞋。右为一身着男装的侍女,体态丰腴,披发,用丝带束发,穿圆

---

[1] 洛阳市文物考古研究院:《洛阳邙山镇营庄村北五代壁画墓》,《洛阳考古》2013年第1期。

领长袍，内穿长裤，红腰带，双手胸前捧物[1]。"女着男装"侍女形象，显得异常生动有趣，说明五代洛阳民风的开放和多元。

苗北村墓室壁画和前几座相似，圆形墓室内用砖垒，或雕砌彩绘出额枋、倚柱、门窗等，且用红色立柱分成12个小单元，其中九个有壁画，现由墓道开始从西向东依次介绍：

第一幅壁画，一男一女站在盆架两旁，图案下残。女人着彩绘四角卷云纹图案长裙，长方形云履；男人着长袍，束腰，线鞋。

第二幅是《开箱图》。画面中绘一条案，案腿有卷云纹饰，其后有一人开箱，取或放东西，箱子有芭蕉形四包角，图案残高30—35厘米。

第三幅是《拨灯图》。画面中为砖砌灯檠，灯檠残高60厘米，上有两灯盏，下面是壶门状支架。一红衣女子身着束腰长裙，云履，正伸出食指，拨弄灯盏中燃烧的灯芯；旁边有一女，穿波点纹长裙，穿云履，其右侧绘一桌，桌上有梳妆台。

第四幅是砖雕《一桌二椅图》和侍女图。桌高62厘米，宽58厘米，桌腿间有横枨。椅子位于桌北侧，方形椅足，斜靠背，腿间有一枨，椅高68厘米，宽40厘米。桌上有执壶、圈足托盘，托盘内放置石榴、杯子。桌、椅后立四人，一侍女正招待三位抱乐器女子。

第五幅是《门窗图》。砖雕仿木门正对甬道，门为两扇，宽74厘米，高84厘米，门上雕刻铺首、门锁、门框，门两侧各有一窗，长52厘米，宽22厘米。

第六幅为《宴饮图》。有四女立于砖砌椅侧，一位拿琵琶，束腰长裙。另一女站桌后，只留残裙，身边有一小黑犬，桌上放果盘、杯盘、执壶，似乎表现宴饮图场面。

第七幅为《妇人启门图》，画面残存下部，一女着白底绘卷云纹图长裙，于半开合门中向外张望，门上刻柿蒂纹铺首，下有砖砌门墩。

第八幅图案残存下部，为一侍女在条案后打开一盒取放东西，女子穿长裙，云履鞋。

第九幅残存下部，仅留半只线鞋，画面中间有一砖雕云纹图案。

苗北村五代墓壁画与后晋孙璠墓有明显的相似元素，其第三幅砖雕中的灯檠造型与孙墓第二壁中砖雕灯檠极为相似，其第五幅砖雕门锁与孙璠墓中的第七壁柜锁异常相似。

---

[1] 洛阳市文物考古研究院：《洛阳龙盛小学五代壁画墓发掘简报》，《洛阳考古》2013年第1期。

苗北村壁画墓壁画尺寸较大，画中人物众多，造型准确，人物质感和立体感突出，整个画面气韵生动，人物栩栩如生，神态、身份、内心活动表现恰到好处，画面线条简练，用色以红色为主，黄、青、蓝诸色为辅，用色精准，变化自然和谐，色彩鲜明。

三、"一桌二椅图"与宋代《夫妇对坐图》

从壁画内容看，邙山镇北营村五代壁画墓、龙盛小学五代壁画墓、苗北村五代壁画墓均清晰地出现"一桌二椅图"（表3.1.5）。龙盛小学壁画中的桌子上摆一长方形小匣子；邙山镇营庄村图案桌上放置果盘和茶壶、茶盏；苗北村共出现两幅桌椅图，其中第六幅为"一桌一椅"，但是从画面来看，桌子右侧应该还有一椅，因为倚柱的阻挡，画面空间面积有限，而未能画出另一椅子，"一桌二椅"构图安排是很明显的；伊川孙璠墓中第三壁面左下为一小桌，上置注子、盏及托，有残存凳子的痕迹，但不是椅子。

表3.1.5 洛阳地区五代壁画墓"一桌二椅"图像统计表

"一桌二椅"图像	
 龙盛小学壁画墓	 邙山镇北营村五代壁画墓
 苗北村壁画墓	 苗北村壁画墓

在洛阳集中出现的"桌椅图"和"一桌二椅图"充分反映了自五代十国开始,墓室壁画内容和风格逐渐转型。前文已述,唐代壁画墓的等级化、礼制化特征明显,即便是反映其现实生活的画面,也是如《出行图》《狩猎图》《胡人牵马图》《胡人牵驼图》《门吏图》《武士图》《伎乐图》等,以及前呼后拥的男仆女侍等场景,突出展现墓主人生前的显赫地位和豪华奔放生活。五代开始,墓室壁画豪华宏大的画面内容渐少,一些描绘家居环境和温馨生活细节的内容逐渐增多,或者是描绘日用品、家具、装饰品,如衣架、帽架、梳妆架、桌椅、灯檠、圆几、屏风、帷幔、注子、注碗、杯盘、碗盏、火炉、尺子、剪刀等图像居多[1]。到宋代,墓室壁画除了表现温馨的生活场景以外,又装饰花卉蔓草、卷轴挂画、山石等,或者孝子故事、杂剧、纳贡和梳妆等壁画内容。很显然,这类壁画是为了突出舒适、优雅的家居环境,显示主人高雅的爱好和情趣。由以上内容可知,宋代壁画内容和唐代具有一定的差别,而这种差别在五代时就已经开始出现。这种转型趋势从晚唐开始,五代加速,到北宋完成,而洛阳的"桌椅图"和"一桌二椅图"正是这种转型的最直观体现。

1951年,河南禹州白沙镇发现的白沙宋墓壁画中出现了"一桌二椅图",居中设桌,左右两侧各一椅,椅前设脚床子,夫妇相对而坐。宿白将这种"夫妇共坐图像"与对壁的"乐舞图"合称为"开芳宴"。这种"开芳宴"与汉魏南北朝时期贵族墓壁画中经常出现的"宴饮图"有一定联系,但唐代墓室壁画的"宴饮图"少见,甚至关于墓主人家具生活的场景也少见,张鹏在《勉世与娱情——宋金墓葬壁画中的一桌二椅到夫妇共坐》一文中考证,目前所见最早一桌二椅配置壁饰且有明确纪年的墓葬,是1998年北京发现的唐乾元二年(759)何延本夫妇墓,其南壁两侧分别影塑衣架和一桌二椅。晚唐河北故城西南屯M1、M2,山东临沂药材站砖雕壁画墓中亦在侧壁出现一桌二椅组合图像。

到北宋时期,"一桌二椅图"样式逐渐成熟定型。山东大学南校区北宋建隆元年(960)壁画墓中有"一桌二椅图",北宋咸平三年(1000)宋太宗元德李后陵墓侧壁砖砌"一桌二椅图",绍圣四年(1097)河南黑山沟李守贵墓壁画"夫妇对坐图",等等。可见,"一桌二椅图"在北宋已经由五代十国时期单纯的桌椅元素,逐渐丰富成墓主人夫妇对坐样式。

这种一桌二椅式的"夫妇对坐图",和汉魏的"宴饮图"意义是有区别

———————
[1] 徐婵菲:《洛阳宋代墓葬壁画略论》,《洛阳师范学院学报》2004年第6期。

的。"宴饮图"表现的贵族生前奢华享乐的生活场景,宴饮场所和家具是没有固定样式的,宴饮人数没有定制,可能是单人、双人或多人。但宋代一桌二椅演变来的夫妇对坐图除了表示墓主人生前的优裕生活外,更主要的是表示家庭和美、夫妻恩爱的寓意,以及夫妇相敬如宾的礼制关系,主要构成元素必须有一桌二椅,人物必然是墓主人夫妇二人,可能有侍女仆人,但是墓主人夫妇对坐的主体非常突出。基本构图要素有一桌二椅、墓主夫妇,次要元素有家具、帷幔、酒具、食具、食物、茶具、灯具、文具、侍仆及动物等。

可以看出,宋代《夫妇对坐图》其基本的一桌二椅样式在洛阳五代壁画墓中集中多次出现,宋代以后这种壁画题材大为兴盛,其源流和总体形式均没有超出五代十国"洛阳样式"的范畴。

(本节原载于《创意与设计》2016年第1期,有删减修改)

第二节 西蜀样式

巴蜀之地四周有高山屏障,自成一个地理单元,古称"四塞之国",一般指以重庆为中心的东川"巴"地,和以成都为中心的西川"蜀"地组成一个地理文化单元,文化的地域性特点明显,即"人骄奢侈,颇异人情物态,别是一方"[1]。西晋裴秀《图经》中说巴蜀是"别一世界"[2]。杜甫入蜀时也很惊讶,认为蜀地"异俗嗟可怪"[3]。

巴蜀文化的独特性源于其地理方位,巴蜀盆地四面皆山,自身封闭,自成一统,但也断续对外开放,是多种文化交流或传播的通道,故而司马迁说:"栈道千里,无所不通。"[4]所以蜀地是封闭但不是封死,可开可封,可收可放。

一、蜀地"图真"样式的兴盛

所谓"图真"便是描绘真实的人物相貌。西蜀文化中"图真"的传统可

---

[1](宋)乐史:《太平寰宇记·卷七二》,四库全书本,第469册,第591页。
[2] 转引自谭继和:《巴蜀文化辨思集》,四川人民出版社2004年版,第60页。
[3] 转引自谭继和:《巴蜀文化辨思集》,四川人民出版社2004年版,第60页。
[4] 刘晓东等点校:《二十五别史·华阳国志》,齐鲁书社2000年版,第27页。

以上溯到三星堆文化，三星堆出土的青铜立人像、青铜纵目人像，很可能是政、神、教三合一的古代蜀王像。图像有神话的想象，有政治权威的威严，但也会有真实的容貌。《华阳国志·蜀志》记载："周失纲纪，蜀先称王。有蜀侯蚕丛，其目纵，始称王。"这种"目纵"记载和三星堆出土的青铜纵目人像具有一致性。

蜀地一直有注重留存当地杰出官员和最高统治者画像的传统，其中李冰石像、王建墓中出土的石像便是实证。到晚唐五代时这种传统已经常态化了，《益州名画录》云："蜀自炎汉至于巨唐，将相理蜀，皆有遗爱。民怀其德，多写真容。年代既远，颓损皆尽。"[1]但当时还可以看到唐朝到北宋的治蜀名臣画像22处，"唯《唐杜相国》及《圣朝吕侍郎》二十二处见存。六处有写貌人名，一十六处亡，失写貌人姓氏，皆评妙格"[2]。

中唐元和年间（806—820），蜀中出现画帝像记载，《益州名画录》说画家李洪度，"洪度者，蜀人也。元和中，府主相国武公元衡请于大圣慈寺东廊下维摩诘堂内画《帝释》、《梵王》两堵"[3]。《益州名画录》说道士画家陈若愚，"其观有五金铸《天尊形明皇御容》一躯，移在大圣慈寺御容院供养"[4]，说明大圣慈寺存在专管皇帝像的机构"御容院"，不但是壁画，陈若愚所在道观还有五金铸造的玄宗像。唐僖宗回銮长安时，蜀地人要留御容，但随侍僖宗大批宫廷画家画得不好，《益州名画录》云：

重胤者，粲之子也。僖宗皇帝幸蜀回銮之日，蜀民奏请留写御容于大圣慈寺。其时随驾写貌待诏尽皆操笔，不体天颜；府主陈太师敬瑄遂表进重胤，御容一写而成，内外官属，无不叹骇，谓为僧繇之后身矣。[5]

---

[1]（宋）黄休复撰、何韫若、林孔翼校注：《益州名画录》，四川人民出版社1982年版，第97页。
[2]（宋）黄休复撰、何韫若、林孔翼校注：《益州名画录》，四川人民出版社1982年版，第30页。《益州名画录》记载名臣画像22处：杜相国（鸿渐真在大慈寺）、崔相国（宁真在龙兴寺）、韦太师（皋）、高太尉（崇文真在大慈寺）、武相国（元衡真在圣寿寺）、段相国（文昌真在资福寺，两任护军从事，真在大慈寺普贤阁下）、李太尉（德裕真在大慈寺）、杨侍中（嗣复真在圣寿寺）、李相国（固言真在龙兴寺，护军从事全）、崔相国（郸真在大慈寺，护军从事全）、杜相国（琮真在净众寺，两任护军从事全，皆陈洸笔）、白令公（敏中真在福感寺）、魏相国（谟真在中兴寺，护军从事全）、夏侯相国（孜真在圣寿寺）、吴太尉（行鲁真在四天王寺）、高相国（骈护军从事真全）、牛尚书（丛护军从事真全）、萧相国（邺护军从事真全）、陈太师（敬瑄常待诏笔）、韦相国（昭度常待诏笔，已上真在大慈寺）、王司徒（建真在龙兴观，常待诏笔）、吕侍郎（余庆真在圣寿寺，王继之模写）。
[3]（宋）黄休复撰、何韫若、林孔翼校注：《益州名画录》，四川人民出版社1982年版，第30页。
[4]（宋）黄休复撰、何韫若、林孔翼校注：《益州名画录》，四川人民出版社1982年版，第101页。
[5]（宋）黄休复撰、何韫若、林孔翼校注：《益州名画录》，四川人民出版社1982年版，第42页。

五代前蜀王建、王衍，后蜀孟知祥、孟昶父子，都深受"图真"文化影响，重视塑像和画像。王建在大圣慈寺画了唐21帝画像，"宋艺，蜀人也，攻写真。王蜀时，充翰林写貌待诏，模写大唐二十一帝圣容，及当时供奉道士叶法善、禅僧一行、沙门海会、内侍高力士于大圣慈寺玄宗御容院上壁"[1]。王建还酷喜自制画像，《新五代史·前蜀世家》记："（永平）五年，起寿昌殿于龙兴宫，画建像于壁。"[2]前文所说画家常重胤"……玉局寺庙写王蜀先主为使相日真容，后移在龙兴观天宝院寿昌殿上"[3]。郭若虚《图画见闻志》载："阮知晦，蜀郡人。工画贵戚子女，兼长写貌。事王蜀为翰林待诏，写王先主真为首出。"[4]

　　其子王衍则更胜一筹，继位之初便让画家赵德奇画了100余堵人物像，"蜀光天元年戊寅岁，王蜀先主崩殂逝，再命德齐与道兴画陵庙鬼神人马及车辂仪仗，宫寝嫔御一百余堵"[5]。王衍还把王建像由成都城里扩展到青城山行宫里。《益州名画录》记："杜觥龟者，其先本秦人，避禄山之乱，遂居蜀焉。……王蜀少主以高祖受唐深恩，将兴元节度使唐道袭私第为上清宫，塑王子晋为远祖于上清祖殿，命觥龟写大唐二十一帝御容于殿堂之四壁。……又命觥龟写先主太妃太后真于青城山金华宫。"[6]《新五代史》记载此事更详："乾德元年正月，……。五年，起上清宫，塑王子晋像，尊以为圣祖至道玉宸皇帝，又塑建及衍像，侍立于其左右，又于正殿塑玄元皇帝及唐诸帝，备法驾而朝之。"[7]《舆地纪胜》亦载成都城北保福庄（即保福寺）有王建塑像。从上述文献可见，王建像"图真"形式在当时最为丰富多彩，有龙兴宫寿昌殿的"壁画像"、上真宫的"塑像"、青城山的"铸像"等。

　　画家蒲师训也是，"后唐明宗长兴年，值孟令公改元，兴修诸庙，师训画江渎庙、诸葛庙、龙女庙。及先主殂，画陵庙鬼神、蕃汉人物、旗帜兵仗、公王车马、礼服仪式，纵横浩瀚，莫不周至"[8]。甚至在北宋大军兵临城下时，还有画像工程未完工，"李文才者，华阳人也。……广政末，主置真堂大圣

---

[1]（宋）黄休复撰、何韫若、林孔翼校注：《益州名画录》，四川人民出版社1982年版，第112页。
[2]（宋）欧阳修撰：《新五代史·卷六十三·前蜀世家第三·王建》，中华书局1974年版，第790页。
[3]（宋）黄休复撰、何韫若、林孔翼校注：《益州名画录》，四川人民出版社1982年版，第44页。
[4]（宋）郭若虚撰、王其祎校点：《图画见闻志》，辽宁教育出版社2001年版，第21页。
[5]（宋）黄休复撰、何韫若、林孔翼校注：《益州名画录》，四川人民出版社1982年版，第21页。
[6]（宋）黄休复撰、何韫若、林孔翼校注：《益州名画录》，四川人民出版社1982年版，第63、64页。
[7]（宋）欧阳修撰：《新五代史·卷六十三·前蜀世家第三·王建》，中华书局1974年版，第792页。
[8]（宋）黄休复撰、何韫若、林孔翼校注：《益州名画录》，四川人民出版社1982年版，第66页。

慈寺华严阁后,命文才写诸亲王文武臣僚等真……画未毕,圣朝吊伐,尽已除毁"[1]。

这种"图真"风气已渗透至贵族家庭生活中,变得非常生活化、世俗化,甚至娱乐化。《益州名画录》记载常重胤说,"伪唐王宗裕性多猜忌,或于腠壁,意欲写貌,恶人久见。谓常待诏曰:'颇不熟视审观可乎?'常公但诺之。王曰:'夫人至矣。'立斯须而退。翌日想貌,姿容短长,无遗毫发"[2]。王宗裕又想给自己宠幸的小妾画真人像,又不想画家常重胤多看几眼,"不熟视审观"。

二、"皇家样"与"黄家样"

唐前期花鸟、竹雀、树木只是作为道释、人物画点缀和衬托,画家边鸾开始,逐步将花鸟独立出来。从文献看,左全在蜀地最早画花鸟,《益州名画录》说其"大中初(847),又于圣寿寺大殿画《维摩诘变相》一堵,楼阁、树石、花雀、人物、冠冕、蕃汉异服,皆得其妙,今见存"[3]。玄宗入蜀所带的画家比较单一,以佛道人物画家为主。唐僖宗避乱居蜀地时,花鸟画家滕昌祐随行,如卢楞伽将佛道画传入蜀地一样,滕昌祐对蜀地花鸟画的发展起到了至关重要的作用。《益州名画录》记载:

> 滕昌祐,字胜华,先本吴人,随僖宗入蜀,……常于所居树竹石杞菊,种名花异草木,以资其画。……有《虫鱼图》、《蝉蝶图》、《生菜图》、《折枝花图》、《折枝果子图》、《杂竹样》。造《夹纻果子》,随类傅色,并拟诸生。攻书,时呼"滕书"。今大圣慈寺文殊阁、普贤阁、肖相院、方丈院、多利心院、药师院《天花瑞像》数额。[4]

进一步说明了滕昌祐在花鸟画方面的杰出才能和重要的影响力。

边鸾曾是宫廷画家,滕氏的身份也决定了其花鸟无疑是宫廷风格,为皇家服务。对蜀中花鸟风格形成贡献最大是刁光胤,他开始在大圣慈寺画独立花鸟,《益州名画录》记载:

---

[1](宋)黄休复撰、何韫若、林孔翼校注:《益州名画录》,四川人民出版社1982年版,第79、80页。
[2](宋)黄休复撰、何韫若、林孔翼校注:《益州名画录》,四川人民出版社1982年版,第43、44页。
[3](宋)黄休复撰、何韫若、林孔翼校注:《益州名画录》,四川人民出版社1982年版,第31页。
[4](宋)黄休复撰、何韫若、林孔翼校注:《益州名画录》,四川人民出版社1982年版,第104页。

刁光胤者，雍京人也，天福年入蜀。攻画湖石、花竹、猫兔、鸟雀。性情高洁，交游不杂。入蜀之后，前辈有攻花雀者，顿减价矣。有师问笔法者黄筌、孔嵩二人，亲授其诀。孔类升堂，黄得入室。……大圣慈寺炽盛光院明僧录房窗旁小壁四堵，画《四时雀竹》。广政中黄居寀重妆《雀蝶》，精奇转甚。三学院大厅小壁《花雀》两堵，光胤画，时年已耄矣。[1]

刁光胤（即刁光）画能进入皇家大圣慈寺，其风格一定也是迎合皇家贵族审美需求。《宣和画谱》记载："刁光，长安人。自天复初入蜀，善画湖石、花竹、猫兔、鸟雀之类。慎交游，所与者皆一时之佳士，如黄筌、孔嵩皆师事之。"[2]可见他交往都是当时的上层贵族，很显然，其画样式只能是皇家贵族欣赏的样式。

因此，蜀中花鸟的师源就是皇家宫廷花鸟，这和后来南唐、吴越所在的江南花鸟艺术源头上迥异。皇家样式在黄筌、黄居宝、黄居寀父子推动下达到顶峰，黄筌博采众长，"资诸家之善而兼有之，花竹师滕昌祐，鸟雀师刁光，山水师李升，鹤师薛稷，龙师孙遇。然其所学笔意豪赡，脱去格律，过诸公为多"[3]。因此其郭若虚《图画见闻志》说他"全该六法，远过三师"[4]，"兼有众体之妙"[5]。

宋元诸多绘画，一花一萼都意味深长。南宋遗臣郑思肖善画墨兰，但画兰不画土，人询之，则曰"地为番人夺去，汝不知耶？"[6]，以花影射国事，以花喻人的精神。但是西蜀花鸟画定位轻松简单，就是皇家贵族文雅的娱乐工具，赏心悦目的色彩图案，没有附着深刻内涵，或寄托情感意义。画家追求单纯的真和美，欣赏直接的感官愉悦。特别是前蜀后主王衍，后蜀后主孟昶，均为纨绔子弟，既无宏图大略，也无治国之才，终日宴乐、田猎、郊游、赏花、玩鸟，他们需要的花鸟画就是简单的美和真。"宴怡神亭，自执板唱《霓裳羽衣》，内臣严凝月等竞唱《后庭花》、《思越人》之曲"[7]的记载正说明了这一点。

---

[1]（宋）黄休复撰、何韫若、林孔翼校注：《益州名画录》，四川人民出版社1982年版，第65页。
[2] 潘运告主编、岳仁译注：《宣和画谱》，湖南美术出版社1999年版，第320页。
[3] 潘运告主编、岳仁译注：《宣和画谱》，湖南美术出版社1999年版，第330页。
[4]（宋）郭若虚撰、王其祎校点：《图画见闻志》，辽宁教育出版社2001年版，第21页。
[5] 潘运告主编、岳仁译注：《宣和画谱》，湖南美术出版社1999年版，第330页。
[6] 汤麟编著：《中国历代绘画理论评注·元代卷》，湖北美术出版社2009年版，第205页。
[7] 吴颖等编著：《李璟李煜全集》，汕头大学出版社2002年版，第224页。

黄筌创作高峰时正值孟昶当政，孟昶爱花爱鸟还酷爱绘画，"淮南通聘，信币中有生鹤数只。蜀主命筌写鹤于偏殿之壁，警露者，啄苔者，理毛者，整羽者，唳天者，翘足者，精彩体态更愈于生，往往致生鹤立于画侧。蜀主叹赏，遂目殿为六鹤焉"[1]。到后来更厉害，"广政末，后主颇耽情苑囿，奇花异卉，盛极一时"。他最爱红栀子花，"令图写于团扇，绣于衣服"[2]。

帝王如此，蜀中权贵相似。王建拜著名词人韦庄为相，韦庄与欧阳炯合编《花间集》，追求是纯粹的享乐主义和麻醉心态，如"骑马倚斜桥，满楼红袖招。翠屏金屈曲，醉入花丛宿"[3]，如"劝君今夜须沉醉，尊前莫话明朝事"[4]，自我轻松、尽情享乐的气氛熏陶西蜀整个上层社会。

《益州名画录》中记载翰林学士欧阳炯一篇《奇异记》说："其年秋七月，上命内供奉、检校少府少监黄筌，谓曰：'尔小笔精妙，可图画四时花木、虫鸟、锦鸡、鹭鸶、牡丹、踯躅之类，周于四壁，庶将观瞩焉。'"[5]又说："上曰：'女画逼真，其精彩则又过之。'"[6]《图画见闻志》说黄筌曾"写白兔于缣素，蜀主常悬坐侧"[7]，以便时常赏玩。可见，西蜀皇家需求的花鸟画，就是"小笔精妙"，就是要"逼真"，要"精彩"，就是四时花木虫鸟、白兔、锦鸡、鸬鹚、牡丹、踯躅之类素材，随时观瞻赏玩，和郑思肖作品有天壤之别。

黄筌父子靠画笔获得富贵，《十国春秋》说他"以善画，早得名。年十七事前蜀后主为待诏"[8]，先后侍奉前蜀后主王衍、后蜀孟知祥、孟昶，侍奉孟昶时，达到个人艺术生涯、仕途生涯顶峰。孟昶还将黄筌画作当成外交国礼，据载，孟昶命黄筌绘12幅花竹、禽鸟、泉石赠给南唐李煜，"以答江南信币"[9]。因此黄氏父子花鸟样式完全就是迎合皇家审美需求，所画多为皇室宫廷的珍禽奇花，正如黄宾虹《古画微》中讲道："五代创始院体，艺事精能，虽宗唐代，而法益加密。"[10]艺术特色就是求真、求工、求彩。黄筌之师滕昌祐追写真风格，"常于所居树竹石杞菊，种名花异草木，以资其画"[11]。"攻

---

[1] 潘运告编注：《中国历代画论选·上》，湖南美术出版社2007年版，第178页。
[2] 贾大泉、陈世松主编：《四川通史·卷4·五代两宋》，四川人民出版社2010年版，第34页。
[3] 王克俭主编：《李煜、韦庄诗词选》，海南国际新闻出版中心1997年版，第68页。
[4] 任犀然主编：《宋词三百首》，华文出版社2009年版，第10页。
[5] （宋）黄休复撰、何韫若、林孔翼校注：《益州名画录》，四川人民出版社1982年版，第51页。
[6] （宋）黄休复撰、何韫若、林孔翼校注：《益州名画录》，四川人民出版社1982年版，第51页。
[7] （宋）郭若虚撰、王其祎校点：《图画见闻志》，辽宁教育出版社2001年版，第21页。
[8] （清）吴任臣撰：《十国春秋·卷三五至卷六六》，中华书局1983年版，第818页。
[9] （宋）郭若虚撰、王其祎校点：《图画见闻志》，辽宁教育出版社2001年版，第59页。
[10] 黄宾虹：《黄宾虹自述》，文化艺术出版社2006年版，第157页。
[11] （宋）黄休复撰、何韫若、林孔翼校注：《益州名画录》，四川人民出版社1982年版，第104页。

画无师,惟写生物,以似为功而已"[1],黄筌写真功力可以假乱真。孟昶建八卦殿,命黄筌于四壁画花竹兔雉鸟雀,其猎鹰误以为真鸟,连连扑击。孟昶命欧阳炯属文记此奇事,欧阳炯精辟总结:"六法之内,惟形似、气韵二者为先,有气韵而无形似,则质胜于文;有形似而无气韵,则华而不实。筌之所作,可谓兼之。"[2]从黄筌《珍禽图》来看,所绘禽鸟骨肉兼备,形象丰满,其用细工笔,精致线条勾勒形态,因此被称为"勾勒法",配以柔丽赋色,线色相溶,几不见勾勒墨迹。沈括《梦溪笔谈》说:"但以轻色染成,谓之'写生'。"[3]画面精谨艳丽,情态生动逼真,具典雅富贵气象。"黄家样"入北宋后,同样受到皇家、贵族酷爱,《宣和画谱》收藏黄筌作品达349件,黄居寀作品332件,黄居宝作品41件。《宣和画谱》共收魏晋至北宋画家231人,作品总计6 396件,黄氏父子三人就达十分之一还多,可见黄家样在北宋皇家受青睐程度。黄居寀入宋后,隶翰林图画院,为帝王贵族所钟爱,据记载:"当时卿相及好事者,得居寀父子图障卷轴,家藏户宝,为稀世之珍。"[4]《十国春秋·后蜀列传》记载:"宋太祖习其名,累授朝请大夫、寺丞、上柱国,赐紫金鱼袋。"[5]《图画见闻志·卷四》载:"太宗皇帝尤加眷遇,供进图画,恩宠优异。"[6]特别是《宣和画谱》明确云:"筌、居寀画法,自祖宗以来,图画院为一时之标准,较艺者视黄氏体制为优劣去取,自崔白、崔悫、吴元瑜既出,其格遂大变。"[7]这说明北宋翰林图画院以"黄家样"为作为衡量画作优劣的标准,直接促使花鸟画成为官方认可的高贵流派,一时间朝廷内外竞相仿效,直接促使"院体画"产生和繁荣,这种局面一直延续到崔白等人的出现才改变。

三、"川样美人"与王建墓室伎乐图像

《益州名画录》记载了一位特色画家阮惟德:"画《贵公子夜宴图》、《宫中赏春图》、《宫中戏鞦韆图》、《宫中七夕乞巧图》、《宫中熨铁图》、《宫中

---

[1] (宋)黄休复撰、何韫若、林孔翼校注:《益州名画录》,四川人民出版社1982年版,第104页。
[2] (宋)黄休复撰、何韫若、林孔翼校注:《益州名画录》,四川人民出版社1982年版,第52页。
[3] (宋)沈括著、胡道静校:《梦溪笔谈校证(上)·卷十七·书画》,上海出版公司1956年版,第555页。
[4] (宋)黄休复撰、何韫若、林孔翼校注:《益州名画录》,四川人民出版社1982年版,第72页。
[5] (清)吴任臣撰:《十国春秋·卷三五至卷六六》,中华书局1983年版,第820页。
[6] (宋)郭若虚撰、王其祎校点:《图画见闻志》,辽宁教育出版社2001年版,第40页。
[7] 潘运告主编、岳仁译注:《宣和画谱》,湖南美术出版社1999年版,第351页。

按舞图》、《宫中按乐图》,皆画当时宫苑亭台花木、皇妃帝后富贵之事,精妙颇甚。……荆湖商贾入蜀,竞请惟德画'川样'(四川样式)美人卷簇,将归本道,以为奇物。"[1]这里可看出一个信息,阮惟德主要画女性形象,因为像《宫中七夕乞巧图》《宫中戏秋千图》《宫中熨铁图》《宫中按乐图》《宫中按舞图》的内容均为女性从事的活动,而且阮惟德还画"皇妃帝后富贵之事",所以他的作品很有特色,被称"川样美人"。

"川样美人"究竟是何种样式?文献说之不详细,蜀中壁画又少,但是从王建墓石棺椁上的浮雕女性舞伎、乐伎可以看出川样美人的一些特点。新旧五代史均记载王建死于前蜀光天元年,即918年。阮惟德的"川样美人"流行在后蜀广政初年,是938年,两者相差不过20年。《图画见闻志》说阮惟德的父亲阮知晦,"蜀郡人。工画贵戚子女,兼长写貌。事王蜀为翰林待诏。写王先主真为首出"[2]。《益州名画录》说得更详细:"阮知诲者,成都人也。攻画女郎,笔踪妍丽,及善写真。……写《福庆公主真》、《玉清公主真》于内庭。知诲两朝多写皇姑帝戚。"[3]阮知晦"攻画女郎,笔踪妍丽",擅长女像,而且是和王建同时期、为王建服务的画家。王建墓伎乐形象不可能是普通匠人所做,只有皇家画院"待诏"才有资格画样,从文献看,此期间西蜀专长的女像画家只有阮知晦,因此可以推测,王建墓伎乐形象可能为阮知晦所绘。阮知晦既是成都本地人,又攻画女郎、贵妇,作品无疑是"川样美人"最佳代表。而阮惟德正是继承家学,才擅长画女像,这点《图画见闻志》记载十分详细。因此,讨论阮惟德的"川样美人",以王建墓伎乐、舞伎形象为观照客体,是科学合理的。

如将五代王建墓冯晖墓、王处直墓、李茂贞墓和南唐李昇墓发现的典型壁画伎乐、舞伎比较,可以看出一些"川样美人"的显著艺术特色(见附表1)。

王建墓石棺椁上的2个舞伎,22个乐伎,服装大体相同,圆领上衣,华袂广袖,衣服皆红色,衣袖主要是红、绿、黄三种,裙系在上衣外胸以下,系裙的丝绦大致相同,但结不一样,裙子皆杏黄色,舞者鞋底前部上翻而作云头状,冯汉骥称其为"云头鞋";舞伎和奏琵琶和拍板者,肩上有"云肩"。奏琵琶伎乐位于棺椁正面东首,服饰与西面执板伎相同,与其他伎乐有异,

---

[1] (宋)黄休复撰、何韫若、林孔翼校注:《益州名画录》,四川人民出版社1982年版,第95页。
[2] (宋)郭若虚撰、王其祎校点:《图画见闻志》,辽宁教育出版社2001年版,第21页。
[3] (宋)黄休复撰、何韫若、林孔翼校注:《益州名画录》,四川人民出版社1982年版,第81页。

髻上戴金凤,肩着帔巾,显然是两个领队。舞伎、伎乐脸型清秀,身材秀颀,舞姿端庄[1]。

冯晖墓西壁第一人是舞者,高0.6米,头戴尖庄高冠,冠侧饰圆珠,冠额两侧飘带下垂,背后饰披帛,着红色团花圆领长袖袍服,腰束黑带,右手前伸,左手上举,舞动长袖,右足抬起,左脚踏地,足穿高黝靴,上身右倾倒,作舞蹈状,动作左倾。舞者面容饱满圆润,脸颊残留胭脂,额头间点红,低眉锁目,双唇紧闭,表情陶醉,身材结实敦厚。另两位女扮男装女舞伎,着圆领长衫,动作有力。冯晖墓女伎乐脸颊丰腴,额头宽广,梳抱面高髻,簪花三朵,或发髻插簪,或插红梳,额头点红,方领长裙,开口很低[2]。

王处直墓西壁浮雕伎乐图,发髻以抱面高髻为主,另有单鬟髻,双鬟髻,头簪花,插白梳子;脸型上小下大,双腮丰腴肥硕,方领长裙,开口很低,伎乐均露细白粉颈,可见抹胸,细弯长眉,细目,一副雍容华贵的神态[3]。

南唐李昪墓出土了三件舞蹈女俑,高髻,长裙,方领长裙,开衿很低,抹胸,发髻顶端加饰物,外衣加"云肩"和"华袂";另一种穿舞衣,外加"披巾",脸型秀气饱满,身材纤细,右手(左手)举起至肩部,舞姿轻柔文雅,右手后弯至靠在臀部[4]。

李茂贞墓出土一组舞乐彩绘陶俑,特别是两个舞者异常生动,均为圆脸,一人上着方领蓝色点白圆点短裙,下身黄色白圆点铺地裙,绿色腰带;另一人上身着方领褐色圆白点短裙,下身藕荷色铺地裙,绿色腰带;白色水袖长裙,身材纤细修长,最有特色是舞蹈姿势,右臂举起,略向后仰,左手自然下垂,双膝盖稍稍弯曲,展现窈窕身材,柔美舞姿。这种舞应是唐代"软舞",以舞动长袖或飘带为主,舞者低身举袖,如燕子起飞,飘逸高雅,恰如唐代诗人李群玉所说,"南国有佳人,轻盈舞绿腰"[5]。此类乐舞主要供达官显贵在家庭宴饮时欣赏享受,并非那种体现等级化、礼制化的正式乐队。此外,冯晖墓还出土一件鎏金舞蹈俑(图3-2-1),圆形脸,头戴凤冠,两侧有飘带;方领长裙,身材敦实,双臂扬起,双袂飘扬,动感十足。这种舞蹈应该也是一种"软舞"。

---

[1] 冯汉骥撰:《前蜀王建墓发掘报告》,文物出版社2002年版,第34—36页。
[2] 咸阳市文物考古研究所:《五代冯晖墓》,重庆出版社2001年版,第22—34页。
[3] 河北省文物研究所、保定市文物管理处:《五代王处直墓》,文物出版社1998年版,图版48—57页。
[4] 南京博物院:《南唐二陵发掘报告》,文物出版社1957年版,图版82—83页。
[5] 中华文化通志编委会编:《中华文化通志·乐舞志》,上海人民出版社2010年版,第143页。

图3-2-1 五代冯晖墓鎏金像（引自咸阳市文物考古研究所：《五代冯晖墓》，重庆出版社2001年版，第74页，图八十一）

通过图像比较，可看出五代"川样美人"一些特点。川样美人脸型以方圆形为主，脸型清秀，没有冯晖墓的伎乐、舞伎脸型圆满，也没有王处直墓伎乐脸型的丰腴臃肿。发髻以鬟髻、双环髻为主，发髻小巧，装饰简单，轻盈灵动，"玉钗斜簪云鬟髻，裙上金缕凤"[1]，远没有没有冯晖、王处直墓伎乐发髻的厚重、宽大装饰繁缛。长裙以圆领为主，显得严谨保守，冯晖墓、王处直墓、李茂贞墓、南唐二陵舞俑，均为方领长裙，特别是王处直墓伎乐，服饰显得异常开放暴露。从身材看，王处直墓伎乐丰满壮硕，冯晖墓伎乐、舞伎敦实强健，南唐舞俑纤瘦柔弱，王建墓伎乐、舞伎身材适中，与李茂贞墓的两个舞伎身材相似，但是比其严谨端庄。"闲袅春风伴舞腰"[2]，从舞姿看，冯晖墓《伎乐图》上的舞姿大开大合，奔放有力，南唐舞伎舞姿内敛轻柔，而王建墓的"川样美人"的舞姿既没有北方的奔放有力，也不似南方的轻柔内敛，和李茂贞墓室的彩色舞俑、冯晖墓鎏金舞俑表现的"软舞"有几分相似，但主要显示蜀地生活优雅恬淡的特点。"小山重叠金明灭，鬓云欲度香腮雪。懒起画蛾眉，弄妆梳洗迟"[3]，表现正是川样美人恬淡慵散的自然美；又如"玉钩褰翠幕，妆浅旧眉薄。春梦正关情，镜中蝉鬓轻"[4]，这种浅妆、薄眉、蝉鬓，表现的是川样美人不事雕琢的特点，显然与唐代大红大紫的丰腴侍女迥异，与王建墓的舞伎、伎乐形象也完全符合。

王处直墓、冯晖墓《伎乐图》风格延续大唐风韵，还可以看到等级化和礼制化的影子，故而伎乐有完整的体系，器乐配置众多，人物丰满，浓妆艳抹，装饰华贵繁缛，与张萱的诸多仕女图相似。如《捣练图》中描绘的宫中贵妇（图3-2-2），皆体态丰腴，衣饰华美，装饰繁缛。王建墓室显然伎乐体

---

[1]（后蜀）赵崇祚编：《花间集》中国戏剧出版社2002年，第20页。
[2]（宋）郭茂倩编撰：《乐府诗集·下》，上海古籍出版社2016年版，第982页。
[3] 高峰编选：《温庭筠、韦庄集》，凤凰出版社2013年版，第78页。
[4] 高峰编选：《温庭筠、韦庄集》，凤凰出版社2013年版，第87页。

图3-2-2 唐张萱《捣练图》(引自杨建峰编:《中国人物画全集上》,外文出版社2011年版,第41页)

系很完整,与其帝王规格相称,但其体现的"川样美人"形象已经大为变化,不受唐风影响,而是更追求享乐化、世俗化和突出蜀中自己的特色。

第三节 南唐样式

五代十国江南地区主要国家是南唐和吴越,南唐作为五代南方最大国家,强盛时辖35州,地域为今江西全省及安徽、江苏、福建、湖北、湖南等省之部分,故李煜说"四十年来家国,三千里地山河"[1]。吴越范围包括今之浙江省、上海全部与江苏苏州、无锡一部;闽国主要是福建中南部。

南唐政局在五代时相对较稳定,这使得在其治下的江淮、江南地区是"比年丰稔,兵食有余"[2]。南唐从李昪开始,采用"息兵安民"国策,与毗邻诸国战争较少,同时轻徭薄赋,劝课农桑,鼓励商业,经济迅速发展。据记载,李昪采纳宋齐丘建议,鼓励农桑,"即行之。自是,不十年间,野无闲田,

---

[1] 蒋方编选:《李璟、李煜集》,凤凰出版社2009年版,第157页。
[2] (宋)司马光:《资治通鉴:图文珍藏本(四)》,岳麓书社2011年版,第4240页。

桑无隙地"[1]。李昪还广建书院、画院,设太学,兴科举,大力招徕北方来的士人,政治安定,经济富强,文化形式的南唐成为各地文人、士族的避风港,当时呈现的局面是"北土士人闻风至者无虚日"[2],"文物有元和之风"[3]。同时南唐政权注重安抚笼络本土文人,因而南唐政权中两股力量非常突出,一是北方来士,如常梦锡、韩熙载、马仁裕、高越、王彦铸、高远等;二是本土文人,以著名词人冯延巳为代表的江南著名人士,如宋齐丘、查文徽、陈觉、冯延鲁、边镐等。

南唐的盐业、造船业、造纸、制茶都很发达,特别是南唐的纺织业,在五代十国是首屈一指,李煜宫女染出一种特殊的织物,"染碧,夕露于中庭,为露所染,其色特好"[4]。这种近乎青绿、若有若无的颜色被称为"天水碧"。宋代晏殊说"夜雨染成天水碧"[5];后来南宋周密在《闻鹊喜·吴山观涛》写道:"天水碧,染就一江秋色,鳌戴雪山龙起蜇,快风吹海立。……"[6]南唐制茶业异常兴盛,扬州"蜀岗茶",常州"紫笋茶"闻名于世,南唐官办茶坊就有38处,专贡皇家和贵族高级茶品,民间制茶作坊竟有1 000多处。五代北方墓葬中开始出现《备茶图》,客观因素是当时南方,主要是南唐的茶叶生产量大增,能够通过各种贸易渠道,远销北地。

南唐与周边国家甚至与契丹,贸易往来非常密切。南唐与中原五代各国贸易主要在淮河、寿州一带边境进行,南唐输出大宗商品是茶、帛,进口商品主要是羊、马。有记载说南唐贵族周宗,"既阜于家财而贩易,每自淮上通商,以市中国羊马"[7]。南唐与周边马楚、南汉、吴越甚至西蜀等国都有贸易往来。所以,从贸易的角度看,五代北方出现《备茶图》也是具备客观条件的。南唐海外贸易也异常活跃,从扬州港输出的茶叶、丝绸、瓷器等源源不断运送到东南亚以及高丽、新罗等国,甚至远至中东。海外物产也不断输入南唐,甚至有大象,"元宗时,海国进象数头,皆能拜舞呼"[8]。

[1] 南京市人民政府研究室编:《南京经济史·上》,中国农业科技出版社1996年版,第117页。
[2] 任爽:《南唐史》,东北师范大学出版社1995年版,第74页。
[3] (宋)马令撰,濮小南点校:《南唐书·卷十三·儒者上》,南京出版社2010年版,第100页。
[4] 任爽:《南唐史》,东北师范大学出版社1995年版,第67页。
[5] (宋)晏殊撰:《珠玉词》,上海古籍出版社2005年版,第60页。
[6] 熊江华、王重阳译注:《唐诗宋词译注》,沈阳出版社1995年版,第243页。
[7] 南京市地方志编纂委员会办公室编:《南京通史·隋唐五代史宋元卷》,南京出版社2016年版,第210页。
[8] 朱易安主编、上海师范大学古籍整理研究所编:《全宋笔记·第一编·二》,大象出版社2003年版,第252页。

商业的繁荣促进南唐城市经济的发展,扬州、建康、润州等都市有专门市场。都城建康的市场主要在城南,郑文宝《南唐近事》中说的"鸡行"就是主要商业区;宋代《庆元建康续志》说这里是"自昔为繁富之地,南唐放进士榜于此",还说"银行,今金陵坊银行街,物货所集。花行,今层楼街,又呼花行街,有造花者,诸市但名存,不市其物"。[1]可见当时手工业部门之齐全,市场之繁盛。杨吴时将秦淮河作为重要航道引进建康城,南唐又疏浚秦淮河,使之成为交通、商贸的重要运输线。《宋朝事实类苑》云:"江南保大中,浚秦淮,得石志。"[2]润州(今镇江)的江面上商船繁多,和唐朝无夜市不同,甚至已出现夜市。南唐严球夜泊于此,所见夜市是"淮船分蚁点,江市聚蝇声"[3]。商业繁荣为纵情享乐带来物质基础,建康在唐朝就酒楼遍地,李白曰:"朝沽金陵酒,歌吹孙楚楼。"[4]南唐的官僚、贵族、富商声色犬马更胜唐代,歌舞艺伎遍布,延英殿使魏进忠"造宅于皇城之东,广致妓乐"[5]。《韩熙载夜宴图》中的王屋山就是当时著名舞伎。

正因南唐政局稳定,城市奢华,生活优裕惬意,因此对中原士人有极大吸引力。王齐翰《勘书图》是最直接的证明(图3-3-1),此图描绘文士勘书之暇挑耳自娱情景。画中人物白衣长髯,袒胸赤足,一手扶椅,一手挑耳,微闭左目,复翘脚趾,舒适惬意;其身后为三叠山水屏风,屏风前长案上置古籍卷册等物,身前画几上陈列笔砚等文具;另有一黑衣童子侍立;生动再现当时文人发自内心的惬意舒适的生活细节。故而宋人董逌《广川书跋》曰:"江南当五代后,中原衣冠趣之,以故文物典礼有尚于时,故能持国完聚一方。"[6]

南唐重视书画艺术,南唐烈祖李昪就广泛招揽人才,搜集图书,史载"时江淮初定,守宰者皆武夫,率以兵戈为急务,主独好文,招儒素,督廉吏,

---

[1] 张铉:《至正金陵新志·疆域志·镇市》,引戚光《金陵志》,《宋元方志丛刊》本,中华书局1990年版,第5513页。
[2] (宋)王象之原著:《舆地纪胜校点》,四川大学出版社2005年版,第823页。
[3] 朱易安、傅璇琮等主编:《全宋笔记·第一编·二》,大象出版社2003年版,第261页。
[4] 管士光编注:《李白诗集新注》,上海三联书店2014年版,第404页。
[5] (宋)佚名撰:《江南余载·卷下》,收录于傅璇琮、徐海荣、徐吉军主编《五代史书汇编·丙编·十国史》,第5465页。
[6] (宋)董逌:《广川书跋·卷第十·李后主蚌帖》,中华书局1985年版,第114页。

图3-3-1　五代王齐瀚《勘书图》(引自杨建峰编:《中国人物画全集 上》,外文出版社2011年版,第92页)

德望著立,物情归美"[1]。南唐设立了最早的画院,中主李璟和后主李煜本身就是修养很高的文学家和艺术家,在文学、美术、书法、音乐等诸方面都取得了卓越的成就。卫贤、周文矩、王齐翰、顾闳中、董源、巨然、徐熙等大批画家活跃在画坛,与冯延巳等文学家组成一个具有相当规模的文人群体,因此南唐政权文人化倾向明显。这一特质和西蜀明显有别,西蜀前蜀的王建、后蜀孟知祥都是行伍出身,马上得天下,像韦庄、欧阳炯这样的文人为少数,没有南唐文人的群体化、规模化。

一、"北苑妆"与南唐宫廷服饰样式

文献中记载南唐宫廷存在过一种流行装饰"北苑妆",宋代陶谷《清异录·妆饰》说:"江南晚季,建阳进油茶花子,大小形制各别,极可爱,宫嫔缕金于面,皆以淡妆,以此花饼施于额上,时号'北苑妆'。"[2]明代毛先舒《南唐拾遗记》也有类似记载:"江南晚祀,建阳进茶油花子,大小形制各别,宫嫔镂金于面,皆淡妆,以此花饼施额上,时号'北苑妆'。"[3]

"花子"是贵族女子脸部美容饰品,将丝绸、云母片、蝉翼、蜻蜓翅等染成黄、红、翠绿诸色彩,剪作花、鸟、鱼等形,贴于女子额头、酒靥、嘴角、鬓边

---

[1] (宋)文莹撰、郑世刚、杨立杨点校:《湘山野录·续录·玉壶清话》,中华书局1984年版,第87页。
[2] 孙机:《中国古舆服论丛》,文物出版社2001年版,第251页。
[3] 沈从文:《中国古代服饰研究》,商务印书馆2011年版,第465、466页。

等处,因所贴面部位置及饰物质、色状不同,又有"折枝花子""花胜""花黄""罗胜""花靥""眉翠""花钿""金钿"等多种称呼(图3-3-2)。五代马缟在《中华古今注》说:"秦始皇好神仙,常令宫人梳仙髻,贴五色花子,画为云凤虎飞升。至东晋有童谣云:织女死,时人帖草油花子,为织女作孝。至后周,又诏宫人帖五色云母花子,作碎妆以侍宴。如供奉者,帖胜花子。"[1]

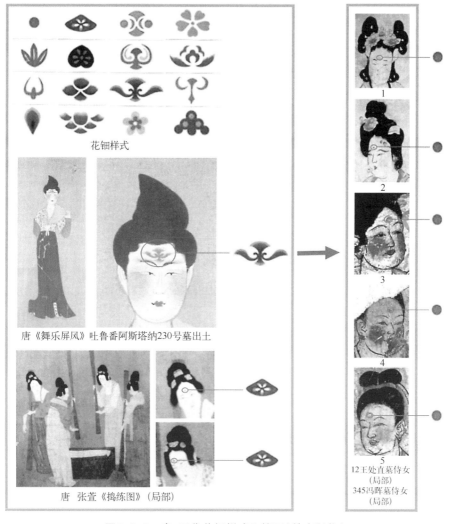

图3-3-2 唐、五代花钿样式比较图(笔者制作)

---

[1](五代)马缟:《中华古今注·花子条》,中华书局1985年版,第19页。

由此可见,这种装饰方式起自秦代,一直流传到五代后周。

但是从前面文献可看出,南唐"北苑妆"特点与传统的"花子"妆略有区别:一是用南唐建阳产的"茶油花子"为原料;二是"淡妆",非浓妆艳抹;三是主要饰品均在额头上,不在脸颊或两靥。经过这个转变,南唐女士装饰为之一变,开始褪去浓妆艳饰,均缟衣素裳,鬓列金饰,额施花饼,行走起来,衣袂飘扬,另具风韵。

"北苑妆"因为流行在南唐后主时期,而后主亡国被俘,客死北宋,其死后也薄葬,因此"北苑妆"已经很难有可以佐证的实物壁画、雕塑等。但是可以从南唐二陵的陶俑中看出,"北苑妆"之前南唐当时宫廷女性装饰风格,具有十分明显的特色。南唐二陵陶俑在艺术风格上继承了唐代风格,虽然陶俑主要是成批的模制和涂粉法制作的,但是更重视"刀刻法",与唐俑"描绘法"大不一样,而且陶俑服饰和唐代毫不相同,均系参照南唐宫廷人物服饰的写实作品。

陆游《南唐书》中记载后主李煜大周皇后创立的各种宫廷装饰,"后主昭惠国后周氏,小名娥皇,大司徒宗之女。十九岁归王宫。通书史,善歌舞,……创为高髻纤裳及首翘鬓朵之妆,人皆效之"[1]。这里的"高髻、纤裳、首翘、鬓朵"之妆不大可能是凭空创造的,应该是在原来的宫廷女妆基础上推陈出新,创造出的新样式。中主李璟就写道:"一钩新月临妆镜,蝉鬓凤钗慵不整。"[2]李昇墓出土的大量女陶俑可以佐证,女陶俑主要分为持物女俑、拱立女俑、舞蹈女俑三大类,但是这三类女俑中,多数均是梳高髻,有单鬟髻,有双环髻[3]。从服饰来看,确实比较清秀,虽然是宽袖长袍,但是远不似王处直墓仕女、冯晖墓仕女服饰那样肥大和繁缛,是比较纤细简便的"纤裳"。可见,南唐宫廷女性装饰是比较自由多样的,不管是大周后的"高髻、纤裳、首翘、鬓朵",还是后来的"北苑妆",都是追求时尚与美的创新之举。

李昇墓出土的男陶俑是这一时期的精华和代表,分类非常明显细致,其服饰体现南唐宫廷不同风格特色。其中男俑的帽子有六种:道冠状,斜顶椭圆形高帽,四周有直条纹,类似于道士帽;莲瓣状帽,四周用莲花瓣做装饰的帽;方形小帽,略成方形,罩在发髻上的小帽;幞头帽,前层低,后层高

---

[1] (宋)马令撰,胡阿祥、胡箫白点校:《南唐书·列传卷第十三》,南京出版社2010年版,第335页。
[2] 史双元编著:《唐五代词纪事会评》,黄山书社出版社1995年版,第627页。
[3] 南京博物院:《南唐二陵发掘报告》,文物出版社1957年版,第67页。

的圆形帽;风帽,带有披巾;胄型帽,带有护耳的半椭圆形盔状帽子[1]。

以上尤为值得关注的是道冠帽,这种帽子样式在南唐流行有着深厚的地域文化原因。东晋时,金陵贵族清谈之风异常盛行,不务朝政与国事,喜于名山古刹、山林庄园畅谈玄理,整个政治意识形态形成一种苟且偷安、颓废空谈的价值观,导致东晋一味偏安。此时道教也开始在南方兴盛,南唐对道教异常崇尚,李昇为笼络道人,太和五年(933)封东岳三郎为"雄武将军",以紫极宫为道士炼丹之所,新建炳灵公庙、紫阳观、宝华宫,重修永乐观和洞神宫。著名道士王栖霞、史守冲、孙智永、邓匡图、魏进忠等人异常受李昇宠信。马令《南唐书》记太医令吴廷绍为道家方术高手,"烈祖喉中痒涩,进药无验。廷绍进楮实汤,服之,顿愈"[2],又说另一个道士陈陶,"世居岭表,以儒业名家。陶挟册长安,声诗历象,无不精究,常以台铉之器自负,恨世乱不得逞"[3]。甚至李昇本人就是吃道家丹药而死,陆游《南唐书》记载:"烈祖尝梦得神丹,既觉,语左右,欲物色访求。而守冲适诣宫门献丹方,扆亦以方继进。烈祖皆神之,以为仙人,使炼金石为丹,服之,多暴怒……尝以其药赐李建勋,建勋乘间言曰:'臣服甫数日,已觉炎燥,此岂可常进哉?'烈祖笑曰:'孤服之已久,宁有是事?'谏者皆不从。俄而疽发,遂至大渐,临终谓元宗曰:'吾服金石求长生,今反若此,汝宜以为戒也。'"[4]一直持续到后主时期,道教还为南唐统治者所重视。笔者认为,李昇陶俑中出现的道冠帽(图3-3-3),应该是当时南唐统治者重视道教,道教文化元素影响生活的具体服饰体现。

南唐陶俑所戴幞头帽作为当时一种流行的服饰,无论贵贱,皆可服之。周文矩《重屏会棋图》中的人物均头戴黑色幞头;手持盘盒,

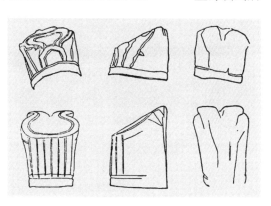

图3-3-3 南唐二陵李昇陵出土男俑帽式(引自南京博物院:《南唐二陵发掘报告》,文物出版社1957年版,第62页)

---

[1] 南京博物院:《南唐二陵发掘报告》,文物出版社1957年版,第62页。
[2] (宋)马令撰,濮小南点校:《南唐书·卷二十四·方术传》,南京出版社2010年版,第166页。
[3] (宋)马令撰,濮小南点校:《南唐书·卷十五·隐者传》,南京出版社2010年版,第114页。
[4] (宋)陆游撰,胡阿祥、胡箫白点校:《南唐书·列传卷第十四》,南京出版社2010年版,第347页。

居中观棋的长者、幞头帽最为高大的为中主李璟；对弈者为齐王景达和江王景逿，均头戴黑幞头帽，侧面端坐。顾闳中《韩熙载夜宴图》真实描绘韩熙载家宴场景，《宣和画谱》记载："顾闳中，江南人也。事伪主李氏为待诏。善画，独见于人物。是时，中书舍人韩熙载，以贵游世胄多好声伎，专为夜饮，虽宾客糅杂，欢呼狂逸，不复拘制，李氏惜其才，置而不问。声传中外，颇闻其荒纵，然欲见樽俎灯烛间觥筹交错之态度不可得，乃命闳中夜至其第，窃窥之，目识心记，图绘以上之，故世有《韩熙载夜宴图》。"[1] 此画共描绘了46人，女21人，男25人，包括韩熙载、郎粲、太常博士陈雍、紫薇郎朱铣和教坊副使李嘉明等官员，均戴黑色软脚幞头（图3-3-4）。

男俑服饰均为内外两层，一种是方领长袍，右衽，胸前有下垂长带；一种是圆领长袍，右衽，束腰带，腰下则左右开叉，露出内衣一角和靴子；一种是战袍，全身披甲，膝下有下垂流苏；最有特色的是舞衣，分为袒胸露腹和圆领舞衣，长不过膝，衣袖不长，不露护手，腰间束带[2]。最特别的是出土的胡人伶

图3-3-4　五代周文矩《重屏会棋图》（引自杨建峰编：《中国人物画全集 上》，外文出版社2011年版，第88—89页）

---

[1] 潘运告主编、岳仁译注：《宣和画谱》，湖南美术出版社1999年版，第151页。
[2] 南京博物院：《南唐二陵发掘报告》，文物出版社1957年版，第64页。

图3-3-5 南唐二陵李昪陵胡人陶俑（引自南京博物院：《南唐二陵发掘报告》，文物出版社1957年版，图版64）

人俑、胡人舞蹈俑（图3-3-5）。冯晖墓也有胡人舞者形象，在墓东室浮雕有两个胡人舞蹈俑（图3-3-6），造型奇特，动作夸张。第八人头戴黑色幞头帽，身穿圆领长袍，腰系黑带，脚穿黑色高黝靴，侧身，右脚半抬，左脚着地，右手平举，左手后甩，凸肚撅臀，身体各部分展示强烈动感，突鼻高目，嘴巴微张，满脸络腮胡，缩颈耸肩。第九人服饰与第八人相同，但是将袍服卷起，缩头耸肩，手舞足蹈[1]。

南唐胡人俑与冯晖墓舞者相比，具有鲜明的地域特色：一是人物身形清秀，身材单薄，头和身材比例不当，头部过大。冯晖墓胡人身材壮硕，身形魁梧，脸型雄壮阳刚。二是人物舞姿有别，冯晖墓舞蹈胡人动作遒劲刚猛，开合有力。南唐舞蹈俑头戴幞头帽，上身着开领短袍，袒胸露乳，两个陶俑均以手挠头，身体侧倾，撅臀曲腿，双脚八字型外撇，表情生动[2]。可以说，冯晖墓胡人舞者以舞姿见长，南唐舞蹈俑以表情取胜。

图3-3-6 五代冯晖墓甬道东壁彩绘浮雕胡人舞蹈俑（引自咸阳市文物考古研究所：《五代冯晖墓》，重庆出版社2001年版，第12页）

---

[1] 南京博物院：《南唐二陵发掘报告》，文物出版社1957年版，第14—16页。
[2] 南京博物院：《南唐二陵发掘报告》，文物出版社1957年版，图版64。

二、"海石榴花"样式

李昪陵墓室的枋、柱、斗拱上均绘制彩画,有缠枝牡丹纹、宝相花纹、莲花纹、柿柄纹,这些在敦煌佛教题材壁画中时常见,可见李昪墓的彩绘装饰受到敦煌壁画的影响很明显。其中最为突出的是海石榴纹,该纹饰较早出现于唐三彩陶器上,海石榴纹是从伊朗传入的异域纹样,又称"海石榴花",其主体图案是花朵盛开,中心描绘绽开的石榴果或花苞之中满含石榴籽,有模印贴花和刻花施彩两种制作手法,艺术风格主要是写意。

海石榴花在宋、元、明、清瓷器装饰上成为一种常见花纹。北宋定窑的白釉盘面上的印花海石榴纹线条微微凸起,有浅浮雕之美。元代青花瓷上海石榴纹经常作为辅助纹样,饰于器物的肩部。明清瓷器上以石榴多子为吉祥寓意的纹饰也很常见。明成化御窑青花海石榴内梵文卧足碗,造型精巧,敞口卧足,为成化官窑中罕见器型,其胎体轻薄,釉水明润,青花发色淡雅柔和,碗心书梵文,外壁环饰套勾海石榴纹。

宋代海石榴纹已经是建筑必备的常用花纹之一,《营造法式》说:"其所造花纹制度有十一品:一曰海石榴花;二曰宝相花;三曰牡丹花;四曰蕙草;五曰方文;六曰水浪;七曰宝山;八曰宝阶;九曰铺地莲花;十曰仰覆莲花;十一曰宝装莲花。"[1]但是在陵墓的构件上,彩绘海石榴纹极为少见。敦煌427窟彩绘海石榴纹绘制于北宋开宝三年(970),李昪墓建于937年,显然敦煌壁画海石榴纹要晚几十年。李昪棺床上边缘还雕刻着海石榴纹(图3-3-7),墓室前室东西壁北首的八角形倚柱上也有海石榴纹,最为精致,两

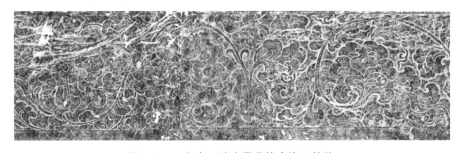

图3-3-7 南唐二陵李昪墓棺床海石榴纹

---

[1](宋)李诫撰、王海燕注译:《〈营造法式〉译解》,华中科技大学出版社2011年版,第14页。

个柱身绘缠枝回绕的海石榴纹,花叶枝条均用赭色线勾勒,花叶涂黄色,再用石绿晕染,花心贴黄色,花叶空处,均用红色涂底色[1]。

五代中原的墓室壁画与雕刻中,海石榴纹并不常见。西蜀王建墓棺椁雕刻也没有见到海石榴纹,李昇墓室的彩绘海石榴纹和雕刻海石榴纹,是上承唐代、下启宋元的一种过渡纹饰。

三、"江南画"样式

米芾在《画史》中提到一新颖的说法叫"江南画",其在谈及一幅传为顾恺之的《维摩百补》说,"其屏风上山水,林木奇古,坡岸皴如董源。乃知人称江南,盖自顾以来皆一样,隋唐及南唐至巨然不移。至今池州谢氏,亦作此体。余得隋画《金陵图》于毕相孙,亦同此体"[2],又说,"董源平淡天真多,唐无此品。在毕宏上,近世神品,格高无与比也。峰峦出没,云雾显晦,不装巧趣,皆得天真;岚色郁苍,枝干劲挺,咸有生意。溪桥渔浦,洲渚掩映,一片江南也"[3]。很显然,米芾"江南画"主要指的是山水画,五代南方山水画笔者已在前文叙述。所谓"江南画"在笔墨、风格、形式、情趣上也是有区别的,此处为就米氏"江南画"概论其主要艺术特色,以下从几方面详论"江南画"。

(一)"江南画"与董、巨作品

沈括《图画歌》中"江南董源僧巨然,淡墨轻岚为一体"[4]说董、巨的平远山水,淡墨轻岚,笔墨松秀灵动,意境平淡幽深。《梦溪笔谈》中说得更具体:"江南中主时,有北苑使董源善画,尤工秋岚远景,多写江南真山,不为奇峭之笔。其后建业僧巨然祖述源法,皆臻妙理。大体源及巨然画笔,皆宜远观,其用笔甚草草,近视之几不类物象,远观则景物粲然。幽情远思,如睹异境。"[5]可见,米芾认为董源为代表的"江南画"一大特色是描绘远方的景物,是"秋岚远景""杳然远景""远峰之顶""皆宜远观"。元代汤垕《画鉴》

---

[1] 南京博物院:《南唐二陵发掘报告》,文物出版社1957年版,第27页。
[2] 潘运告编注:《中国历代画论选·上》,湖南美术出版社2007年版,第303页。
[3] 潘运告编注:《中国历代画论选·上》,湖南美术出版社2007年版,第287页。
[4] (宋)沈括撰、胡道静辑集:《沈括诗词辑存》,上海书店出版社1985年版,第32页。
[5] (宋)沈括著、胡道静校:《梦溪笔谈校证(上)·卷十七·书画》,上海出版公司1956年版,第565页。

说"董元山水有二种。一样水墨矾头,疏林远树,平远幽深,山石作麻皮皴。一样着色,皴文甚少,用色秾古,人物多用红青衣,人面亦用粉素者。二种皆佳作也"[1],也说董源画是"疏林远树""平远幽深"。

以上为远景,而董源"江南画"的细节描写也与众不同,董其昌《画禅室随笔》说:"北苑画小树,不先作树枝及根,但以笔点成形,画山即用画树之皴。此人所不知,乃诀法也。北苑画杂树,但只露根,而以点叶高下肥瘦,取其成形,此即米画之祖,最为高雅,不在斤斤细巧。"[2]可见,即便是近景小树,也是不作树枝树根,而是以笔点成形,看起来是"疏林远树",这显然是写意之法。

宋人方千里的《和清真词》中写道:"依稀看遍江南画,记隐隐,烟霭蒹葭。"[3]其笔下的江南画只能依稀欣赏,隐隐的一抹烟霞,江边雾中蒹葭。这是一种云烟弥漫的朦胧美,可见云烟岚雾带来那种朦胧、淡远、若有如无、隐隐约约也是江南画的重要艺术特色。董源画云烟,不是前人层层染法,而是用淡墨渍出来的,而且是缥缈在树石之间,这也是"江南画"重要表现手法。这种远景、朦胧、幽深、写意的艺术风格以董源《潇湘图》《夏景山口待渡图》为代表。

(二)"江南画"与赵干作品

南唐赵干《江行初雪图》(图3-3-8)表现另一种"江南画"山水,山峦高耸峻厚,林木茂郁,骨体湿润,工整细致,与董巨等人写意远景不同。《宣和画谱》称赵干作品"多作楼观、舟舡、水村、渔市、花竹,散为景趣,虽在朝市风埃间,一见便如江上,令人寒裳欲涉而问舟浦溆间也"[4]。见赵干作品,就会产生卷起衣服涉水渡江、身临其境的冲动,说明赵画具有很强的写实性和艺术表现力。此画具有浓郁江南风情,初冬时节,天色清寒,雪花飞舞,百树凋零,芦花枯涩,寒风萧瑟,江畔行旅客骑驴而行,书童负重艰难跋涉,人物表情畏缩苦楚;江水轻泛微波,渔舟浮水,渔夫在冰冷江水中张网捕鱼。其意境恰如宋代朱翌《点绛唇》所写:"流水泠泠,断桥横路梅枝桠。雪花飞

---

[1] 于安澜:《画品丛书·画史》,上海人民美术出版社1982年版,第412页。
[2] (明)董其昌著、赵菁编:《骨董十三说》,金城出版社2011年版,第152页。
[3] 王净等编:《全编宋词·七》,延边人民出版社2004年版,第2218页。
[4] 潘运告主编、岳仁译注:《宣和画谱》,湖南美术出版社1999年版,第247页。

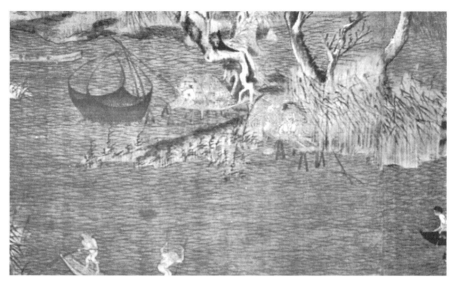

图3-3-8 五代赵干《江行初雪图》(引自杨建峰编:《中国人物画全集 上》,外文出版社2011年版,第42页)

下,浑似江南画。"[1]刘道醇《圣朝名画评》评论这幅画的特色是:"今度支蔡员外家有干《江行图》一轴,深得浩渺之意。"[2]其笔墨劲道爽利,与文献记载中李煜的"金错刀"书法清刚遒劲的风格接近。

（三）"江南画"与卫贤作品

"江南画"与隐士文化密切相关,南唐中主李璟和李煜都崇尚隐逸文化,李璟曾于庐山瀑布旁筑庐读书;李煜自号"钟隐",大有隐居钟山之意。帝王爱好隐居,所以隐士文化在南唐并不是像以前那样,远离尘嚣,远离朝政。恰恰相反,南唐政坛、文坛士人将"入世"与"出世"并存一体,故隐士题材山水在南唐异常流行。卫贤《高士图》描绘的是汉代高士梁鸿。梁氏庭院所处环境有隐约高逸之气,群峰峻厚,山岭悠远,怪石嶙峋,老树盘曲,竹林修茂,溪水环绕中有一庭院,梁鸿坐于榻上,孟光跪地举案相送。卫贤是长安人,学画时北方的荆、关山水大行其道,所以其画风应有荆关因子。《高士图》构图类似北方山水(图3-3-9),奇崛突兀高峰占据大半画面,远山

---

[1] (清)朱孝臧编选、思履主编:《宋词三百首彩图全解详注》,中国华侨出版社2012年版,第291页。
[2] 于安澜:《画品丛书·圣朝名画评》,上海人民美术出版社1982年版,第135页。

以水墨渲染,中景用勾皴和罩染,空阔灵动。与《江行初雪图》笔法清刚、爽利相比,《高士图》笔墨趋于温润,融南北风格于一体。

(四)"江南画"与徐熙作品

《江行初雪图》《高士图》《溪岸图》均以人物与山水景致相结合,展现南唐"江南画"独特艺术样式。画面都呈现清丽、悠远、野逸、闲散、高远的山水意境,它隐含在南唐富丽精致的艺术背后,这与西蜀绘画浮在表面的艳丽富贵趣味不同,其比西蜀画作更深沉、厚重。所以从画作类型看,西蜀是以花鸟取胜,南唐是以山水为长。

可贵的是,南唐画家还把山水画中的野逸风格运用到花鸟画创作中,故而出现徐熙"落墨花"。苏轼题《徐熙杏花》:"却因梅雨丹青暗,洗出徐熙落墨花。"[1] 落墨花是双勾填彩之外,略染浅彩而成,如《梦溪笔谈》所言,"徐熙以墨笔画之,殊草草,略施丹粉而已"[2]。可以看出,沈括看到的徐家花鸟的特色:一是主用墨色为之,色泽是单一的,不似西蜀花鸟那样色泽艳丽,金碧辉煌;二是用笔比较随意,"殊草草",这与董源写意山水如出一

图3-3-9 五代卫贤《高士图》(引自刘建平编:《中国美术全集1晋至五代绘画》,天津人民美术出版社1997年版,第159页)

辙,重在表现物象的轮廓与神情,不似西蜀"黄家样"精工细作的工笔画法。故刘道醇在《圣朝名画评》中评曰:"士大夫议为花果者,往往宗尚黄筌、赵昌之笔,盖其写生设色,迥出人意;以熙视之,彼有惭德。筌神而不妙,昌妙而不神,神妙俱完,舍熙无矣。夫精于画者,不过薄其彩绘,以取形似,于骨

---

[1](宋)苏轼著、李之亮笺注《苏轼文集编年笺注(诗词附)十一》,巴蜀书社2011年版,第460页。
[2](宋)沈括著、胡道静校:《梦溪笔谈校证(上)·卷十七·书画》,上海出版公司1956年版,第555页。

气能全之乎？熙独不然，必先以墨定其枝叶蕊萼等，而后傅之以色，故其气格前就，态度弥茂，与造化之巧不甚远，宜乎为天下冠也。故列神品。"[1]据传为徐熙的《雪竹图》中，画家用粗细不同笔法和浓淡适宜水墨色泽表现物象，这种草草为之的"落墨画"花鸟，显然与西蜀黄家样精工细笔的皇家花鸟完全不同，创新的"徐家野逸"艺术特色，与"黄家富贵"并成为花鸟画新的艺术样式。故汤垕在《古今画鉴》中总结说："要知花鸟一科，唐之边鸾，宋之徐、黄，为古今规式，所谓前无古人，后无来者是也。"[2]

（五）"江南画"与题画诗

引诗入画，诗画结合，以诗歌来点缀、点睛画作，这是"江南画"的重要特色。《宣和画谱》记载："顾大中，江南人也。善画人物、牛马，兼工花竹。尝于南陵巡捕司舫子卧屏上，画杜牧诗：'南陵水面漫悠悠，风紧云繁欲变秋。正是客心孤迥处，谁家红袖凭江楼。'殊有思致，见者爱之。"[3]这是用画笔表示杜牧的诗歌，但是诗作应该也在画上，否则不可能达到"殊有思致"的结果，说明在南唐时诗、画有合流倾向。《宣和画谱》记载："江南伪主李煜字重光，政事之暇，寓意于丹青，颇到妙处。自称钟峰隐居，……然李氏能文善书画，书作颤笔樛曲之状，遒劲如寒松霜竹，谓之金错刀。画亦清爽不凡，别为一格。然书画同体，故唐希雅初学李氏之错刀笔，后画竹乃如书法，有战掣之状，而李氏又复能为墨竹，此互相取备也。"[4]由此可知，李煜的诗歌、绘画、书法能三合一，融会贯通。《五代名画补遗》记载最早的题画诗正是李煜所作。"卫贤，京兆人，仕南唐为内供奉。……予尝于富商高氏家，观贤画盘车上磨图。及故大丞相文懿张公第，有《春江钓叟图》，上有南唐李煜金索书《渔父》词二首，其一曰：'阆苑有情千里雪，桃李无言一队春。一壶酒，一竿身，快活如侬有几人'。其二曰：'一棹春风一叶舟，一轮茧缕一轻钩。花满渚，酒满瓯，万顷波中得自由'。"[5]《春江钓叟图》现已不可见，但李煜所题的《渔父词》紧扣画意，用文字将春风、小舟、茧缕、轻钩、万顷波这些具象表现出来，同时将渔父自由惬意的快活神态表现得淋漓尽致。从李煜之

---

[1] 于安澜：《画品丛书·圣朝名画评》，上海人民美术出版社1982年版，第140页。
[2] 汤麟：《中国历代绘画理论评注·元代卷》，湖北美术出版社2009年版，第217页。
[3] 潘运告主编、岳仁译注：《宣和画谱》，湖南美术出版社1999年版，第152、153页。
[4] 潘运告主编、岳仁译注：《宣和画谱》，湖南美术出版社1999年版，第349页。
[5] 刘孝严注译：《唐二主词诗文集译注》，吉林文史出版社1997年版，第551页。

后,题画诗开始流行,如前文所说苏轼题《徐熙杏花》。

笔者认为,"江南画"所以成为地域特色鲜明的艺术作品,其根源与当时南唐所在的金陵地区深厚的文化底蕴和当时的文人画师群体有密切关系。六朝宗炳以"澄怀观道,卧以游之"[1]所表达的正是文人对绘画艺术的娱乐心态。文人画起源于何时,说法不一,但毫无疑问,五代南唐文人、士人对文人画的最终形成起了关键的助推作用。陈师曾说:"不在画中考究艺术上之功夫,必须于画外看出许多文人之感想,此之所谓文人画。或谓以文人作画,殊不知画之为物,是性灵者也,思想者也,活动者也;非器械者也,非单纯者也。"[2]

西蜀有大量唐代宫廷画家不间断入蜀,与之不同的是,南唐没有原来唐代宫廷画家过来,因此,南唐画坛从花鸟看,没有直接系统吸纳、消化如滕昌佑、刁光胤等宫廷画师的技法和风格;从山水看,五代的政治格局是南唐一直和中原王朝对峙,南唐画家也没有像北方画师学习荆关山水那样直接方便。南唐画坛有一些北方来的士人画家,如韩熙载、卫贤。但是更多的是南唐本土的文人画家,如顾闳中、周文矩、董源、王齐翰、曹仲玄、赵干等。很显然,本土画家数量远远超过北方来的画家。南唐本土画家在南方悠久的地域文化的滋养下,再吸收一些唐代绘画的艺术营养,很自然会走出一条体现本地艺术特色的道路,这抑或是"江南画"出现的根本原因。

本章附表:

附表1 五代十国墓室壁画伎乐女性图像脸型统计表[3]

墓葬名称	伎乐女性图像脸型			
王建墓	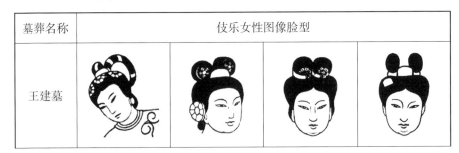			

---

[1](明)冯梦龙评纂:《太平广记钞(下)》,团结出版社1996年版,第723页。
[2]陈师曾著:《陈师曾讲绘画史》,凤凰出版社2010年版,第65页。
[3]王建墓图片采自:冯汉骥:《前蜀王建墓发掘报告》,文物出版社2002年版;冯晖墓图片采自:咸阳市文物考古研究所:《五代冯晖墓》,重庆出版社2001年版;王处直墓图片采自:河北省文物研究所、保定市文物管理处:《五代王处直墓》,文物出版社1998年版。

续表

墓葬名称	伎乐女性图像脸型			
王建墓				
冯晖墓				

续表

墓葬名称	伎乐女性图像脸型			
冯晖墓				
王处直墓				

第四章　三种主题图像反映的社会生活探讨

"墓室壁画是一部图像的中国历史，它真实地反映了古代中国人的生活状况、社会风尚和艺术趣味，同时也反映了人们的宗教信仰、丧葬文化等诸多方面的状况。"[1]五代十国墓室壁画与唐墓壁画的一个重要不同，就是唐代壁画的礼制化成分居多，而五代墓室壁画世俗化成分开始逐渐增多。礼制化内容因为时代的动荡，虽然还存在，但是已经形式自由多样，内容比例逐渐降低，世俗生活开始成为墓室壁画关注的热点内容。因此，壁画主题上，展现生前的权势和地位、生前奢靡的生活方式成为壁画展现的重要内容和题材。

第一节　"叉手礼"图像新证

一、魏晋六朝前的"叉手"礼

中国自古为礼仪之邦，《礼记》载："夫礼者，自卑而尊人。"其中有一种"叉手"礼，古老而独特。许慎《说文解字·又部》说："叉，手指相错也。从又，象叉之形。"[2]顾野王《玉篇·又部》："叉，指相交也。"[3]《汉语大词典》

---

[1] 徐涛：《墓室壁画的绘画史意义——读〈永生之维——中国墓室壁画史〉》，《考古与文物》2010年第5期。
[2]（汉）许慎撰、（清）段玉裁注、许惟贤整理：《说文解字注·上》，凤凰出版社2015年版，第155页。
[3] 汉语大字典编辑委员会编纂：《汉语大字典》，湖北长江出版集团2010年版，第424页。

解释"叉手"是佛教一种敬礼方式,"两掌对合于胸前"[1]。《禅宗词典》认为:"手掌相合,手指交叉,表示心诚专一的礼貌动作。"[2]西晋竺法护于泰康七年(286)长安翻译《正法华经》10卷,其中《应时品》载:"于是贤者舍利弗,闻佛说此欣然踊跃,即起叉手白众祐曰:今闻大圣讲斯法要,心加欢喜得未曾有,所以者何?"[3]蒋宗福、李海霞译注禅宗史书《五灯会元》认为:"交叉手指合十。"[4]以上可见,佛教"叉手"礼的主要特点是手掌相合,手指交叉。

"叉手"不仅是一种佛教礼仪,也是一种世俗常用礼仪,属揖礼的一种[5]。特别在汉末魏晋,"叉手"礼多次见于史册。据记载当时隗嚣割据陇右,马援给其部将杨广写信说:"春卿事季孟,外有君臣之义,内有朋友之道。言君臣也,固当谏争;语朋友邪?应有切磋。岂有知其无成而但萎腰咋舌、叉手从族乎?"[6]《后汉书·灵帝纪》载:"(张)让、(段)珪等复劫少帝、陈留王走小平津。尚书卢植追让、珪等,斩数人,其余投河而死。"[7]李贤注引《献帝春秋》资料说:"(张)让等惶怖,叉手再拜叩头,向天子辞曰:'臣等死,陛下自爱。'遂投河而死。"

《三国志·卷八·公孙度传》注引《魏略》曰:"故公文下辽东,因赦之曰:'告辽东、玄菟将校吏民:逆贼孙权遭遇乱阶,因其先人劫略州郡,遂成群凶,自擅江表。含垢藏疾,冀其可化,故割地王(孙)权,使南面称孤,位以上将,礼以九命。权亲叉手,北向稽颡……'"[8]同书卷二十八《邓艾传》议郎段灼上疏曰:"……艾受命忘身,束马县车,自投死地,……使刘禅君臣面缚,叉手屈膝。"[9]"叉手"礼在魏晋六朝也相袭用。《孔丛子·论势》云:"游说之士挟强秦以为资,卖其国以收利,叉手服从,曾不能制。"[10]

上述史料中反复出现"叉手",可见此礼在东汉及魏晋时期为常见礼

---

[1] 罗竹风主编:《汉语大词典·第2卷下》,汉语大词典出版社2001年版,第852页。
[2] 袁宾主编:《禅宗词典》,湖北人民出版社1994年版,第54页。
[3] 《正法华经》卷10。西晋竺法护于泰康七年(286)译于长安。是一部早期大乘佛教经典。
[4] (宋)普济辑、蒋宗福、李海霞主译:《五灯会元》,西南师范大学出版社1997年版,第3页。
[5] 刘勇波、徐传武:《揖礼合论》,《山西财经大学学报》2013年第1期。
[6] (宋)范晔撰、(唐)李贤等注:《后汉书·卷二十四·马援列传第十四》,中华书局1973年版,第833页。
[7] (宋)范晔撰、(唐)李贤等注:《后汉书·卷八·孝灵帝纪第八》,中华书局1973年版,第358页。
[8] (晋)陈寿著:《三国志》,崇文书局2009年版,第117页。
[9] (晋)陈寿著:《三国志》,崇文书局2009年版,第354页。
[10] 金沛霖等主编:《四库全书·子部精要(上册)》,天津古籍出版社、中国世界语出版社1998年版,第14页。

仪,多见于权贵之礼。除李贤注引《献帝春秋》资料描述(张)让行的是实礼,其他主要为书信、诏书、文章等记录的虚礼。通过分析,见于文献中的"叉手",其含义亦有区别,除表示尊敬、服从之意的特定握姿外,有合掌(此义多见于佛经)、垂拱(两手相交于下)、高拱(两手相交于上)、交手诸义[1]。

探究这些史料中描绘"叉手"礼手形、动作的具体样式,因具体解说文字和直观图像资料的匮乏,难以窥见一斑。

有意思的是,1982年底,江苏江宁县张家山西晋墓出土"叉手"女陶俑一件。高19.6厘米,最宽10.4厘米。头发向后梳成小髻,目圆鼓,塌鼻,瘪嘴,耳垂上有饰,衣对襟长裙,曳地,不露足,宽袖,小臂裸露,双手置胸前[2],似作恭敬的"叉手"礼。但细致观察,该陶俑右手拘谨地半压在左手上方,双手紧贴在胸前衣襟上。从陶俑的装束、神情看,陶俑眼睛略圆,眼珠鼓起,突在眼睑之外,满脸惊恐之态,应该是受到训斥或受罚的仆从,不像是自然行礼之态,与后世唐宋时期能见到的"叉手"图像也迥然不同。因此,不能断定此动作就是魏晋时期"叉手"礼手法(图4-1-1)。

图4-1-1 江苏江宁县张家山西晋墓陶俑(引自南京博物院:《江苏江宁县张家山西晋墓》,《考古》1985年第10期)

二、唐、五代"叉手"礼图像分析

(一)柳宗元、杨牢作诗与晚唐赵逸公墓壁画

北宋王谠的《唐语林·卷三》载:"华阴杨牢,幼孤,六岁入杂学,归误入人家,乃父友也。二丈人弹棋次,见杨氏子戏曰:'尔能为丈人咏此局否?'杨登时叉手咏曰……"[3]一个六岁孩童,作诗前很自然"叉手"施礼,充分说

---

[1] 参见乐浪公的府第新浪博客《岳飞撒手,致遭吏辱》一文,http://blog.sina.com.cn/s/blog_4d40cc3d0/02e6q8.html,该文提及"叉手"礼相关文献和图像资料,并对资料进行了初步的整理。

[2] 南京博物院:《江苏江宁县张家山西晋墓》,《考古》1985年第10期。

[3] (宋)王谠:《唐语林》,古典文学出版社1957年版,第116、117页。

明这种礼仪已经非常普及,妇孺皆知。

唐宋八大家之一的柳宗元,在唐顺宗永贞元年(805)到唐宪宗元和十年(815)被贬永州期间,生活穷困窘迫。《旧唐书·柳宗元传》记载:"宗元为邵州刺史,在道,再贬为永州司马,即罹窜逐,涉履蛮瘴,崎岖堙厄,蕴骚人之郁悼,写情叙事,动必以文。"[1]在《同刘二十八院长寄澧州张使君八十韵》诗中柳宗元写道,"入郡腰恒折,逢人手尽叉"[2],叙述他被贬永州屈身事人、低调生活的情况。永州之所以当时为流放戴罪官员之所,因其蛮荒偏僻,即"涉履蛮瘴,崎岖堙厄"。柳宗元在此地"逢人手尽叉",一方面说明他不得不见人施"叉手"礼,到处摧眉折腰的窘境;另一方面也说明"叉手"礼即便在永州这种流放之所,也是当时社交的常用礼仪。

柳宗元生于唐代宗大历八年(773),唐宪宗元和十四年(819)病逝。杨牢生于唐文宗大和五年(831),卒年不详。二人所行"叉手"礼具体动作样式如何?

2000年3月,在河南安阳发掘一座晚唐墓葬,据墓志记载,墓主为赵逸公。此墓建于唐文宗大和三年,即829年,也就是柳宗元去世后的第十年。应该说,赵逸公和柳宗元基本是同时代人,他去世时间和杨牢出生时间也相差无几。

赵逸公墓中有近30平方米壁画,壁画共有八组人物画和一组花鸟画,人物部分绘有14女、4男,共18个人物,内容主要有更衣、训仆、侍女、劳作、休憩场面等[3]。赵逸公墓室壁画中,出现了一站一跪两个仆从形象,对墓主人行礼,从手形及动作看,正是后来宋人所说"叉手"礼(图4-1-2)。

图4-1-2 晚唐赵逸公墓"叉手"人物图像(摄于河南古代壁画馆)

---

[1] 中国文史出版社编:《二十五史·旧唐书》,中国文史出版社2003年版,第958页。
[2] 中华书局编辑部点校:《全唐诗(第6册)》,中华书局2013年版,第3937页。
[3] 张道森、吴伟强:《安阳出土唐墓壁画花鸟部分的艺术价值》,《安阳师范学院学报》2001年第6期。

从此图可以看出,两人施礼动作与江宁张家山西晋"叉手"陶俑手式完全不同。左手成掌型,左掌外包右手,以左手紧把右手拇指,其左手小指则向右手腕,右手四指皆直,拇指向上。而且手很自然置于胸前,与前胸之间留有距离。

(二)"温八叉"雅号与五代王处直墓等墓室壁画

晚唐著名诗人温庭筠(约812—866),精通音律,其诗辞藻华丽,与李商隐齐名,有"温李"之称。词风浓绮艳丽,语言工练,格调清俊,与韦庄齐名,并称"温韦"。

晚唐进士王定保(870—954)在《唐摭言》中记载温庭筠轶事说:"温庭筠烛下未尝起草,但笼袖凭几,每赋一咏一吟而已,故场中号为'温八吟'。"[1]北宋孙光宪在《北梦琐言》写得更详细:"(温庭筠)才思艳丽,工为小赋。每入试,押官韵作赋,凡八叉手而八韵成。"[2]不管"八吟"还是"八叉",都说明温庭筠才思泉涌,诗词创作速度快,可以比美曹植"七步诗"。

温庭筠的"八叉"一般认为是"叉手",也有人认为是"笼手""抄手",是把双手笼到衣袖里,就如同《唐摭言》中说的"凭几笼手"。但如果是"抄手""笼手"存在两个问题:一是不符合实际情况。温庭筠"八叉"成名是"每入试,押官韵作赋",均在考试时用,考试时不会时而双手笼袖,时而写字,显得过于琐碎杂乱。而且抄手在衣袖,时间节奏就不快,突出不了温庭筠才思敏捷的特点。二是与杨牢的"叉手"旧事矛盾。前文提及王谠的《唐语林》记载杨牢故事,杨牢在吟诗前"叉手",应该是施礼,绝不可能和后来的温庭筠不约而同,是抄手笼在衣袖里。因此,当时文人在作诗前,"叉手"施礼可能是一种修养和习俗,是对听众和考官的一种恭敬和尊重。

所以说,温庭筠的"叉手"应该是"叉手"施礼,以八次"叉手"礼来显示温庭筠成文时间之短,也说明这种"叉手"礼已经是大众熟知的礼仪。温庭筠"叉手"礼动作具体样式是怎样呢?从和他时间前后不远的五代王处直墓室壁画中,可以找到图像印证。

五代王处直墓(924)墓前室南壁下栏墓门东、西两侧各有一幅男侍像,头戴黑色翘脚幞头,身着圆领缺胯袍,腰束带,"叉手"侍立[3](图4-1-3)。

---

[1] (五代)王定保撰、姜汉椿校注:《唐摭言校注》,上海社会科学出版社2003年版,第266页。
[2] (宋)孙光宪著、林艾园校点:《北梦琐言》,上海古籍出版社1981年版,第29页。
[3] 河北省文物研究所、保定市文物管理处:《五代王处直墓》,文物出版社1998年版,第16页。

图4-1-3　五代王处直墓前室南壁下栏东侧男侍图（引自河北省文物研究所、保定市文物管理处：《五代王处直墓》，文物出版社1998年版，彩版四）

图4-1-4　五代王处直墓东耳室北壁侍女、童子图（引自河北省文物研究所、保定市文物管理处：《五代王处直墓》，文物出版社1998年版，彩版四）

图4-1-5　山西省太原市第一热电厂北汉墓"叉手"人物图像（引自徐光冀主编：《中国出土壁画全集（2·山西）》，科学出版社2012年版，第114页）

东耳室北壁绘一幅侍女童子图，侍女梳高髻，额前插花，鬓部插白色梳子，身着红色短襦裙，内穿抹胸，下穿白色长裙，脚穿高头履。童子着圆领缺胯袍，腰系红带，着长裤，脚穿线鞋，"叉手"而立（图4-1-4）。

另外，山西省太原市第一热电厂北汉墓（961）甬道西壁绘一门吏，侧身面向墓外站立，双手胸前拱手，怀抱一条两端露白的黑色杖杆。甬道东壁绘一门吏（图4-1-5），其构图、服饰、动作、所持器物与西壁近似[1]，两者均施"叉手"礼。河南省新郑市陵上村后周恭帝柴宗训墓（973）也发现了"叉手"人物图像。

2012年，洛阳孟津县新庄村发现一座晚唐五代贵族墓，由于墓志丢失，墓主人很难确定。但从墓葬形制、壁画内容及出土器物推断，应为晚唐五代时贵族墓[2]。该墓在甬道、墓室中均绘有壁画，墓道壁画保存完好。很清晰地看到两名侍者行"叉手"礼。

---

[1] 徐光冀主编：《中国出土壁画全集（2·山西）》，科学出版社2012年版，第110、111页。
[2] 程芳菲、张晓理：《古墓壁画上，好似"开"出牡丹花》，《洛阳晚报》2012年3月28日，A11版。

(三) 内蒙古赤峰宝山辽"天赞二年"墓室壁画

1994年10月，内蒙古文物考古研究所会同阿鲁科尔沁旗文物管理研究所对赤峰宝山辽壁画墓进行发掘，此墓有"天赞二年"(923)明确的题记纪年。在1号墓前室南壁绘吏仆图，甬道入口两侧各绘一人。左为男吏，勾鼻，戴黑色幞头，着圆领紧袖紫褐色团花长袍，腰系白带，穿浅色便靴，"叉手"而立[1]。从面容看，明显是契丹或是其他少数民族人。另在石房内南壁东侧绘有男侍图，戴黑色幞头，面白，朱唇，着黑袍，白色中单，系红色锦带，白裤，"叉手"于胸前[2]（图4-1-6）。

"天赞"是922年二月到926年二月间辽太祖耶律阿保机的年号，907年唐朝被朱温的后梁取代，离"天赞二年"不过短短十余年时间。而923年又是朱氏后梁灭亡的"龙德三年"，也是后唐李存勖的"同光元年"，属于中原五代开始的早期。这个时期正是北方各个割据政权混战最激烈的时候，北方各民族正常的文化交流受到严重阻碍。因此，"叉手"礼传播到内蒙古阿鲁科尔沁旗偏远之地，一定是远远早于这个时期。这也证明了"叉手"礼出现的成熟性和广泛性。

图4-1-6 内蒙古赤峰宝山辽壁画墓"叉手"人物图像（引自内蒙古文物考古研究所、阿鲁科尔沁旗文物管理所：《内蒙古赤峰宝山辽壁画墓发掘简报》，《文物》1998年第1期）

---

[1] 内蒙古文物考古研究所、阿鲁科尔沁旗文物管理所：《内蒙古赤峰宝山辽壁画墓发掘简报》，《文物》1998年第1期。
[2] 内蒙古文物考古研究所、阿鲁科尔沁旗文物管理所：《内蒙古赤峰宝山辽壁画墓发掘简报》，《文物》1998年第1期。

结合前面资料看,柳宗元的"逢人手尽叉"是在湖南永州。依照《新唐书》《旧唐书》《唐才子传》等书记载,温庭筠一生的活动轨迹主要是在京师长安,间或在湖北襄阳和淮南一带,两者距离跨度数省。

从发掘的几座墓葬看,赵逸公墓建于829年,位于河南洛阳附近。王处直墓建于924年,位于河北曲阳县灵山镇西燕川村。两者时间上相差近百年,距离也相距五六百里,与山西太原北汉墓(961)、内蒙古"天赞二年"(923)阿鲁科尔沁旗的壁画墓相距更远。但三座壁画墓中出现的"叉手"礼图像和手式完全一致。

此外,我们还可从传世绘画作品中找到对应的图像信息。五代南唐顾闳中《韩熙载夜宴图》中也出现了"叉手"礼人物图像(图4-1-7)。

图4-1-7　五代顾闳中《韩熙载夜宴图》中"叉手"人物图像(笔者制作)

研究以上文献和考古资料涉及的时间跨度、地域跨度,不难看出,在这一时期,"叉手"礼已经是完全定型化的成熟礼仪,且已广泛流行。可以充分说明,"叉手"礼在唐、五代就已经在中原乃至边远的民族政权中普遍流行(见附表1),不是地域性礼仪。

三、宋代"叉手礼"样式解读

关于最早描绘"叉手"礼手形及动作具体样式的史料,可见以下两则:

南宋初年,王虚中《训蒙法》首次记载了"叉手"礼动作姿势:"小儿六岁入学,先教叉手,以左手紧把高手,其左手小指指向右手腕,右手皆直,其四指以左手大指向上。如以右手掩其胸也。"

南宋末年,陈元靓编撰《事林广记》也记载了叉手礼的动作结构要领:

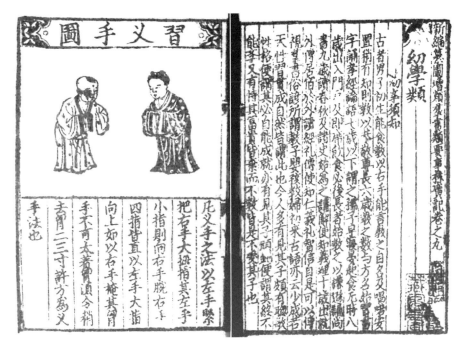

图4-1-8 南宋陈元靓《事林广记》丁集卷上幼学类记载"叉手"礼手式要领（引自（宋）陈元靓：《事林广记》，中华书局影印本1963年版）

"凡叉手之法，以左手紧把右手大拇指，其左手小指则向右手腕，右手四指皆直，以左手大指向上。如以右手掩其胸，手不可太着胸，须令稍去胸二三寸许，方为叉手法也。"[1]（图4-1-8）

通过对上述资料的分析，可得出三点结论：第一，此时"叉手"礼已经是很流行、很成熟的常用礼仪；第二，"叉手"礼关键动作要领是左手作掌型，右手四指皆直，左手包裹右手拇指；第三，右手不可以太靠近胸口，至少隔着二三寸距离。

笔者认为，之所以要采取左掌包右拳的姿势，这里面包含"阴阳祸福"思想。宋代高承《事物纪原·天地生植·阴阳》说："《春秋内事》曰：'伏羲氏定天地，分阴阳。'"[2]《礼记·檀弓上》："孔子与门人立，拱而尚右，二三子亦皆尚右。孔子曰：'二三子之嗜学也，我则有姊之丧故也。'二三子皆尚左。"郑玄注："丧尚右，右，阴也。吉尚左，左，阳也。"[3]以上资料说明，

---

[1] 转引自宿白：《白沙宋墓》，文物出版社1957年版，第60页。
[2] 转引自张帆主编：《中国哲学经典著作导读》，西安交通大学出版社2013年版，第16页。
[3] （汉）郑玄注：《四库家藏（礼记正义）》，山东画报出版社2004年版，第219页。

从《礼记》开始的施礼习俗就是吉事尚左,凶事尚右。从后世发现的"叉手"礼史料与图像看,均采用左手成掌,右手握拳,左手包裹右手,表示的是把"阳"的一面,"吉"的一面,显示给受礼者,体现对受礼者的尊重,以达到"叉手示敬"目的。

五代十国特别是宋以后,随着卷轴画的盛行,"叉手"礼图像开始出现在绘画作品中。与此同时,在北宋、辽、金以及南宋,墓室壁画中也经常出现"叉手"礼人物图像,这两方面信息都给研究"叉手"礼带来丰富、可靠的实物材料。

南宋刘松年所作《中兴四将图卷》中,两位裨将行"叉手"礼,似乎是显示对自己主将的恭敬(图4-1-9)。

1968年发掘的辽宁北票季杖子辽墓中,东耳室券门左侧、西耳室券门右侧及主室甬道两壁前部分,各绘有双臂合拢,作"叉手"礼状男侍从者,左右两两相对,各与前仪卫者相接[1](图4-1-10)。

1972年6月,吉林省博物馆、哲里木盟文化局会同库伦旗文化馆对库伦旗一号辽墓(约1080)进行了发掘,墓道北壁墓主人出行图绘有五位汉人,装束相同,头戴交脚幞头、着窄袖中单,圆领宽袖外袍,左手握右手拇指,叉

图4-1-9 南宋刘松年《中兴四将图卷》中"叉手"人物图像

---

[1] 韩宝兴:《北票季杖子辽代壁画墓》,《辽海文物学刊》1995年第1期。

图4-1-10 辽宁北票季杖子辽墓"叉手"人物图像(引自韩宝兴:《北票季杖子辽代壁画墓》,《辽海文物学刊》1995年第1期)

图4-1-11 吉林哲里木盟库伦旗一号辽墓墓道北壁出行图"叉手"礼人物图像(引自王泽庆:《库伦旗一号辽墓壁画初探》,《文物》1973年第8期)

腿侍立[1],五人均施"叉手"礼(图4-1-11)。

1991年7月,河南安阳县文管会发掘小南海宋代壁画墓,墓室东壁绘男仆二人,左手紧握右手大拇指,大拇指向上,两手握以胸前,作"叉手"礼,向

---

[1] 吉林省博物馆、哲里木盟文化局:《吉林哲里木盟库伦旗一号辽墓发掘简报》,《文物》1973年第8期。

图4-1-12 山西长子小关村金代纪年壁画墓"叉手"人物图像(引自长治市博物馆:《山西长子县小关村金代纪年壁画墓》,《文物》2008年第10期)

主人致意[1]。

此外,山西长子县小关村金代纪年壁画墓(1174)墓室北壁东侧也发现了作"叉手"礼侍从像(图4-1-12)。还有辽宁朝阳市建平县黑水镇七贤营子村水泉二号辽墓(907—1125)、辽宁朝阳市龙城区召都巴镇辽墓(907—1125)、山东淄博市博山区神头金墓(1210)、河南登封市王上村元墓(1206—1368)均出现了非常清晰的"叉手"礼的图像。

2003年,重庆大学人文艺术学主持的国家文化部"十五"艺术科学规划课题"四川南部南宋墓葬群石刻艺术研究"中提到,泸县宋代石室墓葬中发现"叉手"礼图像,皆为男侍,头梳高髻,低眉垂目,表情恭敬,左手紧把右手拇指,左手小指则向右手手腕,右手四指皆直,以左手大指向上,如以右手掩其胸,作叉手礼状[2]。(见附表2)

四、"叉手"礼图像比较与考证

关于这种左手作掌型,右手四指皆直,左手包裹右手,大拇指向上的"叉手"礼究竟何时出现,或者说何时流行,学界一直存有争议,学者大多认为最早出现在宋代。沈从文《中国古代服饰研究》一书阐述:"'叉手示敬'是两宋制度,在所有宋墓壁画及辽、金壁画中均有明确记载。"他明确认定其"流行于宋元时期的手礼,非五代所有"[3]。

还有几位学者也认为"叉手"礼最早开始于宋代。邵晓峰《〈韩熙载夜宴图〉的南宋作者考》一文将《韩熙载夜宴图》与宋代《女孝经图》中"叉手"礼男子图像进行对比,也认为"叉手"礼出现在宋代而非五代,并用该

---

[1] 李明德、郭艺田:《安阳小南海宋代壁画墓》,《中原文物》1993年第2期。
[2] 屈婷、冯东东:《"叉手"礼新考证》,《理论界》2010年第1期。
[3] 沈从文:《中国古代服饰研究》,上海书店出版社2005年版,第385页。

类图像作为证明《韩熙载夜宴图》是宋人作品的有力证据[1]。屈婷、冯东东《"叉手"礼新考证》一文指出:"我们查阅了众多的文献资料,其中在中国画史上的名作《韩熙载夜宴图》和《女孝经图》两幅画中发现了此'叉手'礼的最早图形描述。"[2]

但笔者依据前面文献和有明确纪年的考古图像资料,认为宋人施行的"叉手"礼,在唐和五代时期就已经出现,并已经成为当时流行的常用礼仪。

如果将已发现的唐、五代、宋、辽、金"叉手"礼图像作一个系统比较(图4-1-13),可以看出,"叉手"礼从唐到南宋,从中原汉族政权到辽金等少数民族政权,动作基本变化不大,手式几乎一致。

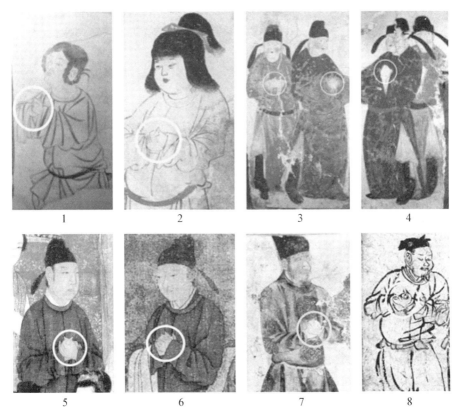

图4-1-13 唐—五代—宋、辽、金"叉手"人物图像对比示意图(笔者制作):1. 晚唐赵逸公墓壁画;2、3、4. 五代王处直墓壁画;5、6. 五代顾闳中《韩熙载夜宴图》;7. 内蒙古赤峰宝山辽壁画墓;8. 山西长子小关村金代纪年壁画墓

---

[1] 邵晓峰:《〈韩熙载夜宴图〉的南宋作者考》,《美术》2008年第3期。
[2] 屈婷、冯东东:《"叉手"礼新考证》,《理论界》2010年第1期。

值得注意的是，在辽宁省朝阳市建平县黑水镇七贤营子村水泉一号（图4-1-14）、二号辽墓（907—1125）、河北省宣化区下八里村辽代张匡正墓（1093）（图4-1-15）、内蒙古省库伦旗奈林稿公社前勿力布格村6号墓（907—1125）、陕西省甘泉县柳河湾村金墓（1196）中出现的"叉手"礼人物图像，与陈元靓编撰《事林广记》记载的叉手礼动作结构略有区别，均系右手紧把左手拇指。至于出现此类图像的原因，是因画工在绘制壁画时粉本运用的失误，还是当时就已经并存有右手紧把左手拇指的叉手形式，还有待结合文献作进一步考证。

图4-1-14　辽宁朝阳市建平县黑水镇七贤营子村水泉一号辽墓"叉手"人物图像（引自徐光冀主编：《中国出土壁画全集（8·辽宁、吉林、黑龙江）》，科学出版社2012年版，第83、85页）

图4-1-15　河北宣化下八里10号张匡正墓"叉手"人物图像（引自徐光冀主编：《中国出土壁画全集（1·河北）》，科学出版社2012年版，第148页）

从发展的源流看，"叉手"礼作为佛教礼仪之外世俗礼仪的一种，于汉、魏晋南北朝时期十分流行。但在唐代之前，因资料和图像的缺失，已经无法知道这种礼仪的具体动作。从现已获知的唐、五代及宋代史料和图像看，"叉手"礼这种独特的礼仪，在唐、五代已经十分成熟常用了，而并不是到宋代才出现与流行。

"叉手"礼的功能，根据图像生成的环境和场景不同，笔者认为主要有两种：第一，仅作为世俗交往的一种礼节，没有体现尊卑关系功能；第二，属于从宗族制度、贵贱等级关系中衍生而来的尊卑之礼，主要体现上级与下

级、主人与仆人之间的层级关系。

此外,从"叉手"礼出现的时间及流行区域来看,可以认为,此礼早期为汉族常用的礼仪,南、北地区均流行,之后逐渐流传至边远的民族政权和少数民族地区。

(本节原载于《南京艺术学院学报(美术与设计)》2014年第4期,有删减修改)

第二节 "竹竿子"图像考

"竹竿子",为古代宫廷乐舞之"引舞之人",在其指挥舞队进出场时手执一"竹竿拂子",故得此名。在舞队中,执竹竿子者一般为参军色,其职责主要是念致语、口号,以引出舞队。

在描绘唐舞、散乐、杂戏等艺术的《信西古乐图》中,有所谓"狮子舞"者,牵狮人名为"狮子郎",他左手执绳,右手持一长竿(图4-2-1),此竿据唐段成式《西阳杂俎·龟兹部》记载,被称为"红拂子"[1]。而结合文献与图像考察唐代乐舞中出现的致语者形象,致语者多表现为徒手,因此,此幅图像是否为"竹竿子"形象,还有待商榷。

有关"竹竿子"的文献记载,最早多见于宋代,如《梦粱录》载云:"散乐传学教坊十三部,唯以杂剧为正色。旧教坊有筚篥部、大鼓部、拍板部。包有歌板色、琵琶色、筝色、方响色、笙色、龙笛色、头色管、舞旋色、杂剧色、参军等色。"[2]"参军色"见诸宋代笔记的,还有孟元老《东京梦华录·卷九》"宰执亲王宗室百官入内

图4-2-1 "狮子郎"图像

---

[1] 参见麻国钧:《竹崇拜的傩文化印迹——兼考竹竿拂子》,《民族艺术》1994年第4期。
[2] (宋)吴自牧:《梦粱录》,中国商业出版社1982年版,第176页。

上寿"条载："第四盏如上仪舞毕，发谭子，参军色执竹竿拂子，念致语口号，诸杂剧色打和，再作语，勾合大曲舞。……百官酒，乐部起《三台》舞。……参军色执竹竿子作语，勾小儿队舞。……乐部举乐，小儿舞步前进，直扣殿陛。参军色作语，问小儿班首近前，进口号，杂剧人皆打和毕，乐作，群舞合唱，且舞且唱。"[1]此外，吴自牧《梦粱录·卷三》、史浩《鄮峰真隐大曲》中的《采莲舞》《太清舞》《柘枝舞》《剑舞》等舞曲中都有关于"竹竿子"的记载。

关于宋代以前出现的"竹竿子"图像迄今为止较为罕见。在陕西彬县发现的五代后周冯晖墓中，甬道北端所绘两幅人物壁画（图4-2-2、图4-2-3），为一男一女分别手持竹竿、引领各自的乐舞队伍的人物形象。这两幅壁画的发现有效地弥补了传世文献记载之不足，为我们首次提供了"竹竿子"具体形象的实物证明，至此，我们终于窥见了宋代以前出现的"竹竿子"图像。通过此图像可以判断，"竹竿子"形象在五代十国时期就已经出现。

图4-2-2　五代冯晖墓甬道男持竹竿者（引自咸阳市文物考古研究所：《五代冯晖墓》，重庆出版社2001年版，第42页）

图4-2-3　五代冯晖墓女持竹竿者（引自咸阳市文物考古研究所：《五代冯晖墓》，重庆出版社2001年版，第43页）

---

[1]（宋）孟元老：《东京梦华录》，中国商业出版社1982年版，第60页。

一、"竹竿子"出现的原因分析

王国维在《宋元戏曲史·古剧之结构》中谈道:"宋代演剧时,参军色手执竹竿子以勾之,亦如唐代协律郎之举麾乐作,偃麾乐止相似,故参军亦谓之竹竿子。"[1]参军是唐代参军戏中与苍鹘相对的角色,参军戏的演法最初为两个角色,一为扮成被戏弄的对象,被称为"参军",而执行戏弄他的演员就叫"苍鹘"[2]。参军色则指宋乐舞、杂剧演出中司指挥职责者[3]。因此,王国维没有将两者的概念区分开来,任半塘、孙楷第等人对此观点曾作出反驳。而谈及参军色出现的原因,翁敏华认为竹竿子的产生与古人的竹崇拜有关[4],康保成在此基础上又提出竹竿子源于执竹竿唱丧歌的古代葬礼仪式[5],以上结论都有一定的合理性。

自古以来,就有许多关于古人对竹崇拜的史籍记载。《墨子》载:"公输子削竹木以为鹊,鹊成而飞之,三日不下,自以为巧。费长房随壶公入山,公以竹杖与骑,至家,以竹杖投葛坡,即化为龙。"[6]晋代戴凯之《竹谱》载竹61种,清人汪灏等编校《广群芳谱·卷八二》载竹种达99种之多[7]。古人对竹的崇拜还表现在祭祀、丧葬、歌舞等多个方面。《隋书·地理志》(下)有关丧葬的记载:"当葬之夕,女婿或三数十人,集会于宗长之宅,著芒心接篱,名曰'茅绥'。各执竹竿,长一丈许,犹带枝叶。其行伍前却,皆有节奏,歌吟叫呼,亦有章曲。传云盘瓠初死,置于之树,乃以竹木刺而下之,故相承至今,以为风俗。"[8]据此我们可以认为在葬礼中所出现的竹竿,主要作避邪与扫除不净之用。

正是源于对竹崇拜的历史渊源,而使"竹竿子"逐渐正式参与乐舞演艺之中。"竹竿子"最初在乐舞演艺中充当的角色不仅为"引舞之人",还作驱邪净场、降神迎神之用,刚刚脱离祭坛的戏剧演义,身上还带有较多的神圣意味。既然是神圣之事,就必须先行驱邪逐鬼,好迎接诸神的驾临[9]。经过

---

[1] 王国维:《宋元戏曲史》,华东师范大学出版社1995年版,第75—76页。
[2] 张庚、郭汉城主编:《中国戏曲通史》,中国戏剧出版社1980年版,第24页。
[3] 霍建瑜:《执"竹竿子"者称谓及服饰考》,收录于麻国钧、刘祯主编:《赛社与乐户论集》,中国戏剧出版社2006年版,第251页。
[4] 参见翁敏华:《"竹竿子"考》,《扬州大学学报·人文社会科学版》1997年第5期。
[5] 参见康保成:《"竹竿子"再探》,《文艺研究》2001年第4期。
[6] 转引自翁敏华:《"竹竿子"考》,《扬州大学学报·人文社会科学版》1997年第5期。
[7] 麻国钧:《竹崇拜的傩文化印迹——兼考竹拂子》,《民族艺术》1994年第4期。
[8] 转引自康保成:《"竹竿子"再探》,《文艺研究》2001年第4期。
[9] 翁敏华:《"竹竿子"考》,《扬州大学学报·人文社会科学版》1997年第5期。

不断的发展,驱邪迎神的意味逐渐消失,"竹竿子"所承担的功能渐趋专一化,在乐舞表演中主要作引导、勾队放队、报幕、问答、赞颂等功能。宋元以后,戏曲逐渐形成,其中"副末进场"介绍剧情、问答赞颂的作法,与"竹竿子"的功能实为一脉相承,只是表现得更为通俗。因此,"竹竿子"的出现与古人对竹的崇拜以及丧葬礼仪都有着紧密的联系。

二、"竹竿子"形制及其发展演变

对于参军色手持"竹竿子"形状的记载,仅见于朝鲜李朝成宗二十四年柳子光《乐学轨范·卷八》(图4-2-4):"竹竿子,柄以竹为之,朱漆,以片藤缠结,下端蜡染铁妆(凡仪物柄同),雕木头冒于上端,又用细竹一百个,插于木头上,并朱漆,以红丝束之。每竹端一寸许,裹以金箔纸,贯水晶珠。"[1]至北宋,"竹竿子"开始传入朝鲜。

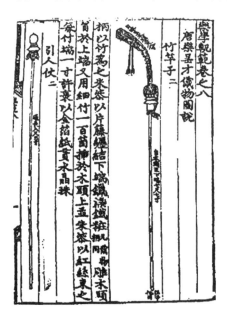

图4-2-4 朝鲜李朝成宗二十四年柳子光《乐学轨范》卷八记载的竹竿子图像(引自柳子光等编:《乐学轨范》,朝鲜京城古典刊行会影印,昭和八年(1933)年版,第三册第1页)

细观冯晖墓甬道北端所绘两幅"竹竿子",形制较为简单,仅表现为去掉竹叶与旁枝的一根竹枝,唯竹节还清晰可见。其与上述文献关于"竹竿子"形制的记载相比,没有过多的修饰,显得更加原始、自然。而山西省浮山县上东村宋墓壁画中出现的"竹竿子"(图4-2-5),主体为长细竹竿,上部伸出呈V形的二条状物。此外,还有山西省高平县西里门二仙奶奶庙金代正隆二年(1157)露台基座东侧杂剧线刻图中"竹竿子"形象(图4-2-6),竹竿上部为一圆球状物,上插有许多呈散状的细竹条,下部较为直长。冯晖墓中"竹竿子"形制,与以上宋金时期所出现的形制相比较,表现为初

---

[1](明)柳子光等编:《乐学轨范》,朝鲜京城古典刊行会影印,昭和八年(1933)年版,第三册第1页。

图4-2-5 山西省浮山县上东村宋墓竹竿子形象（引自山西师范大学戏曲文物研究所编：《宋金元戏曲文物图论》，山西人民出版社1987年版，图56）

图4-2-6 山西省高平县西里门二仙奶奶庙金代正隆二年（1157）露台基座东侧杂剧线刻图中竹竿子形象（引自黄竹三：《"参军色"与"致语"考》，《文艺研究》2000年第2期）

始状态，为我们提供了最早的"竹竿子"雏形。宋代"竹竿子"发展至元代，被称为"戏竹"。《元史·礼乐志五》载："戏竹，制如籞，长二尺余，上系流苏香囊，执而偃之，以止乐。"[1]至明代，虽在名称上沿袭了元代"戏竹"之称，但其装饰更为复杂与繁缛。《明会典·卷一百四十八》"大乐制度"中对"戏竹"有如下描述："戏竹一对，红漆，竹长六尺，贴金，木龙头，长七寸，口衔红竹丝二十四茎，各长四尺五寸，上有彩线纷错。"[2]而在清代的相关文献中，除论述"戏竹"的形制及功用之外，且配有图像进行说明。允禄等编《律吕正义后编·卷六十八》载："戏竹一对，硃红油，攒竹柄下钉贴金，铜箍上安贴金，木葫芦内栽红油竹丝五十茎，柄长六尺四寸八分，为十倍太簇之度。葫芦长七寸二分九厘，为黄钟之度。竹丝长三尺六寸四分五厘，为五倍黄钟之度。葫

---

[1] （明）宋濂等撰、阎崇东等校点：《元史》，岳麓书社1998年版，第996页。
[2] 转引自麻国钧、刘祯主编：《赛社与乐户论集（上）》，中国戏剧出版社2006年版，第255页。

芦上系彩线流苏。二人执之,立丹陛上,举以作乐,偃以止乐。"[1]从宋、元、明、清关于"竹竿子"的图像信息可以判断,其来源可追溯到五代后周冯晖墓壁画中出现的"竹竿子"形象,宋金以及后世所出现的"竹竿子"形象均是在此基础上,通过各种贴金、饰流苏、彩绘等装饰手段不断发展而来的。

而考察、分析冯晖墓持"竹竿子"的参军色人物服饰时,也出现了一个重要的信息。据黄竹三考证,宋代"竹竿子"形象为"头戴展角幞头,身穿圆领宽袖长袍,双手执一竹竿,置于胸前"[2],此种特征为最早的"竹竿子"形象。我们再细看冯晖墓中出现的"竹竿子"人物所着服饰,男性人物头戴硬角幞头,幞头两脚上翘,身着红色圆领袍服,双手胸前持杖;女性人物头戴幞头,幞头两脚折起上举,并各饰带叶红花一朵,身着浅红色圆领短袍,双手胸前执杖。与宋代"竹竿子"人物形象相比,幞头有明显的差异,人物所戴为五代流行的翘脚幞头,而五代翘脚幞头发展至宋代则日渐平直、变长,山西省浮山县上东村宋代墓壁画中"竹竿子"人物所戴的展脚幞头为此提供了图像证明。另外,冯晖墓中人物所着的圆领袍服与宋代山西省浮山县上东村宋墓中"竹竿子"所着袍服形制、颜色基本一致,更进一步证实了五代冯晖墓中的"竹竿子"形象为宋代及后世提供了有益的借鉴。

"在唐宋之际礼乐制度演变的过程中,五代十国是一个相当关键的环节。"[3]五代冯晖墓中人物壁画为我们首次提供了早期关于"竹竿子"的图像信息,这为我们全面、准确考察此种现象提供了重要的资料,同时为补充与完善中国戏曲史提供了新的图像证据。

(本节原载于《南京艺术学院学报(美术与设计)》2012年第1期,有删减修改)

第三节 "备茶图"与世俗生活

山西省太原市第一热电厂北汉天会五年(961)壁画墓墓室西南柱间壁上绘"备茶图"一幅(图4-3-1)。此图是继河北省宣化区下八里村辽墓发现

---

[1] 转引自麻国钧、刘祯主编:《赛社与乐户论集(上)》,中国戏剧出版社2006年版,第257页。
[2] 黄竹三:《"参军色"与"致语"考》,《文艺研究》2000年第2期。
[3] 王美华:《礼乐制度与十国政治》,《东北师范大学学报》2001年第5期。

"备茶图"之后又一重要考古发现,为研究五代茶文化概貌有着重要意义。尤为珍贵的是,该图像为研究"备茶图"在墓室中出现的最早时间提供了直观的图像证据。

"备茶图",主要指墓室壁画中表现备茶、进茶的相关图像。与墓室壁画中的"备餐图""备酒图""庖厨图""宴饮图"均属同一类题材,为再现世俗生活的一种图像表现形式,各类图像系统之间彼此联系又具有一定的独立性。

图4-3-1 山西省太原市第一热电厂北汉天会五年(961)壁画墓备茶图(引自徐光冀主编:《中国出土壁画全集(2·山西)》,科学出版社2012年版,第114页)

聚焦墓室壁画中"备茶图"的相关研究,李清泉在《宣化辽墓壁画中的备茶图与备经图》[1]《宣化辽墓壁画散乐图与备茶图的礼仪功能》[2]两文中均有详述,是目前关于该主题研究重要的学术成果。袁泉的《宣化辽墓"备茶题材"考》[3]以河北宣化辽墓备茶题材为例,结合宋元时期墓室壁画同类题材图像,探讨了以茶为祭丧葬文化的问题。其他涉猎宋、辽、金、元墓室壁画备茶图之相关研究,可见孙机《唐宋时代的茶具与酒具》[4]、杨泓《辽墓壁画点茶图》[5]、周新华《宣化辽墓壁画所见之茶具考》[6]、郑绍宗《河北宣化辽墓壁画茶道图的研究》[7]、刘海文《试述河北宣化下八里辽代壁画墓中的茶道图及茶具》[8]等文的论述。以下讨论涉及"备茶"图像的壁画墓共计29座(表4.3.1),编号如下:

---

[1] 李清泉:《宣化辽墓壁画中的备茶图与备经图》,收录于中山大学艺术学研究中心编:《艺术史研究·第四辑》,中山大学出版社2002年版,第365—387页。另见李清泉:《宣化辽墓:墓葬艺术与辽代社会》,文物出版社2008年版,第177—186页。
[2] 李清泉:《宣化辽墓壁画散乐图与备茶图的礼仪功能》,《故宫博物院院刊》2005年第3期。
[3] 袁泉:《宣化辽墓"备茶题材"考》,《华夏考古》2006年第1期。另见袁泉:《从墓葬中的"茶酒题材"看元代丧祭文化》,《边疆考古研究》2007年第6期。
[4] 孙机:《唐宋时代的茶具与酒具》,《中国历史博物馆馆刊》,1982年总第4期。
[5] 杨泓:《辽墓壁画点茶图》,《文物天地》1989年第2期。
[6] 周新华:《宣化辽墓壁画所见之茶具考》,《东南文化》2000年第7期。
[7] 郑绍宗:《河北宣化辽墓壁画茶道图的研究》,《农业考古》1994年第2期。
[8] 刘海文:《试述河北宣化下八里辽代壁画墓中的茶道图及茶具》,《农业考古》1996年第2期。

表4.3.1 五代、宋、辽、金、元时期涉及"备茶图"壁画墓统计表

编号	墓 葬 名 称	年 代	备注
M1	山西省太原市第一热电厂北汉墓	961	
M2	巴林右旗索布日嘎苏木辽庆陵陪葬墓耶律弘世墓	1087	
M3	河北宣化下八里7号张文藻墓	1093	
M4	河北宣化下八里10号张匡正墓	1093	
M5	河南登封市黑山沟村李守贵墓	1097	
M6	河北宣化下八里4号韩师训墓	1111	
M7	辽宁法库县叶茂台16号辽萧义墓	1112	
M8	河北宣化下八里1号张世卿墓	1116	
M9	河北宣化下八里5号张世古墓	1117	
M10	河北宣化下八里2号张恭诱墓	1117	
M11	山西朔州市市政府工地辽墓	907—1125	
M12	内蒙古巴林左旗查干哈达苏木阿鲁召嘎查滴水壶辽墓	907—1125	
M13	山西大同市纸箱厂辽墓	907—1125	
M14	内蒙古敖汉旗南塔子乡城兴太村下湾子1号墓	907—1125	
M15	内蒙古敖汉旗南塔子乡城兴太村下湾子5号墓	907—1125	
M16	河南荥阳市槐西村宋墓	960—1127	
M17	北京市石景山区八角村金墓	1143	
M18	山西大同市徐龟墓	1161	
M19	山西陵川县附城镇玉泉村金墓	1169	
M20	山西汾阳市东龙观村金代家族墓地5号墓	1195	
M21	山东济南千佛山北麓齐宾馆元墓	1206—1368	
M22	山西大同市元代冯道真墓	1265	
M23	山西屯留县康庄村2号元墓	1276	
M24	山西大同齿轮厂1号元墓	1298	
M25	内蒙古赤峰市元宝山区沙子山1号墓	1206—1368	

续表

编号	墓 葬 名 称	年 代	备注
M26	西安韩森寨元代韩氏墓	1288	
M27	河北宣化下八里6号墓	年代不详	
M28	洛阳邙山宋代壁画墓	年代不详	
M29	山西文水北峪口元墓	年代不详	

通过对以上壁画墓中出现的"备茶图"进行收集与梳理，笔者尝试对备茶图出现的时间、地域分布、备茶程式、环境空间以及画面构图布局进行初步分析与探讨。

一、"备茶图"出现的时间考证

从墓室壁画题材与艺术风格角度观察，山西省太原市第一热电厂北汉墓（961）墓室中"备茶图"主题突出，艺术笔法纯熟，画面布局科学合理，备茶的程式和器具描绘细致。图像绘四名侍者正劳作，左侧一男侍平端一托盏；再一男侍托持一带温碗的注壶；第三者为女仆，平端一果盘；最右侧一男侍，怀抱盘口瓶，表现备茶的场景[1]。这里描绘备茶的托盏、注壶、口瓶都是备茶基本用具，从形制看，已非常完备。从宋、辽时期发现的多幅"备茶图"，和此图中表现的茶文化元素大致相同，体现的备茶的作用和程序也完全一样。可以看出这幅"备茶图"不可能是初创或草创之作，属于成熟的绘画题材。

从传世绘画作品来看，"备茶图"作为成熟的美术表现素材，在唐代或唐末五代时期已广泛出现，从流传下来的为数不多的唐、五代绘画中也可见端倪。唐代阎立本《萧翼赚兰亭图》中，画面左下部位绘风炉一座，炉上置一壶。风炉左侧为一老者，手持"茶夹子"，作搅汤之势；右侧为一童子，手持茶盏，欲"分茶"。童子正前方绘一矮脚方桌，桌上摆放茶具，器形与童子手中茶具相仿（图4-3-2）。另一幅唐代佚名作品《宫乐图》（图4-3-3），描绘后宫嫔妃品茗、行酒令、娱乐的场景。图中12人围坐或站立于长案四周，

---

[1] 徐光冀主编：《中国出土壁画全集（2·山西）》，科学出版社2012年版，第114页。

图4-3-2 唐阎立本《萧翼赚兰亭图》(引自李福顺主编:《名画传奇:中国古代绘画背后的故事》,当代中国出版社2008年版,第55页)

图4-3-3 唐佚名《宫乐图》(引自李希凡主编:《中华艺术通史·五代两宋辽西夏金卷·上编》,北京师范大学出版社2006年版,图7-1-5)

图4-3-4 晚唐周昉《调琴啜茗图卷》

右边中间一人作持勺舀茶汤状,还有两人正在啜茗品尝。晚唐周昉的《调琴啜茗图卷》,描绘庭院中贵妇饮茶听琴场景。画中共绘五人,盘石上坐一女正在调琴,左立侍女一名,手托黑色方盘。另一着红衫女子背向而坐,专心聆听。穿白衫女子则坐在椅上袖手听琴,另一侍女捧茶碗,恭候主人随时饮用(图4-3-4)。

从这些画作看,无论是宫中还是民间,无论是男性还是女性,无论是贵族还是市井之人,茶都已经融入生活,成为实际生活不可或缺的元素。按照古时"阴宅仿阳宅"的墓室构建思想和"事死如事生"的丧葬文化,墓室不仅是死者"收柩之所",也是"供养之所",是逝者在地下世界重复在世的惬意生活的空间,故而墓室壁画是现实绘画的一个延伸。因此可以很容易推测,墓室中出现"备茶图"作品应该与现实茶文化题材几乎同期,或者稍稍随后,绝不会相差太远。

通过以上资料分析,可得出以下四点结论:

(1)山西省太原市第一热电厂北汉墓(961)中"备茶图"的出现,将该类图像出现的时间由宋、元提前至五代。与纪年较早的巴林右旗索布日嘎苏木辽庆陵陪葬墓耶律弘世墓(1087)相比较,时间上提前了126年;

(2)从传世绘画作品信息来看,备茶图作为美术表现素材,在唐代就已经出现;

(3)依据《萧翼赚兰亭图》《调琴啜茗图》图像信息进行推测,墓室中出

现"备茶图"的时间应该早于961年,在唐代就可能已经出现;

（4）从图像上观察,唐代出现的备茶图较五代、宋、辽时期同类图像而言,略显简单,图像中涉及的茶具、人物、场景均欠完整,可以认为系备茶图之雏形。

二、"备茶图"地域分布及成因分析

通过对以上29座壁画墓进行分析,"备茶图"主要出现在中原及北方地区墓葬中。其中山西达10座之多,河北次之,为7座,其他地区分别为:内蒙古5座、河南3座、辽宁、北京、山东、陕西各1座,整体呈现出北方地区分布较多、南方地区几乎没有出现的地域分布特点。"备茶图"之所以大量出现在北方墓葬,而南方墓葬少见,笔者认为主要有以下三个方面的因素:

（一）南北之间茶叶贸易发达

五代时期茶叶贸易发达,主要涵盖了朝贡贸易、民间贸易、官方贸易三种形式,整体方向为由南向北,其次是向周边少数民族地区贸易[1]。《册府元龟·卷一六九》"帝王部·纳贡献"记载南方诸国通过朝贡方式向中原输送大量茶叶的情况：

> 乾化元年,进大方茶2万斤；天成四年,贡茶27 000斤；清泰二年,进茶5万斤；天福三年,贡茶64 000斤,六年,30 000斤,七年,25 000斤；开运三年,进茶44 800斤；后汉天福十二年,贡茶34 000斤；广顺三年,献茶35 000斤；显德五年,进茶34 800斤。前蜀王建时,关中李茂贞派官到蜀贸易,其去了,载白布、黄茶。

此外,五代时期南方商人向北方贩茶异常频繁,由于利润丰厚,北方商人也大量涌入南方贩茶,如后周世宗早年就曾随大商人颉跌氏前往江陵贩茶。北方的契丹与南唐有着密切的贸易关系,如升元二年,契丹主遣使至南唐,"以羊马入贡。别持羊三万口,马二百匹来鬻,以其价市罗纨、

---

[1] 杜文玉:《五代茶叶生产与贸易》,《渭南师范学院学报(综合版)》1989年第1期。

茶、药"[1]。

通过南北贸易互通,中原和北方地区的茶叶贸易真正地兴盛起来。宣化下八里发现的辽代墓群,无疑是当时社会稳定、茶叶贸易繁荣的真实写照。

(二)游牧民族饮食结构需要茶叶做"消食剂"

唐、五代、宋时期,在北方和汉族对峙的是契丹,契丹疆域辽阔,大部分以游牧为主,契丹人饮食以牛羊肉和奶等食物为主,这类食物油腻、不易消化。陆羽《茶经》谈及茶效:"人饮真茶,能止渴消食,除疾少睡,利水道,明目益思,除烦去腻,人固不可一日无茶,然或有忌而不饮。每食已,辄以浓茶漱口,烦腻既去,而脾胃不损。凡肉之在齿间者,得茶漱涤之,乃尽消缩,不觉脱去,不烦剌挑也。"[2]苏轼《茶说》云:"除烦去腻,世故不可无茶……。惟饮食后,浓茶漱口,既去烦腻,而脾胃不知。"[3]对于游牧民族的生活方式,多吃肉食,脂肪和蛋白质有余,而维生素不足。茶叶不仅可"去腻",还可溶解脂肪,补充各种维生素。因此,游牧民族将茶视同如粮食和盐一样的生活必需品。

(三)物以稀为贵,高档生活元素

"茶者,南方之嘉木也"[4],这说明产茶之地主要在南方。尽管茶叶贸易发达,但相对于南方产茶区而言,北方因为交通关系,茶叶的供应量总归比南方要少得多,普及率也低得多,特别是契丹游牧生活方式,没有固定场所,每年能够和汉人进行贸易交流的时间有限。所以茶叶在北方的普及性与南方无法相比,在南方属于寻常市井生活的备茶、斗茶,在北方地区就属于上层社会的生活方式。因此,在北方贵族墓葬里,备茶、煮茶、品茶被当成高档生活元素加以复制。北方游牧贵族,虽然在军事上强于中原汉族,但是在文化上一直学习中原文化。

(四)气候对墓室壁画保存的影响

就气候而言,南方地区多雨水、空气潮湿,加上壁面土质疏松,不利于墓

---

[1](宋)马令撰、濮小南点校:《南唐书·列传卷第十五》,南京出版社2010年版,第353页。
[2](唐)陆羽等原典、卡卡译注:《茶经》,中国纺织出版社2006年版,第141、142页。
[3](唐)陆羽等原典、卡卡译注:《茶经》,中国纺织出版社2006年版,第102页。
[4](唐)陆羽等原典、卡卡译注:《茶经》,中国纺织出版社2006年版,第2页。

室壁画的保存。因此,南方地区现存古代墓室壁画相当稀少。北方地区气候干燥、湿度小,且土质黏重,北方地区壁画墓较南方地区而言保存得相对完整,且数量远多于南方地区。气候因素可能也是"备茶图"主要出现在北方墓葬,而在南方墓葬少见的原因之一。

三、备茶"程式"

墓室中出现的"备茶图"非单一文化元素,而是代表了墓主人在世的生活状态,或者表现某种礼仪,寄托某种理想和愿望。备茶经常和生活中其他元素组合在一起,共同演绎墓主人现实的生活场景。囿于墓室空间条件,或画工技法,或经济条件等其他客观因素的限制,不大可能全景展现墓主人从备茶到饮茶的全部过程,可能撷取准备茶汤、奉茶、进茶、点茶等其中的某个细节,以此代表整个"备茶"的全过程。"备茶"非单独指准备茶汤此一环节,而是包括存贮、加工、煮水、点泡、分盏、进献、啜饮诸事。细致考证29座壁画墓所描绘备茶内容,从人物组合关系上,可分为A型(单人)、B型(二人组合)、C型(三人组合)以及D型(多人组合)四种类型(见附表3)。通过对人物图像的观察,可以看出唐、五代、宋、元时期整个茶文化的实景全貌。依据以上图像信息及历史文献相关记载,可具体就从茶叶到茶汤的备茶"程式"作以下图像再现与复原。

(一)藏茶

蔡襄《茶录》中示之:"茶宜箬叶而畏香药,喜温燥而忌湿冷。"[1]唐、五代、宋、元之时,保持茶叶的香气和品质显非易事。输送北地的茶叶虽然都是发酵处理过的茶饼,若要调出原汁原味,仍需细致稳妥保存。从壁画内容看,北方之地贮藏茶叶主要有以下几种方法。

一是"匣箱"藏茶。此类匣箱与食盒迥异,一般只有单层,无食盒多层笼屉;且体量小巧,容物不多,不似食盒高大。M9-DⅢ式(见附表4)通体紫红,不见任何罅隙,密封甚严;M3-DⅠ式装饰精致,上圈均匀列之一圈圆形铆钉,前面落锁,以示安全贮存,又显示所贮物之贵重;M4-DⅡ式形制大致与M3-DⅠ式相似;M11-DⅤ式、M27-DⅥ式都是此一类形制,小巧四方

---

[1](宋)蔡襄撰:《茶录》,中华书局1985年版,第2页。

形,体量不大;M13-CⅠ式为箧笥,外形为长方形,竹器;殊异之形为M8-BⅠ式,为圆形匣,通体漆黑,上中下三道白箍,既加固箱体,又增色外观,此匣虽外形与方匣不同,亦为制作精巧,密封性甚好,材质应为竹材或木材。陆羽《茶经·四之器》中提到茶盒具体做法云:"罗末以合盖贮之,以则置合中。用巨竹剖而屈之,以纱绢衣之。其合,以竹节为之,或屈杉以漆之。"[1]茶叶的吸附力很强,竹子的清香与茶香正相契合。"焙毕,即以用久竹漆器中缄藏之。"[2]壁画中所见藏茶的"匣箱"确如陆羽所言,皆为竹器或者木质做成的漆器无疑。

二是"茶罐"藏茶。如M20、M28墓室中,藏茶的都是矮罐、圆口、鼓腹、圈足,质地应该是陶器或瓷器;M23-FⅦ式为异常别致的荷叶盖罐;M5-FⅡ式、M24-FⅨ式、M25-FⅩ式都是装饰精美花纹瓷罐,其中M25-FⅩ饕餮纹、M24-FⅨ圈纹、菱形纹颇为生动;M22-FⅥ式茶罐醒目标有"茶末"二字,传递最珍贵的历史文化信息;M16-FⅣ式、M27-FⅪ式为素色,造型敦厚,有浑然质朴之态。陶瓷罐在唐代时已是贮茶之器,1987年,法门寺地宫发现了一套唐代僖宗李儇御用的宫廷茶具器,其中就包括存贮器。晚唐诗人皮日休专为贮茶之罐写《茶瓯诗》云:"邢窑与越人,皆能造瓷器。圆似月魂坠,轻如云魄起。"唐人韩琬《御史台记》曰:"茶必市蜀之佳者,贮于陶器,以防暑湿。……"于今所见之五代、宋、元壁画备茶图中的茶罐,无疑是唐风之延续。

三是"其他"方法。匣箱贮茶和茶罐贮茶应是长久之存,若是少量存贮或定期保质,则另有他法,一是用箬叶包装,箬叶俗称"竹箬""箬皮",即箬竹的叶子,可防潮、防风、防腐。宋代梅尧臣《次韵和永叔尝新茶杂言》曰:"建安太守置书角,青箬包封来海涯。"[3]纸囊存茶可见《茶经·四之器》:"以剡藤纸白厚者夹缝之,以贮所炙茶,使不泄其香也。"[4]一纸之韧,留香尚可,如长久保存,自然不力。另有用丝囊贮茶,《唐国史补·上卷》载:"韩晋公滉闻奉天之难,以夹练囊缄盛茶末,遣健步以进御。"[5]从上述29幅墓室壁画备茶图中,未见箬叶、纸囊、丝囊贮茶。或在匣箱和茶罐里面的辅之藏茶,亦

---

[1](唐)陆羽等原典、卡卡译注:《茶经》,中国纺织出版社2006年版,第10页。
[2](唐)陆羽等原典、卡卡译注:《茶经》,中国纺织出版社2006年版,第78页。
[3]张前方:《湖茶文化》,方志出版社2006年,第162页。
[4](唐)陆羽等原典、卡卡译注:《茶经》,中国纺织出版社2006年版,第10页。
[5]李肇等著:《唐国史补·因话录》,古典文学出版社1957年版,第26页。

未可知。

(二）炙茶

炙茶又叫烘焙，此处不是加工茶饼的烘焙，而是将茶饼除湿保鲜，留香留味。《茶经》有云："故收藏之家，以蒻叶封裹入焙中，两三日一次，用火常如人体温温，则御湿润。"[1] 以上29幅墓室壁画备茶图里，未见炙茶此工序。但M3、M4、M8、M9、M10、M11、M15、M19、M27中均可见火炉，其中M3、M4、M27备茶图里，备茶均是和备酒、备食一起的，如此火炉则亦未必专为烧茶汤所独用，可能一炉多用，用来温酒、温食，炙茶自然亦有可能。《茶经》便云："茶或经年，则香色味皆陈。……以钤箝之，微火炙干，然后碎碾。"[2] 可见，欲饮茶之前，需将茶饼烘去潮气，方可碾碎备茶。除湿是碾茶之前的必备程序，炙茶以除湿为主，不可过度，过度则伤茶香。《茶经》又曰："若火多则茶焦不可食。"[3]

(三）碾茶

从壁画备茶图中可见，碾茶是备茶必备工序，也是最主要的工序，M3、M4、M27中均可见到。M4图中一契丹髡发男童，赭衣鞑鞋，侧身盘腿坐地，双手握着茶碾，奋力来回碾压茶碾槽中的茶叶。目光斜侧，注目地面托子上的一茶饼，似乎在揣度碾完余下茶饼所需时间。M27图中与此图碾茶内容、风格极为相似，亦是一髡发男童坐地碾茶，稍有区别的即此图地上放置一大托子，托上置一茶饼。据文献可以看出，碾茶的技术要点为二：其一是对碾茶的工具要求其重，"碾以银为上，熟铁次之，生铁者，非掏拣搥磨所成，间有黑屑藏于隙穴，害茶之色尤甚。凡碾为制，槽欲深而峻，轮欲锐而薄。槽深而峻，则底有准而茶常聚；轮锐而薄，则运边中而槽不戛"[4]。从图像可以看出，除M3图中茶碾槽平缓稍浅外，M4、M27茶碾子之槽恰如"槽欲深而峻，轮欲锐而薄"。如此则茶碾飞动时，碾轮不易锁卡，茶末亦不易溅出。其二是对碾茶的时间要求甚速，时间过长，则茶叶的颜色会发生变化。《茶经》云："其大要，旋碾则色白，或经宿则色已昏矣。"[5] 亦曰："碾必力而速，不欲久，恐铁

---

[1]（唐）陆羽等原典、卡卡译注：《茶经》，中国纺织出版社2006年版，第43页。
[2]（唐）陆羽等原典、卡卡译注：《茶经》，中国纺织出版社2006年版，第43页。
[3]（唐）陆羽等原典、卡卡译注：《茶经》，中国纺织出版社2006年版，第43页。
[4]（唐）陆羽等原典、卡卡译注：《茶经》，中国纺织出版社2006年版，第70页。
[5]（唐）陆羽等原典、卡卡译注：《茶经》，中国纺织出版社2006年版，第44页。

之害色。"[1]M4中所含信息最可验证此论,一边是童子碾茶,一边是仆从火炉烧煮汤瓶,几乎是同时进行,亟等茶叶、热水齐备,迅速点茶,不容迟缓。

（四）罗茶

茶罗实际上就是一种小筛子,罗茶就是用茶罗,将碾碎的茶叶筛选一遍,茶末过网漏下,留下大的茶叶片便于点茶。此为整个备茶过程中的次要程序。29幅备茶图中,绘制多为写意之法,没有将罗茶工序细节绘出,故未见具体罗茶之序。但是从诸多文献可知,罗茶虽不是重要环节,也是其时备茶的必备之举。陆羽认为罗茶的标准是"罗细则茶浮,粗则水浮"[2],就是大小要把握恰当。"粗则水浮"是指茶叶粗大,水不能浸透茶叶,茶汁不能很好浸出,从而影响茶的风味。后又再次详论:"罗欲细而面紧,则绢不泥而常透。……罗必轻而平,不厌数,庶已细者不耗。惟再罗则入汤轻泛,粥面光凝,尽茶之色。"[3]所说之意是罗茶必须平向,动作轻缓,但是次数多多无妨。

（五）候汤

"汤"就是开水,候汤就是煎水,就是俗称的烧开水,用来点茶。无水则无茶,候汤是要掌握烧开水的适度。29幅备茶图中,候汤表现异常繁复,主要有两种情况:一是直接描绘现场备汤,即可见现场火炉烧汤;二是间接描绘备汤之事,即不见火炉烧汤,但是可见汤瓶已经烧好备用。

直接绘图的有M4、M9、M10、M11、M15、M27、M28等。M11图中桌前地上置一多足火盆,盆中是黑色炭火,火上放汤壶,一着浅蓝色长衫者,双目专注,正弯腰伺炉,用小扇扇风激火,其意快速烧煮汤瓶,煮沸汤水。蔡襄认为用来点茶的水不能过沸,也不能不沸,要不老不嫩,煮到恰到好处,如后人所说"汤嫩则茶力不出,过沸则水老而茶乏"。陆羽在《茶经》谓"五之煮"中的"二沸之汤"是最好的。因此,候汤是需要一点灵气才能把握的技术活,所以此工序的"时效性"要求是非常高的。从M8图中完全可以证明,图中一莲花底座的火炉上坐一汤壶,此炉设计巧妙,旁侧开一大风洞口,便于鼓风激火。图中一白衣男侍双膝跪地,正在向火炉风洞里吹气,意欲煮沸汤水。其侧一男侍者紧盯汤瓶,左手向前作势,正在看取时机,欲

---

[1]（唐）陆羽等原典、卡卡译注:《茶经》,中国纺织出版社2006年版,第70页。
[2]（唐）陆羽等原典、卡卡译注:《茶经》,中国纺织出版社2006年版,第44页。
[3]（唐）陆羽等原典、卡卡译注:《茶经》,中国纺织出版社2006年版,第70页。

迅速取汤瓶。

间接描绘候汤之举的壁画有M3、M20、M23、M24、M25、M29等。唐人总结出来的"候汤"的技术标准是看"鱼目""蟹眼",如皮日休《煮茶诗》所说,"时看蟹目溅,乍见鱼鳞浮"。但宋人认为唐人的这个标准有问题,"蟹眼"不是最佳汤水,是过熟的汤水。《茶经》曰:"候汤最难。未熟则沫浮,过熟则茶沉,前世谓之蟹眼者,过熟汤也。沉瓶中煮之不可辩,故曰候汤最难。"[1]

(六)温盏

在泡汤之前,先将茶盏用水温热,防止因为茶盏过冷,消耗了汤水的热量,从而泡不开茶水。"凡欲点茶。先须熁盏令热。冷则茶不浮。"[2]这里的"熁盏"就是温盏。不过温盏应该是备茶的次要环节,因此在29幅壁画里,没有看到直接温盏的细节。

(七)点茶

点茶是备茶中最核心程序,茶汤好坏,全在此举。陆羽《茶经》传世为"烹茶法",一边加热一边制作茶汤,具体做法是水初沸时先加盐调味;二沸时取出一瓢水,等汤水剧烈沸腾时,再注入事先取出之瓢水,阻止釜中继续沸腾,养育茶汤,后则将茶汤分盛小碗,供取饮。

另一种为"点茶法",即是将烧开之水直接倒入盏盂里冲出茶汤,没有加盐调味,扬汤止沸的环节。根据加开水的次数,将点茶过程谓之"七汤",就是冲泡七次。头汤"量茶受汤,调如融胶。环注盏畔,勿使侵茶。势不欲猛,先须搅动茶膏,渐加周拂,手轻筅重,指绕腕旋,上下透彻,如酵蘖之起面,疏星皎月,灿然而生,则茶之根本立矣"[3]。到第三次冲泡时茶汤的颜色大半已成定局。"三汤多置,如前击拂,渐贵轻匀,同环旋复,表里洞彻,粟文蟹眼,泛结杂起,茶之色十已得其六七。"[4]

在29幅壁画中,表现点茶的画面很多,如M1、M8、M11、M12、M17、M18、M23、M28。如M11墓室南壁(图4-3-5),上方为额枋,左侧五名侍

---
[1](唐)陆羽等原典、卡卡译注:《茶经》,中国纺织出版社2006年版,第44页。
[2](唐)陆羽等原典、卡卡译注:《茶经》,中国纺织出版社2006年版,第45页。
[3](唐)陆羽等原典、卡卡译注:《茶经》,中国纺织出版社2006年版,第74页。
[4](唐)陆羽等原典、卡卡译注:《茶经》,中国纺织出版社2006年版,第74页。

图4-3-5 山西朔州市市政府工地辽墓备茶图（引自徐光冀主编：《中国出土壁画全集（2·山西）》，科学出版社2012年版，第136页）

仆围绕在桌旁忙碌，桌前一人在风炉旁煎汤，显然就是"候汤"。桌后二人分别持渣斗、盏托，桌上置托盏、茶碾，其左侧二人奉递方盒、盏托。右侧两名侍女共同托住茶托，里面放一个茶盏，二人神情专注，正在专心致志等候"点茶"[1]。

M12墓室南壁（图4-3-6），三人正准备为主人上茶，左侧有挽扎的红色帷帐。右侧侍者头裹黑巾，身穿黄褐色圆领窄袖长袍，袍上有团窠花纹，腰系革带，带上悬佩一把短刀，腰后披一条白色手巾，双手端托盏，面露微笑，弯腰面向中间一人躬身接茶。中间侍者微微短须，身穿黄色圆领窄袖长袍，袍上有团窠花纹，一手执汤瓶，一手扶着茶盏，双目下视，正在专心点茶[2]。

又如M8墓室后室西壁，朱红色的桌子上摆放茶盏、瓷盆、漆盒等，桌下有一圆形炭盆，炭火上放一汤瓶。桌旁是正在备茶的两人，左侧黄袍的老者，左手托黑托白盏的托盏，右手持茶匙拨动盏中的茶末。右侧的人物

---

[1] 徐光冀主编：《中国出土壁画全集（2·山西）》，科学出版社2012年版，第136页。
[2] 徐光冀主编：《中国出土壁画全集（3·内蒙古）》，科学出版社2012年版，第141页。

图4-3-6 内蒙古巴林左旗查干哈达苏木阿鲁召嘎查滴水壶辽墓点茶图（摹本）（引自徐光冀主编：《中国出土壁画全集（3·内蒙古）》，科学出版社2012年版，第141页）

图4-3-7 河北宣化下八里1号张世卿墓备茶图（引自徐光冀主编：《中国出土壁画全集（1·河北）》，科学出版社2012年版，第175页）

左手扶桌面，右手执黄色汤瓶，准备为老者点茶[1]（图4-3-7）。M17左侧第二人左手低托茶盏，右手高提汤壶，右高左低，倾泻用汤水。画师用很显眼的一条抛物线，表现点茶瞬间汤水急泻而下的动感之美，也显示了点茶者高超的技艺[2]。M18墓室东壁北侧，画面上方一道竹帘、帷幔，一侍女头梳圆髻，上身穿交领窄袖袄，下着曳地长裙，双手捧一茶盏。其右侧已毁，尚现一侍女，可以很明显看出其手执注壶，伸过来正要冲泡汤水，显然是要"点茶"[3]。

四、"备茶图"表现的环境空间和画面构图布局

（一）"备茶图"表现的环境空间

通过对29座壁画墓备茶图进行分析与推测，图像所表现的环境空间大

---

[1] 徐光冀主编：《中国出土壁画全集（1·河北）》，科学出版社2012年版，第175页。
[2] 徐光冀主编：《中国出土壁画全集（10·北京、江苏、浙江、福建、江西、湖北、广东、重庆、四川、云南、西藏）》，科学出版社2012年版，第45页。
[3] 徐光冀主编：《中国出土壁画全集（2·山西）》，科学出版社2012年版，第148页。

致可分为厨房、书房、客厅、花园四种。

1. 厨房

如M19,整个画面如同一立体化厨房,有案桌,有火炉,有酒坛,有茶饼。整个画面突出的是唯一的加工食物,包括茶水的功能性(图4-3-8)。M15壁画中有四人,绘契丹男仆和汉装仆人。契丹男子,髡发,似乎正领着三人将准备好的茶水、食物进献给宴会主人。此图构图元素也简单,奴仆、茶盏、食盒、大碗、大钵、火盆、执壶,都是厨房中之物,除此也别无他物。功能性很单一。M27更是厨房的全景写照。壁画左右两侧各绘一长方形桌,左边的桌上有夹子、提梁壶、刷子、刀锯、勺、筷、盖罐、方箱等厨具,桌后一髡发男子,怀抱白色执壶半侧身而立。桌前一童,半侧身而坐,扎双髻,正在推茶碾。

图4-3-8　山西陵川县附城镇玉泉村金墓奉茶进酒图(引自徐光冀主编:《中国出土壁画全集(2·山西)》,科学出版社2012年版,第149页)

图4-3-9　河北宣化下八里6号墓备茶图(引自张家口市宣化区文物保管所:《河北宣化辽代壁画墓》,《文物》1995年第2期)

碾前绘一漆盘,盘内置一白色小碗。桌子右前方绘火炉,炉上置瓜棱壶,一髡发男童跪于炉前,身着土黄色圆领长袍,左手扶膝,右手执团扇搧火。右桌上放有花口盘、壶等器。桌前绘盝式盖箱子,黑色锁,俨然是紧张忙碌的厨房备茶图[1](图4-3-9)。

---

[1] 张家口市宣化区文物保管所:《河北宣化辽代壁画墓》,《文物》1995年第2期。

2. 书房

这种布局方式M3体现最为明显,画面前方地面上摆满各种备茶的工具,一座红色小矮桌上置茶具、酒具,所绘人物正在忙碌,正在精心备茶。在画面侧后方,单独绘制一方桌,桌上面放有砚台,朱红笔架上挂两支毛笔,中间是一个匣箱(图4-3-10)。整个画面说明此处不仅是墓主人享受幽幽茶香的茶房,也可以推测为读书写字的"书斋"。

图4-3-10 河北宣化下八里7号张文藻墓备茶图(引自河北省文物研究所、张家口市文物管理处、宣化区文物管理所:《河北宣化辽张文藻壁画墓发掘简报》,《文物》1996年第9期)

3. 客厅

五代顾闳中《韩熙载夜宴图》充分表现了当时贵族们的夜生活,其中之一就是品茶听琴。可见画面中茶壶、茶碗和茶点散放宾客面前,左边有一妇人弹琴,宾客们一边饮茶一边听曲(图4-3-11)。北宋政和七年(1117)乐重进墓,墓中的画像石棺上线刻有一组宴饮图。主图中间端坐一人,应为主人,面前桌子上摆放有果盘。桌子左右分别有两人陪坐,另有四人在表演,左侧一人似在吹笙,中间正中有一矮小者,正在举袂舞蹈,供主人和宾客欣赏[1]。

图4-3-11 五代顾闳中《韩熙载夜宴图》(故宫博物院藏)

---

[1] 李献奇、王丽玲:《河南洛宁北宋乐重进画像石棺》,《文物》1993年第5期。

该组图像两侧各有一窗棂式屏风。画面左侧屏风前,桌后、右侧各立一侍女,左侍女梳双鬟髻,右手拿茶托,左手端茶杯;右侍女戴冠子,着窄袖上襦,下系百褶裙拖地,双手端盘。桌上放二高足杯、一台盏、一盘果品。桌前面左弯腰站立一侍女,着交领窄袖长裙,双手扶碾轮在槽中碾茶末,表现进茶场景。

M28则间接表现聚集宴饮场面,此图虽未见直接的宴饮场面,但上有行书"云会"二字[1]。"云会"本意就是多人聚会之一,而且主要是娱乐之会。唐代张鷟《朝野佥载》载:"观者填城溢郭,士女云会。"[2]《旧唐书·儒学传序》亦曰:"是时四方儒士,多抱负典籍,云会京师。"[3]记载乐重进同朝事实的《宋史》中也云:"都人云会,芬萝夹道欢迎。"[4]图4-3-12描绘二女侍。东侧一人头束高髻,簪绿色花饰,戴绿色耳饰。身着交领宽袖长袍,双手托一注子而立。西侧一人头包髻,簪绿色花饰,戴绿色耳饰。身着交领宽袖长袍,下部残存红色,肩披帛。双手捧托盘,内置二盏托,头右侧而立。观察图像,应为迈步去宴饮之地点茶(图4-3-12)。

图4-3-12　洛阳邙山宋代壁画墓备茶图(引自洛阳市第二文物工作队:《洛阳邙山宋代壁画墓》,《文物》1992年第12期)

---

[1] 洛阳市第二文物工作队:《洛阳邙山宋代壁画墓》,《文物》1992年第12期。
[2] (明)冯梦龙评纂:《太平广记钞(上)》,团结出版社1996年版,第590页。
[3] (后晋)刘昫等撰、廉湘居等标点:《旧唐书》,吉林人民出版社1995年版,第3125页。
[4] (元)脱脱等撰:《宋史·卷一百四十一·志第九十四·乐十六·降仙台》,中华书局1977年版,第3327页。

4. 花园

此类图像描绘的是室外备茶的场景。明代丁云鹏（1547—1628）绘有一幅《煮茶图》，图中主人公席地盘腿而坐，低头沉思。画中一老妪、一中年仆人正在忙碌煮茶。此画在人物背景上刻画了一株盛开的玉兰花，旁置一玲珑石，石根部绘有花草环绕。在29幅墓室壁画里，M22表现的正是室外花园中备茶的场景。此画左边绘有一虎眼石，运笔简练。石旁是数茎没骨牡丹，地上是几株蔓草。画面右边是几株翠竹，竹叶婆娑，地面崎岖不平。竹前放置一陈列茶具的方桌，桌上有倒置的茶盏、茶筅、叠摞的盏托、托盘、桃果等，桌上有一贴有"茶末"标签的盖罐。中间站立一童仆，左手握物于胸前，右手端一茶盏并托盏向前行走状[1]（图4-3-13）。

M24图中部绘有一长桌，摆放盏托、注壶、盖罐等；桌下一斗形盆装满瓜果等、一盖罐。左侧一女伎背身，抱一二弦琴；桌旁站立两名持物侍女，

图4-3-13　山西大同市元代冯道真墓奉茶图（引自徐光冀主编：《中国出土壁画全集（2·山西）》，科学出版社2012年版，第196页）

---

[1] 徐光冀主编：《中国出土壁画全集（2·山西）》，科学出版社2012年版，第196页。

图4-3-14 山西大同齿轮厂1号元墓备茶图(引自徐光冀主编:《中国出土壁画全集(2·山西)》,科学出版社2012年版,第206页)

右侧一女童端一茶盏[1]。粗看此图,似乎是室内之状。但方桌右侧地面,很鲜明地绘有一株花草。似乎显示此地应该是室外,某一花园的一角落(图4-3-14)。

(二)"备茶图"画面构图布局

1. 以方桌为中心的发散构图法

在已统计的29幅备茶图中,以各类桌子为构图核心元素的占绝对多数,如M1、M3、M4、M5、M6、M7、M8、M9、M10、M11、M13、M14、M17、M19、M20、M22、M23、M24、M25、M27、M28、M29,总计达22幅。一方面,整个备茶活动都要有个平台,来放置工具物品。另一方面,也要借助方桌作为整个画作的凝合点,将人物、器具统一起来。

值得注意的是,在22幅作品中,展现的各种方桌形制各异,有质朴简洁

---

[1] 徐光冀主编:《中国出土壁画全集(2·山西)》,科学出版社2012年版,第206页。

的,有装饰华美的,有功能多样的。如M17中的方桌,明显比其他方桌矮,而且也没有装饰,简单质朴。这种质朴风格的,还有M3、M7、M8、M9、M10、M13、M19、M20、M25、M27。M19、M14图中方桌不仅边缘装饰有云型铁饰件,在下面还装有双重帷幔。M6中的桌子四边有围栏,构成一个槽状,和此相似的是M11。M24桌子装饰最繁复,从桌腿到桌面,总共有四重云朵形装饰。M29中,桌子的构成是两重结构,显得异常厚重。

2. "对称式"人物排列

在29幅作品中,根据图像表现的需要,有繁复的散点式构图,但是有相当一部分作品是采用对称式构图。如M29中,从线描图可以明显看出,以桌子为中心,左右都是两个大人、一孩童,对称非常明显。M22中,也是此类构图,方桌左右分别有二人,都是一高一矮,呈对称状。M13中也是如此,左右四位侍女两两相对,不但数字整齐,人物服饰也是相互对应,左右都是一蓝裙、一红裙。M9的对称方式略有差异,以中间一人和方桌为参照点,左右各绘一人对称。

3. "上、中、下"三层构图法

考察29幅备茶图,除了M26、M28中,有少部分"留白"以外,其余的画面构图均以繁密的构图方式为主,最大限度利用了画面空间。如M10中,最上面绘制有黑色双层斗拱,中间是三个人物,底层是方桌,整个画面既丰富,又没有烦琐沉重之感,上、中、下三层布局明显。相同的构图方式还有M4、M5、M18。但M5略有不同的是,最上层不是以斗拱装饰,而是以帷幔为饰。M4是以金紫色的卷云纹为主。M18的构图是以顶层和两边都装饰蓝色帷帐,显得富贵庄重。

明显体现"三层构图"的是M3和M22。M3中,画师将上、中、下三层空间完美地利用起来,上层空白处,绘有一吊在空中的吊篮,中层大量布局备茶、备酒器具等,最下层绘茶碾子、茶盘、火炉等。M22中,画面上层绘几丛竹叶点缀,没有空洞之感。特别是左上侧大的空白处,画师独具匠心地描绘了一片竹叶,与后面竹竿无形相连,三层构图布局给人一种无限延伸的想象空间。

墓室壁画中"备茶图"的出现,很显然都是墓主人现实生活场景再现,墓主人希望自己在地下世界里,能完整地享受饮茶的乐趣,从而达到"事死如事生"的目的,同时也进一步凸显了五代十国壁画自由化、世俗化的艺术特质。通过对墓室壁画中出现的"备茶图"之初步研究,可得出以下五点

结论：

（1）山西省太原市第一热电厂北汉墓（961）中"备茶图"的出现，将该类图像出现的时间由宋、元提前至五代。与纪年较早的巴林右旗索布日嘎苏木辽庆陵陪葬墓耶律弘世墓（1087）相比较，时间上提前了126年。从传世绘画作品信息来看，备茶图作为美术表现素材，在唐代就已经出现。依据《萧翼赚兰亭图》《调琴啜茗图》图像信息进行推测，墓室中出现"备茶图"的时间应该更早于961年，在唐代就可能已经出现，从图像上观察，唐代出现的备茶图较五代、宋、辽时期同类图像而言，略显简单，图像中涉及的茶具、人物、场景均欠完整，可以认为系备茶图之雏形。

（2）五代时期南北地区之间茶叶贸易发达，北方游牧民族饮食结构对茶叶的需求和对中原茶文化的学习，加上气候对墓室壁画保存的影响，共同构成了"备茶图"主要出现在中原及北方地区墓葬中而少见于南方墓葬的原因。

（3）"备茶"程式主要包括藏茶、炙茶、碾茶、罗茶、候汤、温盏、点茶等步骤，从壁画图像中可以窥见一斑。

（4）通过图像分析，"备茶图"所表现的环境空间大致可分为厨房、书房、客厅、花园四种。

（5）"备茶图"是墓主人现实生活的再现，同时也是体现特殊的"茶祭文化"。

五代因为大一统礼制的崩溃，各个政权所在区域的墓室壁画都有很大的创作自由。同时不管是五代还是十国，各个政权既没有能力统一全国，也没有信心能保持自己政权的长盛不衰。因此，墓室壁画中关注现实生活，注重生活享受的主题开始出现和发展，五代壁画反映社会生活的主题图像便是证明。

（本节原载于《十院校美术考古研究文集》，上海大学出版社2013年版，有删减修改）

本章附表：

附表1　唐、五代"叉手"礼图像信息统计表

年代	图像来源	人物身份	图像样式	动 作 特 点
晚唐（829）	河南安阳赵逸公墓	侍从		左手紧把右手拇指，左手小指则向右手腕，右手四指皆直，以左手大指向上
晚唐（829）	河南安阳赵逸公墓	侍从		左手紧把右手拇指，左手小指则向右手腕，右手四指皆直，以左手大指向上
晚唐五代（年代不详）	洛阳孟津县新庄村晚唐五代贵族墓	侍从		左手紧把右手拇指，左手小指则向右手腕，右手四指皆直，以左手大指向上
五代（924）	河北曲阳王处直墓	侍从		左手紧把右手拇指，其左手小指则向右手腕，右手四指皆直，以左手大指向上
五代（924）	河北曲阳王处直墓	侍从（童子）		左手紧把右手拇指，其左手小指则向右手腕，右手四指皆直，以左手大指向上
五代（961）	山西省太原市第一热电厂北汉墓	门吏		左手紧把右手拇指，其左手小指则向右手腕，右手四指皆直，以左手大指向上

续表

年代	图像来源	人物身份	图像样式	动作特点
五代（961）	山西省太原市第一热电厂北汉墓	门吏		左手紧把右手拇指，其左手小指则向右手腕，右手四指皆直，以左手大指向上
五代（973）	河南省新郑市陵上村后周恭帝柴宗训墓	文吏		左手紧把右手拇指，其左手小指则向右手腕，右手四指皆直，以左手大指向上
五代（973）	河南省新郑市陵上村后周恭帝柴宗训墓	文吏		左手紧把右手拇指，其左手小指则向右手腕，右手四指皆直，以左手大指向上
五代	顾闳中《韩熙载夜宴图》	侍从		左手紧把右手拇指，其左手小指则向右手腕，右手四指皆直，以左手大指向上
五代	顾闳中《韩熙载夜宴图》	僧人		左手紧把右手拇指，其左手小指则向右手腕，右手四指皆直，以左手大指向上
五代	顾闳中《韩熙载夜宴图》	侍从		左手紧把右手拇指，其左手小指则向右手腕，右手四指皆直，以左手大指向上

续 表

年代	图像来源	人物身份	图像样式	动作特点
五代	顾闳中《韩熙载夜宴图》	侍从		左手紧把右手拇指，其左手小指则向右手腕，右手四指皆直，以左手大指向上

附表2　宋、辽、金"叉手"礼图像信息统计表

年代	图像来源	人物身份	图像样式	动作特点
宋代（年代不详）	安阳小南海宋代壁画墓	侍从		左手紧把右手拇指，其左手小指则向右手腕，右手四指皆直，以左手大指向上
辽代（年代不详）	北票季杖子辽代壁画墓	侍从		左手紧把右手拇指，其左手小指则向右手腕，右手四指皆直，以左手大指向上
辽天赞二年（923）	内蒙古赤峰宝山辽壁画墓	侍从		左手紧把右手拇指，其左手小指则向右手腕，右手四指皆直，以左手大指向上
辽代（约1080）	吉林哲里木盟库伦旗一号辽墓	侍从		左手紧把右手拇指，其左手小指则向右手腕，右手四指皆直，以左手大指向上

续表

年代	图像来源	人物身份	图像样式	动作特点
金代（1174）	山西长子县小关村金代纪年壁画墓	侍从		左手紧把右手拇指，其左手小指则向右手腕，右手四指皆直，以左手大指向上
金代（1210）	山东淄博市博山区神头金墓	侍从		左手紧把右手拇指，其左手小指则向右手腕，右手四指皆直，以左手大指向上
金代（1210）	山东淄博市博山区神头金墓	侍从		左手紧把右手拇指，其左手小指则向右手腕，右手四指皆直，以左手大指向上
辽代（907—1125）	辽宁朝阳市建平县黑水镇七贤营子村水泉二号辽墓	侍从		左手紧把右手拇指，其左手小指则向右手腕，右手四指皆直，以左手大指向上
辽代（907—1125）	辽宁朝阳市建平县黑水镇七贤营子村水泉二号辽墓	侍从		左手紧把右手拇指，其左手小指则向右手腕，右手四指皆直，以左手大指向上
辽代（907—1125）	辽宁朝阳市龙城区召都巴镇辽墓	侍从		左手紧把右手拇指，其左手小指则向右手腕，右手四指皆直，以左手大指向上

续　表

年代	图像来源	人物身份	图　像　样　式	动　作　特　点
辽代（907—1125）	辽宁朝阳市龙城区召都巴镇辽墓	侍从		左手紧把右手拇指，其左手小指则向右手腕，右手四指皆直，以左手大指向上
元代（1206—1368）	河南登封市王上村元墓	侍从		左手紧把右手拇指，其左手小指则向右手腕，右手四指皆直，以左手大指向上
南宋	四川泸县福集镇龙兴村二号墓	侍从		左手紧把右手拇指，其左手小指则向右手腕，右手四指皆直，以左手大指向上
南宋	四川泸县福集镇针织厂一号墓	侍从		左手紧把右手拇指，其左手小指则向右手腕，右手四指皆直，以左手大指向上
南宋	《中兴四将图》	裨将		左手紧把右手拇指，其左手小指则向右手腕，右手四指皆直，以左手大指向上
南宋	《女孝经图》	侍从		左手紧把右手拇指，其左手小指则向右手腕，右手四指皆直，以左手大指向上

附表3 "备茶图"中人物图像分型表

类型	组合方式	人物图像
A型	单人	M2　　　M22　　　M25
B型	二人组合	M5　　　M8　　　M16 M18　　　M20　　　M21 M23　　　M26　　　M28

续表

类型	组合方式	人物图像		
C型	三人组合	M7	M9	M10
		M10	M12	M14
		M19	M28	
D型	多人组合	M1	M3	
		M4	M6	

续表

类型	组合方式	人物图像
D型	多人组合	M11　　　M13 M15　　　M17 M19　　　M24 M27 M29

附表4 "备茶图"中人物图像分型表

名称	型(24)	式			
食盒	A型	M3 AⅠ式	M4 AⅡ式	M15 AⅢ式	M15 AⅤ式
盒	B型	M8 BⅠ式	M17 BⅡ式		
		M28 BⅢ式	M29 BⅣ式		
筐笥	C型	M13 CⅠ式			
箱	D型	M3 DⅠ式	M4 DⅡ式	M9 DⅢ式	

续表

名称	型(24)	式
箱	D型	M10 DⅣ式　　M11 DⅤ式 M27 DⅥ式　M27 DⅦ式
壶	E型	M1 EⅠ式　M3 EⅡ式　M4 EⅢ式　M4 EⅣ式 M6 EⅤ式　M8 EⅥ式　M9 EⅦ式 M10 EⅧ式　M10 EⅨ式　M12 EⅩ式

续表

名称	型(24)	式
壶	E型	M14 E Ⅺ式　M15 E Ⅻ-1式　M17 E Ⅻ-2式 M18 E Ⅻ-3式　M19 E Ⅻ-4式　M20 E Ⅻ-5式 M21 E Ⅻ-6式　M23 E Ⅻ-7式　M24 E Ⅻ-8式 M25 E Ⅻ-9式　M27 E Ⅻ-10式　M27 E Ⅻ-11式 M28 E Ⅻ-12式　M27 E Ⅻ-13式　M29 E Ⅻ-14式

续表

名称	型（24）	式		
罐	F型	M3 FⅠ式	M5 FⅡ式	M7 FⅢ式
		M16 FⅣ式	M20 FⅤ式	M22 FⅥ式
		M23 FⅦ式	M24 FⅧ式	M24 FⅨ式
		M25 FⅩ式	M27 FⅪ式	M28 FⅫ式
火盆/炉	G型	M3 GⅠ式	M4 GⅡ式	M8 GⅢ式

续 表

名称	型(24)	式
火盆/炉	G型	M9 GⅣ式　　M10 GⅤ式 M11 GⅥ式　　M15 GⅥ式 M19 GⅦ式　　M27 GⅧ式
碾	H型	M3 HⅠ式　　M4 HⅡ式　　M27 HⅢ式
盏	I型	M1 IⅠ式　　M2 IⅡ式

续表

名称	型(24)	式
盏	I型	M3 IⅢ式　M4 IⅣ式　M5 IⅤ式 M6 IⅥ式　M7 IⅦ式　M9 IⅧ式 M10 IⅨ式　M12 IⅩ式　M18 IⅪ式 M19 IⅫ式　M22 IⅫ-1式
盏托	J型	M2 JⅠ式　M4 JⅡ式　M4 JⅢ式 M8 JⅣ式　M9 JⅤ式　M10 JⅥ式 M12 JⅦ式　M14 JⅧ式

续表

名称	型(24)	式
盏托	J型	M17 JⅨ式　　M18 JⅩ式　　M19 JⅪ式
瓶	K型	M1 KⅠ式　　M4 KⅡ式　　M10 KⅢ式
盘	L型	M3 LⅠ式　　M6 LⅡ式　　M10 LⅢ式　　M10 LⅣ式
盂	M型	M9 MⅠ式　　M10 MⅡ式

续 表

名称	型(24)	式
碗	N型	M3 NⅠ式 M10 NⅡ式
渣斗	O型	M16 OⅠ式
扇子	P型	M3 PⅠ式 M10 PⅡ式 M27 PⅢ式
笺	Q型	M4 QⅠ式 M20 QⅡ式 M22 QⅢ式 M23 QⅣ式 M25 QⅤ式

续表

名称	型（24）	式
夹子	R型	M4 RⅠ式　　M27 RⅡ式
匙	S型	M4 SⅠ式　　M27 SⅡ式
箸	T型	M14 TⅠ式
锯子	U型	M3 UⅠ式
毛刷	V型	M3 VⅠ式
筷	W型	M27 WⅠ式
钳	X型	M5 XⅠ式

第五章　五代十国壁画的交流与影响

五代十国虽然历时很短,中原王朝处在动荡和衰弱之际,因为当时的民族融合力度加大,中原文化、绘画和艺术人才"被输入"北方,使北方以契丹为代表的游牧民族墓葬形式发生快速直接的变化,墓室壁画的形式和风格与五代具有一定的相似性,而五代壁画在唐代壁画的基础上继承和创新,对宋代壁画起到了直接的引导作用。

第一节　与辽墓壁画之间的交流

一、五代十国汉文化与契丹崛起

五代时期,契丹族开始在北方崛起,在太祖阿保机(安巴坚)时期逐步建国,契丹建国、强大的过程就是不断吸收汉文化的过程。《新五代史》记载:"阿保机,亦不知其何部人也,为人多智勇而善骑射。是时,刘守光暴虐,幽、涿之人多亡入契丹。阿保机乘间入塞,攻陷城邑,俘其人民,依唐州县置城以居之。汉人教阿保机曰:'中国之王无代立者。'由是阿保机益以威制诸部而不肯代。其立九年,诸部以其久不代,共责诮之。阿保机不得已,传其旗鼓,而谓诸部曰:'吾立九年,所得汉人多矣,吾欲自为一部以治汉城,可乎?'诸部许之。汉城在炭山东南滦河上,有盐铁之利,乃后魏滑盐县也。其地可植五谷,阿保机率汉人耕种,为治城郭邑屋廛市如幽州制度,汉人安之,不复思归。"[1]阿保机正是在边境俘获汉人,吸收汉人先进的政治、

---

[1]（宋）欧阳修撰:《新五代史・卷七十二・四夷附录第一》,中华书局1974年版,第886页。

经济文化,筑城而居,建立如幽州制度,率汉人耕种五谷,逐步改变契丹游牧部落的社会组织形态。

五代中原大乱给阿保机有可乘之机,其于后梁贞明二年(916)建立契丹国,称帝。后梁后晋争霸之际,争相拉拢阿保机,"梁将篡唐,晋王李克用使人聘于契丹,阿保机以兵三十万会克用于云州东城。置酒。酒酣,握手约为兄弟。……而终梁之世,契丹使者四至"[1]。《旧五代史》记载:"天祐二年春,契丹安巴坚始盛,武皇召之,安巴坚领部族三凡十万至云州,与武皇会于云州之东,握手甚欢,结为兄弟,旬日而去。"[2]阿保机一边兼并其他小部落,一边快速学习中原文明,重用汉人康默记、韩延徽、韩知古等,《辽史》记载韩延徽说:"太祖初元,庶事草创,凡营都邑,建宫殿,正君臣定,名分,法度井井,延徽力也。为佐命功臣之一。"[3]又记载韩知古:"久之,信任益笃,总知汉儿司事,兼主诸国礼仪。时仪法疏阔,知古援据故典,参酌国俗,与汉仪杂就之,使人易知而行。"[4]阿保机于922年完善帝制,年号天赞。"至阿保机,稍并服旁诸小国,而多用汉人,汉人教之以隶书之半增损之,作文字数千,以代刻木之约。又制婚嫁,置官号。乃僭称皇帝,自号天皇王。以其所居横帐地名为姓,曰世里。世里,译者谓之耶律。名年曰天赞。"[5]

契丹势力南下的过程,恰恰是中原文明北上的过程,不仅是战争掠夺人口、财富,和平交往时期,契丹也注重吸收汉人礼乐文明,天成三年(928)"幽州上言,契丹有书求乐器"[6]。后唐长兴元年(930),阿保机长子东丹王托云(又名突欲、耶律倍)渡海投奔后唐。《契丹国志》:"时东丹王失职怨望,因率其部四十余人越海归唐。"[7]后唐以王礼待突欲,先赐姓东丹,名慕华,不久又赐姓李,名赞华。《辽史·义宗倍》载:"唐以天子仪卫迎倍,倍坐船殿,众官陪列上寿。至汴,见明宗。明宗以庄宗后夏氏妻之,赐姓东丹,名之曰

[1] (宋)欧阳修撰:《新五代史·卷七十二·四夷附录第一》,中华书局1974年版,第887页。
[2] (宋)薛居正等撰:《旧五代史·卷二十六·唐书二·武皇纪下》,中华书局1976年版,第360页。
[3] (元)脱脱等撰:《辽史·卷七十四·列传第四·韩延徽》,中华书局1974版,第1232页。
[4] (元)脱脱等撰:《辽史·卷七十四·列传第四·韩知古》,中华书局1974版,第1233页。
[5] (宋)欧阳修撰:《新五代史·卷七十二·四夷附录第一》,中华书局1974年版,第888页。
[6] (宋)薛居正等撰:《旧五代史·卷三十九·唐书十五·明宗纪第五》,中华书局1976年版,第537页。
[7] (宋)薛居正等撰:《旧五代史·卷四十一·唐书十七·明宗纪第七》,中华书局1976年版,第571页。

慕华。……复赐姓李,名赞华。移镇滑州,遥领虔州节度使。倍虽在异国,常思其亲,问安之使不绝。后明宗养子从珂弑其君自立,倍密报太宗曰:'从珂弑君,盍讨之。'……倍初市书至万卷,藏于医巫闾绝顶之望海堂。通阴阳,知音律,精医药、砭焫之术。工辽、汉文章,尝译《阴符经》。善画本国人物,如《射骑》《猎雪骑》《千鹿图》,皆入宋秘府。"[1]李赞华收集的这些中原文化书籍,是很可能随其送情报的使者输送到契丹的。

但李赞华的绘画才能应不是在中土所学,因为画其本国人物,如没有客体做参照,仅凭记忆、回忆,是很难画好的。《图画见闻志》中说:"东丹王,契丹天皇王之弟,号人皇王,名突欲,后唐长兴二年(931)投归中国,明宗赐姓李,名赞华。善画本国人物鞍马,多写贵人酋长,胡服鞍勒,率皆珍华。"[2]《五代名画补遗》记载信息可从另一面佐证,"东丹王赞华,契丹大姓,乃耶律德光之外戚,善画马之权奇者。梁唐及晋初,凡北边防戍及权易商人,尝得赞华之画,工甚精致,至京师,人多以金帛质之"[3]。这说明李赞华的画在其人还没有来中土的时候,已经被边防戍卒和商人贩卖到京城了,而且市场不错,"人多以金帛质之"。《新五代史》也说:"契丹好饮人血,突欲左右姬妾,多刺其臂吮之,其小过辄挑目、刲灼,不胜其毒。然喜宾客,好饮酒,工画,颇知书。其自契丹归中国,载书数千卷,枢密使赵延寿每假其异书、医经,皆中国所无者。"[4]可见,李赞华在契丹时就已经系统学习了中原文化,并且收集了数千件各类书籍。中原的绘画技术和其他文化艺术,在李赞华来中土之前,已经在辽有相当的传播范围了。

辽天显十一年(936),后唐河东节度使石敬瑭以称子、割让燕云十六州为条件,求辽太宗耶律德光出兵灭后唐。耶律德光亲率5万骑兵册立石敬瑭为后晋皇帝,灭后唐。《旧五代史》记载:"十一月,戎王会帝于营。谓帝曰:'我三千里赴义,事须必成。……欲徇蕃汉群议,册尔为天子。'帝饰让久之。既而诸军劝请相继,乃命筑坛于晋阳城南,册帝为大晋皇帝,契丹主解衣冠授焉。……是日,帝言于契丹主,愿以雁门已北及幽州之地为寿,仍约岁输帛三十万,契丹主许之。"[5]得燕云十六州后,耶律德光"因俗而治",

---

[1] (元)脱脱等撰:《辽史·卷七十二·列传第二·宗室·义宗倍》,中华书局1974版,第1209页。
[2] (宋)郭若虚撰、王其祎校点:《图画见闻志》,辽宁教育出版社2001年版,第17页。
[3] 于安澜编:《画论丛书》,上海人民美术出版社1982年版,第101页。
[4] (宋)欧阳修撰:《新五代史·卷七十三·四夷附录第二》,中华书局1974年版,第901页。
[5] (宋)薛居正等撰:《旧五代史·卷七十五·晋书一·高祖纪第一》,中华书局1976年版,第985页。

实行南北官制度，北面官以契丹旧制治契丹人，南面官以汉制治汉人。会同四年（944），后晋皇帝石重贵拒不称臣，耶律德光再次率军南下，947年攻入后晋首都东京汴梁，灭后晋。大同元年（947），耶律德光在东京皇宫以汉礼再次称帝，下诏将国号"大契丹国"改为"大辽"。

耶律德光这次侵入中原最大收获并不是占领土地，而是将后晋完整的汉族官制、礼制、乐制和大量文化人才带回辽国，使辽文化艺术有了长足的发展。"德光已留翰守汴，乃北归，以晋内诸司伎术、宫女、诸军将卒数千人从。"[1]《辽史·百官志》记载很详细："契丹旧俗，事简职专，官制朴实，不以名乱之，其兴也勃焉。……至于太宗，兼制中国，官分南北，以国制治契丹，以汉制待汉人。国制简朴，汉制则沿名之风固存也。辽国官职，分北、南院，北面治宫帐、部族、属国之政，南面治汉人州县、租赋、军马之事。因俗而治，得其宜矣。……事简职专，此辽所以兴也。"[2]《辽史·列传第三十三》客观总结说："辽起松漠，太祖以兵经略方内，礼文之事固所未遑。及太宗入汴，取晋图书、礼器而北，然后制度渐以修举。"[3]《辽史·礼志一》也记载说："太宗克晋，稍用汉礼。"[4]

契丹的音乐艺术也是来自中土，先是石敬瑭派冯道等人输送一批乐器和音乐人才到辽国，"晋高祖使冯道、刘煦册应天太后、太宗皇帝，其声器、工官与法驾，同归于辽"[5]。用来娱乐的散乐歌舞等也是来自后晋，"散乐，今之散乐，俳优、歌舞杂进，往往汉乐府之遗声。晋天福三年，遣刘煦以伶官来归，辽有散乐，盖由此矣"[6]。契丹国乐更是来自中原，"辽有国乐，有雅乐，有大乐，有散乐，有铙歌，横吹乐。……辽阙郊庙礼，无颂乐。大同元年，太宗自汴将还，得晋太常乐谱、宫悬、乐架，委所司先赴中京"[7]。甚至一些低贱的方技人才，也被耶律德光引到辽国，如《辽史·方技传》记载的擅长占卜的王白和魏璘。

而且契丹的一部分服饰也是来自中原地区，《辽史·卷五十五》记载："辽国自太宗入晋之后，皇帝与南班汉官用汉服；太后与北班契丹臣僚用

---

[1]（宋）欧阳修撰：《新五代史·卷七十二·四夷附录第一》，中华书局1974年版，第898页。
[2]（元）脱脱等撰：《辽史·卷四十五·志第十五·百官志一》，中华书局1974年版，第685页。
[3]（元）脱脱等撰：《辽史·卷一百零三·列传第三十三·文学（上）》，中华书局1974年版，第1445页。
[4]（元）脱脱等撰：《辽史·卷四十九·志第十八·礼志一》，中华书局1974年版，第833页。
[5]（元）脱脱等撰：《辽史·卷五十四·志第二十三·乐志·大乐》，中华书局1974年版，第885页。
[6]（元）脱脱等撰：《辽史·卷五十四·志第二十三·乐志·散乐》，中华书局1974年版，第891页。
[7]（元）脱脱等撰：《辽史·卷五十四·志第二十三·乐志·雅乐》，中华书局1974年版，第883页。

国服,其汉服即五代晋之遗制也。"[1]又说:"太祖帝北方,太宗制中国,紫银之鼠,罗绮之筐,麋载而至。纤丽夐毳,被土绸木。于是定衣冠之制,北班国制,南班汉制,各从其便焉。"[2]由此可见,辽墓葬壁画里出现汉族服饰人物像很正常。契丹车马制度也是如此,"太宗皇帝会同元年(938),晋使冯道、刘煦等备车辂法物,上皇帝、皇太后尊号册礼。自此天子车服昉见于辽。太平中行汉册礼,乘黄令陈车辂,尚辇奉御陈舆辇。盛唐辇辂,尽在辽廷矣"[3]。《新五代史》记载同州郃阳县令胡峤流落契丹七年,后周时归中土,写了一篇《陷虏记》,说他在契丹看到各种汉人专业技术人才,"有绫锦诸工作、宦者、翰林、伎术、教坊、角抵、儒、僧尼、道士。中国人并、汾、幽、蓟为多"[4]。

这其中值得关注的是关于绘画人才的文献,《五代名画补遗》记载王仁寿和焦著等被耶律德光俘虏至契丹,老死于彼,只有王霭回来了:"王仁寿,汝南宛人,业儒,性通敏,颇涉文史,亦潜心绘画。初学吴生,长于佛像鬼神及马等。……晋陵帝开运四年春正月,契丹伪天皇王耶律德光,以兵犯阙,时仁寿及焦著、王霭并为德光掠归。至我太祖至明大孝皇帝受禅享御,首遣驿使索仁寿等,时狄人方听命本朝,会仁寿及著考终命,独放王霭归国。"[5]但《图画见闻志》记载说王仁寿是活着回中土的,"王仁寿,汝南宛人,工画佛道鬼神,兼长鞍马。始师王殷,后学精吴法。晋末为契丹所掠,太祖受禅放还。相国寺文殊院有净土弥勒下生二壁,净土院有八菩萨像,及有征辽、猎渭等图传于世"[6]。不管王氏有没有活着回来,其长期流落契丹,传播画艺是必然的。又据《新五代史》记载,李赞华儿子兀欲也是画家,但兀欲并没有跟随李赞华来中原,他是耶律德光灭后晋时来的,因此兀欲绘画技能是在辽学习的。可见在王仁寿等人之前,就应该有大批中原画家因为各种原因到了辽国,才使绘画艺术很短时间内就在辽国传播流行,这也是辽国墓室壁画艺术的主要来源。

---

[1] (元)脱脱等撰:《辽史·卷五十五·志第二十四·仪卫志一·舆服》,中华书局1974年版,第900页。
[2] (元)脱脱等撰:《辽史·卷五十六·志第二十五·仪卫志二·国服》,中华书局1974年版,第905页。
[3] (元)脱脱等撰:《辽史·卷五十五·志第二十四·仪卫志一·汉舆》,中华书局1974年版,第901页。
[4] (元)脱脱等撰:《辽史·卷三十七·志第七·地理志一》,中华书局1974年版,第441页。
[5] 于安澜编:《画品丛书》,上海人民美术出版社1982年版,第99页。
[6] (宋)郭若虚撰、王其祎校点:《图画见闻志》,辽宁教育出版社2001年版,第23页。

二、题材内容与图式比较

辽国的墓葬艺术也在五代中原文化熏陶下,有很大变化,《辽史·卷七十六》记载,耶律德光死后,新帝寻人为其写功德碑,后晋中书舍人李澣陷在契丹,多次自杀不成,被囚禁在奉国寺,靠着这次给辽太宗写功德碑获释。"帝怒稍解,仍令禁锢于奉国寺,凡六年,艰苦万状。会上欲建《太宗功德碑》,高勋奏曰:'非李澣无可秉笔者。'诏从之。文成以进,上悦,释囚。寻加礼部尚书,宣政殿学士,卒。"[1]但在中原文化传播到辽之前,辽的丧葬文化为:"契丹比佗夷狄尤顽傲,父母死,以不哭为勇,载其尸深山,置大木上,后三岁往取其骨焚之,酹而咒曰:'夏时向阳食,冬时向阴食,使我射猎,猪鹿多得。'"[2]南宋人文惟简在《虏廷事实》记载契丹更特别的丧葬习俗,"北人丧葬之礼,盖各不同……惟契丹一种,特有异焉。其富贵之家,人有亡者,以刃破腹取其肠胃涤之,实以香药、盐矾、五彩缝之;又以尖苇筒刺于皮肤,沥其膏血,且尽,用金银为面具,铜丝络其手足。耶律德光之死,盖用此法,时人目为'帝羓',信有之也。"[3]

但是契丹一面在继承自己本民族风俗的基础上,一边学习中原的墓葬习俗,从河北、内蒙古、山西、辽宁、北京一带已经发掘辽代典型墓室壁画看,五代时期辽墓葬壁画已深受中原文化影响;五代中原墓室壁画表现的题材和内容及其艺术手法,辽墓室壁画中也经常出现。

(一)《牵马图》比较

五代中原李茂贞墓出土一幅《牵马图》,高191厘米,宽510厘米,契丹作为游牧民族,对马特别钟爱,所以墓室壁画里大量出现牵马题材。1994年内蒙古省阿鲁科尔沁旗宝山县东沙布日台乡宝山村辽天赞二年(923)壁画墓1号墓出土一幅《鞍马图》(图5-1-1),位于墓室东侧室东壁。人物着圆领长袍,髡发,垂髻,右手执鞭,左手牵枣红马,马双耳斜立,颈披长鬃,颈下悬一缨穗,马背上有装饰黑彩连环如意纹鞍鞯,马具装饰上贴有金箔[4]。

---

[1](元)脱脱等撰:《辽史·卷一百零三·列传第三十三·文学上·李澣》,中华书局1974年版,第1450、1451页。
[2](宋)欧阳修撰:《新五代史·卷七十二·四夷附录第一》,中华书局1974年版,第888页。
[3]车吉心总主编,罗炳良卷主编:《中华史·辽夏金元卷》,泰山出版社2000年版,第341页。
[4]徐光冀主编:《中国出土壁画全集(3·内蒙古)》,科学出版社2012年版,第73页。

1986年，内蒙古省奈曼旗青龙山镇发现辽国开泰七年(1018)陈国公主墓，墓道西壁绘有一幅《牵马图》(图5-1-2)。细长尾，马额鬃毛捆扎成发辫，额前斜突，两耳作直立前倾筒状，马颈下垂黄色缨穗；络头、后鞧、踠蹬带、胸带皆白色，白色鞍鞯绘彩色云纹；马身乌黑，用泼墨挥洒渲染。牵马仆人穿暗绿色圆领窄袖短袄，腰系白色赭色相间革带，袄下襟撩起，披于带上，下身着黄裤，髡发，垂鬓，上唇、下颔蓄须，宝圆脸，眼直视前方，右手握缰向前曲伸，左手曲肘倒执马鞭[1]。

图5-1-1 内蒙古阿鲁科尔沁旗宝山县东沙布日台乡宝山村辽天赞二年壁画墓1号墓《鞍马图》(引自徐光冀主编：《中国出土壁画全集(3·内蒙古)》，科学出版社2012年版，第73页)

墓道东壁也有一幅《牵马图》。马额鬃扎于额前，马昂首举步前行，马长尾下垂，马颈鬃毛呈扇面状，向下披拂，细滑整洁；马身轮廓用墨线勾勒，杏黄渲染，浓淡显示出肉感；马缰、络头、后鞧、踠蹬带等用墨线双勾，中填蓝彩；络头、胸带、踠蹬带每隔一段绘白方块，意味玉装饰，马颈下悬黄缨穗。牵马仆人身高140厘米，面庞丰圆，髡发；穿淡绿色圆领窄短袄，下穿淡绿色裤，腰束黄革带，袄下襟被撩起，披于带上，举足欲前；右手握缰绳横于马颈下；左手执鞭举至胸前，横眉竖目，注视前方[2]。

图5-1-2 内蒙古奈曼旗青龙山镇辽国开泰七年陈国公主墓《牵马图》(引自徐光冀主编：《中国出土壁画全集(3·内蒙古)》，科学出版社2012年版，第90页)

2006年山西大同铁路生活区辽墓出土一幅《牵马图》(图5-1-3)，位于墓室西南壁，靠甬道处。牵马人头戴交脚幞头，着圆领窄袖长袍，面向墓外，

---

[1] 徐光冀主编：《中国出土壁画全集(3·内蒙古)》，科学出版社2012年版，第89页。
[2] 徐光冀主编：《中国出土壁画全集(3·内蒙古)》，科学出版社2012年版，第91页。

图5-1-3 山西大同铁路生活区辽墓《牵马图》（引自徐光冀主编：《中国出土壁画全集（2·山西）》，科学出版社2012年版，第132页）

右手执长鞭，左手牵鞍马；马为浅棕色，颈部黑色长鬃，马尾、马蹄黑色，鞍鞯、胸带齐备[1]。

（二）《仪卫图》比较

五代冯晖墓、王处直墓均有《门吏图》，或称《仪卫图》，辽墓壁画中也有类似题材，画面布局、人物服饰、姿势与中原的十分相似，可见中原壁画对其影响。辽陈国公主与驸马合葬墓出土《仪卫图》（图5-1-4）位于前室西壁北侧，两名手持骨朵的侍卫面向后室站立，侍卫高鼻方脸，短胡须，髡发，着蓝色圆领长袍，腰系革带，脚穿黑色靴，右手持骨朵荷于肩，左手横于胸前，头顶及身后南侧绘祥云和飞鹤[2]。

图5-1-4 辽陈国公主与驸马合葬墓《仪卫图》（引自徐光冀主编：《中国出土壁画全集（3·内蒙古）》，科学出版社2012年版，第94页）

阿鲁科尔沁旗辽天赞二年（923）壁画墓1号墓前室东壁南侧有《门吏图》，为少数民族男吏，戴黑色幞头、深目勾鼻，着褐色团花圆领锦袍，其装饰是汉人风格，施叉手礼，显示当时辽代的汉化风格[3]。前室西壁南侧也绘有《门吏图》，着淡红色圆领长袍，长发垂髻，腰系丝带，腰间左侧挂带鞘短剑，双手相交于腹前，拇指相对[4]。

1984年，山西省大同市南郊新添堡村辽乾亨四年（983）许从赟墓出土《门吏图》（图5-1-5）一幅，位于墓室背面柱间壁，画面中央为砖雕板门，有门钉、长锁，两侧各站立一名门吏侍卫，表情严肃，行叉手礼，左侧男侍着大

---

[1] 徐光冀主编：《中国出土壁画全集（2·山西）》，科学出版社2012年版，第132页。
[2] 徐光冀主编：《中国出土壁画全集（3·内蒙古）》，科学出版社2012年版，第94页。
[3] 徐光冀主编：《中国出土壁画全集（3·内蒙古）》，科学出版社2012年版，第70页。
[4] 徐光冀主编：《中国出土壁画全集（3·内蒙古）》，科学出版社2012年版，第71页。

红色圆领广袖长袍,头戴展角幞头,内着灰色长裤,束白色腰带,黑圆鞋;右侧男侍穿灰色长袍,束红色腰带,戴软脚幞头[1]。1994年,山西省太原市第一热电厂出土北汉天会五年(961)墓甬道西壁绘有《门吏图》,高105厘米、宽45厘米,门吏戴黑色翘脚幞头,着紫色圆领长袍,白色内单衣,黑靴,侧身向外站立,怀抱一个两端白色的黑色杆子,双手行叉手礼。

图5-1-5 山西省大同市南郊新添堡村许从赟墓《门吏图》(引自徐光冀主编:《中国出土壁画全集(2·山西)》,科学出版社2012年版,第126页)

东壁也有门吏图,服饰、手势和西壁相似[2]。

陈国公主墓前室西壁,耳室门北边画两名侍卫,并排站立,面向主室。北边侍卫靠近主室门,髡发,上唇髭须呈八字形,下蓄短须,年龄稍长,脸型丰硕威严,上身着圆领窄袖青绿短袄,左手横于胸前,右手执骨朵。另一侍卫站于外侧,衣服着色、站立姿态及手中所执骨朵均与前一侍卫基本相同,略低于前者,上唇蓄髭,腮边胡须微露,面庞宽圆,横眉立目,凝视前方[3]。

辽墓这些《仪卫图》与中原五代的"仪卫图"几乎雷同,其中陈国公主与驸马合葬墓出土《仪卫图》中两名手持骨朵的侍卫,与冯晖墓中手持骨朵的侍卫站姿、手势、器物基本一致。前文所述的阿鲁科尔沁旗辽天赞二年(923)《门吏图》,为少数民族男吏,行的就是中原的叉手礼。略有不同的就是这些仪卫的面容、发型和服饰,有的与中原五代壁画"仪卫图"有区别,其余并无不同。

(三)《侍奉图》比较

五代墓室壁画这一类题材非常多,说明墓室壁画由唐代的礼制化、等级化逐步转变为生活化、世俗化。王处直墓、冯晖墓、李茂贞墓均有男女仆从侍奉墓主人的壁画,洛阳发现的六座五代壁画墓,除高继蟾墓外,其他墓室均可见到男仆侍奉墓主人画面。辽墓壁画中这一题材,出现的多幅《侍奉

---
[1] 徐光冀主编:《中国出土壁画全集(2·山西)》,科学出版社2012年版,第126页。
[2] 徐光冀主编:《中国出土壁画全集(2·山西)》,科学出版社2012年版,第111页。
[3] 徐光冀主编:《中国出土壁画全集(3·内蒙古)》,科学出版社2012年版,第94页。

《图》也基本与中原五代风格一致。

阿鲁科尔沁旗辽天赞二年（923）壁画墓1号墓南壁东侧一幅《男侍图》，一男仆面向墓门，头戴黑色交脚幞头，腰系红色腰带，双手交叉握在胸前，行叉手礼。南壁西侧绘《侍女图》（图5-1-6），长发垂肩，身穿黑色圆领长袍，袍上绘红色团花，衣领和衣袖饰红色花边，服饰款式系中原样式[1]。面对墓门，抄手而立。

此墓室西壁有一幅《奉侍图》共有7人，面对墓门，除左起第三人留短发，其余均为垂鬟，均穿圆领长袍，高矮胖瘦不一。左起第二人，双袖挽至肘部，手端盖碗；第三人留着短发，腰带左侧挂皮囊、短剑，手捧椭圆形

图5-1-6 阿鲁科尔沁旗辽天赞二年壁画墓1号墓南壁《女侍图》（引自徐光冀主编：《中国出土壁画全集（3·内蒙古）》，科学出版社2012年版，第79页）

长盆；第四人、第六人、第七人均行叉手礼。这种《奉侍图》整个布局结构和王处直墓侍奉图极其相似，只不过王处直墓室是女仆为主[2]。

此墓室北壁有一幅《厅堂图》，虽然没有见到侍奉的仆人，但展现的也是契丹人日常生活场景。画面描绘一间厅堂，地面铺着大团花地毯，上面置一双裆四脚矮脚靠背椅，椅子和靠背上均铺挂花色垫子；一张长方形四脚弧形几，几上摆着杯盘碗盏，椅子和几的边角装饰金箔，显得富丽堂皇，十分高贵；壁上挂着红色漆弓、彩色箭壶、黑剑鞘宝剑[3]。该图所展示的家居生活与五代中原墓室壁画的风格是一致的，不同的是带有浓郁的契丹游牧民族色彩。

1956年在北京市永定门外西马场发掘的辽赵德钧墓壁画墓，出土完整壁画3幅，均为男女侍仆侍奉墓主人的生活场景。右中室一幅绘有9人，左边3人穿红袍，戴展角幞头，欣赏绘画作品；右边6人是男女侍仆，3人梳高髻，3人戴冠，一人捧剑。左前室画一女仆卷袖揉面，另一幅画女仆托盘捧食。东壁下设一炉灶，上有铁锅、石锅、玉碗、铜勺等炊具，显然是侍奉主人

---

[1] 徐光冀主编：《中国出土壁画全集（3·内蒙古）》，科学出版社2012年版，第79页。
[2] 徐光冀主编：《中国出土壁画全集（3·内蒙古）》，科学出版社2012年版，第83页。
[3] 徐光冀主编：《中国出土壁画全集（3·内蒙古）》，科学出版社2012年版，第80页。

饮食。左中室东侧壁亦有壁画,上绘9人,左侧3人正赏画[1]。

1981年发掘的辽代韩佚墓位于北京八宝山革命公墓院内东侧。墓室壁画被壁柱分割成共7幅,这种布局结构与洛阳发现的龙盛小学五代壁画墓、道北五路等五代壁画墓非常类似。墓室7幅壁画按逆时针顺序依次是:东壁一侍女持钵,身侧有一灯檠;一侍女捧物,身前有方桌;一侍手持琵琶,桌旁伫立,身前绘有翠鸟。北壁正中绘梁枋、帷幔,帷幔下绘三扇花鸟屏风,内绘山茶花和山雀,屏风两侧各站一侍女。西壁绘一侍女头身微侧,裸右臂转腕向后拢发,左手持红花包袱,身后为衣箱、衣架等;一侍女持物站于桌旁,面向南,细部漫漶不可见。韩佚墓7幅壁画展示了侍女侍奉墓主人的家居生活。

1984年山西省大同市南郊新添堡村辽乾亨四年(983)许从赟墓出土一幅《侍奉图》,位于墓室东柱间壁。画面中间为砖雕直棂窗,两侧各站立两名侍女,左侧两女子,左侧一人方圆脸,梳高髻,红色靥妆,用红色丝带束发,上身方领浅蓝色宽袖袍,下身淡紫色长裙,手捧带温碗的注子;第二人装束大致相同,手里捧一托盏,显然是奉茶。右侧也是两女子,装束相似[2]。

1985年,山西省大同市纸箱厂出土的辽墓中,发现一幅《灯檠侍女图》(图5-1-7),位于墓室南壁,侍女头绾螺髻发,上身穿交领浅黄色广袖上袄,下系浅蓝绿色长裙,左手托一小碗,右手拿一小匙,正在为身边灯檠里添油[3]。

1994年,山西省太原市第一热电厂出土北汉天会五年(961)墓东北柱间壁还有一幅《侍奉图》画面破损严重,大约看出画面中间是直棂窗,左右各一男侍(或一女侍),左侧一人行叉手礼,右侧一人抱长颈瓶[4]。

图5-1-7 山西大同纸箱厂辽墓《灯檠侍女图》摹本(引自徐光冀主编:《中国出土壁画全集(2·山西)》,科学出版社2012年版,第128页)

---

[1] 北京市文物工作队:《北京南郊辽赵德钧墓》,《考古》1962年第5期。
[2] 北京市文物工作队:《北京南郊辽赵德钧墓》,《考古》1962年第5期。
[3] 徐光冀主编:《中国出土壁画全集(2·山西)》,科学出版社2012年版,第128页。
[4] 徐光冀主编:《中国出土壁画全集(2·山西)》,科学出版社2012年版,第113页。

(四)《伎乐图》比较

中原王处直墓伎乐图、冯晖墓、李茂贞墓伎乐图都十分生动,场面宏大,人物众多,乐器门类繁杂,排列有序。辽墓中也出现了大量《伎乐图》,整体特色与中原五代的风格类似,山西大同、河北宣化等地区发现的散乐类壁画的共同特征就是画面紧凑,场面宏大,乐器众多。从几处典型的辽代墓葬可以看出此类特点。

1974年发现的河北省宣化区下八里村辽天庆六年(1116)1号张世卿墓伎乐图,位于前室东壁,由12人组成。人物均戴黑色交脚幞头,身穿蓝色、红色、浅黄色长袍,有伴奏者和舞蹈者。前排从左向右分别为筚篥、笙、筚篥、腰鼓、大鼓;后排为拍板、琵琶、横笛、腰鼓、排箫[1]。

1994年山西省太原市第一热电厂出土北汉天会五年(961)墓,墓室东南柱间壁有一幅《乐舞图》。画面上方一道横楣,一道垂幔,横向排列五个男伎乐,分别是敲鼓、吹笙、拍板、吹笛、吹筚篥。前场有一胡人,络腮黑色胡须,戴翘脚幞头,穿白袍子,足蹬黑色靴子,袒胸露乳,手舞足蹈,正在跳胡腾舞[2]。

1991年山西省朔州市市政府工地辽墓出土一幅《备酒伎乐图》,位于墓室北壁,左侧站两名侍女,梳螺形高髻,一人持纨扇,一人执托盘。右侧一帷幔高桌上置三只酒瓶,桌后站立两名男侍,正欲备酒,画面右侧前方有一人正在舞蹈,后面有四名伎乐,正在演奏拍板、横笛、筚篥、大鼓[3]。

1993年河北省宣化区下八里村7号辽大安九年(1093)张文藻墓出土一幅《散乐图》(图5-1-8),位于前室西壁。画面有7人组成乐队,前面右侧一人跳舞,左侧一人击腰鼓跳舞;后排5人,从左至右分别是击大鼓、打拍板、吹筚篥、吹横笛、吹笙。除敲腰鼓者穿方领长袍,其余均穿圆领窄袖长袍,颜色不一,头戴幞头,幞头上均簪花[4]。

这些伎乐图虽然不及中原冯晖墓、王处直墓、王建墓的规模,但是样式、规格甚至乐器基本是模仿中原五代墓室壁画的《伎乐图》样式,只不过在人数和乐器上有所不同,通过图像比对可以推测:五代中原的墓室壁画内容曾被辽代仿效移植。

---

[1] 徐光冀主编:《中国出土壁画全集(2·山西)》,科学出版社2012年版,第169页。
[2] 徐光冀主编:《中国出土壁画全集(2·山西)》,科学出版社2012年版,第112页。
[3] 徐光冀主编:《中国出土壁画全集(2·山西)》,科学出版社2012年版,第134页。
[4] 徐光冀主编:《中国出土壁画全集(1·河北)》,科学出版社2012年版,第140页。

图5-1-8 河北宣化下八里7号张文藻墓《散乐图》(引自徐光冀主编:《中国出土壁画全集(1·河北)》,科学出版社2012年版,第140页)

第二节 宋代墓室壁画中的五代因素

一、宋代墓室壁画享受群体的变化

北宋结束五代十国的混乱局面,绘画领域出现繁荣局面。同时出现的新情况是,墓室壁画享受群体发生变化,特别不为高级权贵所重视,逐步转为中下层官员和具有一定经济基础的平民阶层所钟爱。已知宋代帝后级别的陵墓中,仅在河南巩义市宋太宗李后陵中发现有壁画。李后是真宗生母,卒于太平兴国二年(977),真宗即位后于咸平三年(1000)按皇太后礼附葬于太宗永熙陵西北。论国力财富,其是晚唐、五代割据势力王处直、李茂贞、冯晖、王建的实力远所不及的。而且当时北宋画院大画家云集,要为李后建一个富集壁画的陵墓,理应轻而易举。但实际上,李后陵墓采取的是砖雕、线刻、斗拱彩画和彩绘四种装饰方式,其中彩绘壁画规模和奢华程度既不能和初唐、中唐、盛唐时关中诸陵墓壁画相比,与五代王处直、冯晖、李茂贞墓壁画相比也相差甚远。仅在墓室穹顶至影作屋檐以上有些许彩绘痕迹,上

似乎绘有《星象图》,下有祥云缭绕宫室楼阁;栱眼壁墨勾勒几丛盆花;石墓门上线刻护卫武士。这些题材已在唐、五代墓中常见,而精致、大气、色彩远不如前者。由此可见,北宋的皇族、贵族已经不看重墓室壁画作用,呈现出逐渐向平民化过渡的趋势。

这种趋势在陕西省韩城市宋墓中体现最明显,2009年陕西省韩城市盘乐村发现一座壁画保存完好的宋墓,墓室西、北、东三面皆有壁画(图5-2-1),以墓室墙壁和券顶为界分为上下两部分。上层为墓室装饰画,绘有太湖石、牡丹花、仙鹤、蝴蝶等传统吉祥图案。下层壁画北壁正中绘墓主人,戴冠,着黑色圆领长袍,双手置于腹部,端坐木椅,椅后有黑框白色屏风,上草书题诗,可辨认出"古寺青松老,高僧白发长。夜深禅定后,明……如霜"几句。主人右侧有5人,三男在泡制中药,一男端盆进入,右臂搭有毛巾,一女手捧汤药。主人左侧有4人,一女执团扇从屏风后走出,一男手捧"朱砂丸"药匣,方桌后两男研读医术,其中一人手持《太平圣惠方》,一人双手各捧一袋白术和大黄。整个画面展示了北宋时期中医中药制作、研究的真实场景。墓室东壁壁画是《释迦牟尼涅磐图》(图5-2-2),墓室西壁是《杂剧图》,画面17人,分为乐队和演员两大部分,其中演员5人,可能就是北宋杂剧中的末泥、引戏、副净、副末、装孤五个角色;乐队12人,10男2女,男性头戴直脚幞头,身着官服,乐器有大鼓、腰鼓、拍板、筚篥等,女性头戴团冠,吹笙。该组壁画是迄今发现的宋代戏剧题材文物中最完整、最生动的演出现场图[1]。

图5-2-1　陕西韩城盘乐村M218北宋墓北壁壁画全景(引自康保成、孙秉君:《陕西韩城宋墓壁画考释》,《文艺研究》2009年第11期)

该墓没有出现墓志,宋代实行"非官不志"[2]的制度,因此墓主人

---

[1] 康保成、孙秉君:《陕西韩城宋墓壁画考释》,《文艺研究》2009年第11期。
[2] 《中国墓室壁画全集》编辑委员会编:《中国墓室壁画全集·宋辽金元》,河北教育出版社2011年版,第206页。

图5-2-2　陕西韩城盘乐村M218北宋墓东壁《释迦牟尼涅槃图》(引自康保成、孙秉君:《陕西韩城宋墓壁画考释》,《文艺研究》2009年第11期)

应不是官员,但是有经济实力建造如此大墓,绘制中药、礼佛、杂家三大主题壁画,而且屏风有上题诗,应该是富甲一方,而且是有文化修养的富人,为当地名医的可能性最大。

从巩义李后陵墓和韩城壁画对比可以看出,宋代墓室壁画不像体现等级化和礼制化的唐代墓室壁画,也与五代为割据势力和高级官僚所喜爱不同,已经不被皇家和上层贵族所看重,只是为社会底层有一定经济基础的群体所崇尚,这是一个重要的转变,而转变的源头无疑是五代墓室壁画的自由化趋势。

二、五代墓室壁画对宋墓壁画的影响

五代墓室壁画是唐宋墓室壁画之间的桥梁,五代墓室壁画对宋代壁画的影响主要有以下三个方面。

其一是"一桌二椅"样式的影响。1986年山东省济南市经十路山东大学千佛山校区北宋建隆元年(960)出土一幅《一桌二椅图》[1];北宋咸平

---

[1]　徐光冀主编:《中国出土壁画全集(4·山东)》,科学出版社2012年版,第75页。

年（1000）宋真宗李后陵墓中也出现了砖砌一桌二椅[1]。这种一桌二椅最终发展为表现家庭伦理和秩序关系"夫妇对坐图"和伴有歌舞、杂剧的"开芳宴"，这实际是五代时期墓室壁画由唐代的等级化、礼制化向世俗化、生活化转型的结果，如1951年河南省禹州市北宋元符二年（1099）赵大翁墓[2]、同年发现的白沙二号宋墓[3]、1998年发现的河南省新密市平陌村北宋大观二年（1108）宋墓[4]、1983年发现的河南省新安县石寺乡北宋靖康元年（1126）宋四郎墓[5]、1999年发现的河南省新密市下庄河北宋墓[6]、2004年发现的河南省济源市东石露头村[7]、1982年河南省登封市城南庄宋墓[8]出土的《夫妇对坐图》（图5-2-3）。山西省稷山马村的M4宋墓[9]、1999年河南省登封市黑山沟村出土北宋绍圣四年（1097年）李守贵墓出土的《夫妇对坐图》[10]等也多有体现。

图5-2-3　河南省登封市城南庄宋墓《夫妇对坐图》（引自徐光冀主编：《中国出土壁画全集（5·河南）》，科学出版社2012年版，第174页）

其二是"生活化、世俗化"题材的影响。到五代时，唐代墓室壁画中那种规模宏大的《出行图》，体现森严等级的《列戟图》，体现皇家威严的《宫阙图》等都不再出现，五代墓室壁画中表现世俗化、生活化的题材很多，如冯晖墓室中就描绘了拿

---

[1] 河南省文物研究所、巩县文物保管所：《宋太宗元德李后陵发掘报告》，《华夏考古》1988年第3期。
[2] 徐光冀主编：《中国出土壁画全集（5·河南）》，科学出版社2012年版，第143页。
[3] 徐光冀主编：《中国出土壁画全集（5·河南）》，科学出版社2012年版，第191页。
[4] 徐光冀主编：《中国出土壁画全集（5·河南）》，科学出版社2012年版，第149页。
[5] 徐光冀主编：《中国出土壁画全集（5·河南）》，科学出版社2012年版，第156页。
[6] 徐光冀主编：《中国出土壁画全集（5·河南）》，科学出版社2012年版，第157页。
[7] 徐光冀主编：《中国出土壁画全集（5·河南）》，科学出版社2012年版，第164页。
[8] 徐光冀主编：《中国出土壁画全集（5·河南）》，科学出版社2012年版，第174页。
[9] 山西省考古研究所侯马工作站：《山西稷山马村4号金墓》，《文物季刊》1997年第4期，第44页。
[10] 徐光冀主编：《中国出土壁画全集（5·河南）》，科学出版社2012年版，第131页。

长巾、捧唾盂、抱蒲团、执净瓶、持拂尘侍女,很显然是表现侍奉墓主人生活的场面。洛阳道北五路五代壁画墓中有侍女持火苗准备点灯,晨起劳作情景,另一幅《侍女理柜图》表现侍女整理箱柜的活动。但五代墓室壁画中这些生活化内容不是主要表现要素,占比例很小,比较零碎,呈现"片段化"特点,而且目的是表现墓主人奢华生活档次,体现墓主人生前的气派,不纯粹为了再现真实的生活场景,这点和后来宋代墓室壁画中很真实、很全面的生活化、世俗化主题是不一样的。

宋代墓室壁画中生活化、世俗化主题主要体现在两方面:一是墓主人像,唐代墓主人像很少,五代也不多见,王处直、冯晖、李茂贞墓中都没有。宋代壁画中墓主人像出现的频次增加,而且主要是表现墓主人生活像为主。二是表现温馨、平凡的家居生活和劳动生活场面。虽然还会描绘诸如武士图、四神图、妇人启门、孝子故事、升仙、花鸟、礼佛等内容,但核心内容,比例最大的画面已经是寻常家居生活的场面。这点上,宋代墓室壁画题材似乎有一定程度的回归,与汉魏时期墓室中画像砖表现的墓主人生活题材很相似。

绍圣三年(1096)的河南荥阳北宋壁画墓中,描绘了夫妇共坐、四人杂剧演出、送食、出行、备食、庖厨、劳作及各种动物等多样内容,全景展示墓主人现实生活的场面[1];1951年河南省禹州市白沙北宋元符二年(1099)赵大翁墓出土的《梳妆图》(图5-2-4),表现侍女侍奉女主人梳妆打扮的活动[2];1951年河南省禹州市白沙3号宋墓发现一幅《贡纳钱物图》,两男子一人左腋下夹一筒囊,一人右肩上捐一筒囊,左手握串钱,表现携钱去交租或交税

图5-2-4 河南禹州市白沙北宋元符二年(1099)赵大翁墓《梳妆图》(引自徐光冀主编:《中国出土壁画全集(5·河南)》,科学出版社2012年版,第146页)

---

[1] 徐光冀主编:《中国出土壁画全集(5·河南)》,科学出版社2012年版,第131页。
[2] 徐光冀主编:《中国出土壁画全集(5·河南)》,科学出版社2012年版,第146、147页。

之事[1]；1982年河南省登封市城南庄宋墓出土一幅《梳妆图》，描绘两妇人相互照应梳妆理鬓的画面[2]；此墓还出土一幅《婴戏图》，表现一憨态可掬的孩童扑蝶场面[3]；1984年河南省登封市箭沟村宋墓出土一幅《侍奉图》，表现七名女子侍奉男墓主人就餐，准备带帽出门的场面[4]；1986年山东省济南市经十路山东大学千佛山小区北宋建隆元年（960）出土一幅《衣架图》，描绘有衣架、布帛、熨斗、立柜[5]；还出土一幅《舂米图》，描绘有舂米架和米筛子[6]；1988年山西省长治市北郊故县村北宋元丰元年（1078）也发现一幅《舂米图》，描绘一男一女正在舂米的场景[7]；还有一幅《推磨图》，风格与前者相似，生活气息十分浓郁[8]；1991年山西省平定县城关镇姜家沟村北宋墓出土一幅《侍女奉香图》，描绘一侍女持一长柄鹊尾香炉的形象[9]。1998年发现的河南省新密市平陌村北宋大观二年（1108）宋墓也出土一幅《梳妆图》，描绘一中年妇女梳妆的场面[10]；1999年河南省登封市黑山沟村北宋绍圣四年（1097）李守贵墓出土一幅《备茶图》，表现点茶的场景[11]，又出土一幅《戏儿图》表现两夫人家居戏弄孩童的场面[12]（图5-

图5-2-5 河南省登封市黑山沟村北宋李守贵墓《戏儿图》（引自徐光冀主编：《中国出土壁画全集（5·河南）》，科学出版社2012年版，第132页）

---

[1] 徐光冀主编：《中国出土壁画全集（5·河南）》，科学出版社2012年版，第193页。
[2] 徐光冀主编：《中国出土壁画全集（5·河南）》，科学出版社2012年版，第173页。
[3] 徐光冀主编：《中国出土壁画全集（5·河南）》，科学出版社2012年版，第175页。
[4] 徐光冀主编：《中国出土壁画全集（5·河南）》，科学出版社2012年版，第176页。
[5] 徐光冀主编：《中国出土壁画全集（4·山东）》，科学出版社2012年版，第79页。
[6] 徐光冀主编：《中国出土壁画全集（4·山东）》，科学出版社2012年版，第80页。
[7] 徐光冀主编：《中国出土壁画全集（2·山西）》，科学出版社2012年版，第116页。
[8] 徐光冀主编：《中国出土壁画全集（2·山西）》，科学出版社2012年版，第116页。
[9] 徐光冀主编：《中国出土壁画全集（2·山西）》，科学出版社2012年版，第122页。
[10] 徐光冀主编：《中国出土壁画全集（2·山西）》，科学出版社2012年版，第155页。
[11] 徐光冀主编：《中国出土壁画全集（5·河南）》，科学出版社2012年版，第129页。
[12] 徐光冀主编：《中国出土壁画全集（5·河南）》，科学出版社2012年版，第132页。

2—5);1999年发现的河南省新密市下庄河北宋墓的出土一幅《备宴图》表现三位女性准备食物的场景[1];1999年山西省长治市北郊西白兔村北宋元祐三年(1088)宋墓中发现一幅《送葬图》,描绘众孝子披麻戴孝,远方客人骑马奔丧之景[2];2010年发现的湖南省桂阳县刘家岭宋代壁画墓甬道中绘有一幅《庖厨图》,可见备宴的场面[3];2003年河南省登封市高村宋墓出土一幅《备厨图》,画有侍女擀面、烤饼的情景[4];2008年河南省荥阳市槐西村宋墓出土一幅《夫妇对坐僧人作法图》,描绘四位僧人为墓主人夫妇击钹作法之事[5];另出土一幅《奉酒图》,两位侍女一捧托盘和劝杯,一捧酒瓮,前后而行[6];且发现一幅《奉茶图》,两位侍女,一人捧茶盒,一人捧渣斗,前去奉茶[7];还出现一幅《梳妆图》,两女子对镜,一人理云鬓,一人双手合十[8]。

从上述的材料看,北宋墓室壁画中的生活题材可谓是丰富多样,包括奉酒、备茶、备宴、梳妆、哭丧奔丧、僧人作法甚至交租交税的题材等,加上伎乐图、宋杂剧图画面,北宋当时普通市井生活的全部内容几乎都已涉猎,为一幅幅生动的生活画卷,这在唐代墓室壁画中是不可见的,而这种根本性转变由五代墓室壁画中萌芽、发端而来。

三是"砖雕仿木建筑样式"影响。在汉魏墓室壁画中出现一些绘画的建筑元素,如东汉洛阳墓室壁画中出现的一些绘画枋、柱子、额头等。关于"雕木",《五代名画补遗》记载了一位女性雕木的艺术家严氏:"伎巧夫人严氏,乃沙门蕴能妹也,……亦能雕木。后随兄弟蕴能居余杭,尝得檀香木,一段盈尺,夫人乃刻作瑞莲山龛门,雕成细真珠八花球露重网,然后透刀刻成五百罗汉众相,其形相侍从,一一互出,皆兹觉法相。时郡将给事中马公闻之,乃令健步索而观之。马公一见,惊其神巧,遂露章贡于章圣皇帝。上目之,嘉叹移刻,乃赐金帛有差,仍命严氏为伎巧夫人,其为上眷宠也如此。"[9]

---

[1] 徐光冀主编:《中国出土壁画全集(5·河南)》,科学出版社2012年版,第159页。
[2] 徐光冀主编:《中国出土壁画全集(5·河南)》,科学出版社2012年版,第119页。
[3] 湖南省文物考古研究所:《湖南桂阳刘家岭宋代壁画墓发掘简报》,《文物》2012年第2期。
[4] 徐光冀主编:《中国出土壁画全集(5·河南)》,科学出版社2012年版,第167页。
[5] 徐光冀主编:《中国出土壁画全集(5·河南)》,科学出版社2012年版,第181页。
[6] 徐光冀主编:《中国出土壁画全集(5·河南)》,科学出版社2012年版,第184页。
[7] 徐光冀主编:《中国出土壁画全集(5·河南)》,科学出版社2012年版,第185页。
[8] 徐光冀主编:《中国出土壁画全集(5·河南)》,科学出版社2012年版,第188页。
[9] 于安澜编:《画品丛书·五代名画补遗》,上海人民美术出版社1982年版,第106页。

但是在墓葬中，雕木形式肯定不耐长久。晚唐开始出现仿木砖雕墓，墓室壁画中出现砖雕仿木建筑和砖雕仿木家居、器物等图案。五代这种趋势更加明显，如洛阳市伊川后晋孙璠墓、孟津县新庄壁画墓、龙盛小学壁画墓、邙山镇营庄村北壁画墓、苗北村壁画墓中均出现了砖雕仿木建筑结构。壁画主要构图方式就是用仿木砖雕柱子，以此将墓室分成等距离或不等距离的几个单元。如孙璠墓中砖雕仿木八根方形倚柱、七棂窗，还有砖雕灯檠、箱柜等；新庄壁画墓墓室内壁被四根砖雕仿木立柱等分成四单元，有砖雕马球杆、门楼、高脚箱、仿木结构门、框、楣、扇、槛、门板、落地格子窗等；营庄村壁画墓内，也大致相同，甚至出现砖雕砌成的卫生工具木马子；龙盛小学壁画墓也被仿木砖雕柱子分成九个单元，出现九棂窗等砖雕建筑构件。

但最能代表五代墓室壁画砖雕仿木建筑的是李茂贞、冯晖和南唐李昪墓。冯晖墓彩绘浮雕墓室门楼是一幅异常逼真的砖雕仿木结构图（图5-2-6），整个墓门由石门和彩绘砖雕单檐歇山顶门楼组成，门楼高3.94米，宽2.24—2.96米。最下方为垂帐和彩绘宝相花纹带，在叠出彩绘长方形普柏方，普柏方上面施斗拱三攒，为"一斗三升式"，出一跳，散斗上承替木，替木上为一层方斗檐椽；其上为两层围栏，由三方连续半浮雕"卍"纹和栏杆组成，围栏上为红色砖雕圆柱组成的一大开间，正中为红色仿木板门，每扇门各装饰一道五枚门钉，门半开。柱头、斗拱各一攒，一斗三升式，出一跳，散斗上为替木，替木上叠涩出单檐歇山顶，筒板瓦敷面，有筒瓦做成正脊、垂脊[1]。

五代李茂贞夫人墓端门为精美的砖雕仿木式三层门楼（图5-2-7），底层两侧是砖雕仿木倚柱，上面是三层砖雕仿木门楼，逐层抬高，逐层后缩。第一层由台阶、石封门、补间铺作、柱头铺作、屋架梁、屋顶等各部分，除了石封门，其余的都是砖雕仿木构成；第二层高由补间铺作、转角铺作、勾栏栏板、栏杆几部分构成；第三层正面的建筑由砖制大门、立柱四根，带柱头铺作；东西两厢有大浮雕板砖门，上有贯通横砌的飞檐砖两层。整个砖雕仿木端门结构复杂，装饰繁缛，高大巍峨气势雄伟[2]。

---

[1] 咸阳市文物考古研究所：《五代冯晖墓》，重庆出版社2001年版，第8页。
[2] 宝鸡市考古研究所：《五代李茂贞夫妇墓》，科学出版社2008年版，第9—23页。

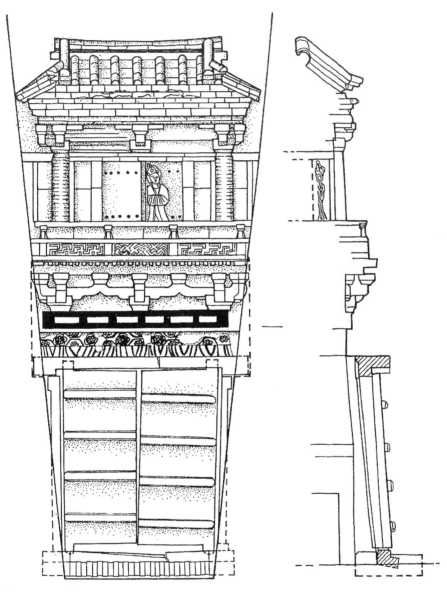

图 5-2-6　五代冯晖墓墓门正视、斜视图（引自咸阳市文物考古研究所：《五代冯晖墓》，重庆出版社2001年版，第9页）

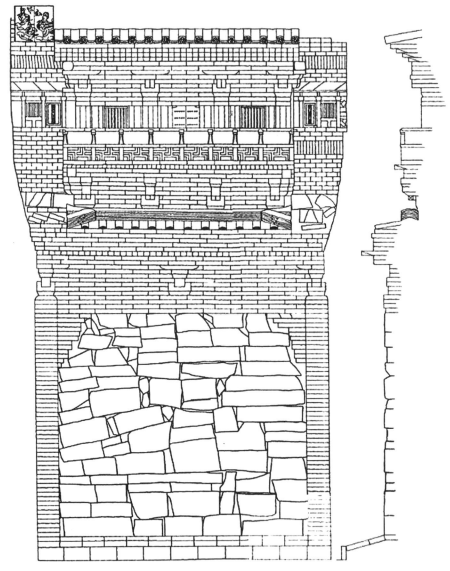

图5-2-7 五代李茂贞夫人墓端门正视图及剖视图（引自宝鸡市考古研究所：《五代李茂贞夫妇墓》，科学出版社2008年版，第11页）

南唐李昪墓墓门左右两边是砖砌矩形倚柱,柱头上有阑额一层,两矩形倚柱上有转角铺作半朵,铺作上承柱头枋一层,柱头枋上正中有补间铺作一朵,补间铺作上承橑檐枋一层,橑檐枋上又隐出四条混线组成的叠涩状门檐[1];前室也有砖雕仿木的转角八角倚柱、矩形倚柱、立枋,上面有阑额、转角铺作、圆形拱门[2];中室的东、西、南三壁也有砖雕立枋、矩形倚柱、八角倚柱、阑额、补间铺作、柱头枋、弧形混线[3];后室以及后室附带的三个侧室均有砖雕八角倚柱、转角倚柱、铺作、柱、枋、斗拱等。李昪墓共有砖雕仿木柱子30根,主要是八角形和矩形;八根立枋;前中室都有砖雕阑额,后室阑额为石制;墓门有转角铺作和补间铺作两种斗拱;前中室有砖雕柱头铺作、转角铺作、补间铺作三种斗拱[4]。

五代墓葬的这种变化深刻影响北宋和辽的墓葬形式,北宋的砖砌墓以及墓室壁画中有仿木砖雕图案成为常见的形式。1982年河南省登封市城南庄宋墓中的《夫妇对坐图》中可见看到10层砖砌的仿木桌子和两把仿木倚柱[5];1969年河北省定州市静志寺塔基地宫中出土了北宋太平兴国二年(977)壁画,墓室四角有砖雕仿木"一斗三升"的斗拱,斗拱上绘祥云、莲花等,每一面有结构相同的补间斗拱,斗拱上成橑檐枋,其上为叠涩攒尖顶[6];1991年山西省平定县城关镇姜家沟村北宋墓中发现仿木砖雕,墓壁正中可见一半仿木砖雕,有飞檐、两层斗拱、砖雕墓门[7];1993年河北省宣化区下八里村发现的辽大安九年(1093)10号张匡正墓出土一幅《瓶花图》,左右两个瓶花正好在一面砖雕仿木建筑前面,该建筑为歇山顶,飞檐下有三排斗拱,下面是紫红色门框和仿木大门[8];1999年河南省登封市黑山沟村出土北宋绍圣四年(1097)李守贵墓室东北壁、东壁均异常清晰地看到三层砖雕仿木斗拱[9](图5-2-8);2002年北京市大兴区青云店镇西杭子村2号辽墓出土一幅《一桌二椅图》,完全是仿木砖雕形式[10];1号墓中出土一幅《一桌一椅

---

[1] 南京博物院:《南唐二陵发掘报告》,文物出版社1957年版,第10页。
[2] 南京博物院:《南唐二陵发掘报告》,文物出版社1957年版,第11页。
[3] 南京博物院:《南唐二陵发掘报告》,文物出版社1957年版,第12页。
[4] 南京博物院:《南唐二陵发掘报告》,文物出版社1957年版,第16—18页。
[5] 徐光冀主编:《中国出土壁画全集(5·河南)》,科学出版社2012年版,第175页。
[6] 徐光冀主编:《中国出土壁画全集(1·河北)》,科学出版社2012年版,第116页。
[7] 徐光冀主编:《中国出土壁画全集(2·山西)》,科学出版社2012年版,第121页。
[8] 徐光冀主编:《中国出土壁画全集(1·河北)》,科学出版社2012年版,第152页。
[9] 徐光冀主编:《中国出土壁画全集(5·河南)》,科学出版社2012年版,第141、142页。
[10] 徐光冀主编:《中国出土壁画全集(10·北京、江苏、浙江、福建、江西、湖北、广东、重庆、四川、云南、西藏)》,科学出版社2012年版,第33页。

图》，均为砖雕仿木形式，椅子为紫红色，桌子为紫黑色[1]；2006年河南省林州市桂林镇三井村金墓中出土了异常精美的砖雕仿木建筑彩画，下层为砖雕板门、棂花窗，上层有结构复杂的立柱、斗拱，用红黄两色装饰[2]。山西省大同市南郊新添堡村辽乾亨四年(983)许从赟墓中有一幅《侍奉图》，画面中央就是一面砖雕绛紫色直棂窗[3]；墓室西壁的《灯檠侍女图》中有一座砖雕灯檠，整个结构与洛阳市道北五路五代壁画中的灯檠相似[4]，该墓《门吏图》两个门吏守护的正是砖雕紫红色仿木板门。

2007年河南省焦作市小尚村发现一座北宋政和三年(1113)仿木砖雕壁画墓(图5-2-9)。墓室为八角

图5-2-8　河南省登封市黑山沟村北宋李守贵墓东北壁壁画(引自徐光冀主编：《中国出土壁画全集(5·河南)》，科学出版社2012年版，第141页)

形，八角各有一柱，上有铺作，承托檐枋，檐枋上为飞椽，飞椽上有连檐，连檐上是板瓦。其上又是八柱，柱上为普柏枋，承托大铺作，铺作上是枋木，所有铺作均为"一斗三升"式，这些建筑均为仿木砖雕；墓室顶壁上有卷云纹，卷云下为砖雕铺作，铺作下为七幅图案，有四幅是砖雕与绘画相结合的图案；西北壁中间为砖雕高大长条形案；东北壁中间为砖雕仿木桌子，在西南壁前部为砖雕长条几；东南壁中间为砖雕屏风，屏风前有"一桌二椅"图；北、西、东三壁上各有砖雕仿木门窗，样式统一，中间为雕花格子门，门上有四枚雕花门簪，两边为直棂窗，有踏跺，三幅门窗砖雕图案与四幅砖雕绘画图案穿插分布，从上到下，整个墓室砖雕与绘画搭配使用，别具一格，繁缛生动，富丽堂皇，是北宋墓室壁画中仿木砖雕的经典之作[5]。

---

[1] 徐光冀主编：《中国出土壁画全集(10·北京、江苏、浙江、福建、江西、湖北、广东、重庆、四川、云南、西藏)》，科学出版社2012年版，第32页。
[2] 徐光冀主编：《中国出土壁画全集(5·河南)》，科学出版社2012年版，第194页。
[3] 徐光冀主编：《中国出土壁画全集(2·山西)》，科学出版社2012年版，第125页。
[4] 徐光冀主编：《中国出土壁画全集(2·山西)》，科学出版社2012年版，第124页。
[5] 焦作市文物工作队：《河南焦作小尚宋冀闰壁画墓发掘简报》，《文物世界》2009年第5期。

图5-2-9　河南焦作小尚宋冀闰壁画墓墓葬展开图（引自焦作市文物工作队：《河南焦作小尚宋冀闰壁画墓发掘简报》，《文物世界》2009年第5期）

从以上考古材料可以看出，五代集中在洛阳和南唐墓室壁画中的仿木砖雕形式，在北宋时已经成为常见的墓室装饰形式，出现这种情况是由于五代仿木砖雕艺术形式和宋代发达的社会经济在当时墓葬文化影响下产生有机结合。《宋史·舆服制六》规定，"凡民庶家，不得施重栱、藻井及五色采为饰，仍不得四铺飞檐"[1]，但当时社会竞富之风大盛，大多中下层地主、富户阳奉阴违，既然不能在建筑体量上违反规定，那就在建筑细节上做文章，增饰数量众多小铺作、补间铺头、闹斗、飞檐及遍饰彩绘，竞相追求华丽奇巧，用狭小厚饰的建筑来炫富。在墓室装饰上也仿照实际建筑结构，将墓室"第宅化"。这种趋势不但在中原地区常见，并且影响到同时期受中原文化影响的辽和金。

第三节　与高句丽墓室壁画的关系

高句丽是历史上我国东北和朝鲜半岛的一个民族政权。高句丽壁画从4世纪中叶到7世纪末，分布在中国和朝鲜境内，壁画墓近百座，主要分布在中国吉林省集安市、辽宁省桓仁市和朝鲜平壤及周边地区。关于东北、朝鲜半岛和中原的联系，《汉书·地理志》记载："殷道衰，箕子去之朝鲜，教其民以礼仪，田蚕织作。乐浪朝鲜民犯禁八条。"[2]应该说是商代的箕子在朝鲜

---

[1]（元）脱脱等撰：《宋史·卷一百五十四·志第一百零七·舆服六·臣庶室屋制度》，中华书局1977年版，第3600页。
[2]（汉）班固撰，赵一生点校：《汉书》，浙江古籍出版社2000年版，第573页。

传播了属于中原的文化。公元前108年"武帝灭朝鲜,以高句骊为县"[1],在东北和朝鲜设置了乐浪、临屯、真番、玄兔四郡,正式将东北和朝鲜纳入中原王朝的统治,很自然,汉文化也会随之传播到这里。

关于高句丽、渤海国和后来高丽的关系,史学界众说纷纭,笔者考察的是其地域内的墓室壁画情况,作为一个地理文化概念,这个基本是有延续性的,不随着政权的变化而变化。《宋史》大概记载了高句丽的历史,以及五代时期和中原后唐的关系。"高丽,本曰高句丽。禹别九州,属冀州之地,周为箕子之国,汉之玄菟郡也。在辽东,盖扶余之别种,以平壤为国邑。汉魏以来,常通职贡,也屡为边寇。隋炀帝再举兵,唐太宗亲驾伐之,皆不克。高宗命李勣征之,遂拔其城,分其地为郡县。唐末,中原多事,遂自立为君长。后唐同光、天成中,其主高氏累奉职贡。长兴中,权知国事王建承高氏之位,遣使朝贡。"[2]

但与五代完全同期的高句丽墓室壁画实难考见,可以从其他时期高句丽的墓室壁画,看到其特点和风格与中原文化相近,这个时期高句丽代表壁画墓室主要集中在集安长川一号墓、角抵墓、舞俑墓、三室墓、通沟十二号墓。这些墓室壁画的特色是浪漫与写实共存,描绘高句丽人现实生活场景,壁画墓的空间结构上模仿宇宙环境,以墓顶藻井模拟天界,藻井以下模拟人间生活。墓室壁画主要为几种题材构成:其一是人间生活,主要描绘现实题材,位置主要在墓室的四壁。其二天仙瑞兽,以藻井作为幻想的天界生活,描绘始祖、神仙灵兽、飞天、乘龙仙人、驾鹤、仙人、伎乐人、日月星辰等。其三是佛祖、菩萨群像、护法狮子、童子、莲花等宗教内容也出现在壁画中。高句丽的佛教画也深受中原文化影响,但是发展迅速。《续资治通鉴长编·卷三五八》记载宋神宗时期与高丽交往的情况:"癸丑,高丽国佑世僧统、求法沙门释义天等见于垂拱殿,进佛像经文。赐物有差。"[3]这说明高句丽的佛教画已经成熟和发达到可以拿到中原来作为贡礼了。其四是装饰花纹,不管是天界生活,还是人间生活,墓室中大量使用各种类似几何、图案装饰纹样,多绘在藻井和墓室交汇、四角、弯顶等处。

---

[1](宋)范晔撰、(唐)李贤等注:《后汉书·卷八十五·东夷列传第七十五》,中华书局1973年版,第358页。

[2](元)脱脱等撰:《宋史·卷四百八十七·列传第二百四十六·外国三·高丽》,中华书局1977年版,第14035页。

[3](宋)李焘撰:《续资治通鉴长编》,中华书局1990年版,第8569页。

虽然时间上前后差别很大，但是中原五代墓室壁画与高句丽古代壁画有相似之处，都关注现实生活，主题世俗化、生活化，有一些神话、天仙的思想，但是更主要的内容是描绘现实生活，记录现实生活享受的场面。高句丽墓室壁画主要是模仿同时期的中原文化；五代墓室壁画主要是唐代壁画礼制化、等级化之后，逐渐向世俗化、

图5-3-1　高句丽集安长川1号壁画墓《游乐图》（引自徐光冀主编：《中国出土壁画全集（8·辽宁·吉林·黑龙江）》，科学出版社2012年版，第158页）

现实化的转变。从这点上看，虽然时间不一致，但是主题是有相似性的。高句丽集安长川1号壁画墓中的壁画很有代表性，前室北壁中部有一幅《游乐图》，其中一组壁画表现墓主人与宾客欣赏百戏的场面（图5-3-1）。画面中心是墓主人，墓主人坐在黄色高凳子上，其右侧画有一棵梧桐树，墓主人身后有持伞侍者和持白巾侍者，下方绘有黄犬和白马，众人正在看猴子下树、跳丸、掷轮、角抵、抚四弦琴等节目[1]。这种墓室壁画很像汉魏时期中原壁画的宴饮图，但是比宴饮图内容更丰富，还带有自己的民族特色，比如力士角抵表演。角抵文化虽然也是从中原传到高句丽的，但是中原后来并没有发扬光大，实际上是放弃角抵游戏了，五代墓室壁画中就从未见到角抵游戏场面，中原也发展了自己的娱乐文化，比如王处直墓室中的《侏儒图》。

1938年著录的吉林省集安市洞沟古墓群禹山墓区4世纪中叶中部角抵墓中发现一幅《侍女图》（图5-3-2），主壁家居图中左侧男主人女侍，拱手面向主人侍立，着短裤，翘尖履[2]。这幅壁画与中原冯晖墓、王处直墓、李茂贞墓中的男侍、女侍都表现同一个题材，所不同的是人物服装大不一样，与王处直墓室的那种宽袍大袖相比，高句丽墓室壁画中侍仆穿的是自己民族服饰，比较简便。这是和实际所处地理状况有关，那种中原地区权贵之家体现

---

[1] 徐光冀主编：《中国出土壁画全集（8·辽宁·吉林·黑龙江）》，科学出版社2012年版，第158页。

[2] 徐光冀主编：《中国出土壁画全集（8·辽宁·吉林·黑龙江）》，科学出版社2012年版，第105页。

图5-3-2 吉林省集安市洞沟古墓群禹山墓区4世纪中叶中部角抵墓《侍女图》(引自徐光冀主编:《中国出土壁画全集(8·辽宁、吉林、黑龙江)》,科学出版社2012年版,第105页)

气派和礼制的宽袍大袖,在高句丽的山区林区是寸步难行的。

1938年发现的《夫妇对坐图》,高屋帷幔下面男主人居中高坐于几上,左边佩刀,面向两女,两女拱手此地跪在罽毯上,男主人身后,各有男女侍者各一人;女主人身后有女仆一人,男女主人身边的矮几上有弓矢、食盒和食物[1]。1938年著录的角抵墓东北壁有一幅《庭院生活画》,画中大树将画面分开,左边为廊柱四阿顶房屋,屋外有一人是庖厨;左侧为二力士角抵,一老者观看。角抵二人均赤膊,仅着短裤,正奋力相抵,其中一人高鼻深目,短髭上翘,似西域胡人形象,观看老者结巾挂杖,长髯白发,周围描绘天、树,地面绘制云气,栖鸟,卧兽[2]。墓室西壁有一幅出行图,中间为两棵大树,树下有一队等待出发的人马,前面是两匹鞍马,有牵马侍从,后面有侍者和牛车,均面向墓北主人[3]。该墓还出土一幅《三足乌》,位于东藻井中部,暗红色圆形太阳中间,中间绘三足面左而立;东藻井中部有线条勾勒圆形月亮,内用墨线勾勒蟾蜍,涂黄色[4]。

1938年发现、1962年再考察的林洞沟古墓群禹山墓区高句丽7世纪的五盔坟4号墓出土了《四神图》。墓室北壁为玄武,中间龟蛇缠绕,两头相向,周围为花叶组成的网状莲花火焰,其中是四个网单元中有人物图像,其余单元为莲叶、莲花,两隅为怪兽托龙顶梁,梁枋绘缠绕纠结的蟠龙,色彩

---

[1] 徐光冀主编:《中国出土壁画全集(8·辽宁、吉林、黑龙江)》,科学出版社2012年版,第107页。
[2] 徐光冀主编:《中国出土壁画全集(8·辽宁、吉林、黑龙江)》,科学出版社2012年版,第108页。
[3] 徐光冀主编:《中国出土壁画全集(8·辽宁、吉林、黑龙江)》,科学出版社2012年版,第109页。
[4] 徐光冀主编:《中国出土壁画全集(8·辽宁、吉林、黑龙江)》,科学出版社2012年版,第110页。

艳丽[1];该墓东壁是青龙,张口吐舌向南,龙身有五色,以墨线勾勒成网状的鳞片,颈部有彩色结环,细角、三趾,周围为连续的莲花火焰纹,共14个小单元,其中一单元绘官服人物图,其余为莲叶、莲花[2];该墓南壁是朱雀,图像偏西,主色为红色,黄喙,双翅展开,尾部较长,周围是莲花火焰纹网状,两个单元里有人物[3];该墓西壁是白虎,白虎修长,头向男,躯干、腿和爪与青龙相同,睁目张口,身姿呈飞驰状,底纹为莲花火焰网状单元,三个小单元有人物像,周围是莲叶与莲花[4]。

高句丽疆域一直和中原汉族、后来的突厥、契丹、女真等强大的民族接壤。高句丽人比较强悍善战,墓室壁画中表现战争场面很多,这和中原墓室壁画是一大不同。战争是高句丽生活中的重要内容,1938年著录的集安市洞沟古墓群中部的马槽墓中出现一幅《斩俘图》(图5-3-3),壁画中双方将军身披重铠,头戴兜鍪,高举兵刃,激烈拼杀。双方士兵缠斗一起,最后战胜者举刀砍杀俘虏,被俘者跪在马前,引颈待戮[5]。五代时期,虽然中原五代战乱远比高句丽时期多,但是这种血腥的场面在五代壁画中没有体现,中原割据者表现武功和战功的场面,已经转化为礼制化场景,这也体现高句丽时刻备战、宣扬战功的地域文化。

1949年,朝鲜黄海南道发

图5-3-3 集安市洞沟古墓群马槽墓《斩俘图》(引自徐光冀主编:《中国出土壁画全集(8·辽宁、吉林、黑龙江)》,科学出版社2012年版,第141页)

---

[1] 徐光冀主编:《中国出土壁画全集(8·辽宁、吉林、黑龙江)》,科学出版社2012年版,第174页。
[2] 徐光冀主编:《中国出土壁画全集(8·辽宁、吉林、黑龙江)》,科学出版社2012年版,第175页。
[3] 徐光冀主编:《中国出土壁画全集(8·辽宁、吉林、黑龙江)》,科学出版社2012年版,第176页。
[4] 徐光冀主编:《中国出土壁画全集(8·辽宁、吉林、黑龙江)》,科学出版社2012年版,第177页。
[5] 徐光冀主编:《中国出土壁画全集(8·辽宁、吉林、黑龙江)》,科学出版社2012年版,第141页。

现的安岳三号墓，该墓室前室西壁有墨书题记：

永和十三年十月戊子朔廿六日
癸丑使持节都督诸军事
平东将军护抚夷校尉乐浪
侯昌黎玄菟带方太守都
□□幽州辽东平郭
□乡敬上里冬寿字
□安年六十九薨官。[1]

冬寿系辽东人，十六国前燕将领，于咸康二年（336）率军队和族人奔高句丽，357年死后葬于今朝鲜黄海南道安岳。冬寿墓壁画是十六国时期纪年最早、规模最大、内容最丰富的墓室壁画，绘有武士、乐舞、角抵、车库、厨房、冬寿夫妇像、出行图等。墓主人冬寿正面端坐，手持麈尾，侍吏恭立两旁；冬寿夫人面容丰腴娟秀，侧身而坐，服饰色彩华丽。人物图像用勾勒法，面部、衣褶用晕染法。此壁画与顾恺之《列女仁智图》相当接近。该墓东壁绘有两位胡人角抵力士，正在激烈比赛。墓东壁绘大幅《舞蹈图》，主人、宾客对面落座，右壁绘舞蹈场景，七名歌者站立一行。队伍左面有一骑马观赏的男子，其身后有一侍童持物而立，整个画面疏密得当，色彩丰富，采用反透视技法，人物众多，有静有动，是全景描绘高句丽贵族宴饮、歌舞场面的生动画卷。

《新五代史》说王氏高丽的情况居多：

高丽，本扶余人之别种也。其国地、君世见于唐，比佗夷狄有姓氏，而其官号略可晓其义。当唐之末，其王姓高氏。……终五代常来朝贡，其立也必请命中国，中国常优答之。其地产铜、银，周世宗时，遣尚书水部员外郎韩彦卿以帛数千匹市铜于高丽以铸钱。六年，昭遣使者贡黄铜五万斤。高丽俗知文字，喜读书，昭进《别叙孝经》一卷、《越王新义》八卷、《皇灵孝经》一卷、《孝经雌图》一卷。《别叙》，叙孔子所生及弟子事迹；《越王新义》，以

---
[1] 中国大百科全书总编辑委员会《考古学》编辑委员会、中国大百科全书出版社编辑部编：《中国大百科全书（考古学）》，中国大百科全书出版社1986年版，第20页。

"越王"为问目,若今"正义";《皇灵》,述延年辟谷;《雌图》,载日食、星变。皆不经之说。[1]

说有一幅《雌图》上面画的是日食、星变,体现的是一部分王氏高丽绘画的内容。

第四节　对日本墓室壁画的影响

日本和中国自古关系密切,隋朝时四次派出"遣隋使";唐时日本先后多次派"遣唐使",广泛学习中国的政治、经济、文化知识,从630年第一批遣唐使出行,至838年最后一批,前后持续200余年,大量日本人来华学习,其中还有日本女性。《宣和画谱·卷五》记载唐代画家张萱画过日本女人:

张萱,京兆人也。善画人物,而于贵公子与闺房之秀最工。……今御府所藏四十有七:明皇纳凉图一,整妆图一,乳母抱婴儿图一,捣练图一,……日本女骑图一。[2]

北宋御府收藏的这幅《日本女骑图》究竟是何种样貌,已无从可考,但是可以看出,日本女性当时已经活跃在中土,还进入唐朝画家的笔端了。

日本古代墓葬中,有用色彩和线条装饰石棺的,也有墓室中有绘画和雕刻作品的,日本统称之为"装饰古坟",墓壁上直接绘彩或者描绘出线刻的壁画,这类墓葬被称为壁画类"装饰古坟"。1972年发掘的奈良高松冢古坟是其中最具代表,学术界将高松冢墓的时间定为8世纪初,墓室壁画带有明显的唐代墓室壁画风格。高松冢墓的壁画主要有四神、太阳、月亮、星宿以及男女人物像,从内容上看,与唐代墓室壁画十分类似。高松冢的墓主人未有明确文字记载,多数学者推测其是忍璧太子。史载忍璧太子非常推崇中土的典章文物,所以他的墓葬模仿唐朝贵族墓葬的形式是最有可能的,而其活动的年代正是初唐、盛唐之际,日本和唐代交往非常密切,唐代的墓葬艺

---

[1] (宋)欧阳修撰:《新五代史·卷七十二·四夷附录第三》,中华书局1974年版,第919页。
[2] 潘运告主编、岳仁译注:《宣和画谱》,湖南美术出版社1999年版,第119页。

术和绘画艺术东渡扶桑是相对容易的。

有一点不同的是,高松冢墓出现墓主人忍璧太子像,这在唐代墓室壁画和五代壁画中是比较少的。墓室东壁的南部,从北起第三人着黄衣,罩伞盖,唐代黄色衣衫非一般官吏能穿戴,而伞盖在日本是高贵身份的标志,该墓中所见伞盖,绿底饰锦,四周附有垂饰,据日本《大宝仪制令》可知,只能一品亲王所用之物,这更加符合忍璧太子的身份。高松冢壁画显然承袭了唐墓壁画的构图,内容配置相互联系,成为有机的整体,用《四神图》表示方位,侍女表示日常的生活,男侍表示仪仗。而且人物画法与唐墓壁画类似,侍女面部采用线条勾勒脸形,脸型也如唐代,丰满圆润。这种用线条设色的方法与唐代仕女画有很强的相似性。

高松冢中的壁画侍女服饰有自己特色,其交领、百褶裙下摆镶边等特征与高句丽女饰相近。《高丽传》记载:"人皆皮冠,使人加插鸟羽。贵者冠用紫罗,饰以金银。服大袖衫,大口袴,素皮带,黄革履。妇人裙襦加襈。"[1]《隋书·倭国传》记载当时日本人女性服饰是"妇人束发于后,亦衣裙襦,裳皆有襈"[2]。裙子的边缘都加上了"襈",说明日本和朝鲜此时的妇人装束一致,也用图像证明这些史料的可靠性。高松冢壁画侍女所穿的百褶裙在唐代早期十分流行,尤其是唐李爽、段简壁、杨恭仁、新城公主墓室中的壁画侍女,几乎都穿多彩百褶裙。五代王处直墓西耳室北壁会有侍女二人,其中前面一人也是穿百褶裙,其《奉侍图》的侍女下身也是穿百褶裙[3](图5-3-4)。

隋唐和日本往来的重要港口是明州(今天宁波),正好在吴越国内。五代中原战乱不止,和日本官方交往断绝,但是民间交往一直不断,主要是在吴越、闽国一带。吴越国一直重视海上贸易,《旧五代史》载:"然航海所入,岁贡百万。"[4]又有记载:"吴越地方千里,带甲十万,铸山煮海,象犀珠玉之富,甲于天下。"[5]吴越国曾经派人去日本买佛教典籍,据《参天台五台山记》记述:"吴越钱氏,多因海舶通信。天台智者教五百余卷,有录而多阙,贾人言:日本有之。钱椒置书于其国主,奉黄金五百两,求写其本,尽得之。"[6]这

---

[1] (唐)魏征撰:《二十五史全书·隋书》,内蒙古人民出版社1998年版,第442页。
[2] (唐)魏征撰:《二十五史全书·隋书》,内蒙古人民出版社1998年版,第444页。
[3] 河北省文物研究所、保定市文物管理处:《五代王处直墓》,文物出版社1998年版,彩版二一、三十三。
[4] (宋)薛居正等撰:《旧五代史·卷一百三十三·世袭列传第二》,中华书局1976年版,第1774页。
[5] (宋)苏轼著:《苏东坡全集(下)》,中国书店出版社1986年版,第387页。
[6] [日]成寻:《新校参天台五台山记》,上海古籍出版社2009年版,第457—458页。

图5-3-4 高松冢古坟、唐韦贵妃墓、五代王处直墓中着百褶裙侍女比较图（笔者制作）：1. 高松冢古坟西壁女子群像；2. 唐韦贵妃墓拱手女侍图；3. 五代王处直墓侍女图

说明在五代时期，中日民间还是有艺术交流的。

福建的闽国对内与民休息，对外实行开放政策，《旧五代史》记载闽国统治者王审知："审知起自陇亩，以至富贵。每以节俭自处，选任良吏，省刑惜费，轻徭薄敛，与民休息。三十年间，一境晏然。"[1] 王审知治国推行的是大开放政策，"宁为开门节度使，不作闭门天子"[2]。当时王审知开辟对外贸易航线，北上从福州港出发，可至新罗、高丽、日本等国。后唐明宗天成三年（928），"新罗僧洪庆，自唐闽府航载大藏经一部至（新罗）礼成江"[3]。而福州金身罗汉寺里"旧有高丽铜佛像三……，藏于西殿，伪闽王时，高丽所献"[4]。

宋代郭若虚《图画见闻志》记载了由高丽传到中土的日本"倭扇"上有莲花、花木、水禽鸟图案。"其（高丽画家）模画人颇有精于工法者，彼使人每至中国，或用折叠扇为私觌物。其扇用折青纸为之，上画本国豪贵，杂以妇人、鞍马。或临水为金砂滩暨莲荷、花木、水禽之类，点缀精巧。又以银泥为云气月色之状，极可爱，谓之倭扇，本出于倭国也，近岁尤秘惜，典客者盖

---

[1]（宋）薛居正等撰：《旧五代史·卷一百三十四·僭伪列传第一》，中华书局1976年版，第1792页。
[2] 任爽：《南唐史》，东北师范大学出版社1995年版，第113页。
[3] 转引自楼正豪：《朝鲜半岛"罗末丽初"时期的禅僧研究》，复旦大学出版社2018年版，第203页。
[4] 转引自金健人主编：《中韩古代海上交流》，辽宁民族出版社2007年版，第112页。

稀得之。"[1]日本的花木水禽"点缀精巧",能得到郭若虚这样的评论,说明日本的花鸟画当时的水平不俗。北宋的御府里就收藏有来自日本的画作。《宣和画谱》详细记载:

> 日本国,古倭奴国也,自以近日所出,故改之。有画不知姓名,传写其国风物、山水小景,设色甚重,多用金碧。考其真未必有此。第欲彩绘粲然以取观美也。然因以见殊方异域,人物风俗。又蛮陬夷貊,非礼义之地,而能留意绘事,亦可尚也。抑又见华夏之文明,有以渐被,岂复较其工拙耶? 旧有日本国官告传至于中州,比之海外他国,已自不同,宜其有此。太平兴国中,日本僧与其徒五六人附商舶而至,不通华语,问其风土,则书以对。书以隶为法,其言大率以中州为楷式。其后再遣弟子奉表称贺,进金尘砚,鹿毛笔、倭画屏风。今御府所藏三:海山风景图一,风俗图二。[2]

说看到日本不知名称的山水风物画,"传写其国风物、山水小景,设色甚重,多用金碧",是用色很浓郁的金碧山水,又说来中土的日本人进贺"倭画屏风",御府收藏的日本画是"海山风景图一,风俗图二"。呈现在宋人面前的日本绘画艺术有屏风、金碧山水,可见屏风画在唐代就已流行,金碧山水在宋代开始渐渐风头趋下,水墨山水逐渐上升,说明日本画依然具有浓郁的唐代艺术特色。

从这些史料看,五代时期,因为中土的纷争战乱,与日本的交往远没有隋唐时期的活跃,但是艺术交流的国际化通道始终是存在的,虽然远没有唐代那样的兴盛,但是有些断续的交流,一直延续到北宋。

五代十国是中国历史上继春秋战国、魏晋南北朝之后的第三次大裂变时期,每一次大的动荡与分裂,都预示着即将有一个新的社会构体和规制开始孕育和形成。五代十国由"整"到"破"的转变,使得这个时期的社会结构和社会关系、文化艺术等诸多方面都呈现出一种紊乱、多元、复杂的态势,而壁画的出现、发展、变异、消失,均会受到时代社会政治、经济、文化背景及其他多种复杂历史因素的影响与制约。因此,在探讨中国壁画的线性发展

---

[1]（宋）郭若虚撰、王其祎校点:《图画见闻志》,辽宁教育出版社2001年版,第66页。
[2] 潘运告主编、岳仁译注:《宣和画谱》,湖南美术出版社1999年版,第275、276页。

轨迹及演变,特别是由唐到宋的转型过程中出现的细微变化时,五代十国这一历史时期的过渡和桥梁作用不容忽视。

五代十国壁画从壁画地理分布来看,目前发现五代十国壁画总体数量虽比唐代少,但分布范围比唐代更广,地域化更明显;从壁画主体样式来看,五代因战乱频繁、朝廷衰落、方镇割据势力强大、各据一方,僭越之风得以蔓延并加剧扩展;从壁画等级来看,唐墓壁画体现很强的礼制化和等级性,五代十国壁画的等级性可通过墓志记载信息略见一斑,但是图像本身不以等级化和礼制化为中心,而是侧重对世俗社会现实生活的模仿与再现,礼制化的成分还在,但逐步消退;从壁画表现形式来看,中原北方地区壁画以绘画形式居多,而西蜀、南唐因为地域条件和文化传统的关系,以陶俑和雕刻形式居多,在装饰特点方面,与唐代以彩绘壁画为主的风格迥异,五代创新出砖雕与绘画相结合,和仿木砖雕的装饰样式;从壁画过渡性特征来看,五代十国壁画上承唐代壁画,下启宋代壁画,起一个桥梁作用,唐代墓室壁画遗风尚存。

五代十国是中国历史上一个特殊时期,五代十国壁画图像反映了分裂割据时期的时代特色。限于目前发现的五代十国壁画资料较少,且分布较为零散,地域差异性很大,加上个人研究视野及研究水平的限制,因此,本书只是尝试作了初步的综合研究,以提高人们对这一过渡时期相关研究的重视程度。其中,许多细节性的问题还未能展开,某些观点与结论还是暂时的,随着考古新资料的不断发现与更多学者的关注,相信能为五代十国壁画研究的深入带来新的契机。

轨迹及演变,特别是由唐到宋的转型过程中出现的细微变化时,五代十国这一历史时期的过渡和桥梁作用不容忽视。

五代十国壁画从壁画地理分布来看,目前发现五代十国壁画总体数量虽比唐代少,但分布范围比唐代更广,地域化更明显;从壁画主体样式来看,五代因战乱频繁、朝廷衰落、方镇割据势力强大、各据一方,僭越之风得以蔓延并加剧扩展;从壁画等级来看,唐墓壁画体现很强的礼制化和等级性,五代十国壁画的等级性可通过墓志记载信息略见一斑,但是图像本身不以等级化和礼制化为中心,而是侧重对世俗社会现实生活的模仿与再现,礼制化的成分还在,但逐步消退;从壁画表现形式来看,中原北方地区壁画以绘画形式居多,而西蜀、南唐因为地域条件和文化传统的关系,以陶俑和雕刻形式居多,在装饰特点方面,与唐代以彩绘壁画为主的风格迥异,五代创新出砖雕与绘画相结合,和仿木砖雕的装饰样式;从壁画过渡性特征来看,五代十国壁画上承唐代壁画,下启宋代壁画,起一个桥梁作用,唐代墓室壁画遗风尚存。

五代十国是中国历史上一个特殊时期,五代十国壁画图像反映了分裂割据时期的时代特色。限于目前发现的五代十国壁画资料较少,且分布较为零散,地域差异性很大,加上个人研究视野及研究水平的限制,因此,本书只是尝试作了初步的综合研究,以提高人们对这一过渡时期相关研究的重视程度。其中,许多细节性的问题还未能展开,某些观点与结论还是暂时的,随着考古新资料的不断发现与更多学者的关注,相信能为五代十国壁画研究的深入带来新的契机。